国家社科基金一般项目（13BKG017）结项成果

教育部人文社会科学重点研究基地重大项目
（13JJD780005）结项成果

高等学校学科创新引智基地计划资助（Supported by the
Project 111）"长安与丝路文化传播学科创新引智基地"
（B1803）阶段性成果

国家社科基金冷门绝学团队项目"敦煌壁画外来图像文明
属性研究"（20VJXT014）阶段性成果

陕西师范大学人文科学高等研究院学术成果

敦煌研究院丝绸之路与敦煌研究中心学术成果

　　沙武田，陕西师范大学历史文化学院教授、博士生导师，图书馆馆长，长江学者特聘教授。主要从事敦煌学、佛教石窟考古、丝绸之路艺术考古的教学与研究。出版专著10余部，其中2部分别入选"国家社科基金成果文库"和"国家哲学社会科学成果文库"，发表学术论文190余篇，主持或完成国家社科基金重大项目、冷门绝学项目、一般项目、青年项目，以及教育部、人力资源和社会保障部等各类项目20余项。

石窟考古专题丛书

沙武田　主编

粟特人与敦煌莫高窟洞窟营建

沙武田　著

甘肃文化出版社

甘肃·兰州

图书在版编目（ＣＩＰ）数据

粟特人与敦煌莫高窟洞窟营建 / 沙武田著. -- 兰州：
甘肃文化出版社，2024.4
（石窟考古专题丛书 / 沙武田主编）
ISBN 978-7-5490-2874-0

Ⅰ．①粟… Ⅱ．①沙… Ⅲ．①古代民族－研究－中国
②敦煌石窟－研究 Ⅳ．①K289②K879.214

中国国家版本馆CIP数据核字(2024)第028415号

粟特人与敦煌莫高窟洞窟营建
SUTEREN YU DUNHUANG MOGAOKU DONGKU YINGJIAN

沙武田 ｜ 著

项目策划｜郎军涛
责任编辑｜杜艳梅
封面设计｜大雅文化

出版发行｜甘肃文化出版社
网　　址｜http://www.gswenhua.cn
投稿邮箱｜gswenhuapress@163.com
地　　址｜兰州市城关区曹家巷 1 号 ｜ 730030（邮编）

营　　销｜贾　莉　　王　俊
电　　话｜0931-2131306

设计制版｜兰州大雅文化艺术有限公司（0931-4679978）
印　　刷｜浙江经纬印业股份有限公司
开　　本｜787 毫米 × 1092 毫米　1/16
字　　数｜500 千
印　　张｜35.25
版　　次｜2024 年 4 月第 1 版
印　　次｜2024 年 4 月第 1 次
书　　号｜ISBN 978-7-5490-2874-0
定　　价｜268.00 元

石窟考古专题丛书

沙武田

　　佛教石窟是祖先留给我们的宝贵历史遗产，是中华优秀传统文化的重要载体，弥足珍贵。石窟寺在全国分布之广、保存数量之多、历史朝代延续之绵长、内容之丰富，蔚为大观，是世界历史和文化艺术之奇观，也是呈现伟大中华文明的独特形式，为中华文明在世界文明史上的地位和贡献提供了强有力的诠释。进入新时代以来，石窟寺的保护、研究和利用，对于弘扬中华优秀传统文化，提升民族文化自信和自豪感，加强文化软实力建设等，有着极为重要的意义。作为中华悠久历史的重要载体，石窟寺的考古价值、文化艺术价值和教育教化功能无可替代。但是因为历史、自然、人为等各种因素，我国各石窟寺的保存状况令人担忧，保护好、研究好、弘扬好、传承好石窟寺遗产，已成为全社会的共识。作为石窟研究者，我们更有责任和义务为石窟寺的保护、研究、传承和弘扬

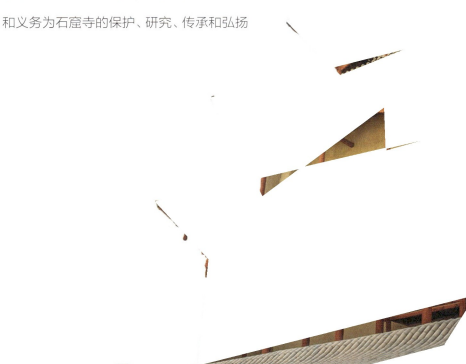

添砖加瓦，尽一份绵薄之力。

　　蕴涵丰富的石窟寺文化艺术遗产，无疑是历史、考古、民族、宗教、艺术等研究的宝库，是难得的"形象史学"的富矿，更是一些特色学科如敦煌学、西夏学、藏学、丝路学等的资料宝库。如何在学术研究中利用好这一弥足珍贵的文化遗产，成为我们新时代学人的共同任务。在石窟寺研究的征程上，"路漫漫其修远兮"，但我们一定要有"为往圣继绝学"的志向和追求，力求开石窟研究之新风。

　　就世界上规模最大、延续时间最长、保存最完好、历史信息最丰富、文化担当功能最强大、国际影响最深远的敦煌石窟而言，学术成果极为丰硕，堪称"汗牛充栋"，为我们今天的研究打下了无比坚实的基础。但敦煌石窟研究的空间之大，其所承载的历史信息之多，所涉及的学术课题之庞杂，远超我们的想象，故敦煌一直被称为"学术的海洋"。正因为此，敦煌石窟总会让人有情不自禁的学术热情；也正因为此，敦煌石窟的研究任重道远。但我们始终相信，这是一条充满阳光的学术之路，值得每个人全身心投入其中。

　　鉴于此，借陕西师范大学人文社会科学高等研究院和历史文化学院的平台，我们推出"石窟考古专题丛书"，希望借学术同仁之力量，共同推动石窟考古与敦煌学研究。任何能够反映石窟考古新成果的作品，都是我们希望纳入的璀璨珍珠，虽属涓涓细流，但总希望汇入石窟考古的汪洋大海之中。

2—7

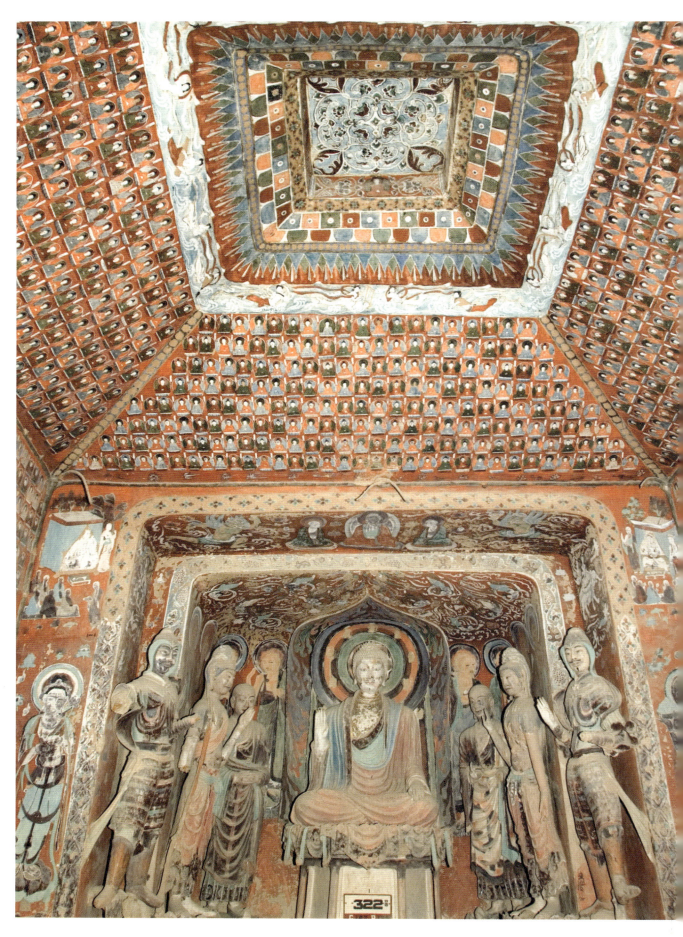

序

　　沙武田请我给他即将出版的《粟特人与敦煌莫高窟洞窟营建》书稿写个序，对于他的请求，我想了想，考虑对他的鼓励，又身为导师，我觉得还是有必要写些文字的。沙武田是我学生中很特殊的一位，他读硕士、博士和博士后都是跟着我，我们两个人相处了将近十年时间，对他的研究过程很了解，我是看着他一步一步走过来的。同时我们两个都有相似的经历，就是出身于西北黄土高原上的农村家庭，从艰难困苦中挣扎出来从事学术研究的。我看着他慢慢从学术的底层爬上学术研究的巅峰，从朦胧走向豁朗，从混沌迈向睿智，终于迈向学术巅峰行列。他不仅仅自己做得非常好，而且带领着一批团队开始学术攻关研究。

　　记得二十多年前的 1999 年，他来兰州大学敦煌学研究所攻读硕士学位，在那之前，他协助敦煌研究院彭金章先生进行莫高窟北区石窟考古，已经在《文物》杂志上合作发表论文两篇，初步显示他的才华。走入我的视线并引起我关注的是他对问题的敏感和钻研精神。做学术研究除了刻苦用功之外，就是学术慧根，我们很多人都很聪明，也很用功，但就是成不了材，我一直琢磨这是为什么，实际上就是一种学术机缘，也是一种学术慧根。晚唐五代敦煌佛教教团度僧出家，事先都要进行考试，测试准备出家的幼童是否适合出家为僧，将这些准备出家的幼童送到寺院里跟随和尚学习培养一段时间，然后集中面试，就是从考试中挑选出来哪些人有慧根，适合培养成僧人。

　　从事敦煌学研究，特别是从事敦煌石窟艺术更应该具有这种学术慧根，沙武田是我培养的从事敦煌石窟艺术研究的博士中最有慧根的，应该说他是敦煌石窟艺术研究一批新秀中的代表，成绩突出。2005 年他从兰州大学敦煌学博士毕业，我就有一个冲动，想把他留校到兰州大学敦煌学研究所，或者把他留校到兰大艺术学院去，将艺术学院的科学研究带起来。但是他是敦煌研究院在职读博的，兰州大学与敦煌研究院有协议，不能互相挖人，特别是兰州大学不能从敦煌研究院引进人，所以只好放弃将沙武田引进到兰州大学敦煌学研究所的想法。他博士毕业很优秀，博士学位论文《敦煌画稿研究》被评为"全国百篇优秀博士学位论文提名论文"，并被列入"第二批国家社科基金成果文库"出版。

后来沙武田进入博士后研究阶段，我们坚持他以非在职身份做博士后，目的就是方便他出站时进入兰州大学工作。经过两年多的博士后研究，他于2008年出站，他的出站报告《吐蕃统治时期敦煌石窟研究》又入选"国家哲学社会科学成果文库"。按照当时全国社科规划办的规定，每人只能有一项成果列入成果文库中，而沙武田已经是第二次被列入成果文库，足见他的成果分量和水平。他出站时我已经同兰州大学校长周绪红谈好，将他以教授名义留校并出任艺术学院院长。他研究能力很好，但是没有行政工作经验，只有经过基层工作经验积累，特别是主持一些相对独立的行政单位的工作，有了一定工作经验和处理行政事务的能力，将来才会有大的发展。但是他本人的意愿还是想回到敦煌研究院工作，没有办法，只能服从他的志愿，忍痛割爱，让他回敦煌研究院工作。后来他前往陕西师范大学工作，由于兰大和敦煌研究院有约定，不然真想让他到兰州大学敦煌学平台工作，这样才能充分展示他的学术研究才能。

沙武田具有超常的学术研究能力和学术眼光，这在他的博士学习阶段和博士后研究阶段已经有体现，从他的选题就能看出他的独到之处。从事学术研究除了坚韧不拔、持之以恒的精神之外，就在学术视角独特和学术视野的宽广，新颖的学术视角能够发现很多常人不能发现的问题，一个学者发展到一定阶段除了解决问题的能力，最为主要的就是发现问题。解决问题只要下功夫、不怕吃苦，每个人都能做到。但是新颖的学术视角不是通过努力就可以达到的，这就是我强调的学术研究的慧根。他此前关于敦煌画稿的研究，将敦煌壁画艺术的源流问题解决了；而他的吐蕃时期洞窟研究，将这个特殊时期壁画发展的特点和原因弄清楚了。如果说前面的研究是他单兵作战，而今年他主持完成的国家社科基金重大招标项目"敦煌西夏石窟研究"，充分展示他有集团作战的领导能力。他现在是陕西师范大学图书馆馆长，那是学校繁忙的岗位之一，每天都有处理不完的事务，仍然成果不断，足见他已经适应这一工作现状，具备了领导科研工作平台的能力。加上学术视野和刻苦精神，他会有更多标志性的研究成果面世。

沙武田走出校门已经十五六年了，他是兰州大学培养出来的优秀石窟艺术研究专家，是敦煌石窟艺术不可多得的人才。2019年，习近平总书记在敦煌研究院主持召开座谈会，提出将敦煌研究院建成"文化遗产保护的典范"和"敦煌学研究的高地"。2023年，我参加甘肃省政协关于将敦煌研究院建成"文化遗产保护典范和敦煌学研究高地"调研，很多专家都提到沙武田，除了肯定他的研究水平之外，建议将他引进，让他到更加适合他的学术平台来工作，发挥他的领导艺术和研究能力，将甘肃的敦煌学研究水平提高一个新的层次。不久前我和甘肃省主管文化教育的副省长李刚同志交谈，提到沙武田的研究水平和影响力，他也表示像这样的专家应当引进到甘肃来，为敦煌学研究事业贡献力量。从2019年以来，敦煌学研究蒸蒸日上，今后敦煌学如何发展，这既是机遇也是挑战，同样是新一代敦煌学者难逢的发展机会，如何把握时机利用形势，将敦煌学做强做大，是历史为新时代敦煌学者出的考题，我相信沙武田会给出一个很好的答案。实际上今天关于粟特人与敦煌石窟营建的研究，就是其中的一个答卷。

对于这个题目，我知道他之前做过课题，不过没有认真翻阅他写的相关文章。现在看到他整理成书稿，书名也颇吸引人。因为我之前利用敦煌藏经洞写本遗书，对吐蕃时期、晚唐张氏归义军时期和五代宋曹氏归义军时期敦煌地区粟特人相关问题作过仔细梳理，涉及敦煌粟特人方方面面的问题，所以相对而言我是比较熟悉敦煌粟特人历史的，对学术界的研究现状也一直有所关注。故而看到这本书稿是专门研究粟特人与敦煌洞窟的营建，自然引起我的兴趣。

在电脑中打开他发给我的书稿，大致浏览，对其核心的研究大体上有所了解。他的研究基本宗旨是通过仔细梳理相关洞窟中与粟特人紧密相关联的历史、考古、艺术、宗教、民族等证据链，最后考察相应洞窟作为粟特人功德窟的可能性，或者探讨洞窟营建与粟特人之间的密切关联，或者探明粟特人程度不同地参与了洞窟营建的史实，本研究的核心是落实到一些代表性洞窟当中来。简单来说，该研究集中揭示出一些粟特人的功德窟，或有浓厚粟特文化特征的洞窟。

长期以来，敦煌与丝绸之路的关系问题，是敦煌学的热点和焦点话题，尤其是随着共建"一带一路"的实施，加上敦煌作为"华戎所交一都会""丝路咽喉"特殊的地理位置，以及敦煌藏经洞大量文献所记载涉及敦煌与丝绸之路密切关联丰富的史实，当然也包括敦煌石窟中精美的丝路图像，都在印证季羡林先生提出的"敦煌是世界四大文明交汇地"这一宏大命题。正因为如此，学术界对此问题的关注、思考与研究也有百余年的历史，其成果汗牛充栋。无论如何，敦煌作为丝路重镇，这其中应该说粟特人的贡献是不能被忽视的历史客观事实。就目前学术史而言，其中对粟特人与敦煌洞窟营建的研究，因为受到实地考察洞窟主客观因素的限制，以及洞窟考古基本资料公布有限等原因，仍然属学术薄弱的环节。沙武田本科西北大学考古专业出身，有在敦煌一线工作较长时间的经历，加上他能够吃苦，在敦煌工作期间下大功夫熟悉洞窟，由他来从事这一课题的研究工作，应该说是合适的人选。

　　该书稿只是他学术生涯中的阶段性成果，期待沙武田在敦煌学尤其是敦煌石窟艺术与考古的研究中更上一层楼，也希望他能够引领团队作战，带动并培养出更多更优秀的敦煌石窟艺术青年人才。

郑炳林

兰州大学衡山堂

2023 年 12 月 12 日

目 录

Catalog

图版目录

图版说明：以上图版敦煌石窟部分均由敦煌研究院提供。

绪 论

一、选题缘起

敦煌是丝绸之路"咽喉"所在,"华戎所交一都会",世界四大文明在这里交汇,敦煌地区出土和保存的记录和反映丝绸之路历史的丰富资料与重要考古遗存,无疑是我们今天研究丝绸之路历史最重要的所在。来自中亚锡尔河(Syr Darya)和阿姆河(乌浒河)(Amu Darya/Oxus)流域索格底亚那(Sogdiana)地区,以商业著称、"利所在,无不至"的粟特九姓胡人是中古时期活跃在丝绸之路上的重要人群,包括敦煌在内的丝绸之路沿线均有他们留下的丰富历史文化遗存,而丝绸之路沿线粟特人聚居地的绵延分布,成为我们今天了解和研究中古丝绸之路历史文化的重要内容,进而形成独特的历史人文景观。特别是近年来中国国内粟特人墓葬不断被考古发现,使这种研究的热潮持续高涨。

作为丝绸之路重镇的敦煌,是粟特商队的必经之地,也是他们在丝绸之路上聚落的一个重要中心,学界前贤池田温[1]、陈国灿[2]、姜伯勤[3]、荣新江[4]、

[1] [日]池田温:《8世纪中叶敦煌的粟特人聚落》,《欧亚文化研究》1965年第1期,第49—92页。辛德勇中译本见刘俊文主编:《日本学者研究中国史论著选集》第9卷,中华书局,1993年,第140—220页。

[2] 陈国灿:《魏晋至隋唐河西胡人的聚居与火祆教》,《西北民族研究》1988年第1期,第201—202页;另载氏著《敦煌学史事新证》,甘肃教育出版社,2002年,第73—97页。

[3] 姜伯勤:《敦煌吐鲁番文书与丝绸之路》,文物出版社,1994年。姜伯勤:《敦煌艺术宗教与礼乐文明》,中国社会科学出版社,1996年。

[4] 荣新江:《归义军及其与周边民族的关系初探》,《敦煌学辑刊》1986年第2期,第24—44页。荣新江:《胡人迁徙与聚落》,载氏著《中古中国与外来文明》,生活·读书·新知三联书店,2001年,第54—59页。

郑炳林[1]、陆庆夫[2]、葛乐耐（Frantz Grenet）、张广达[3]、陈海涛[4]、魏义天（Etienne de La Vaissière）[5]等先生的研究已清楚地揭示出中西交通史上这一至关重要的现象。

作为丝路交通最重要见证的敦煌悬泉遗址的考古发现，把敦煌与丝路的紧密关系大大提升了一步，而悬泉汉简中发现的诸多与丝路关系密切的简牍文字，为我们今天认识粟特人在敦煌提供了重要的早期资料[6]。

三国时期，敦煌就有大量的"西域杂胡"生活于此，对此《三国志》卷一六《仓慈传》有记：

> 太和中，迁敦煌太守……又常日西域杂胡欲来贡献，而诸豪族多逆断绝；既与贸迁，欺诈侮易，多不得分明。胡常怨望，慈皆劳之。欲诣洛者，为封过所，欲从郡还者，官为平取，辄以府见物与共交市，使吏民护送道路，由是民夷翕然称其德惠。数年卒官，吏民悲感如丧亲戚，图画其形，思其遗像。及西域诸胡闻慈死，悉共会聚于戊己校尉及长吏治下发哀，或有以刀画面，以明血诚，又为立祠，

① 郑炳林先生对敦煌粟特人系列研究成果：《吐蕃统治下的敦煌粟特人》，《中国藏学》1996年第4期，第43—53页；《唐五代敦煌的粟特人与归义军政权》，《敦煌研究》1996年第4期，第80—96页；《唐五代敦煌的粟特人与佛教》，《敦煌研究》1997年第2期，第151—168页；《张氏曹氏归义军政权的胡汉联姻》，《中国史研究》2004年第1期，第63—72页；《晚唐五代敦煌贸易市场外来商品辑考》，《中华文史论丛》第六十三辑，上海古籍出版社，2000年，第55—91页；《晚唐五代敦煌贸易市场的等价物》，《中国史研究》2002年第3期，第85—94页；《论晚唐五代敦煌贸易市场的国际化程度》，《中国经济史研究》2003年第2期，第14—18页。另可参见郑炳林主编：《敦煌归义军史专题研究》，兰州大学出版社，1997年。郑炳林主编：《敦煌归义军史专题研究三编》，甘肃文化出版社，2005年。

② 陆庆夫：《唐宋间敦煌粟特之汉化》，《历史研究》1996年第6期，第25—34页。陆庆夫、郑炳林：《唐末五代敦煌的社与粟特人聚落》，载郑炳林主编《敦煌归义军史专题研究》，兰州大学出版社，1997年，第391—399页。

③ Frantz Grenet and Zhang Guangda, "The Last Refuge of the Sogdian Religion:Dunhuang in the Ninth and Tenth Centuries",Bulletin of the Asia Institute,new series,10,1996,pp.175−186.

④ 陈海涛、刘惠琴：《来自文明十字路口的民族——唐代入华粟特人研究》，商务印书馆，2006年，第138—151页。

⑤ ［法］魏义天著，王睿译：《粟特商人史》，广西师范大学出版社，2012年。

⑥ 张德芳：《西北汉简中的丝绸之路》，《中原文化研究》2014年第5期，第26—35页。葛承雍：《敦煌悬泉汉简反映的丝绸之路再认识》，《西域研究》2017年第2期，第107—113页。

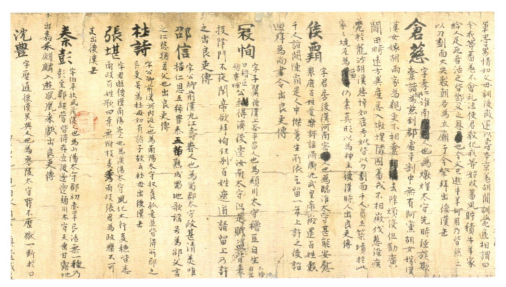

图1　敦煌写本P.3636《三国志》抄本（采自IDP）

遥共祠之。①

　　相同记载另见于敦煌藏经洞写本P.3636（图1）②。

　　1907年斯坦因在敦煌西北的长城烽燧遗址获取的粟特文古信札（图2），研究的成果颇多③，透过这些重要的资料，说明西晋永嘉六年（312年）④左右，有为数不少的以康国胡商为

---

①（晋）陈寿撰，（宋）裴松之注：《三国志》，中华书局，1959年，第512、513页。

②施萍婷：《敦煌随笔之二》，《敦煌研究》1987年第1期，第47页。

③W.B.Henning, "The Date of the Sogdian Ancient Letters",Bulletin of the School of Oriental and African Studies,XII,1948.J.Harmatta, "Sogdian Sources for the History of Pre-Islamic Central Asia",Prolegomena to the Sources on the History of Pre-Islamic Central Asia,Budapest, 1979,pp.153–165.N.Sims-Willianms, "The Sogdian Merchants in China and India",Cina e Iran da Alessandro Magno alla Dinastia Tang,ed.1996.F.Grenet & N.Sims-Williams, "The Historical Context of the Sogdian Ancient Letters",Transition Periods in Iranian History,Leuven 1987,pp.101–122.陈国灿：《敦煌所出粟特文古书信的断代问题》，《魏晋南北朝隋唐史资料》第七辑，1985年，第10—18页。林梅村：《敦煌出土粟特文古书信的断代问题》，《中国史研究》1986年第1期，第87—99页。[美]安妮特·L·朱丽安娜、朱迪思·A·茱莉著，苏银梅译：《粟特文古信札Ⅱ》，《考古与文物》2003年第2期，第76—77页。麦超美：《粟特古信札的断代》，《魏晋南北朝隋唐史资料》2009年第二十五辑，第219—238页。

④陈国灿：《敦煌所出粟特文信札的书写地点和时间问题》，《魏晋南北朝隋唐史资料》1985年第七辑，第10—18页。

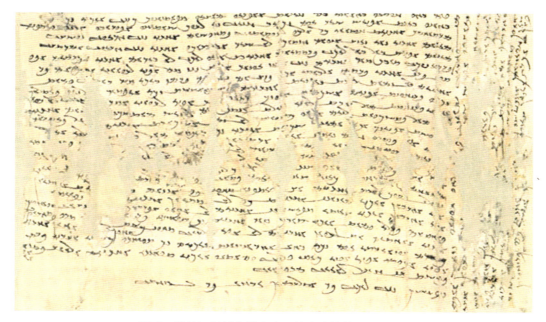

图 2　敦煌汉长城烽燧出土粟特文古信札（采自IDP）

代表的九姓胡人在河西敦煌的活动状况。

　　沙州城东的"从化乡"作为中亚移民及其后裔流寓汉地后在丝绸之路重镇敦煌的聚居地①，是唐代最盛时期胡人入华的一个缩影。学者们据成作于武周，后在开元、永泰年间修订的敦煌文献P.2005《沙州都督府图经》卷三"四所杂神"所记②，再参以P.2748V《敦煌廿咏》之"安城祆咏"，认为"安城"应是从化乡所在地，这里不仅有体现粟特人宗教信仰的"其院周回一百步"，还设有祆神"廿龛"的"神祠"③。既然在他们的生活区专设祆祠，说明 8 世纪中叶这些入籍沙州"从化乡"的粟特人基本上保留了他们本土的宗教，至少有相当一部分人仍保持着传统的宗教信仰。但是好景不长，由"杂胡"安禄山一手操纵的安史之乱，不仅使唐帝国由盛而衰，也使当时活跃在唐王朝上上下下的粟特胡

① 荣新江：《胡人迁徙与聚落》，载氏著《中古中国与外来文明》，生活·读书·新知三联书店，2001 年，第 54—59 页。
② ［日］池田温：《沙州图经略考》，载《榎博士还历纪念东洋史论丛》，山川出版，1975 年，第 70 页。李美林主编：《敦煌学大辞典》李正宇撰"沙州都督府图经"辞条，上海辞书出版社，1998 年，第 325 页。李正宇：《古本敦煌乡土志八种笺证》，甘肃人民出版社，2008 年，第 25—26 页。
③ 季美林主编：《敦煌学大辞典》李正宇撰"祆祠"辞条，上海辞书出版社，1998 年，第 325 页。

人大受影响①，随着安西、陇右、河西相继沦陷为吐蕃人的势力范围，丝绸之路上的粟特胡人也成了"落蕃"人。沙州的"从化乡"解体了，但由于"石城镇"康艳典领导下粟特人的并入，敦煌的粟特人有增无减②，他们散入敦煌的各个阶层，且颇为活跃③。

安史之乱后，随着吐蕃势力的扩张，受吐蕃占领西域的影响，之前在沿敦煌楼兰一线由来自中亚的粟特人大首领康艳典率领族人建立的"卫星城"新城、葡萄城、石城镇、萨毗城④等处的粟特人有部分并入敦煌⑤，使敦煌的粟特人在吐蕃统治时期未减反增，多成为吐蕃时期繁荣的寺院的寺户⑥。

至于晚唐五代宋张氏和曹氏归义军时期敦煌的粟特人，研究归义军史的学者们有大量丰富的成果可供参考，是我们熟知的历史。粟特人在敦煌的发展壮大，影响之大，以至于像归义军统治者曹氏，即是来自粟特后裔⑦。

使我们更感兴趣的是，在敦煌这样一个粟特人活动的重镇与中心地区，构成中古敦煌人重要活动和记载他们历史的佛教石窟及其丰富的彩塑和壁画艺术，粟特人的贡献是什么？作为信仰群体之一的粟特人，他们又是如何参与到这一宗教与艺术活动当中的？

事实上，这方面的问题，也不同程度地引起学者们的关注，有系列成果可供参考。

著名的历史学家和艺术史家姜伯勤先生指出："由于粟特商队的强大财力，由于他

---

① 荣新江：《安史之乱后粟特胡人的动向》，载纪宗安、汤开建主编《暨南史学》第二辑，暨南大学出版社，2003年，第102—123页。不同和类似的情况另可参考毕波：《中古中国的粟特胡人——以长安为中心》，中国人民大学出版社，2011年，第148—156页。

② 陆庆夫：《唐宋间敦煌粟特人之汉化》，《历史研究》1996年第6期，第25—34页。郑炳林：《吐蕃统治下的敦煌粟特人》，《中国藏学》1996年第4期，第43—53页；另载郑炳林主编《敦煌归义军史专题研究》，兰州大学出版社，1997年，第374—390页。

③ 郑炳林、王尚达：《吐蕃统治下的敦煌粟特人》，《中国藏学》1996年第4期，第43—53页；另载《敦煌归义军史专题研究》，兰州大学出版社，1997年，第374—390页。

④ 参见敦煌写本S.367《沙州伊州地志》。

⑤ 郑炳林、王尚达：《吐蕃统治下的敦煌粟特人》，《中国藏学》1996年第4期，第43—53页；另载《敦煌归义军史专题研究》，兰州大学出版社，1997年，第374—390页。

⑥ 姜伯勤：《唐五代敦煌寺户制度》，中华书局，1987年。

⑦ 荣新江：《敦煌归义军曹氏统治者为粟特后裔说》，《历史研究》2001年第1期。冯培红：《敦煌曹氏族属与曹氏归义军政权》，《历史研究》2001年第1期。二文分别载荣新江：《中古中国与外来文明》，生活·读书·新知三联书店，2001年，第258—274页；郑炳林主编《敦煌归义军史专题研究续编》，兰州大学出版社，2003年，第163—189页。

们往来于丝绸之路商道，他们无论作为艺术赞助人，还是作为外来艺术纹样的推荐者，在中国艺术史上都有重要的地位。"①作为保存南北朝至隋唐时期佛教艺术最集中的敦煌自然不能例外。姜先生身体力行，根据莫高窟初唐第 322 窟龛内"畏兽"图像、史姓供养人、发愿文不称"辰年"而称"龙年"等现象推断：莫高窟第 322 窟的"窟主史氏或为突厥裔，或为粟特裔"②。姜先生的研究可以认为是有代表意义的。

业师郑炳林先生长期致力于敦煌粟特人的研究，有大量的成果问世，涉及敦煌粟特人研究的方方面面，他也曾就唐五代粟特人在莫高窟画佛开窟作过考察，为我们勾勒出一条大概的线索③。荣新江先生详细考察了敦煌壁画中由"萨保"率领下来往于丝绸之路的粟特商队的形象④。雷闻先生发表文章，指出了莫高窟第 158 窟各国王子举哀图所反映出的粟特文化对唐代社会的影响⑤。刘永增先生发现了莫高窟第 158 窟壁画涅槃经变中的粟特纳骨瓮⑥。张元林先生以莫高窟第 285 窟为个案，就窟内相关图像作了深入的专题研究，揭示出该洞窟与粟特人或丝路文化交流密切的关系⑦。

---

① 姜伯勤：《中国祆教艺术史研究》"引论"，生活·读书·新知三联书店，2004 年，第 7 页。

② 姜伯勤：《莫高窟 322 窟持动物畏兽图像——兼论敦煌佛窟畏兽天神图像与唐初突厥祆神崇拜的关联》，载《中国祆教艺术史研究》，生活·读书·新知三联书店，2004 年，第 217—224 页。

③ 郑炳林：《唐五代敦煌的粟特人与佛教》，载郑炳林主编《敦煌归义军史专题研究》，兰州大学出版社，1997 年，第 433—465 页。

④ 荣新江：《萨保与萨薄：佛教石窟壁画中的粟特商队首领》，载《法国汉学》丛书编辑委员会编《粟特人在中国——历史、考古、语言的新探索》（即《法国汉学》第十辑），中华书局，2005 年，第 49—71 页。

⑤ 雷闻：《割耳剺面与刺心剖腹——粟特对唐代社会风俗的影响》，载《从撒马尔干到长安——粟特人在中国的文化遗迹》，北京图书馆出版社，2004 年，第 41—48 页。

⑥ 刘永增：《莫高窟第 158 窟的纳骨器与粟特人的丧葬习俗》，《敦煌研究》2004 年第 2 期，第 13—18 页。

⑦ 张元林系列论文：《粟特人与莫高窟第 285 窟的营建——粟特人及其艺术对敦煌艺术的贡献》，载云冈石窟研究院编《2005 年云冈国际学术研讨会论文集·研究卷》，文物出版社，2005 年，第 394—406 页；《论莫高窟第 285 窟日天图像的粟特艺术源流》，《敦煌学辑刊》2007 年第 3 期，第 161—169 页；《观念与图像的交融——莫高窟 285 窟摩醯首罗天图像研究》，《敦煌学辑刊》2007 年第 4 期，第 251—256 页；Zhang Yuanlin, "Dialogue among the civilizations:the origin of the three Guarding deities' images in Cave 285,Mogao Grottoes", The Silk road Journal,Vol6:2,（winter/spring 2009）,pp.33—48；《六—十世纪敦煌壁画中的日、月神图像研究》（Images of Sun and Moon Gods in Dunhuang Grottoes between the Sixth and Tenth Century），《文化的交融——中世纪早期的中国及周边地区的文化"国际学术讨论会》，美国弗吉尼亚大学，2010 年。

通过学者们的研究可知，作为敦煌社会重要组成部分的粟特九姓胡人，也积极参与敦煌佛教洞窟的营建，有重要的信息显示粟特人及其所代表的"粟特画派"对敦煌石窟艺术有不可磨灭的影响与贡献。对此，以姜伯勤先生为代表，通过对莫高窟西魏第285窟，隋代第244、390窟，初唐第322窟相关图像的研究①，深刻揭示出敦煌石窟艺术史和中国美术史上这一非常有趣而又至关重要的现象。

结合以上的历史背景和前贤们开拓性的探索，提醒我们敦煌艺术研究的一个前景和重要课题，也促使我们不得不重新检讨敦煌艺术的价值与影响因素。

在此视野下，在敦煌石窟艺术当中，我们的确看到了更多更为生动的与粟特九姓胡人有密切关联的实例，看到了粟特美术对敦煌壁画的影响，其中包括粟特九姓胡人作为洞窟功德主的问题，粟特人参与洞窟营建的现象，也有来自中亚波斯艺术图案在敦煌的表现，均构成我们理解敦煌石窟粟特美术的重要内容。

在前人研究的基础上，一方面，我们受到启发，深深感到敦煌作为中亚粟特九姓胡人及其后裔的必经地，也是他们频繁活动并聚居的地方，加上历史时期胡人移民及其后裔在数量上的不断扩张和地位的渐次上升；另一方面，作为商业民族和具有万花筒般信仰的粟特胡人，对佛教功德所强调的保佑丝路商业交通通畅和平安的功能，想必也是感兴趣的。在这样的背景下，构成中古敦煌历史最为精彩的佛教石窟艺术活动中，必有这些丝绸之路上最活跃的商业民族的身影。

若考虑到粟特人信仰的多元化特征，以及大量敦煌藏经洞文献中记载粟特九姓胡人与佛教活动的诸多关系，我们更有理由相信，敦煌石窟艺术产生的过程与背后，定有相当数量的粟特人参与其中。他们或为洞窟功德主、窟主、施主等上层人士，或为受雇于人的画工画匠等下层劳动者，或以直接的形式参与洞窟的具体营建当中，或以间接的形式影响到石窟艺术的方方面面。无论如何，这些历史现象，均是我们研究相关洞窟及其艺术时所不能忽视的重要历史问题，是明了和阐释敦煌艺术在中西文化艺术交流史长河中重要地位的珍贵资料。因此，有必要作深入的分析研究。

① 姜伯勤：《敦煌艺术宗教与礼乐文明》，中国社会科学出版社，1996年。姜伯勤：《中国祆教艺术史研究》，生活·读书·新知三联书店，2004年。

二、选题意义

敦煌学是国际"显学","粟特学"和丝路文化交流研究是国际汉学领域长盛不衰的话题。敦煌学研究的对象和材料所在地敦煌是世界四大文明交汇之地,是丝路的要冲,是中古时期国际商人粟特人活动的重镇,因此,敦煌的粟特问题和粟特人的研究无疑是敦煌学、历史学、考古学、丝路文化交流研究的热点话题。本课题的研究,也旨在为不断升温的"粟特学"和"丝路学"①研究注入新的活力。

近年来,随着国内各地粟特人墓葬的不断发现,特别是丰富的粟特人墓志的频繁现身,国际汉学界对中国粟特问题进行了热烈的讨论,形成"粟特热",而新兴的"丝路学"与"粟特学"有千丝万缕的关系。

敦煌作为粟特人的重要聚居地,有大量的文献和图像资料,有关敦煌文献中粟特方面的研究颇丰,已经达到很高的水平,但是长期以来学界对敦煌石窟中粟特美术影响下的丝路图像的研究较为滞后,与国际学术界无法有效接轨。就目前而言,主要有关友惠研究员对敦煌石窟波斯萨珊风格图案的研究,饶宗颐先生、张广达先生、姜伯勤先生、马尔沙克先生、葛乐耐先生、沈睿文先生对藏经洞白画P.4518(24)粟特神祇的系列研究,姜伯勤先生对莫高窟第322窟畏兽图像,以及第244、390等窟粟特特征美术和供养人像的研究,张庆捷先生、荣新江先生对敦煌画中胡商图的研究,张元林先生对第285窟图像及敦煌画中日天、月天等图像的研究,雷闻先生对莫高窟第158窟各国王子举哀图的研究,李昀博士对维摩诘经变中各国王子形象的研究(详见本书学术史),精彩不断。总体而言,学界对单一图像或个别问题确有深入的研究,但就粟特人与敦煌石窟营建的关系,或者说有关洞窟壁画中更多反映丝路文化交流的图像的释读,还有更多有意义的问题需要关注。

虽然敦煌文献与洞窟图像资料对粟特人与洞窟及相关美术活动的关系记载并不明确,但据零星可见的洞窟供养像题名等资料,仍可看到粟特人较为频繁的洞窟赞助与相关的艺术活动。探讨敦煌石窟群中粟特人的参与形式和他们对敦煌艺术的贡献,明确敦煌石窟粟特美术的成分,对进一步探讨敦煌粟特人问题、中西文化交流、粟特美术的东传等国际学术前沿问题均有所益。

---

① "丝路学"是近年来提出的一个新的学术概念,参见周伟洲:《中国丝路学理论与方法刍议》,《西域研究》2021年第1期,第1—8页;昝涛:《"一带一路"、"丝路学"与区域研究》,载黄达远、李如东主编《区域视野下的中亚研究》,社会科学文献出版社,2020年,第23—33页。

通过我们初步的考察可以知道，敦煌石窟是以当地汉民族为主体的世家大族、高僧大德、地方统治者、下层老百姓、寺院僧人营建的人类历史与艺术长廊，但是敦煌作为粟特九姓胡人的重要聚居地，中亚粟特人及其后裔也积极地参与到洞窟营建中来，同时粟特美术也被广泛地吸收到洞窟壁画的绘制中，大大丰富了其艺术表现力。这进一步表明了敦煌在中西文化交流史上的重要地位，也揭示出敦煌历代民族交融现象及其文化影响。

另外，当地其他民族的艺术活动过程中也深受粟特等丝路美术的影响。我们在敦煌洞窟壁画中发现大量此类图像与美术活动痕迹，对探讨中西文化交流与敦煌艺术发展史有重要的意义。

三、研究方法

从浩如烟海的 800 余所敦煌洞窟群的 50000 余平方米壁画和 3000 余身彩塑中探寻粟特等丝路美术的蛛丝马迹及其历史关联，是一项涉及考古学、图像学、历史学、文献学、艺术学、宗教学等诸多学科背景的工程。

首先，拟以考古学与图像学的方法，对相关的洞窟与壁画图像资料进行记录并作图像分析，明确具体图像的"语境"和其在洞窟中的意义，这是本课题研究的基础。

其次，拟结合历史学与文献学的方法，探讨相关的历史背景和具体历史环境，要把其放在特定的历史时代中考量，尽可能结合时代共性，再具体到敦煌本地，进而考察诸如图像产生的原因、动机，与所在洞窟窟主与施主的个人背景、赞助思想、艺术爱好关系。敦煌洞窟壁画作为第一手资料的艺术、考古图像，必定反映出独特历史中具体的个人或群体艺术活动，或他们宗教活动的思想动机与个人艺术背景。

最后，作为中西文化交流史课题，必须紧密联系中国历史上中亚、西域、北方草原各民族与中原汉文化长时期交融的大背景。只有在这样的大背景下思考，结合历史的共性，才能明白中华文明交融、中西文化交流在敦煌个案研究的重要性和学术意义。

四、存在的问题

敦煌石窟的主体内容是以洞窟建筑空间、壁画、彩塑等图像来反映佛教经典、佛教思想、佛教礼仪的表达和实践，通过艺术图像的形式凝聚功德主、僧人、普通信众在观瞻朝拜时的精神，因此敦煌石窟艺术首先是佛教历史的"物质性"①，是形象化的佛教膜拜对象。粟特美术通常与粟特人本民族的主要信仰祆教有关，而佛教和祆教则有本质的区别，祆教也远没有佛教在视觉形象上丰富多彩。而且，通过粟特人传入的丝路图像元素，如何脱离本来的宗教含义而进入佛教艺术的殿堂，也是艺术史和图像学研究的一个艰难课题。

另外，虽然敦煌文化经常表现出多元文化的特征，但以儒家文化为代表的中原内地文化，一直是自汉武帝设"河西四郡"以来的主导文化，因此即使后来定居敦煌的粟特人及其后裔在表达他们功德观念的佛教洞窟图像中，是否会明确或者说较为明显地把本民族美术的成分带入敦煌的佛教石窟中，其实是要仔细地辨别后方可得出的结论，不能简单形似地比对，更不能武断地配对。

因此，整体来看，对敦煌石窟中丝路图像的研究，时常要面临这些外来艺术成分图像若有若无的困境，但这或许也正是本课题的魅力所在，因为其背后是历史时期丝路文化交流互动的原动力，也是敦煌石窟艺术非常吸引人的部分。

五、需要说明的问题

敦煌石窟中与丝绸之路历史文化交流的关系非常复杂，问题层出不穷。本课题的研究主要关注的是以粟特九姓胡人为核心进而对以粟特美术为中心的探讨，其他诸如古希腊、古罗马、古波斯、拜占庭、大食、印度、于阗、突厥、回鹘、吐蕃等文化艺术的交流互动关系，前人或有专题研究，或在洞窟中的表现并不明朗，亦非本书关注的话题，故不列入本书讨论之列。以敦煌石窟于阗图像为例，学界研究成果最为丰硕，张广达、荣新江、朱丽双、陈粟裕、张小刚等先生有重要成果②，颇为深入，可供参考。

---

① 巫鸿：《"石窟研究"美术史方法论提案——以敦煌莫高窟为例》，《文艺研究》2020 年第 12 期，第 137—146 页。巫鸿：《研究中国古代宗教美术的一些心得》，《世界宗教研究》2021 年第 2 期，第 9—17 页。

② 张广达、荣新江：《于阗史丛考》，上海书店，1993 年。张广达、荣新江：《于阗史丛考》，中国人民大学出版社，2008 年。荣新江、朱丽双：《于阗与敦煌》，甘肃教育出版社，2013 年。陈粟裕：《从于阗到敦煌——以唐宋时期图像的东传为中心》，方志出版社，2014 年。张小刚：《敦煌佛教感通画研究》，甘肃教育出版社，2015 年。

第一章　敦煌石窟与粟特人有关图像研究学术史

　　敦煌作为丝路要冲，由于其独特的地理位置，成为中古时期中西文明交汇的一个中心，正如季羡林先生曾指出的那样，敦煌是世界四大文明的交汇点。据文献记载，自汉晋以来，敦煌已经成为丝路商业民族，即来自中亚粟特九姓胡人入华后的重要聚居地，到了8世纪中叶，在沙州城东形成粟特人居住的中心"从化乡"①，进入中唐吐蕃统治时期，粟特人已经开始广泛进入敦煌佛教界和官府的各个阶层中，其中有一部分已开始向统治上层迈入，显示出了这些流寓敦煌的中亚移民在经过几个世纪的漫长经营，已经在当地占据了一定的地位②。最终发展到五代宋归义军时期，作为统治者的曹氏一族，即是粟特人的后裔③。由此可见，在敦煌的中古历史舞台上，粟特人扮演着重要的角色，是敦煌历史上不可或缺的担当者。

　　正因为如此，长期以来，敦煌粟特问题的研究，如同国际"粟特学"一样成为一个学术热点，引起海内外广大专家学者的特别关注，各自从不同的视角出发，分别就敦煌粟特人的宗教信仰、敦煌粟特人聚落、粟特人在敦煌的社会宗教生活、敦煌粟特

---

① ［日］池田温：《8 世纪中叶における敦煌のソグド人聚落》，《ユーラシア文化研究》第 1 号，北海道大学，1965 年，第 49—92 页。中文译本见辛德勇译：《八世纪中叶敦煌的粟特人聚落》，载《日本学者研究中国史论著选译·第 9 卷·民族交通卷》，中华书局，1993 年，第 140—220 页；另载池田温《唐研究论文选集》，中国社会科学出版社，1999 年，第 3—67 页。荣新江：《古代塔里木盆地周边的粟特移民》，《西域研究》1993 年第 2 期，第 8—15 页；修订后以《西域粟特移民考》为名，收入《西域考察与研究》，新疆人民出版社，1994 年，第 157—172 页；又改作《西域粟特移民聚落考》，载氏著《中古中国与外来文明》，生活·读书·新知三联书店，2001 年，第 19—36 页。荣新江：《从撒马尔干到长安——中古时期粟特人的迁徙与入居》，载《从撒马尔干到长安——粟特人在中国的文化遗迹》，北京图书馆出版社，2004 年，第 3—8 页。

② 郑炳林、王尚达：《吐蕃统治下的敦煌粟特人》，《中国藏学》1996 年第 4 期，第 43—53 页；另载郑炳林主编《敦煌归义军史专题研究》，兰州大学出版社，1997 年，第 374—390 页。

③ 荣新江：《敦煌归义军曹氏统治者为粟特后裔说》，《历史研究》2001 年第 1 期，第 65—72 页。冯培红：《敦煌曹氏族属与曹氏归义军政权》，《历史研究》2001 年第 1 期，第 73—86 页。沙武田：《敦煌石窟归义军曹氏供养人画像与其族属之判别》，《西部考古》第六辑，三秦出版社，2012 年，第 204—234 页。

胡人的礼俗、敦煌的粟特美术等问题发表了大量的研究成果，学术界也有相关的总结述评①。

可以认为，迄今为止，敦煌粟特研究中的基本问题与一些重大问题均已清楚，粟特人在中古敦煌活动的历史线索也已清晰地浮现在世人面前。但综合考察可以发现，在以上问题的研究过程中，其中敦煌以粟特人为主体的丝路图像的研究相对滞后，仍有较大的研究空间。

一、敦煌石窟中亚波斯风格图案研究

敦煌石窟壁画中有大量的图案题材和内容，其中有传自中原本土的图案，也有传自中亚西域的图案，就后者而言，最有代表性的是具有浓厚波斯萨珊风格的各类联珠纹（图1-1）。对于敦煌石窟波斯中亚风格的联珠纹图案（图1-2）的研究，首推关友惠先生对莫高窟隋代第420、425、402、401、277等洞窟中出现的联珠纹的公布和分析，指出这种首次出现在隋代洞窟中的新纹样，是中亚波斯萨珊的艺术风格特征②。薄小莹先生则对敦煌莫高窟六世纪末至九世纪中叶的各类装饰图案从内容到分期，从出现到发展变化作了详细的研究，其中就忍冬纹、联珠纹、葡萄石榴花纹、宝相花纹、海石榴花纹、开元年间的牡丹花纹等几类带有浓厚中亚、西亚图案特色的纹样作了专门的考察研究，单就联珠纹而言，就可分为五式，颇为复杂③。姜伯勤先生亦从敦煌隋代石窟中的波斯萨珊

---

① 程越：《国内粟特研究综述》，《中国史研究动态》1995年第9期，第13—19页。陈海涛：《敦煌粟特研究历史回顾》，《敦煌研究》2000年第2期，第160—167页。杨富学：《敦煌与中外关系史研究三十年——纪念中国中外关系史学会成立三十周年》，载敦煌研究院信息资料中心编印《信息与参考》（总第15期），2011年第11—21页。日本学者森安孝夫则发表：Moriyasu Takao, "Japanese Research on the History of the Sogdians along the Silk Road, Mainly from Sogdiana to China", Acta Asiatia: Bulletin of the Institute of Eastern Culture, 94, 2008, pp.1–39. 中文见徐婉玲译：《日本研究丝绸之路的粟特人的成就之回顾和近况》，《西域文史》第三辑，科学出版社，2008年，第325—353页。

② 关友惠：《莫高窟隋代图案初探》，《敦煌研究》创刊号（总第3期），1983年，第26—38页。

③ 薄小莹：《敦煌莫高窟六世纪末至九世纪中叶的装饰图案》，《敦煌吐鲁番文献研究论集》第五辑，北京大学出版社，1990年，第355—436页；另载《敦煌图案》，中国·新疆美术摄影出版社、新西兰·霍兰德出版有限公司，1992年，第50—112页。《中国佛教学术论典·84》，佛光山文教基金会出版，2003年，第55—151页。薄小莹：《吐鲁番地区发现的联珠纹织物》，载《纪念北京大学考古专业三十年论文集》，文物出版社，1990年，第311—340页。

图 1-1 莫高窟隋代第 425 窟西龛外龛北侧彩塑和壁画中的联珠纹样

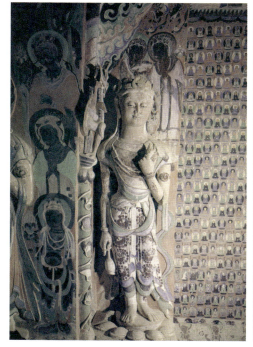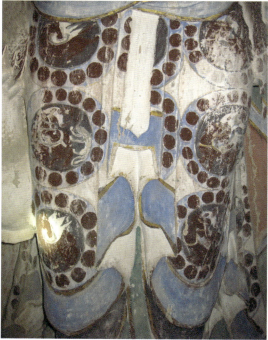

图 1-2　莫高窟隋代第 420 窟衣裙饰联珠纹样的彩塑菩萨像及联珠纹样局部

式纹样角度出发，探讨了"敦煌与波斯"在中古时期的交流与互动，从历史背景及深层内涵观察了敦煌图案特有的文化现象①，让我们看到了两地之间密切的关系。

除此之外，姜伯勤先生在多篇文章中均考察了敦煌隋代石窟中出现的联珠纹所反映的"波斯风""粟特画派"等中西文化交流现象②。刘波博士对敦煌壁画中出现的联珠纹、忍冬纹、棕榈纹、莨苕纹及立兽图像作了研究，指出这些纹样均为传自古代中亚、西亚的艺术图样③。梁银景女士在研究"隋代佛教窟龛"时，集中就莫高窟隋代壁画中出现的各类联珠纹作了研究，分别就联珠纹的种类形式、分期特征及其出现的历史背景作了深入的分析研究，指出在莫高窟隋代洞窟壁画中出现的联珠纹，虽然是来自中亚波斯的艺术纹样，但其传播路线与两京地区及吐鲁番的关系更为密切，而不大像是直接传自中亚，这种纹样大量出现在隋代洞窟的具体历史背景则与隋王朝西域经营成功分不开④。这是敦煌隋代石窟联珠纹研究最系统、最深入的一篇文章，其中提出的一些新观点，有重要的参考价值。

此类有浓厚丝路特色的纹样的研究，关友惠先生在进行敦煌壁画图案集大成研究时也有涉及⑤，公布了相关图版，可参考。

对于敦煌壁画中联珠纹样的研究，最新的成果是康马泰先生在莫高窟第420窟主尊

---

① 姜伯勤：《敦煌与波斯》，《敦煌研究》1990年第3期，第1—15页。姜伯勤：《敦煌吐鲁番文书与丝绸之路》，文物出版社，1994年，第50—82页。对于敦煌隋代壁画中出现的联珠纹的中亚波斯文化特征，姜先生在多篇相关文章中都不同程度地谈到，在此不一一列举。

② 姜伯勤：《敦煌壁画与粟特壁画的比较研究》，载《1987年敦煌石窟研究国际讨论会文集·石窟艺术编》，辽宁美术出版社，1990年，第150—169页；另载氏著《敦煌艺术宗教与礼乐文明》，中国社会科学出版社，1996年，第157—178页；又收入《中国敦煌学百年文库·考古卷》2，甘肃文化出版社，1999年，第328—339页。姜伯勤：《莫高窟隋说法图中龙王与象王的图像学研究——兼论有联珠纹边饰的一组说法图中晚期犍陀罗派及粟特画派的影响》，载《敦煌艺术宗教与礼乐文明》，中国社会科学出版社，1996年，第125—156页；另载《敦煌吐鲁番研究》第1卷，北京大学出版社，1996年，第139—159页；又收入《中国敦煌学百年文库·考古卷》3，甘肃文化出版社，1999年，第207—224页。

③ 刘波：《敦煌与阿姆河流派美术纹样比较研究》，《敦煌研究》2000年第3期，第25—36页。

④ 梁银景：《隋代佛教窟龛研究》，文物出版社，2004年，第181—199页。

⑤ 敦煌研究院编，关友惠著：《敦煌石窟全集·图案画卷》(上)，香港商务印书馆，2003年。

佛衣服上发现的联珠野猪头纹样(图1-3),并就波斯和中亚的文化传统作了深入的分析,探讨了这种丝路艺术题材流行的轨迹①。

笔者曾对敦煌"翼马"图像作过研究,其中涉及隋代壁画中的联珠翼马纹图像,结合自汉代或者说更早在中国文化中流行的天马思想与观念,以及天马图像在文物考古中的不断发现,可以认为隋代敦煌洞窟壁画中的这种受外来文化影响的联珠翼马纹图案,其中出现带翅膀的马,作为一种独特的图案,本身也应该与中国本土文化中流行的天马思想有关,"翼马是形式,天马思想是本质"。换言之,我们认为这种带有外来文化特色的图案在敦煌石窟中的出现与流行,实与中国传统文化观念有可联系的地方,而不能单

图1-3 莫高窟隋代第420窟西龛主尊佛像服饰装饰联珠野猪头纹样

---

① Matteo Compareti,The Wild Boar Head Motif among the Paintings in Cave 420 at Dunhuang,沙武田主编:《丝绸之路研究集刊》第六辑,商务印书馆,2021年,第280—298页。

纯地强调外来文化的影响，忽视本土文化的作用是不科学的①。日本青年学者田中裕子在研究天马图像时也注意到了其中具有中亚波斯风格特征的联珠翼马或联珠对马纹样②。

二、敦煌石窟外来器物研究

敦煌石窟壁画中描绘了大量的外来器物，如有各类玻璃器、金银器，器物以经变画、说法图主尊及龛下正中的供器为主，另有菩萨或弟子手中所持净瓶、花瓶、香炉等（图1-4），还有千手千眼观音经变中正大手中的各式净瓶。除壁画中的器物以外，藏经洞文书寺院账簿（入破历）中也记载有大量的寺院金银与琉璃器具，如P.2567《莲台寺破历》

图 1-4-1　莫高窟盛唐第 199 窟西龛外北侧菩萨　　图 1-4-2　莫高窟盛唐第 199 窟西龛外南侧菩萨

① 沙武田：《敦煌翼马图像试析》，载敦煌研究院编《2000 年敦煌学国际学术讨论会文集——纪念敦煌藏经洞发现暨敦煌学百年》（石窟考古卷），甘肃民族出版社，2003 年，第 156—172 页。
② ［日］田中裕子：《敦煌天马图像研究》，载《朝日敦煌研究员派遣制度纪念志》，朝日新闻社，2008 年。

图 1-4-3　莫高窟盛唐第 194 窟观音菩萨手提琉璃瓶

中有"琉璃瓶子一，鍮石瓶子一只"，P.3638《净土寺沙弥善胜领得历》中有"琉璃瓶子一"，P.2613《沙州某寺交割常住物点检历》中有"琉璃屏子一只"。上述资料表明，琉璃器在敦煌地区的存在和广泛使用。笔者以为，在这些寺院金银与琉璃器中，其中也必有来自中亚粟特地区者，或者说有在本地生产的带有粟特文化特征的器物，也是完全有可能的，像千手千眼观音之正大手持物中往往有两种瓶（图 1-5），其中一类和唐墓壁画及北朝隋唐墓葬出土被认为是胡瓶类的器物十分相似（图 1-6），有明显的波斯或粟特艺术风格。

　　安家瑶先生对敦煌莫高窟隋唐至西夏壁画中的玻璃器皿作了全面的考察研究，分为就壁画玻璃器皿的分布和形式，包括碗、盘、杯、钵、瓶五类；壁画玻璃器皿的写实性（对此作者持肯定意见）；壁画玻璃器皿多表现为进口玻璃，指出壁画中玻璃器物的外来特色；最后对壁画玻璃器皿提出的玻璃盘的器形、玻璃盘镶边现象及对瓷器的影响、香料瓶和舍利瓶、北宋时期陆路贸易等问题作了分析。认为敦煌壁画中这些大部分表现来自地中海沿岸的罗马和伊朗高原上萨珊玻璃的进口器皿，以及类似伊斯兰玻璃的西夏时

图 1-5-1　敦煌绢画MG.17775 千手千眼观音变相及局部

图 1-5-2　莫高窟晚唐第 144 窟主室东壁门南千手千眼观音变相

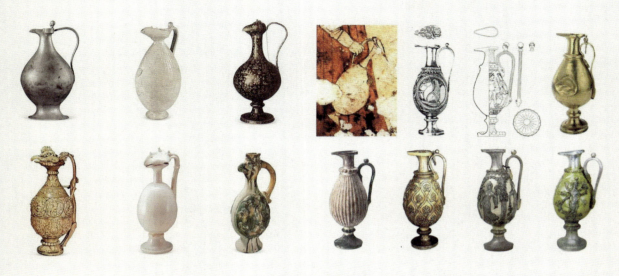

图 1-6-1　北朝隋唐各式胡瓶图集

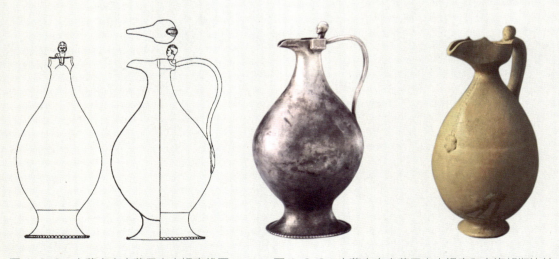

图 1-6-2　内蒙古李家营子出土银壶线图　　　图 1-6-3　内蒙古李家营子出土银壶和白瓷胡瓶比较

图 1-7-1　莫高窟北周第 428 窟主室北壁东侧壁画布局情况

期壁画上的玻璃器皿画面，是西亚玻璃制品经过丝绸之路输入我国的例证，它不仅为研究我国中古时期玻璃史提供了一批宝贵的图像资料，而且还有值得进一步研究的价值[①]。

除此之外，研究唐代金银器和胡瓶的论著虽然不少，但涉及敦煌壁画中相关图像的研究却甚少。因此，这方面研究的空间仍很大。

而就藏经洞寺院入破历文书中记载的有关金银器及琉璃器，专门从名物角度的研究还有待展开。郝春文先生在研究晚唐五代宋敦煌僧尼的社会生活时专门列表进行了梳理，基本的资料是清楚的[②]。

三、敦煌石窟粟特胡人供养像研究

敦煌石窟壁画和藏经洞绢画、麻布画、纸本画中有大量的历代供养像（图1–7），其

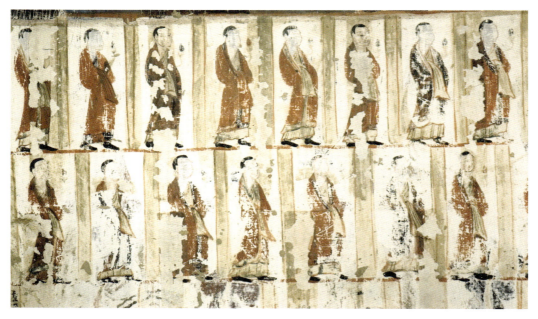

图1-7-2　莫高窟北周第428窟主室南壁供养像

---

① 安家瑶：《莫高窟壁画上的玻璃器皿》，《敦煌吐鲁番文献研究论集》第二辑，北京大学出版社，1983年，第425—464页。安家瑶：《中国的早期玻璃器皿》，《考古学报》1984年第4期，第413—448页。
② 郝春文：《唐后期五代宋初敦煌僧尼的社会生活》，中国科学出版社，1998年。

中有部分可以从姓氏上判断为来自中亚的粟特九姓胡人或其后裔，莫高窟北周第 294 窟就有"清信商胡"的供养人题记[①]，莫高窟盛唐第 44 窟有"部落使康秀华"的供养题记（图 1-8）[②]，莫高窟晚唐第 144 窟则有"大虫皮康公之女"题名和供养像（图 1-9）[③]，莫高窟晚唐第 196 窟有粟特人何氏家族男性集体供养像（图 1-10）。研究敦煌供养像的文

图 1-8　莫高窟盛唐第 44 窟康　　　图 1-9　莫高窟晚唐第 144 窟大虫皮康公之女等供养像
　　　秀华供养题记与所供养菩萨像

图 1-10　莫高窟晚唐第 196 窟粟特何氏男性集体供养像

① 敦煌研究院编：《敦煌莫高窟供养人题记》，文物出版社，1986 年，第 123 页。
② 敦煌研究院编：《敦煌莫高窟供养人题记》，文物出版社，1986 年，第 14 页。郑炳林：《晚唐五代
　敦煌康氏家族与归义军瓜州刺史康秀华考》，《敦煌研究》2018 年第 3 期，第 9—18 页。
③ 敦煌研究院编：《敦煌莫高窟供养人题记》，文物出版社，1986 年，第 65 页。

章甚丰，但是注意到其中粟特胡人供养像的并不多。供养人画像中的粟特人资料，尤其是有名有姓且有具体可视画像的粟特胡人资料，对于我们了解和研究敦煌石窟丝路图像有重要的历史意义和学术价值，不能小视。

　　早年史苇湘先生指出敦煌石窟中的曹氏供养像有可能为流寓敦煌的中亚粟特九姓胡人后裔，但没有展开讨论[①]。郑炳林先生在对敦煌粟特诸多问题研究过程中，多次利用石窟和藏经洞绘画中的粟特人画像资料，主要是依据其中出现的供养人题记中的姓氏来判断其族属[②]，这一观点和方法得到学界的认同。当然也有学者就此批评，称有"泛粟特"之嫌[③]。就现在看来，这种研究从总体上可以得到肯定。不过，以上的研究，仍主要停留在对粟特人题记等文献资料的运用上，没有具体的分析或不够深入，还没有涉及对具体画像的研究。

① 史苇湘：《世族与石窟》，《敦煌研究文集》，甘肃人民出版社，1982 年，第 154 页。

② 郑炳林：《唐五代敦煌手工业研究》，《敦煌学辑刊》1996 年第 1 期，第 20—38 页；收入《敦煌归义军史专题研究》，兰州大学出版社，1997 年，第 239—274 页；又收入《中国敦煌学百年文库·历史卷》2，甘肃文化出版社，1999 年，第 479—504 页。《张氏曹氏归义军政权的胡汉联姻》，《中国史研究》2004 年第 1 期，第 63—72 页；收入《敦煌归义军史专题研究三编》，甘肃文化出版社，2005 年，第 496—512 页。《晚唐五代敦煌社会风气之胡风胡化》，载《转型期的敦煌学》，上海古籍出版社，2007 年，第 49—61 页。《唐五代敦煌粟特人与归义军政权》，《敦煌研究》1996 年第 4 期，第 80—96 页；收入《敦煌归义军史专题研究》，兰州大学出版社，1997 年，第 400—432 页；又收入《中国敦煌学百年文库·历史卷》2，甘肃文化出版社，1999 年，第 531—552 页。《吐蕃统治下的敦煌粟特人》，《中国藏学》1996 年第 4 期，第 43—53 页；收入《敦煌归义军史专题研究》，兰州大学出版社，1997 年，第 374—390 页。《唐五代敦煌的粟特人与佛教》，《敦煌研究》1997 年第 2 期，第 151—168 页；收入《敦煌归义军史专题研究》，兰州大学出版社，1997 年，第 433—465 页。《晚唐五代敦煌地区粟特妇女生活研究》，《新疆师范大学学报》2004 年第 2 期，第 36—40 页；收入《敦煌归义军史专题研究三编》，甘肃文化出版社，2005 年，第 560—575 页。《晚唐五代敦煌地区的胡姓居民与聚落》，载《粟特人在中国——历史、考古、语言的新探索》，中华书局，2005 年，第 178—190 页；另载《敦煌归义军史专题研究三编》，甘肃文化出版社，2005 年，第 596—616 页。《〈康秀华写经施入疏〉与〈炫和尚货卖胡粉历〉研究》，载《敦煌吐鲁番研究》第 3 卷，北京大学出版社，1998 年，第 191—208 页；另载《敦煌归义军史专题研究续编》，兰州大学出版社，2003 年，第 444—464 页。

③ 荣新江：《敦煌归义军曹氏统治者为粟特后裔说》，《历史研究》2001 年第 1 期，第 65—72 页；收入氏著《中古中国与外来文明》，生活·读书·新知三联书店，2001 年，第 258—274 页。毕波：《中古中国的粟特胡人——以长安为中心》荣新江"序"，中国人民大学出版社，2011 年，第 1—2 页。

图 1-11 莫高窟北周第 290 窟胡人驯马图

有鉴于此,对敦煌石窟中此类独特而有重要历史研究价值的一类图像资料有必要作专门的考察,因此撰成专文,从图像学的角度出发,就敦煌石窟中的粟特九姓胡人供养像的基本资料进行检索,在此基础上分析了粟特九姓胡人供养像的几个特点,又从供养人画像探讨了粟特九姓胡人对洞窟营建的贡献,以及粟特九姓胡人在洞窟中的供养功德观念两个问题[①]。分析的结果,让我们看到了该类供养像的独特之处,是与他们作为外来民族和商业民族有一定关系的。

对于敦煌石窟中的粟特胡人供养像的研究,我们认为贺世哲先生对莫高窟北周第290窟的研究过程中,在具体讨论窟主时,以洞窟中心柱西向面正中出现的"胡人驯马图"(图1-11)为重要的参证资料,"以小见大",发覆历史,进而考察出洞窟的窟主为北周敦煌刺史李贤,实可作为胡人供养像研究的一个范例[②]。至于后来我在研究吐蕃期洞窟时揭示出来的莫高窟第359窟粟特石姓家族供养像,则是目前为止敦煌石窟中胡人

---

① 沙武田:《敦煌石窟粟特九姓胡人供养像研究》,《敦煌学辑刊》2008 年第 4 期,第 132—144 页。
② 贺世哲:《石室札记》,《敦煌研究》1999 年第 4 期,第 50—55 页。

供养人画像最丰富也是最集中的一个案例，不仅有题记，还有胡汉通婚的例证，又有吐蕃装与唐装结合的情况，且是一个入华粟特胡人家族 4 代 77 口的集体画像，在粟特胡人供养像研究方面应占据重要的历史地位和不可多得的学术价值①。

四、敦煌的胡人胡商画像研究

敦煌绘画艺术中出现为数不少的胡人画像，像大家熟悉的表现《妙法莲华经》第二十五品"观世音菩萨普门品"中"商人遇盗"场面情节的"胡商遇盗图"，以莫高窟盛唐第 45 窟最具代表性；另，供养人中据姓氏可判断有九姓胡人，只是从画像形貌特征上并不明确而已，不过这并不妨碍我们的研究。其他像敦煌唐墓中出土的胡人牵马和牵驼模制花砖（图 1–12）、胡人俑（图 1–13）、北区洞窟瘗窟出土彩绘胡人木俑（图 1–14），

图 1–12　敦煌唐墓出土胡人牵马砖（敦煌研究院藏）

① 沙武田：《莫高窟吐蕃期洞窟第 359 窟供养人画像研究——兼谈粟特九姓胡人对吐蕃统治敦煌的态度》，《敦煌研究》2010 年第 5 期；另载《中国美术研究年度报告 2010》，人民美术出版社，2011 年，第 3—25 页。沙武田：《敦煌的粟特胡人画像——莫高窟第 359 窟东壁门上新释读一身石姓男供养像札记》，载樊锦诗、荣新江、林世田主编《敦煌文献、考古、艺术综合研究——纪念向达教授诞辰 110 周年国际学术研讨会论文集》，中华书局，2011 年。沙武田：《吐蕃统治下敦煌的一个粟特人家族——以莫高窟第 359 窟供养人画像为中心》，载荣新江、罗丰主编《粟特人在中国：考古发现与出土文献的新印证》，科学出版社，2016 年，第 436—565 页。

图 1-13　敦煌唐墓出土胡人俑（敦煌市博物馆提供）

图 1-14   莫高窟北区唐代瘗窟出土木雕彩绘胡人俑

（敦煌研究院藏）

还有维摩诘经变中的各国王子图等，都是研究敦煌胡人胡商的重要资料。

最早，于 20 世纪 40 年代由西北科学考察团在敦煌佛爷庙唐墓中发现出土的胡人牵驼模制花砖公布后，被广泛展览，其中的胡商形象，高鼻深目，头戴尖帽，身着小袖紧身翻领长袍，脚蹬长筒皮靴，属典型的胡人形象（图 1-15）①。1998 年，彭金章先生和笔

---

① 现藏敦煌研究院敦煌文物保护研究陈列中心。图版可参见殷光明编著：《敦煌画像砖》，人民美术出版社，1990 年，第 4 页；戴春阳：《唐代模印塑像砖——从敦煌佛爷庙湾唐墓发掘谈起》，《历史文物》1998 年第 11 期，第 34—49 页。

图 1-15　敦煌唐墓出土胡人牵驼砖（敦煌研究院藏）

者公布了莫高窟北区瘗窟中发现的随葬彩绘木雕胡人俑①，因为有残损不全的木雕马俑，结合唐墓随葬品的一般现象，推测当为一身牵马或牵驼的胡人胡商俑。后来敦煌佛爷庙湾唐墓中又发现了胡人牵驼模制花砖，胡人形象颇为典型，骆驼所负物品更加形象，驼峰间驮有作十字捆扎的长方形驼囊，上置一菱形格筐篮，篮后趴一回首扬尾的小猴②。该花砖曾引起一些学者的注意，齐东方先生对其上所载猴子作过讨论，颇有意味③。

　　2001 年，荣新江、冯培红二先生同时刊文，提出了敦煌归义军曹氏统治者出自粟特后裔的新观点，荣文认为归义军曹氏统治者出自粟特后裔，并从敦煌粟特曹姓的来源、粟特人担任归义军要职的情况、曹氏与回鹘于阗的联姻、粟特人在曹氏政权中的地位等方面进行了论证④；冯文则以为敦煌曹氏的渊源有二，来自中原与中亚粟特，冯

① 彭金章、沙武田：《敦煌莫高窟北区洞窟清理发掘简报》，《文物》1998 年第 10 期，第 2—21 页；收入敦煌研究院编《敦煌莫高窟北区石窟研究》（第一卷），文物出版社，2000 年，第 3—29 页。
② 郭晓瑛：《敦煌佛爷庙湾唐代模印砖墓》，《文物》2002 年第 1 期，第 42—65 页。
③ 齐东方：《丝绸之路的象征符号——骆驼》，《故宫博物院院刊》2004 年第 6 期，第 6—25 页。
④ 荣新江：《敦煌归义军曹氏统治者为粟特后裔说》，《历史研究》2001 年第 1 期，第 65—72 页；收入氏著《中古中国与外来文明》，生活·读书·新知三联书店，2001 年，第 258—274 页。

文对汉代以来胡汉两支曹氏的渊源和势力发展进行了考察，在此基础上推考归义军节度使曹议金的族属郡望，最终认定曹议金家族是中亚粟特曹氏的后裔，曹氏归义军政权的性质为以粟特族人为主并联合部分汉族和其他少数民族所建立的政权①。李并成、解梅二先生翻检、征引了若干新史料，对归义军曹氏统治者为粟特后裔说提出质疑，认为荣新江、冯培红先生的观点仍存有不少推测成分，难成定论。莫高窟第55、98、100、108、428、454 等窟绘有曹议金及其家族一些成员的大幅供养画像和题记，画面上曹议金丝毫没有胡人的形貌特征，完全为汉族面貌，而非粟特族属②。笔者则从艺术史的角度，立足与曹氏归义军时期的男性供养群像，分析的结果还是认为曹氏为粟特族属的可能性更大一些③。

从北魏到隋唐，胡商图的数量很多，依考古发现的种类划分，有墓葬壁画、墓葬雕绘两类。除墓葬壁画外，石窟、寺庙壁画及其他绘画作品中也不乏这方面的内容。在新疆库车、拜城地区的古代龟兹国范围内的佛教石窟寺中，如克孜尔、库木吐喇、森木塞姆、克孜尔尕哈、台台尔等石窟，都多少不等地保存有关于萨薄形象的本生故事图像，其中尤以克孜尔最为集中，而且保存的画面也较为清晰。敦煌石窟壁画中，也有不少依据佛经绘制的商主及其所率领的商人的形象。张庆捷先生从考古学的角度排比了自北朝至隋唐各地出土胡商俑形制的变化，以翔实的图像资料展示了各个时期的主要胡商种族及特征、贸易活动、生活细节等。张先生指出："在新疆克孜尔石窟第 8 窟、17 窟、38 窟、114 窟、184 窟等石窟壁画中，均有许多表现萨薄与商人的内容，最著名、最普遍的应是萨薄商主燃臂引路、马壁龙王救诸商人渡海和萨薄商主救商人出海的故事，这些甚至在一窟中反复出现。"通过这些佛经壁画中萨薄与商人的故事，可见中亚商人结伙经商的情形及其萨薄府与商人的密切关系。在敦煌莫高窟北周第 296 窟福田经变图、隋代第 420 窟 "商人遇盗图"、盛唐第 45 窟 "商人遇盗图" 和第 217、103 窟佛顶尊胜陀罗尼经变 "序品" 僧人丝路旅行图等壁画中亦有与胡商相关的内容。张庆捷先生的文章，不仅

① 冯培红：《敦煌曹氏族属与曹氏归义军政权》，《历史研究》2001 年第 1 期，第 73—86 页。

② 李并成、解梅：《敦煌归义军曹氏统治者果为粟特后裔吗——与荣新江、冯培红先生商榷》，《敦煌研究》2006 年第 6 期，第 109—115 页。

③ 沙武田：《敦煌石窟归义军曹氏供养像与其族属之判别》，《西部考古》第七辑，三秦出版社，2012年，第 204—234 页；另载中央文史馆、敦煌研究院、香港大学饶宗颐学术馆编《庆贺饶宗颐先生95 华诞敦煌学国际学术研讨会论文集》，中华书局，2012 年，第 142—167 页。

为我们提示了佛教石窟壁画上的胡商形象，而且还提供了大量可以与之相互对比的陶俑、砖雕、石刻、墓葬壁画等方面的资料，对研究胡商在华活动提供了可靠的依据[①]。

荣新江先生又系统收集、考察、分析了龟兹、敦煌石窟壁画中所见的萨薄及其商人形象，并从萨保与萨薄的关系角度加以论证，揭示出佛教壁画中萨薄或其所率印度商人在龟兹和敦煌地区向粟特萨保和商人转化的过程。荣新江指出，在敦煌石窟壁画中，有不少依据佛经绘制的商主及其所率领的商人的形象。但敦煌石窟壁画中的本生故事，流行的题材主要是九色鹿、舍身饲虎等，至今尚未见到像新疆克孜尔石窟中常见的那种萨薄画面。莫高窟的商人形象，主要见于法华经变中的《观世音菩萨普门品》和《化城喻品》[②]。

五、粟特九姓胡人与敦煌石窟营建研究

透过历史考察，作为敦煌社会重要组成部分的粟特九姓胡人，曾积极参与敦煌佛教洞窟的营建。学界研究成果也比较多，姜伯勤、郑炳林、张元林等专家学者及笔者曾对莫高窟西魏第 285 窟，隋代第 244、390 窟，唐代第 158、322、359、387 等窟相关图像的考察研究，揭示出敦煌石窟艺术史上这一非常重要的现象。

著名的历史学家和艺术史家姜伯勤先生指出："由于粟特商队的强大财力，由于他们往来于丝绸之路商道，他们无论作为艺术赞助人，还是作为外来艺术纹样的推荐者，在中国艺术史上都有重要的地位。"[③] 如此，敦煌当不能例外。姜先生根据莫高窟初唐第 322 窟龛内"畏兽"图像、史姓供养人、发愿文不称"辰年"而称"龙年"等现象推断："窟主史氏或为突厥裔，或为粟特裔。"[④] 在姜先生新颖观点的启示下，笔者对第 322 窟窟主

① 张庆捷：《北朝隋唐的胡商俑、胡商图与胡商文书》，载《中外关系史：新史料与新问题》，科学出版社，2004 年，第 173—204 页；收入氏著《民族汇聚与文明互动——北朝社会的考古学观察》，商务印书馆，2010 年，第 141—191 页。

② 荣新江：《萨保与萨薄：佛教石窟壁画中的粟特商队首领》，载《粟特人在中国——历史、考古、语言的新探索》，中华书局，2005 年，第 48—71 页；又载《龟兹学研究》第一辑，新疆大学出版社，2006 年，第 19—41 页。

③ 姜伯勤：《中国祆教艺术史研究》第一章"引论"，生活·读书·新知三联书店，2004 年，第 7 页。

④ 姜伯勤：《莫高窟 322 窟持动物畏兽图像——兼论敦煌佛窟畏兽天神图像与唐初突厥祆神崇拜的关联》，载《中国祆教艺术史研究》，生活·读书·新知三联书店，2004 年，第 217—224 页。

问题作了更加详细的分析，从第 322 窟西壁双层龛外层龛顶定名为"人非人"两身图像入手，分析了龛内彩塑造像的胡貌特征及其"原创性"意义，对窟内包括葡萄纹样在内的中亚西域特征装饰艺术、部分反映东传粟特美术特征的画样与图像进行了研究，揭示出洞窟图像受粟特美术影响的特征，并结合洞窟营建的历史背景与供养人画像、工匠题名反映出的粟特人属性，认为莫高窟初唐第 322 窟即是流寓敦煌的粟特九姓胡人营建的功德窟。至少，从洞窟的大量图像与文字信息所表现出来的其与粟特文化、美术及审美观念等因素的强烈关联，可以初步推知该洞窟的赞助人与所雇佣的艺术家们，或多或少均与流寓敦煌的中亚粟特胡人有关①。

张元林先生则以莫高窟第 285 窟为个案，通过供养人、壁画中的日天图像等问题，进行深入的专题研究，揭示出该洞窟诸多图像与粟特艺术具有密切的源流关系，使我们有理由相信第 285 窟实为粟特人供养功德窟②。这是敦煌石窟中最早可以断定为流寓敦煌的粟特人营建的功德窟。而洞窟中多种造像题材与多种艺术风格的互动，则充分表明了粟特人及其艺术对敦煌石窟艺术具有的贡献。

笔者近年来集中考察了粟特九姓胡人对敦煌石窟的营建，除第 322 窟以外，另就莫高窟中唐第 158 窟内诸多现象，包括如各国王子举哀图中的民族属性、波斯萨珊风格的联珠雁衔珠纹、两件粟特纳骨瓮的文化意义、洞窟建筑形制与入华粟特人的丧葬习俗、涅槃经变图像的再解读、金光明最胜王经变图像的选择意义、洞窟营建的历史背景即吐蕃统治时期敦煌的粟特人、供养人画像、与邻窟张议潮功德窟的历史关联、敦煌粟特安氏的佛教信仰等问题的详细分析，论证表明该洞窟作为敦煌粟特九姓胡人功德窟的可能性③。后来，根据新发现的莫高窟第 359 窟供养人题记，考证出此窟为吐蕃时期粟特人石姓家族营建的功德窟；并结合当时的历史背景，就供养人像所反映的服饰新现象、洞

① 沙武田：《莫高窟第 322 窟图像的胡风因素——兼谈洞窟功德主的粟特九姓胡人属性》，《故宫博物院院刊》2011 年第 3 期，第 71—96 页。

② 张元林：《粟特人与莫高窟第 285 窟的营建——粟特人及其艺术对敦煌艺术贡献》，载《2005 年云冈国际学术研讨会论文集·研究卷》，文物出版社，2006 年，第 394—406 页；《论莫高窟第 285 窟日天图像的粟特艺术源流》，《敦煌学辑刊》2007 年第 3 期，第 161—169 页；《观念与图像的交融——莫高窟 285 窟摩醯首罗天图像研究》，《敦煌学辑刊》2007 年第 4 期，第 251—256 页。

③ 沙武田：《敦煌莫高窟第 158 窟与粟特人关系试考》（上、下），《艺术设计研究》2010 年第 1 期，第 16—22 页；《艺术设计研究》2010 年第 2 期，第 29—36 页。

窟功德主、粟特胡人对吐蕃统治的态度等问题作了探讨，最后回答了这一洞窟中供养人大量出现的原因[1]。最新则就第 323 窟与粟特人的关系作了新的尝试性解读[2]。

业师郑炳林教授长期致力于敦煌粟特人的研究，且有大量成果问世，他曾就唐五代粟特人在莫高窟开窟画佛作过考察。《唐五代敦煌的粟特人与佛教》一文认为，莫高窟第 387 窟建于盛唐，五代重修，西壁龛下有清泰元年修功德记，西壁龛下南侧供养人像列北向第一身是都僧统京城内外临坛供奉大德阐扬三教大法师康维宥，依次有律师兼大众都维那康应愿、大乘贤者康知兴、大乘贤者康□兴、大乘贤者康易儿、康忠信、康昌进、右厢将头康□信、康庆及其子侄等 18 人的供养像和题名，表明这个窟于五代时期已归敦煌粟特人康家所有，成为康家的家窟。敦煌莫高窟第 129 窟为盛唐所建，五代时期成为敦煌粟特人安氏的家窟。第 171 窟建于盛唐，到归义军时期变为敦煌石姓粟特人的家窟。第 196 窟亦是一个晚唐由敦煌粟特人何氏家族建立的家窟。康秀华是位粟特富商，在敦煌莫高窟第 44 窟南壁中部观音像上端有一方"观世音菩萨……使康秀华一心供养"[3]的供养人题记，这是 44 窟最早的题记，其余皆为五代供养人题记，第 44 窟很可能是康秀华家族的功德窟[4]。敦煌莫高窟虽然有许多粟特人建立的家窟，但是这些家窟很少是他们自己亲自开凿的，大部分是重修或者改建原有洞窟而成。敦煌文献在记载敦煌粟特人的同时也大量记载了粟特女性的社会生活。晚唐五代敦煌地区的粟特妇女生活也很活跃，她们信仰佛教并参与建窟施舍等活动，经济上从事商业和手工业、农业等社会经济活动。粟特人还积极与敦煌地区的汉族及其他民族通婚，这一特殊群体对敦煌当时

① 沙武田：《莫高窟吐蕃期洞窟第 359 窟供养人画像研究——兼谈粟特九姓胡人对吐蕃统治敦煌的态度》，《敦煌研究》2010 年第 5 期，第 12—24 页。

② 沙武田：《为粟特人而建——莫高窟第 323 窟与中土佛教传播历史的图像展示》，载陕西师范大学人文社会科学高等研究院等编《文明的推动与互动——丝绸之路上的粟特研究国际学术研讨会论文集》，西安，2021 年 6 月，第 357—396 页。

③ 敦煌研究院编：《敦煌莫高窟供养人题记》，文物出版社，1986 年，第 14 页。

④ 郑炳林：《唐五代敦煌的粟特人与佛教》，《敦煌研究》1997 年第 2 期，第 151—168 页；收入《敦煌归义军史专题研究》，兰州大学出版社，1997 年，第 433—465 页。郑炳林：《晚唐五代敦煌地区的胡姓居民与聚落》，载《粟特人在中国——历史、考古、语言的新探索》，中华书局，2005 年，第 178—190 页；另载《敦煌归义军史专题研究三编》，甘肃文化出版社，2005 年，第 596—616 页。

社会风气的变化产生过巨大影响①。

　　郭萍女士以前贤研究成果为基础，对魏晋、隋及唐初敦煌壁画中反映出来的丰富的粟特美术迹象作了梳理，得出粟特人以不同身份对敦煌美术发展做出了相当贡献的结论②。

六、敦煌画胡服研究

　　敦煌画胡服，主要是针对供养人服饰和经变画、故事画中的世俗物画像而言，在此所言非早期鲜卑服饰，亦非晚期回鹘、西夏装，而是指受中亚粟特胡风影响下的胡服。敦煌壁画中保留了大量的胡服资料，因此一直以来引起服饰史研究者的广泛关注。最早注意到敦煌供养人服饰中中亚胡风特征的是段文杰先生，他较早就注意到像莫高窟北魏

图 1-16　莫高窟北魏第 254 窟尸毗王割肉留鸽本生故事画

① 郑炳林、徐晓丽：《晚唐五代敦煌地区粟特妇女生活研究》，《新疆师范大学学报》2004 年第 2 期，
　　第 36—40 页；收入《敦煌归义军史专题研究三编》，甘肃文化出版社，2005 年，第 560—575 页。
② 郭萍：《粟特民族对魏晋至唐初敦煌美术的影响》，《贵州民族研究》2010 年第 6 期，第 132—136 页。

图 1-17　莫高窟隋代第 390 窟女供养像　　　图 1-18　莫高窟隋代第 390 窟
身着联珠纹男供养像

第 254 窟尸毗王本生画面中掌称人的胡服（图 1-16），维摩诘经变各国王子图中的胡服，以及商人遇盗图中的胡商服饰等①。段先生另在对莫高窟唐代艺术中的服饰研究文章中也充分注意到唐人的胡服现象，并以维摩诘经变中各国王子图与胡商遇盗图中胡商服饰为例作了集中分析②。

　　姜伯勤先生则就隋代供养人服饰胡服作了专题研究，以莫高窟隋代第 303、304、389、390 等窟着三角翻领敞衣女供养像（图 1-17）及第 390 窟两身着联珠纹的男供养像（图 1-18）为例，通过和中亚乌兹别克斯坦巴拉雷克捷佩壁画中人物服装的比较，指出敦煌隋代供养人画像中的三角翻领和联珠纹胡服与嚈哒人和粟特人有关③。曹喆就敦

① 段文杰：《敦煌壁画中的衣冠服饰》，载《敦煌研究文集》，甘肃人民出版社，1982 年，第 165—188 页；收入氏著《敦煌石窟艺术论集》，甘肃人民出版社，1988 年、1994 年，第 250—272 页。段文杰：《敦煌石窟艺术研究》，甘肃人民出版社，2017 年，第 299—321 页；另收入《敦煌民俗研究》，甘肃人民出版社，1995 年，第 160—182 页；又见《中国敦煌学百年文库·艺术卷》2，甘肃文化出版社，1999 年，第 35—50 页。

② 段文杰：《莫高窟唐代艺术中的服饰》，载《向达先生纪念论文集》，新疆人民出版社，1986 年，第 220—275 页；另载氏著《敦煌石窟艺术论集》，甘肃人民出版社，1988 年，第 273—317 页；《敦煌石窟艺术研究》，甘肃人民出版社，2017 年，第 322—362 页。

③ 姜伯勤：《敦煌莫高窟隋供养人胡服服饰研究》，载郝春文主编《敦煌文献论集》，辽宁人民出版社，2001 年，第 354—368 页。

煌壁画维摩诘经变中的胡服作了专题考证，据其所着服饰对应出其中部分人物的具体国别身份，其中就有戴尖顶帽与卷檐帽的石国人和波斯人[1]。庄铌则就第 158 窟举哀图中各国王子中的帽式作了研究，其中涉及像波斯萨珊、突厥、回鹘、吐蕃、高丽等服饰[2]。近来，李昀博士则通过服饰特征对维摩经变中的诸国王子形象作了一一考证，对应各自的族属关系[3]。

七、敦煌画胡舞胡乐研究

粟特人能歌善舞，有唐一代，来自中亚的胡旋舞、胡腾舞、柘枝舞曾风行一时，另有善弹琵琶的"胡姬"也成为文人墨客追逐的对象。胡舞、胡乐成为唐代人们生活中重要的部分，敦煌也不能例外。单就胡舞而言，应该说敦煌壁画中保存了最多的各个时期的舞蹈，其中有来自中亚的舞蹈。而就敦煌来讲，所见多为胡旋舞，其中以莫高窟初唐第 220 窟北壁药师经变中四身两两相对女子舞蹈为代表，另有初唐第 341 窟、盛唐第 215 窟、中唐第 197 窟等同类图像，早年据董锡玖先生研究指出其即为传自中亚的"胡旋舞"[4]。敦煌文物研究所编著《中国石窟·敦煌莫高窟》第三卷中，万庚育等人撰写的图版说明将第 220 窟北壁有关画面直接定名为"胡旋舞"，文云："画面下部中间，画着名的胡旋舞，它出自西北地区的康国。"[5] 由于该书是一部具有权威意义的资料性画册，书中的图版说明对后来的相关研究和介绍影响很大。其后这一观点为学者广泛引用并作

① 曹喆：《唐代胡服——唐代敦煌壁画维摩诘经变中的胡服考证》，《丝绸》2007 年第 3 期，第 44—47 页。
② 庄铌：《莫高窟 158 窟国王举哀图中少数民族冠、帽的研究》，东华大学硕士学位论文，2005 年。
③ 李昀：《万国衣冠拜冕旒——敦煌壁画中的朝贡者形象》，载《艺术史研究》第十九辑，中山大学出版社，2017 年，第 169—205 页。
④ 董锡玖：《敦煌壁画和唐代舞蹈》，《文物》1982 年第 12 期，第 58—69 页；收入董锡玖编《敦煌舞蹈》，中国·新疆美术摄影出版社、新西兰·霍兰德出版有限公司，1992 年，第 50—57 页；《缤纷舞蹈文化之路——董锡玖舞蹈史论集》，敦煌文艺出版社，2006 年，第 215—219 页；又收入《中国敦煌学百年文库·艺术卷》3，甘肃文化出版社，1999 年，第 204—210 页。
⑤ 敦煌文物研究所编：《中国石窟·敦煌莫高窟》第 3 卷，文物出版社、平凡社，1987 年，第 224 页。

了进一步的阐释发展，代表如罗丰①、陈海涛②诸先生。

但也有人提出不同的见解：

巩恩馥认为"莫高窟第 220 窟壁画中的'胡旋舞'与典籍记载中的'胡旋舞'在年代、衣冠、乐队、乐器等方面的歧异甚多，因而很难认为第 220 窟舞蹈为'胡旋舞'"，至于"第 220 窟的双人对舞，究竟为何名，还需要挖掘更多的资料进一步探究"③。对于以第 220 窟药师经变中舞蹈的讨论，学界的研究成果极为丰富，不一而足，观点也不尽相同，胡同庆先生作了总结，可资参考④。

除胡旋舞以外，敦煌画中有没有胡腾舞，目前还不十分清楚，王克芬先生认为西千佛洞第 15 窟北壁中央有柘枝舞，但特征并不明显⑤。

至于像董锡玖先生指出，存在于早期洞窟天宫栏墙中的胡人头像是否为来自中亚西域的面具舞蹈，也不能确指。

除舞蹈以外，对于乐器的研究，成果较多，但是涉及敦煌画乐器与中亚粟特胡人关系的成果并不多，或者说研究者对像胡琴、琵琶、阮及各种鼓类等乐器源头的探讨，虽然有人注意到其"胡文化"特征，但没有作深入的研究⑥。牛龙菲先生在研究琵琶时注意到此类音乐与西域胡人的关系，并作为"马上乐"作了探讨⑦。

① 罗丰：《隋唐间中亚流传中国之胡旋舞——以新获宁夏盐池唐墓石门胡舞图为中心》，《传统文化与现代化》1994 年第 2 期，第 50—59 页；收入《唐文化研究论文集》，上海人民出版社，1994 年，第 335—354 页；又收入氏著《胡汉之间——"丝绸之路"与西北历史考古》，文物出版社，2004 年，第 280—298 页。

② 陈海涛：《胡旋舞、胡腾舞与柘枝舞——对安伽墓与虞弘墓中舞蹈归属的浅析》，《考古与文物》2003 年第 3 期，第 56—60 页。

③ 巩恩馥：《莫高窟第 220 窟"胡旋舞"质疑》，《敦煌研究》2006 年第 2 期，第 16—17 页。

④ 胡同庆：《敦煌壁画"胡旋舞"是非研究之述评》，载《2011 敦煌学国际联络委员会通讯》，上海古籍出版社，2011 年，第 68—82 页。

⑤ 王克芬：《健舞〈柘枝〉和软舞〈屈柘枝〉》，载《舞论——王克芬古代乐舞论集》，甘肃教育出版社，2009 年，第 332—333 页。

⑥ 郑汝中：《敦煌壁画乐舞研究》，甘肃教育出版社，2002 年。

⑦ 牛龙菲：《阮咸——琵琶考》，《古乐发隐》（嘉峪关魏晋墓室砖画乐器考证），甘肃人民出版社，1985 年，第 207—274 页。见氏著《敦煌壁画乐史资料总录与研究》"琵琶"条之"胡人半解弹琵琶"，敦煌文艺出版社，1991 年，第 324—326 页。

八、敦煌画胡俗研究

　　粟特人移居敦煌之后，把他们自己的一些民族习俗也带到了敦煌，具有代表性的如丧葬、零祭等，除文献记载以外，反映在敦煌绘画中的资料也是比较完整的，前者以莫高窟中唐第 158 窟涅槃经变"各国王子举哀图"为代表，后者则以莫高窟盛唐第 23 窟法华经变"药草喻品"中的祈雨拜塔图为代表。

（一）莫高窟第 158 窟涅槃变各国王子举哀图的研究

　　法国汉学家戴密微（Paul Demiéville）先生在《敦煌变文与胡族习俗》一文中认为，敦煌一个被断代为唐代的石窟洞壁上的一幅涅槃图中以刀剖胸、自截左耳、以刀自刎画面中佛陀的三名弟子画得如同高地亚洲的胡人。这幅画是受到胡族殡葬习俗的影响，在印度佛教的经文传统中绝没有这样的内容[①]。日本学者宫治昭先生在对中亚涅槃图像学的考察过程中亦认为，在犍陀罗和印度的涅槃图中，绝对没有以刀伤体的哀悼表现，在汉译相关经典中也找不到依据，特别是以刀划脸、划胸的特殊葬礼，毫无疑问并非佛教本有的葬送仪礼[②]。雷闻先生从敦煌莫高窟第 158 窟涅槃图像入手，分析了唐代社会割耳劐面与刺心剖腹之风俗，认为"割耳劐面虽是北方草原游牧民族的一种葬俗，但在隋唐时期已为汉人社会所熟知和接受，同时也发展出明志取信、诉冤、请愿等新的功能，人们可借此立誓，或以此引起舆论同情和司法关注，或彰显普遍民意。至于刺心剖腹，作为一种自杀方式虽在西汉时就已出现，但并不常见，此后也很少被人采用。到隋唐时期，此风又盛，

---

①［法］Paul Demiéville, Quelques traits de moeurs barbares dans une chantefable chinoise des T'ang, Acta Orientalia Academiae Scientiarum Hungaricae,vol.15,no.1,1962,PP.71-85.收入 Paul Demiéville, Choix d'études sinologiques, Leiden, 1973,P.307-321；中文见耿昇译：《敦煌变文与胡族习俗》，《中国敦煌吐鲁番学会研究通讯》1992 年第 1 期，第 10—15 页；收入《法国敦煌学精粹》，甘肃人民出版社，2011 年，第 517—525 页。

②［日］宫治昭：《涅槃と弥勒の图像学——インドから中央アジア》，吉川弘文馆，1992 年，第 525—553 页；中文见李萍、张清涛译：《涅槃和弥勒的图像学》，文物出版社，2009 年，第 453—477 页。宫治昭：《中亚アヅア涅槃图の图像学的考察》，《佛教艺术》147 号，1983 年，第 11—33 页；贺小平摘译：《关于中亚涅槃图的图像学和考察》，《敦煌研究》1987 年第 3 期，第 94—102 页。［日］江上波夫：《ユウラシア北方民族の葬礼における劐面、截耳、剪发について》，《ユウラシア北方文化の研究》，山川出版社，1951 年，第 144—157 页。

这与此期大量来华的粟特人所传之祆教法术有关。胡人力图使之融入汉族社会的节日庆祝活动中，故为时人所熟悉，直到宋代的'七圣刀'表演中仍有此法术的遗存。敦煌158窟涅槃壁画中出现刺心剖腹图像，则是吐蕃占领时期敦煌粟特人改信佛教的真实反映"[1]。在莫高窟第158窟南壁涅槃变中的弟子举哀图中，其中有两身弟子手持一箱形物，双膝跪地以头抵箱在顶礼膜拜，刘永增先生以中亚各地发现的纳骨器为比较材料，推断莫高窟第158窟涅槃图中弟子们顶礼膜拜的箱形物应该就是粟特人祭葬祆教徒时所用的纳骨器。证明了在中唐时期的河西地区，至少在一部分民众之间仍然遵从着粟特人的丧葬习俗[2]。

（二）莫高窟盛唐第23窟"雨中耕作图"与赛祆祈雨活动

如果说祆教是一种西胡文化，雩祭则是一种中华礼制[3]。敦煌藏经洞出土文献中有P.2748、P.3870等《敦煌廿咏》，其中《安城祆咏》云："更有雩祭处，朝夕酒如绳。""雩祭"，指祭神祈雨。《隋书》卷七《礼仪制》云："隋雩坛，国南十三里启夏门外道左。高一丈，周百二十尺。孟夏之月，龙星见，则雩五方上帝，配以五人帝于上。以太祖武元帝配飨，五官从配于下，牲用犊十，各依方色。"敦煌与中亚粟特本土同为干旱地区，降雨量的多少直接关系到当地百姓的生产生活，故而"雩祭"不仅是祆教固有的赛祆仪式，而且也是祆教入华后在敦煌备受重视的一项活动[4]。敦煌写本中保存有许多唐五代时期敦煌地区的祈雨材料，从中可知赛祆是祈雨的重要形式[5]。

敦煌地区粟特人改信佛教的过程即是粟特人逐步汉化的过程。作为佛教石窟的莫高窟第158窟涅槃图壁画中发现祆教的文化迹象并非首例，敦煌第23窟壁画雨中耕作图中

① 雷闻：《割耳剺面与刺心剖腹——从敦煌158窟北壁涅槃变王子举哀图说起》，《中国典籍与文化》2003年第4期，第95—104页。雷闻：《割耳剺面与刺心剖腹——粟特对唐代社会风俗的影响》，载《从撒马尔干到长安——粟特人在中国的文化遗迹》，北京图书馆出版社，2004年，第41—48页。

② 刘永增：《莫高窟第158窟的纳骨器与粟特人的丧葬习俗》，《敦煌研究》2004年第2期，第13—18页。

③ 姜伯勤：《论高昌胡天与敦煌祆寺——兼论其与王朝祭礼的关系》，《世界宗教研究》1993年第1期，第1—18页；收入氏著《敦煌艺术宗教与礼乐文明》，中国社会科学出版社，1996年，第477—505页；又收入《中国敦煌学百年文库·宗教卷》3，甘肃文化出版社，1999年，第506—525页。

④ 姜伯勤：《敦煌与粟特》，载《中国典籍与文化》第一辑，北京图书馆出版社，2007年，第157—164页。

⑤ 谭蝉雪：《敦煌的粟特居民及祆神祈赛》，载《2000年敦煌学国际学术讨论会文集——纪念敦煌藏经洞发现暨敦煌学百年·历史文化卷》（下），甘肃民族出版社，2003年，第56—73页。

亦有所体现。赵玉平、邵明杰二位先生发表相关研究文章三篇，认为莫高窟第 23 窟雨中耕作图实为一幅粟特文化特征鲜明的赛祆祈雨图，表现的是《妙法莲华经》"序品"中的"雩雨"场景。论文用图像学的方法分析了雨中耕作图中胡服、胡舞、胡乐、胡塔及"衔绶鸟"图案所蕴含的粟特文化信息。在对古籍及敦煌文书中"雩雨"与"赛祆"材料进行引证的基础上，剖析了祆教逐渐由实体蜕变为文化形态的过程①。

九、敦煌画粟特美术特征构图研究

敦煌画中的粟特美术除涉及以上各具体的图像或洞窟之外，另外部分洞窟中的壁画在构图或图像组合形式等较大的方面，也可以看到受粟特美术影响的特征，这是包括敦

图 1-19　片治肯特壁画人物画

---

① 赵玉平：《敦煌壁画"雨中耕作图"与唐五代赛祆祈雨活动》，《新疆艺术学院学报》2009 年第 3 期，第 9—13 页。赵玉平：《莫高窟第 23 窟"雨中耕作图"粟特文化因素解析》，《农业考古》2009 年第 4 期，第 123—127 页；另载《北方美术：天津美术学院学报》2010 年第 1 期，第 57—59 页。邵明杰、赵玉平：《莫高窟第 23 窟"雨中耕作图"新探——兼论唐宋之际祆教文化形态的蜕变》，《西域研究》2010 年第 2 期，第 97—106 页。

煌在内的中国美术史长河中，受粟特美术流派影响的重要事例。

　　粟特绘画的主题是多样化的，有史诗故事、祭祀仪式、民间传说、动物寓言叙事诗、宴饮场面等。粟特人的壁画色彩鲜明，线条优雅，代表如片治肯特（图 1-19）的女竖琴师图、阿弗拉西亚卜的迎娶公主图、瓦拉赫沙的妖魔斗象图都很有特色，这一点也可以在和田、龟兹等地出土的有粟特画风的图像（图 1-20）中感受得到。

　　姜伯勤先生非常注意粟特美术流派对敦煌艺术的影响，早年通过对敦煌壁画和粟特本土壁画的比较研究，指出包括敦煌在内的中国绘画艺术同粟特绘画艺术之间存在交流与交融的关系，像联珠纹在敦煌隋代洞窟的架构，莫高窟早期壁画中的红色地仗，都是中亚粟特美术流派对敦煌的影响；反过来，粟特地区的壁画艺术也受到中国美术的

图 1-20-1　龟兹苏巴什佛寺出土的舍利盒

图 1-20-2　和田丹丹乌里克佛寺出土的木板画

图 1-21 莫高窟隋代第 244 窟有龙王与象王说法图

影响①。姜先生又通过对敦煌莫高窟隋代第 244 窟说法图中龙王与象王图像的研究（图 1-21），指出隋代第 244、390 窟部分图像及供养人与粟特美术的关联（图 1-22），其中以联珠纹作为壁画间隔画面的方法是典型的粟特壁画风格，是粟特美术流派对敦煌壁画影响的结果②。同时先生通过对中亚贵霜美术咀密石窟寺的比较研究，讨论了包括敦煌在内的西域佛教美术中的乌浒河流派美术，从敦煌石窟砂岩崖面、洞窟形制、壁画地仗、早期壁画佛像的头光与背光等诸多方面讨论了贵霜艺术对敦煌的影响，而这种影响实有可深入探讨的背景，即包括敦煌高僧在内的早期译经人大多是来自中亚的月氏人、粟特人等，他们在译经的同时把中亚的佛教美术引入敦煌一带③。

张惠明博士通过莫高窟中唐时期的五台山屏风图，探讨了敦煌五台山化现图的早期

---

① 姜伯勤：《敦煌壁画与粟特壁画的比较研究》，载《1987 年敦煌石窟研究国际讨论会文集·石窟艺术编》，辽宁美术出版社，1990 年，第 150—169 页；收入氏著《敦煌艺术宗教与礼乐文明》，中国社会科学出版社，1996 年，第 157—178 页；又收入《中国敦煌学百年文库·考古卷》2，甘肃文化出版社，1999 年，第 328—339 页。

② 姜伯勤：《莫高窟隋说法图中龙王与象王的图像学研究——兼论有联珠纹边饰的一组说法图中晚期犍陀罗派及粟特画派的影响》，载《敦煌艺术宗教与礼乐文明》，中国社会科学出版社，1996 年，第 125—156 页；另载《敦煌吐鲁番研究》第 1 卷，北京大学出版社，1996 年，第 139—159 页；收入《中国敦煌学百年文库·考古卷》3，甘肃文化出版社，1999 年，第 207—224 页。

③ 姜伯勤：《论咀密石窟寺与西域佛教美术中的乌浒河流派——兼论敦煌艺术与贵霜大夏及小贵霜时代艺术的关连》，载《敦煌艺术宗教与礼乐文明》，中国社会科学出版社，1996 年，第 95—124 页；另载《段文杰敦煌研究五十年纪念文集》，世界图书出版公司北京公司，1996 年，第 29—45 页。

图 1-22-1　莫高窟隋代第 390 窟四壁天
宫栏墙下第一排说法图

图 1-22-2　莫高窟隋代第 390 窟窟室壁
画布局空间景观

底本图像的形式，特别是其图像的来源，认为莫高窟第 61 窟五台山化现图的粉本来自中原，佛教题材的文殊骑狮图像与粟特艺术传统之间存在着关联。现存敦煌早期文殊骑狮与娜娜骑狮在图像学上表征相似，文殊骑狮这一图像的创作很大程度上受到了粟特艺术中娜娜女神骑狮图像的影响①。周熙隽女士的《敦煌佛教净土变画中来自粟特的影响》讨论了敦煌佛教净土，特别是阿弥陀西方净土变画中来自粟特的影响②。

　　张元林先生则通过对敦煌绘画中的日、月神图像的系列研究，指出从图像特征上显示出该类图像受到中亚、西亚相关图像的影响，是丝路上比较流行的一类图样，其中第 285 窟日、月图像的粟特艺术特征最为明显，而其他像敦煌画中的三足阳鸟、乘马的日天和乘鹅的月天之中亚—粟特艺术元素特征是相当浓厚的，显示出敦煌地区粟特文化及其美术

① 张惠明：《敦煌〈五台山化现图〉早期底本的图像及其来源》，《敦煌研究》2000 年第 4 期，第 1—9 页。
② 周熙隽著，王平先译：《敦煌佛教净土变画中来自粟特的影响》，载龙门石窟研究院编《2004 年石窟研究国际学术会议论文集》（下），上海古籍出版社，2006 年，第 831—839 页。

的深刻影响①。而就莫高窟第 285 窟日、月图像与中亚波斯粟特美术的关系，许新国先生②、朱天舒女士③也作过研究。作为最新研究成果，张元林先生对第 249、285 窟窟顶壁画中出现的"天神托举莲花摩尼宝珠"图像有深入研究，指出此类图像与中亚西亚地区古老的"太阳崇拜""光明崇拜""圣树崇拜"等信仰和图像有关联，具体和这两个洞窟的关系，则是与以粟特人为代表的来华西域人有关系④。

十、敦煌画袄教神祇研究

敦煌画中有精彩而形象的粟特美术遗存，而大量来自中亚的粟特移民及其后裔的生产生活，必有其本民族的原始信仰袄教寺院及其神祇，8 世纪中叶，沙州城东粟特人的聚集中心安城就有"袄祠"一所，其中就有袄神，敦煌藏经洞遗书P.2784《敦煌廿咏》之《安城袄咏》、P.2005《沙州图经》之"袄神"条均有记载，另有纸本图像P.4518（24）遗存，加上大量文书所记敦煌频繁的"赛袄"活动，因此，对于敦煌粟特袄教神祇的研究，一

① 张元林系列论文：《粟特人与莫高窟第 285 窟的营建——粟特人及其艺术对敦煌艺术贡献》，载《2005 年云冈国际学术研讨会论文集·研究卷》，文物出版社，2006 年，第 394—406 页；《论莫高窟第 285 窟日天图像的粟特艺术源流》，《敦煌学辑刊》2007 年第 3 期，第 161—169 页；《观念与图像的交融——莫高窟 285 窟摩醯首罗天图像研究》，《敦煌学辑刊》2007 年第 4 期，第 251—256 页；Zhang Yuanlin, "Dialogue among the civilizations:the origin of the three Guarding deities' images in Cave 285,Mogao Grottoes",The Silk road Journal,Vol6:2,（winter/spring 2009）,pp.33–48；《六—十世纪敦煌壁画中的日、月图像研究》（Images of Sun and Moon Gods in Dunhuang Grottoes between the Sixth and Tenth Century），《"文化的交融——中世纪早期的中国及周边地区的文化"国际学术讨论会》，美国弗吉尼亚大学，2010 年；《敦煌藏经洞所出绘画品中的日、月图像研究》，载《敦煌吐鲁番研究》第 12 卷，上海古籍出版社，2011 年，第 245—267 页。
② 许新国：《青海都兰吐蕃墓出土太阳神图案织锦考》，《中国藏学》1997 年第 3 期，第 67—82 页。
③ Zhu Tianshu, "The Sun God and the Wind Deity at Kizil". in Matteo Compareti, Paola Raffetta & Gianroberto Scarcia eds., Webfestschrift Marshak Studies presented to Boris Ilich Marshak on occasion of his 70th birthday. Buenos Aires: Transoxiana, 2003, pp.681–718.
④ 张元林：《另一种隐喻——莫高窟第 249 窟、第 285 窟窟顶东坡"天神托举莲花摩尼宝珠"图像探源》，载陕西师范大学人文社会科学高等研究院等编《文明的推动与互动：丝绸之路上的粟特研究国际学术研讨会论文集》，西安，2021 年，第 147 页。

直以来引起中外关系史专家学者的广泛关注。

  1978年，饶宗颐先生公布了敦煌白画P.4518（24）中的二神像并作了基本的图像描述①。此后，该画引起相关学者的研究热情。首先，法国文化交流史和粟特研究专家葛乐耐先生对该画作了初步的研究，断定其与粟特神有关②。1988年，姜伯勤先生在北京的一次学术研讨会上发表了他对敦煌出土P.4518（24）纸本绘画的分析，甄别出敦煌白画中的持犬女神和持日月蛇蝎女神都是与袄教有关的粟特神祇，其中的四臂女神可能与袄教娜娜女神（Nanā）有关，然后据原画留下"悬挂之带尚存"的重要记录，认为从其悬挂情形看，或与"赛袄"有关，或与敦煌袄祠中的"素书形象"有关③，由此揭示出了这幅画的主要内容和性质。非常有趣的是，同一年，在法国的一次学术会议上，俄国学者马尔沙克等也发表了对该画的研究成果，指出其中的四臂女神是粟特袄教中的娜娜神④，主要观点与姜伯勤先生可谓是不谋而合。

  1994年，张广达先生撰专文，利用中亚地区出土的绘画材料，其中在论及P.4518之附件24图像上的两位女神像的性质时，仅指出此图当与袄神有关，确定图上的四臂神像很可能是粟特神谱中备受崇敬的娜娜女神，但就神像的各种表征的意义却未有较深入的探究⑤。1995年10月至1996年2月，法国卢浮宫学院（Ecole du Louvre）在巴黎举

① 饶宗颐：《敦煌白画》，法国远东学院出版，1978年。参见《敦煌艺术》，里仁书局，1981年，第1—72页；《画宁页——国画史论集》，时报文化出版企业有限公司，1993年，第139—186页；《饶宗颐二十世纪学术文集·敦煌学》（上），新文丰出版有限公司，2003年，第615—678页。

② ［法］F.Grenet（葛乐耐）：《自希腊征服到伊斯兰化时期的中亚营定居生活地带的葬俗》，法国国家科研中心出版社，1984年，第263—264页，图版XLV。

③ 姜伯勤：《敦煌白画中的粟特神祇》，载《敦煌吐鲁番学研究论文集》，汉语大词典出版社，1990年，第296—309页；收入氏著《敦煌艺术宗教与礼乐文明——敦煌心史散论》，第179—195页。

④ ［俄］B.I.Marshaj,V.I.Raspopova, "Cultes communautaires et cultes prives en Sogdiane",Histoire et cultes de l'Asie centrale préislamique: Sources ecrites et documents archeologiques,CNR,1991, pp.192.194.马尔沙克、拉斯波娃：《粟特地区的公众崇拜和私家崇拜》，载《伊斯兰以前中亚史的文字史料与考古资料》，法国国家科研中心出版社，1991年，第192、194页。

⑤ 张广达：《袄教对唐代中国之影响三例》，载《法国汉学》第一辑，清华大学出版社，1996年，第143—154页。原文载Zhang Guangda, "Trois exemples d'influences mazdeennes dans la Chine des Tang", Etudes chinoises, XIII.1-2, 1994, pp.203-219.

办《中印世界的佛陀之地——十个世纪以来的丝绸之路上的艺术》（Sérinde, Terre de Bouddha—Dix siècles d'art sur la Route de la Soie）大型展览会[①]，此次展览展出了 P.4518 之附件 24 两位女神图原件。与展览会同名刊印的解说目录有葛乐耐（F.Grenet）教授对此图像的解说。葛乐耐先生认为，其中上首两臂分举日月轮的四臂女神当是娜娜。葛乐耐最重要的发现是根据图像中两位神祇的表征而指出两者代表善恶对立。张广达《有关从中亚传入中国的宗教的几点思考》一文根据葛乐耐先生的意见，就该图中两位女神形象从图像学的意义作了进一步的申述，作者对 1994 年刊发的文章内容，特别是对本图像的诠释作了修正。尔后，张广达又改订内容作《唐代祆教图像再考》发表，文中进一步论证了这幅敦煌白画上的形象很可能是祆教善神妲厄娜（Daêna）和恶神妲厄娲（Daêva）[②]。由此，葛乐耐和张广达合撰《粟特宗教的最后避难地——九、十世纪的敦煌》大作，结合文献和绘画，说明归义军时期的敦煌祆教仍在流行[③]。

　　后来，针对前面各家的研究，姜伯勤先生再撰文章，对该幅敦煌白画中的粟特神祇

① 1995 年 10 月 24 日至 1996 年 2 月 19 日，法国卢浮宫学院（Ecole du Louvre）在巴黎举办了大型展览《中印世界的佛陀之地——十个世纪以来的丝绸之路上的艺术》（Sérinde, Terre de Bouddha—Dix siècles d'art sur la Route de la Soie）。1996 年 2 月 13—15 日，卢浮宫学院于展览会即将结束之际，举行题为《中印世界——文化交流之域：一至十世纪的艺术、宗教、贸易》（La Sérinde, terre d'échanges：Art, religion, commerce du premier au disième siècle）的第十四届学术讨论会。其中葛乐耐对此件敦煌白画的解说详见：F.Gernet, "notice No.223 Divinites Sogdiennes", in Serid, Terre de Bouddha—Dix siecle d'art sur la Route de la Soie, Pari:Reunion des Musees Nationaux, 199, pp.293-294. 尔后于 1996 年 4 月，在东京举行了由东京艺术复兴推进协会东京都美术馆法国国立美术馆联合会和读卖新闻社联合主办的《シルクロード大美术展》（Grant Exhibition of Silk road Buddhist Art）上亦展出了 P.4518 之附件 24 纸本绘画线描图原件。

② Zhang Guangda, "Une representationiconographique de la Daena et de la Daeva?-Quelque pistes de reflexion sur les religions venues d'Asie centrale en Chine", in La Serinde-Terre d'echanges. Art, religion, commerce du premier au dixieme sieclle, Eocle du Louvre, 1996.2. pp.13-15. 张广达：《唐代祆教图像再考——敦煌汉文写卷伯希和编号 P.4518 之附件 24 表现的形象是否祆教神祇妲厄娜（Daêna）和妲厄娲（Daêva）》，载《唐研究》第 3 卷，北京大学出版社，1997 年，第 1—17 页；收入张广达《文本、图像与文化流传》，广西师范大学出版社，2008 年，第 274—289 页。

③ ［法］F.Grenet and Zhang Guangda, "The Last Refuge of the Sogdian Religion: Dunhuang in the Ninth and Tenth Centuries", Bulletin of the Asia Institute, new series, 10（Studies in Honor of Vladimir A. Livshits），1996, pp.175-186.

图像作了再考察，同意张广达姐厄娜的比定，但确定另一幅神像是娜娜女神①。1996年，东京国立博物馆编集《シルクロード大美术展》第162页180图说明写道："粟特女神像表现两尊女神的珍贵图像。左侧女神，坐于莲瓣宣字形座上。右手持碗，左手持置有一犬的盘。右侧女神，坐在狼背上，四双手臂各持日、月、蝎、蛇。由图像特征看，左像为象征琐罗亚斯特教的女神达埃纳（Daena），右像可能是表现粟特女神娜娜。"接受各家研究成果，以姜先生的研究为准。

近来，沈睿文先生在前人研究的基础上，对敦煌藏经洞粟特神祇白描画有最新研究成果，他仔细分辨了画面中的动物、器物图像，认为白画中的左右神祇分别是阿娜希塔（Ardvi Sura Anahita, Anahita）和娜娜，表示的是娜娜—阿娜希塔的结合，其上的动物、器皿则代表了不同的星座，其构图与密特拉描绘天空的星座图有共通之处②。

至今，尽管这幅绘画具体神像的所指还没有统一的意见，但两个神像无疑都具有典型的粟特神像特征，而右面的女神手执日月，和粟特地区主要神祇——娜娜女神的特征相同。

荣新江先生在研究粟特祆教美术东传过程中的转化主题时指出："从北朝到隋唐，通过粟特画家、画工、工匠，粟特美术作品以图画和雕刻的形式，借助祠庙、棺床等载体，从粟特地区，经过西域，传到中国中原地区。在这个复杂的传播过程中，粟特美术和不同地方的文化交往、交流、交融，产生新的图像特征，产生新的宗教功能。"③粟特祆教美术在佛教盛行的于阗地区，以木板画的形式表现出来，这些图像的特征，既可以看作是祆教的，也可以看作是佛教的。敦煌白画祆教图本发现在佛教石窟当中，似乎也透露出这幅画像后来已被看作是佛教图像。可以说，在粟特祆教美术东渐过程中，一些祆教图像的宗教功能逐渐转换，从祆神变成了佛像，或者说是被看作佛像了。

① 姜伯勤：《敦煌白画中的粟特神祇图像的再考察》，载《艺术史研究》第二辑，中山大学出版社，2000年，第263—291页；后收入氏著《中国祆教艺术史研究》，生活·读书·新知三联书店，2004年，第249—270页。

② 沈睿文：《敦煌白画P.4518（24）图像考》，载氏著《中古中国祆教信仰与丧葬》，上海古籍出版社，2019年，第356—369页。

③ 荣新江：《粟特祆教美术东传过程中的转化——从粟特到中国》，载亚鸿主编《汉唐之间文化艺术的互动与交融》，文物出版社，2001年，第51—72页；后收入氏著《中古中国与外来文明》，生活·读书·新知三联书店，2001年，第301—325页。

敦煌出土P.4518（24）纸本绘画上线描两女相向而坐，两者皆有光轮，形制一致，所戴头冠，形制亦同。此种头冠与莫高窟第98窟东壁北侧五代回鹘公主供养像、第61窟东壁北侧宋代题名"大朝大于阗国天册皇帝第三女天公主李氏为新受太傅曹延禄姬供养"女供养像、第409窟东壁北侧西夏王妃女供养人所戴头冠①，与吐鲁番柏孜克里克石窟中的回鹘王妃、公主供养画像，北庭回鹘西大寺壁画中的回鹘王妃供养画像所戴桃形冠十分相似，敦煌研究院万庚育等诸先生称之为"桃形凤冠"②。谢静博士利用新疆、敦煌石窟寺壁画图像和文献资料，探讨了这种多为回鹘贵族佩戴冠饰的源流，认为这种桃形冠可能和祆教的流行有关③。

对此白画与回鹘的关系，最新的研究有周晓萍女士在前人研究的基础之上从图像中主体人物衣冠服饰及犬、狼在图像上的表现入手，论证了该图像具有的回鹘民族的文化特征，并通过图文互证的方式分析认为图像中左像为吉祥天女，右像为四臂观音。认为两尊像的成因基于唐宋间敦煌佛教的密教化、民间化，体现了回鹘佛教信仰的显密结合及对当地传统民间信仰图式的纳入，表现了四臂观音手持日月、蛇蝎的造像特征。根据回鹘多宗教信仰、多文化交融的民族特性，认为10世纪甘州回鹘将不同信仰的崇拜对象融为一体，创造了以回鹘天公主为特征的佛教吉祥天女及四臂观音的形象④。

十一、敦煌景教美术研究

敦煌文献S.6551《佛说阿弥陀经讲经文》记载："言归依佛者，归依何佛？且不是磨（摩）尼佛，又不是波斯佛，亦不是火祆佛，乃是清净法身，圆满报身，千百亿化身释迦牟尼佛……且如西天有九十六种外道，此间则有波斯、摩尼、火祆、哭神之辈。"其中的"波斯佛"即景教，表明景教也曾在敦煌一度流行。敦煌文献有关景教资料以外，敦煌画

---

① 敦煌文物研究所编：《敦煌莫高窟》（五），文物出版社，1987年，图12、图77、图134。
② 万庚育：《莫高窟、榆林窟的西夏艺术》，载敦煌文物研究所编《敦煌研究文集》，甘肃人民出版社，1982年，第319—331页；后收入《中国敦煌学百年文库·民族卷》4，甘肃文化出版社，1999年，第271—278页。
③ 谢静：《回鹘桃形冠探源》，《装饰》2009年第4期，第112—113页。
④ 周晓萍：《敦煌画中的回鹘神祇——对P.4518（24）纸本的再讨论》，《兰州大学学报》（社会科学版）2020年第6期，第140—153页。

图 1-23　Stein painting48 敦煌藏经洞绢画景教人物画及线描图

中同样有迹可循。大英博物馆藏敦煌绢画Stein painting48（ch.xlix.001）景教人物（图
1-23），属敦煌乃至中国中古时期景教传播不可多得的形象资料，图版及介绍研究最早
见于日本人羽田亨先生的著作中①。景教研究大家日本学者佐伯好郎先生亦对敦煌出土

①　[日]羽田亨：《西域文化史》，座右宝刊行会，1948 年；中文见耿世民译：《西域文化史》，新疆人
　　民出版社，1981 年，第 13 图。羽田亨著：《西域文明史概论》，弘文堂书房，1931 年；中文见耿世
　　民译：《西域文明史概论》，中华书局，2005 年，第 158 页。

图 1-24 莫高窟北 105 窟出土铜十字架

的景教绢画作过详细考证①。之后，大英博物馆在《西域美术·大英博物馆斯坦因收集品》第一册公布了该图的彩色图版②。朱谦之先生在研究中国景教时也有简略讨论③，姜伯勤先生相关研究也注意到这幅绘画，葛承雍先生在研究唐长安景教时，同样注意到敦煌发现的基督教圣徒画像④。而对于敦煌景教美术研究最为精彩者，当属姜伯勤先生对莫高窟B105窟发现景教铜十字架（B105:2）（图 1-24）的深入研究，作者对该十字架的性质、图案特征、与景教研究的背景及意义等作了考证⑤，这些文物已与后来在莫高窟北区发现的叙利亚文《圣经·诗篇》遥相应证（图 1-25），反映出敦煌地区丝路文化交流的复杂性。

---

① ［日］佐伯好郎：《景教の研究》，东方文化学院东京研究所出版，1935 年；名著普及会，1980 年第 3 版。

② 大英博物馆编集：《西域美术·大英博物馆スタイン·コレクション》，讲谈社，1982 年，彩版 25；Fig76。

③ 朱谦之：《中国景教》，东方出版社，1993 年，图 29。

④ 葛承雍：《从景教碑试论唐长安景教的兴衰》，载氏著《唐韵胡音与外来文明》，中华书局，2006 年，第 216 页。

⑤ 姜伯勤：《敦煌莫高窟北区新发现中的景教艺术》，《艺术史研究》2004 年第六辑，第 337—352 页；收入敦煌研究院编《敦煌莫高窟北区石窟研究》（第一卷），文物出版社，2000 年，第 116—131 页。段园园：《7—11 世纪景教在陆上丝绸之路的传播》，兰州大学历史文化学院硕士学位论文，2010 年 3 月。

图 1-25 莫高窟北 53 窟出土叙利亚文《圣经·诗篇》残页

第二章 敦煌石窟粟特九姓胡人供养像

姜伯勤先生《中国祆教艺术史》无疑是研究入华粟特人文化与艺术的巨著，有集大成之功[1]。而先生对敦煌石窟美术中包括莫高窟西魏第 285 窟顶"天"图像、隋代第 244 窟说法图中的龙王与象王图像、隋代出现的大量波斯萨珊风格的联珠纹、初唐第 322 窟畏兽图像等受丝路影响的诸图像的系列研究[2]，另有关友惠先生、薄小莹先生、梁银景女士对隋代联珠纹的研究[3]，安加瑶先生对敦煌壁画中玻璃器的研究[4]，再结合向达先生[5]、池田温先生[6]、姜伯勤先生[7]、荣新江先生[8]对流寓敦煌的粟特人及其聚落的揭示，让我们看到了唐代中叶以前敦煌美术中粟特美术的艺术价值。

　　而陆庆夫先生、郑炳林先生、荣新江先生、冯培红博士、王腾氏等对晚唐五代宋归义军时期敦煌地区粟特九姓胡人方方面面的研究，从文献资料的角度，深入分析了流寓

① 姜伯勤：《中国祆教艺术史研究》，生活·读书·新知三联书店，2004 年。
② 分别参见姜伯勤：《敦煌艺术宗教与礼乐文明》，中国社会科学出版社，1996 年。
③ 关友惠：《莫高窟隋代图案初探》，《敦煌研究》创刊号，1983 年，第 26—37 页。姜伯勤：《敦煌与波斯》，《敦煌研究》1990 年第 3 期，第 1—15 页。薄小莹：《敦煌莫高窟六世纪末至九世纪中叶的装饰图案》，载北京大学中古史研究中心《敦煌吐鲁番研究论集》，北京大学出版社，1990 年，第 355—432 页。[韩] 梁银景：《隋代佛教窟龛研究》，文物出版社，2004 年。
④ 安家瑶：《莫高窟壁画上的玻璃器皿》图六，载北京大学中国史研究中心编《敦煌吐鲁番研究论集》第二辑，北京大学出版社，1983 年，第 425—464 页。
⑤ 向达：《唐代长安与西域文明》，生活·读书·新知三联书店，1957 年。向达：《唐代长安与西域文明》，河北教育出版社，2001 年。
⑥ [日] 池田温：《8 世纪中叶における敦煌のソグド人聚落》，《ユーラシア文化研究》第 1 号，北海道大学，1965 年，第 49—92 页；辛德勇中译本载刘俊文主编《日本学者研究中国史论著选译》第 9 卷《民族交通》，中华书局，1993 年，第 140—220 页；另载池田温《唐研究论文选集》，中国社会科学出版社，1999 年，第 3—67 页；
⑦ 姜伯勤：《敦煌吐鲁番文书与丝绸之路》，文物出版社，1994 年。
⑧ 荣新江：《胡人迁徙与聚落》，载《中古中国与外来文明》，生活·读书·新知三联书店，2001 年，第 54—59 页。

敦煌地区的粟特九姓胡人后裔对归义军历史、政治、经济、文化所做出的不可磨灭的贡献①。近年来通过张元林先生持续对莫高窟西魏第 285 窟图像的专题研究，表明了粟特祆教艺术对洞窟艺术的深刻影响意义②。

在前人研究的基础上，笔者受到启发，深深感到作为中亚粟特九姓胡人及其后裔频繁活动并聚居、胡人移民与后裔占一定人口比例与社会地位的敦煌，构成中古敦煌历史最为精彩的佛教石窟艺术活动中，必有这些丝绸之路上最活跃的商业民族的身影。若考虑到粟特人信仰的多元文化特征，以及大量敦煌藏经洞文献中记载九姓胡人与佛教活动的诸多关系，则使我们更有理由相信，敦煌石窟艺术产生的过程与背后，定有相当数量的粟特人参与其中。或为洞窟功德主、窟主、施主等上层人士，或为受雇于人的画工、画匠等下层劳动者，或以直接的形式参与到洞窟的具体营建当中，或以间接的形式影响到石窟艺术的方方面面。无论如何，均是我们研究相关洞窟及其艺术时不能忽视的重要历史现象，是明了和阐释敦煌艺术在中西文化艺术交流史中重要地位的珍贵资料。因此，有必要作深入的分析研究。

对此问题的研究，除像姜伯勤先生那样对石窟相关图像的个案研究外，另如张元林先生对时代代表洞窟的集中专题研究，均使得敦煌艺术中粟特祆教美术的影响与成分得到充分的彰显。另外，笔者则从另一条线索的探究，即对石窟个案，以单一洞窟的粟特属性为出发点作全方位考察，以期明了粟特九姓胡人在洞窟营建中的贡献与影响意义。

---

① 分别参见陆庆夫：《唐宋间敦煌佛教人之汉化》，《历史研究》1996 年第 6 期，第 25—34 页；郑炳林：《唐五代敦煌粟特人与归义军政权》，《敦煌研究》1996 年第 4 期，第 80—96 页；郑炳林：《唐五代敦煌的粟特人与佛教》，《敦煌研究》1997 年第 2 期，第 151—168 页；郑炳林、王尚达：《吐蕃统治下的敦煌粟特人》，《中国藏学》1996 年第 4 期，第 43—53 页，以上各文均收入《敦煌归义军史专题研究》，兰州大学出版社，1997 年。荣新江：《敦煌归义军曹氏统治者为粟特人后裔说》，《历史研究》2001 年第 1 期。冯培红：《敦煌曹氏族属与曹氏归义军政权》，《历史研究》2001 年第 1 期。王腾：《隋唐五代西域罗氏流寓中国与敦煌罗氏家族研究》，载《敦煌归义军史专题研究三编》，甘肃文化出版社，2005 年。

② 分别参见张元林：《粟特人与莫高窟第 285 窟的营建——粟特人及其艺术对敦煌艺术的贡献》，载云冈石窟研究院编《2005 年云冈国际学术研讨会论文集·研究卷》，文物出版社，2005 年，第 394—406 页；《论莫高窟第 285 窟日天图像的粟特艺术源流》，《敦煌学辑刊》2007 年第 3 期，第 161—169 页；《观念与图像的交融——莫高窟 285 窟摩醯首罗天图像研究》，《敦煌学辑刊》2007 年第 4 期，第 251—256 页。

就此已分别就莫高窟初唐第 322 窟、盛唐第 323 窟、中唐第 158 窟和第 359 窟为例，进行了初步的尝试，结果表明在中古敦煌社会佛教石窟艺术的活动过程中，粟特九姓胡人积极参与，以至于深刻影响到敦煌美术的繁荣、交流与发展[①]。

艺术史的活动，离不开历史上人的活动。毫无疑问，要了解敦煌石窟艺术中粟特九姓胡人的贡献，最为直接的办法，就是对那些现仍留存于洞窟壁画中的赞助者供养人画像进行研究。因为这些资料是洞窟历史的直接责任人提供的点滴信息，均可以为整个石窟和相关艺术图像的研究提供一把最为可行的钥匙。

有鉴于此，笔者不揣浅陋，就敦煌石窟中粟特九姓胡人供养像作尝试性的研究，以期对敦煌供养人画像与粟特九姓胡人的历史活动、敦煌美术中的粟特美术等课题提供一点佐证。

对于敦煌石窟供养人画像中粟特九姓胡人的情况，虽然没有见到相关的专题研究，但是郑炳林等先生在对敦煌粟特人研究的过程中，或多或少均有涉猎。

一、基本资料

（一）疑为粟特人功德窟供养像

经过学界姜伯勤先生、郑炳林先生、张元林先生等专家学者的研究，莫高窟有个别洞窟疑为粟特九姓胡人的功德窟，毫无疑问，在这些洞窟中必有九姓胡人的供养像。

[①] 分别参见沙武田：《敦煌莫高窟第 322 窟图像中的胡风因素——兼谈洞窟窟主的粟特九姓胡人属性》，《故宫博物院院刊》2011 年第 3 期，第 71—96 页。沙武田：《敦煌莫高窟第 158 窟与粟特人关系试考》（上、下），《艺术设计研究》2010 年第 1、2 期，第 16—22 页、第 29—36 页。　沙武田：《莫高窟吐蕃期洞窟第 359 窟供养人画像研究——兼谈粟特九姓胡人对吐蕃统治敦煌的态度》，《敦煌研究》2010 年第 5 期；另载《中国美术研究年度报告 2010》，人民美术出版社，2011 年，第 3—25 页。沙武田：《敦煌的粟特胡人画像——莫高窟第 359 窟东壁门上新释读一身石姓男供养像札记》，载樊锦诗、荣新江、林世田主编《敦煌文献、考古、艺术综合研究——纪念向达教授诞辰 110 周年国际学术研讨会论文集》，中华书局，2011 年。沙武田：《吐蕃统治下敦煌的一个粟特人家族——以莫高窟第 359 窟供养人画像为中心》，载荣新江、罗丰主编《粟特人在中国：考古发现与出土文献的新印证》，科学出版社，2016 年，第 436—565 页。沙武田：《为粟特人而建——莫高窟第 323 窟与中土佛教传播历史的图像展示》，载陕西师范大学人文社会科学高等研究院等编《文明的推动与互动——丝绸之路上的粟特研究国际学术研讨会论文集》，西安，2021 年 6 月，第 357—396 页。

图 2-1-1　莫高窟西魏第 285 窟主室北壁

以下按时代先后关系分别叙述如下：

1.西魏第 285 窟中

根据斯坦因发现于敦煌西北长城烽燧遗址的粟特文古信札记载可知，至少到了西晋时期，敦煌就有粟特人的聚落，而且这些流寓河西与内地的粟特人，一开始就佛祆并重，因此他们也必当会参与敦煌地区最有社会代表意义的洞窟营建当中。莫高窟西魏第 285 窟北壁各铺说法图下的发愿文和供养像中（图 2-1），出现了"清信女史崇姬""清信士滑□安""清信士滑黑奴""清信士滑一""清女何□""□（清）信女丁爱"等人物[1]（图 2-2）。其中的滑姓，姜伯勤先生指出当是来自嚈哒滑国，来自嚈哒的滑国人既信佛又信祆，因此作为"两重性图像志"，在第 285 窟有反映中亚西域诸胡祆教天神信仰的"诸天"图像（窟顶），也有表现粟特地区常见的祆教"密特拉神"信仰（西壁

图 2-1-2　莫高窟第 285 窟供养像组合关系

---

① 敦煌研究院编：《敦煌莫高窟供养人题记》，文物出版社，1986 年。本文所引莫高窟供养人画像题记资料，均参考该书，另结合作者在洞窟中的实际考察。后引不再单独作注。

图 2-2-1　莫高窟第 285 窟北壁女供养像

图 2-2-2　莫高窟第 285 窟北壁男供养像

"日天")①。而其中的"史"姓，罗丰先生断为粟特九姓胡人②。张元林先生则从全新的角度，以此时期敦煌地区的粟特人聚落及其文化圈为背景，以供养人画像为主题，详细阐述了其中"滑"姓、"何"姓、"丁"氏、"史"姓诸供养人与中亚粟特胡人的密切关系，

① 姜伯勤：《"天"的图像与解释》，载《敦煌艺术宗教与礼乐文明》，中国社会科学出版社，1996年，第55—76页。氏著：《敦煌285窟所见嚈哒人的密特拉神崇拜》，载《中国祆教艺术史研究》，生活·读书·新知三联书店，2004年，第203—216页。
② 罗丰：《流寓中国的中亚史国人》，载氏著《胡汉之间——"丝绸之路"与西北历史考古》，文物出版社，2004年，第229页。

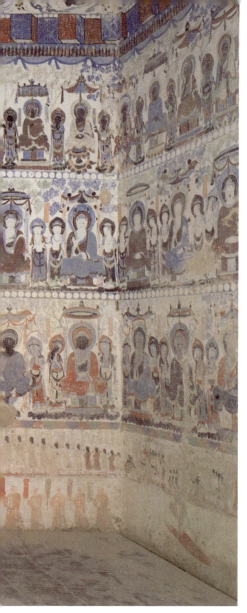

当属可信，颇值参考①。如此，第285窟诸供养人构成敦煌石窟最早见到的粟特人供养人画像资料，非常珍贵。

2.隋代第390窟中

有隋一代，由于裴矩对河西商贸的经营，加上炀帝亲巡河西时对中亚西域胡商的招致，因此这一时期河西地区以粟特九姓胡人为主对丝绸之路经济文化的推动，构成这一时期的最大特点。联珠纹是这一时期洞窟纹样的代表性新图案②，无疑是活跃在丝绸之路上的中亚胡人的贡献。在隋代洞窟中，第244、390窟二窟因为整窟的壁画以联珠纹相隔的说法图构成（图2-3），这种壁画的组合形式，与中亚粟特片治肯特地区壁画有惊人的相似，因此姜伯勤先生认为该二窟的壁画受到粟特画派与风格的深刻影响，是敦煌地区粟特画风的代表作③。后来姜先生又从供养人画像的服饰中胡样的特点出发，指出第390窟供养人画像中明确可见的胡风状况④。由此，我们有理由相信，第390窟极有可

图2-3　莫高窟第390窟主室北壁壁画构图

① 张元林：《粟特人与莫高窟第285窟的营建——粟特人及其艺术对敦煌艺术的贡献》，载云冈石窟研究院编《2005年云冈国际学术研讨会论文集·研究卷》，文物出版社，2005年，第400—404页。

② 关友惠：《莫高窟隋代图案初探》，《敦煌研究》创刊号，1983年，第26—37页；

③ 姜伯勤：《莫高窟隋说法图中龙王与象王的图像学研究——兼论有联珠纹边饰的一组说法图中晚期犍陀罗派及粟特画派的影响》，载氏著《敦煌艺术宗教与礼乐文明》，中国社会科学出版社，1996年，第125—156页。

④ 姜伯勤：《敦煌285窟所见嚈哒人的密特拉神崇拜》，载氏著《中国祆教艺术史研究》，生活·读书·新知三联书店，2004年，第203—216页。

图 2-4　莫高窟第 390 窟主室东壁门南牛车

能就是粟特人的功德窟，或者说粟特人作为功德主参与了洞窟的营建①。第 244 窟隋代
的供养人现已不存。第 390 窟主室各壁均有一排隋代供养人画像，并在东壁门两侧有类
似出行图（由牛车、马车、马匹、车夫、侍从组成）的供养像（图 2-4），整体形成南北分
别为女供养人群像与男供养人群像的特点，在这些人物当中应有相当数量的粟特人供养
像。按照姜伯勤先生的观点，其中南壁第 2、3、4、5、6 身着三角翻领敞衣女供养像（图
2-5）与北壁第 31、32 身着赭红联珠纹胡服的两身男供养像，极有可能是中亚胡人身份。

① 王惠民先生推测第 390 窟窟主有可能是敦煌大族李氏的功德窟，参见氏著：《敦煌莫高窟第 390
窟 "幽州总管府长史" 题记考》，载敦煌研究院编《2014 敦煌论坛：敦煌石窟研究国际学术研讨
会文集》，甘肃教育出版社，2016 年。此据氏著：《敦煌历史与佛教文化》，甘肃文化出版社，2020
年，第 39—49 页。

图 2-5　莫高窟第 390 窟南壁隋代女供养像

3.初唐第 322 窟中

到了唐前期，按池田温先生的研究，在敦煌城东 500 米处的安城，形成了以祆祠为中心的粟特九姓胡人的聚落"从化乡"，在这里有大量的九姓胡人居住生活。粟特人聚落的存在，以及九姓胡人在敦煌社会生产与生活中频繁的活动身影，最终也必然影响到敦煌莫高窟如火如荼的佛教洞窟的营建中来。对此，经过我们的探讨，表明莫高窟初唐第 322 窟即为粟特人的功德窟①。在西壁外层龛北侧最下角的西壁，即北侧彩塑天王右腿一侧的壁面，有一竖行墨写草书：

　　安从（巡）勿必（？）

另在同一位置的北壁天王像后，外侧竖写一行楷书小字：

　　张生大子安倍（？）生一

---

① 沙武田：《敦煌莫高窟第 322 窟图像中的胡风因素——兼谈洞窟窟主的粟特九姓胡人属性》，《故宫博物院院刊》2011 年第 3 期，第 71—96 页。

图 2-6 莫高窟初唐第 322 窟主室东壁门上中间说法图

对此，《莫高窟供养人题记》把"安"释读为"史"①。受此影响，姜伯勤先生、罗丰先生等均以粟特"史"姓论之②，但经笔者多次在洞窟中的仔细释读，在此把专家们原录为"史"的文字录为"安"，似更妥当。从这几处题名的方位和文字与墙壁壁面的关系观察，则属初唐的作品，不似后人所为。

以上两处"安"姓供养人题名的出现，则为洞窟窟主、施主等赞助人的九姓胡人属性关系提供了非常重要的资料说明。"安从（巡）勿必（？）"，显然是中亚胡人的名字。"勿""必"又与"不"发音较为接近，而"勿""不"则属粟特九姓胡人汉字人名中较为常见的了③。

---

① 敦煌研究院编：《敦煌莫高窟供养人题记》，文物出版社，1986 年，第 132 页。

② 罗丰：《隋唐间中亚流传中国之胡旋舞》，载《胡汉之间——"丝绸之路"与西北历史考古》，文物出版社，2004 年，第 280—298 页。

③ ［日］吉田丰：《汉字拼写的粟特人名、重构的粟特文发音及其原意》，转引自韩森：《丝绸之路贸易对吐鲁番地方社会的影响》，载《粟特人在中国——历史、考古、语言的新探》，中华书局，2005 年，第 127—129 页。另据著名敦煌写本 P.3559＋P.2657＋P.3018＋P.2803v《唐天宝十载（751）敦煌郡敦煌县差科簿》记载"从化乡"的九姓胡人，池田温先生把这些胡人的名字一一罗列出来，其中也有带"不""勿"，详见氏著《8 世纪中叶敦煌的粟特人聚落》文。

另在东壁门上中间一铺说法图下面（图 2-6），中间为发愿文榜题框。以主尊为中心，左侧二跪姿男供养像，有题名：

亡父……

右侧一跪一立二女供养人像，有题名：

亡母张……

又在东壁门上北侧说法图下，中间为发愿文榜题框，左右分别为一男女跪姿供养像。东壁门上南侧说法图下，同北侧说法图供养人画像。另，东壁门南药师说法图下面，中间为榜题框，左右分别跪于小方毯上一男女供养像，有题名框，字多已不清，其中女供养像题名可释读：

亡母阴……

以上诸供养人画像中，其中的男性者很有可能即是粟特胡人供养像。

4.中唐第 158 窟中

莫高窟第 158 窟是中唐吐蕃统治时期的代表窟，经我们研究，该洞窟极有可能是粟特人安氏营建的功德窟[①]。

在洞窟内所存中唐供养人画像有两处，一处位于南壁东侧彩塑立佛东侧壁画胁侍菩萨像外侧，画一比丘立像，站立一方毯上，双手面向西作合十供养状；前侧有一榜题框，字不存。

甬道供养人画像极其重要。谢稚柳先生记洞窟壁画中有供养人共五身，其中有比丘三身，男像二身；另甬道南壁画比丘四身，北壁画比丘二身，其中第二身题名"大蕃管内三学法师持钵僧宜"，第三身男像为吐蕃装[②]。《敦煌莫高窟内容总录》记甬道南壁中唐画比丘四身，北壁中唐画比丘二身，吐蕃供养人两身[③]。《敦煌石窟内容总录》只记甬道南壁有中唐画供养比丘四身，吐蕃装供养人两身，北壁内容不记[④]。所记比较混乱，实际情形是甬道北壁中唐画供养比丘三身、吐蕃装供养像一身，其中西向第二身题名"大

① 沙武田：《敦煌莫高窟第 158 窟与粟特人关系考》，《艺术设计研究》（上、下）2010 年第 1、2 期，第 16—22、29—36 页。沙武田：《吐蕃统治时期敦煌石窟研究》，中国社会科学出版社，2013 年，第 206—247 页。
② 谢稚柳：《敦煌艺术叙录》，上海古籍出版社，1996 年，第 404 页。
③ 敦煌文物研究所编：《敦煌莫高窟内容总录》，文物出版社，1982 年，第 53 页。
④ 敦煌研究院编：《敦煌石窟内容总录》，文物出版社，1996 年，第 62 页。

图 2-7 莫高窟第 196 窟主室东壁门北下部男供养像

番管内三学/法师持钵僧宜"，甬道南壁中唐画供养比丘四身。

如果我们的推测不致大谬，作为粟特人功德窟，甬道比丘像和蕃装供养人画像，必有九姓胡人，那身独处南壁一侧的比丘小像也极有可能属粟特人中入寺为僧者。

5.晚唐第 196 窟中

晚唐第 196 窟学界公认是成作于951年的《腊八燃灯分配窟龛名数》所记重要洞窟"何法师窟"，建成于景福二年到乾宁元年（893—894 年），是莫高窟"何家窟"①。作为"何家窟"，主要体现在供养人画像当中，题名"窟主管内释门都法口京城内外临坛供奉大德阐扬三教大法师沙门口智一心供养"像，画于主室东壁门北第一身，其身后为何姓以外以乾元寺为主的比丘僧人供养像一排；对应东壁门南则全为何姓在家世俗男性供养人画像一排（图 2-7）。其中有"纸匠都料何员住"供养像，因此郑炳林先生认为"第196

---

① 金维诺：《敦煌窟龛名数考》，《文物》1959年第 5 期。贺世哲：《从供养人题记看莫高窟部分洞窟的营建年代》，载敦煌研究院编《敦煌莫高窟供养人题记》，文物出版社，1986 年，第 215 页。马德：《敦煌莫高窟史研究》，甘肃教育出版社，1996 年，第 104 页。

图 2-8-1 莫高窟第 196 窟散布在供养
菩萨像中的供养像

图 2-8-2 莫高窟第
196 窟南壁屏风画中供
养像特写

窟为纸匠都料何员住家族的功德窟"①。的确，因为有供养人画像题记的确凿信息，该
洞窟是莫高窟最为明确的粟特人功德窟。

　　在洞窟供养人画像中，健在的女性与小孩子供养像被画在一些独特位置。除东壁
门两侧的供养像以外，另在南壁供养菩萨像之间画有几身小像，其中有一身是"何氏
二娘子"供养像（图 2-8），仍为粟特何姓家族成员。之外，另在中心佛坛背屏的北向

① 郑炳林：《唐五代敦煌的粟特人与佛教》，载郑炳林主编《敦煌归义军史专题研究》，兰州大学出
　　版社，1997 年，第 456 页。

图 2-9-1　莫高窟第 196 窟主室中心背屏南
向面一组供养像

图 2-9-2　莫高窟第 196 窟背屏北向面母女
供养像

面（图 2-9）和前室西壁门上有几身妇女和小孩子供养像，估计均为何氏家族成员。

6. 五代第 129 窟中

莫高窟第 129 窟是盛唐洞窟，经马德先生研究，在五代时期，归义军节度小吏安某于 948—949 年组织家人进行了重修，P.2641v1《推沙扫窟重饰功德记》（拟）即是该次重修的功德记文①。郑炳林先生认为，该重修洞窟的功德主安氏家族是粟特人②。因此，作为安氏家族重修的功德窟，洞窟南壁与东壁门南下为男供养像一排（图 2-10），北壁与东壁门北下为女供养像一排，从题名可知分别为粟特安氏男姓与女眷像。这是粟特人重修前代洞窟作为功德窟的代表。

7. 五代第 387 窟中

莫高窟第 387 窟同为盛唐洞窟，后五代清泰元年（934 年）时经康氏家族重修。西壁龛下南北分别为康氏出家众与在家众（图 2-11），南壁与东壁门南下画一排男供养像，北壁与东壁门北下画一排女供养像。由题名可知，其中的男性出家众与在家众均为康姓。

① 马德：《敦煌莫高窟史研究》，甘肃教育出版社，1996 年，第 134—135 页。

② 郑炳林：《唐五代敦煌的粟特人与佛教》，载郑炳林主编《敦煌归义军史专题研究》，兰州大学出版社，1997 年，第 455—456 页。

图 2-10-1　莫高窟第 129 窟五代安氏家族重修男供养像

图 2-10-2　莫高窟第 129 窟南壁下部五代重修安氏供养像

图 2-11-1　莫高窟第 387 窟南壁壁画构图

图 2-11-2　莫高窟第 387 窟五代重修供养像

　　更为有趣的是最前面的引导僧为一位康姓都僧统，表明该洞窟作为康氏家族功德窟的独特性。此康氏家族，郑炳林先生同样认为属粟特人，由于其家族各类大量供养人的集中出现，因此其所重修之第 387 窟当属家窟性质。作为有如此势力与社会地位的家族，却要重修前人洞窟作为家族功德窟，实属独特的现象，值得思考。

8. 五代宋归义军时期粟特后裔曹氏供养像

　　由荣新江和冯培红等的研究可知，敦煌五代宋归义军统治者曹氏即属流寓敦煌的粟特人后裔①。对此，虽然近来有学者提出质疑②，但是我们更倾向于前说，在此仍就把曹氏以粟特人后裔论。但是由于该支粟特人在敦煌的独特关系与非同一般的社会地位，因此不可一概而论。

既如此，五代宋归义军时期曹氏家族重修与新建功德窟中的供养人画像，就必然要以粟特九姓胡人看待。新建功德窟代表如曹议金建功德窟"大王窟"第98窟，曹议金夫人陇西李氏回鹘"天公主窟"第100窟，曹元忠功德窟"文殊堂"第61、55、261窟"太保窟"③，曹延恭功德窟第454窟，曹氏家族建功德窟第53、22窟等，另有归义军高官或大家族功德窟如张淮庆建"张都衙窟"第108窟等，以及曹氏重修的功德窟如第428、427、244、121、205等窟，在这些洞窟的甬道与主室各壁都有大量的各时期曹氏归义军节度使及其女眷等供养人画像。另在榆林窟曹氏归义军时期洞窟的前后甬道，都画有曹元忠、曹延禄等曹氏统治者的供养人画像。由于资料丰富，在此不一一罗列。

考虑到当时的曹氏虽有粟特血统，但是由于与汉族大姓长期通婚，加上其一直极力强调所附会的汉族曹氏大姓"谯郡曹氏"的关系，又考虑到曹氏作为以大族为主体的政权——归义军政权的因素等一系列汉化现象，因此可以认为五代宋归义军时期敦煌石窟中的粟特后裔曹氏，单就供养人画像的表现上，已经没有多少粟特人的文化特点与独特之处了。作为统治阶层，曹氏不得不放弃了粟特人的思想、信仰与文化关系，而完全以汉族大姓的面貌出现在洞窟供养人画像当中。

因此，考虑到以上因素，在这里不欲把归义军曹氏供养人画像作为重点讨论对象，暂作区别对待。关于敦煌归义军统治者曹氏与粟特的关系，单就供养人画像角度，本书另作专论。

---

① 荣新江：《敦煌归义军曹氏统治者为粟特后裔说》，《历史研究》2001年第1期，第65—72页；收入氏著《中古中国与外来文明》，生活·读书·新知三联书店，2001年，第258—274页。冯培红：《敦煌曹氏族属与曹氏归义军政权》，《历史研究》2001年第1期，第73—86页。

② 李并成、解梅：《敦煌归义军曹氏统治者果为粟特后裔吗——与荣新江、冯培红先生商榷》，《敦煌研究》2006年第6期，第109—115页。魏迎春：《〈唐云麾将军敦煌曹怀直墓志铭〉考释》，载《敦煌写本研究年报》第2号第3分册，日京都大学人文研，2016年，第449—466页。

③ 沙武田：《敦煌莫高窟"太保窟"考》，载《形象史学》第十四辑，社会科学文献出版社，2015年，第86—120页；另载沙武田《归义军时期敦煌石窟考古研究》，甘肃教育出版社，2017年，第97—130页。

图 2-12　莫高窟第 44 窟康秀华供养题记

（二）散见于部分洞窟中的粟特人供养像

除在粟特人功德窟以外，莫高窟另有个别洞窟当中，有零星的粟特九姓胡人供养人像留存。在此作简单罗列如下：

1.莫高窟第 44 窟南壁中部观音菩萨像上有一则供养题记：

观世音菩萨……使康秀华一心供养

只有题记（图 2-12），没有供养人画像。

第 44 窟为盛唐开凿的洞窟，画一小部分，后经中唐、五代重修，现所存壁画造像多为中唐作品。该处供养题名表示康秀华资助绘画的观世音菩萨造像，就是中唐作品。

康秀华是敦煌历史上粟特人的代表，P.2912《某年四月八日康秀华写经施入疏》记载，他曾一次性向寺院施舍银盘子 3 枚，共计 35 两；麦 100 硕，粟 50 硕，胡粉 4 斤①。如此大规模的施舍，表明了康秀华的经济实力之雄厚。学者们研究表明康秀华是粟特商

---

① 唐耕耦、陆宏基：《敦煌社会经济文献真迹释录》第三辑，全国图书馆文献缩微复制中心，1990 年，第 58 页。

人，在敦煌市场中以经营胡粉生意为主，对此郑
炳林先生有大量的研究成果，可供我们参考①。

2.莫高窟中唐②第144窟主室东壁门南供养
人像北向第一身题名：

> 夫人蕃任瓜州都□（督）□仓□曹参军
> 金银间告身/大虫皮康公之女修行顿悟优婆
> 姨如祥□（弟）一心供养

该窟是敦煌大姓"索氏愿修报恩之龛"，即
索家窟。根据洞窟西龛下"管内释门都判官任龙
兴寺上座龙藏修先代功德永充供养"题名，结合
P.3774《丑年（821）十二月沙州僧龙藏牒》可知，
龙藏家族在吐蕃时期，其父贵为部落使，财力雄
厚，与敦煌诸大家族有通婚关系。又从此供养题
记可知，康公同为吐蕃高官，因此两家联姻，说
明了此粟特康氏在当时的影响力很大，并有很高
的社会地位③。

更为有趣的是，此康公之女如祥是敦煌石窟
粟特人供养像中不多见的女性资料（曹氏以外），
因此弥足珍贵。加上此供养像作为第一身，却没

图2-13　莫高窟晚唐第54窟主室北侧

有僧尼引导，充分表明了康公之女如祥在索氏家族中的地位之高，也从另一侧面说明了当
时粟特康氏的社会地位之高。

3.莫高窟晚唐第54窟西壁龛下南侧供养人像列北向第二身题名（图2-13）：

> 康通信供养

① 郑炳林：《康秀华写经施入疏与炫和尚货卖胡粉历研究》，《敦煌吐鲁番研究》第3卷，1997年。
② 对此洞窟的时代，敦煌研究院之前认为属晚唐，后经分期认为属中唐，参见樊锦诗、赵青兰：《吐
蕃占领时期莫高窟洞窟分期研究》，载敦煌研究院编《敦煌研究文集·敦煌石窟考古篇》，甘肃民
族出版社，2000年。
③ 郑炳林：《吐蕃统治下的敦煌粟特人》，载郑炳林主编《敦煌归义军史专题研究》，兰州大学出版社，
1997年，第384页。

康通信是晚唐张氏归义军时期粟特人的代表之一，事迹见载于 P.4660《康通信邈真赞》①，初任归义军"兵马使"，在归义军初期收复河西的战争中建立了诸多功勋，历任"番禾镇将""删丹镇遏使"等职，成了晚唐归义军政权的重要支持者。

康通信供养像出现于西龛下部，极有可能表明此洞窟即是以他为主的粟特康氏营建的功德窟，但是由于资料缺乏，因此不能妄断。

4.其他

在洞窟供养人画像中，根据题名关系，另有零星资料当属粟特人供养像，罗列如下：

盛唐第 182 窟有粟特康人安供养题记一方，盛唐第 130 窟有石国奴供养题记（图2-14），均没有对应原供养人画像。

晚唐第 9 窟为晚唐归义军时期营建的重要洞窟，属当时的统治者李氏家族的"李家窟"，窟内供养人画像中有粟特人贺氏和何氏，主室东壁门南供养人画像列北向第十身题名：

礼新妇□□□贺氏一心供养

另在中心柱龛南向面供养人东向第二身题名：

……何生一心供养

晚唐第 14 窟中心柱龛东向面和北向面分别有"故母六娘子贺氏"与"妮子阿敦悉力"供养像，敦煌贺氏作为粟特人大概没有太多问题，但是阿敦悉力的族属则不太明了，不过其非汉族人则是可以肯定的。

五代第 78 窟东壁南侧有五代人"康承宗"游记一方，没有供养像。

图 2-14 莫高窟第 130 窟石国奴供养题记

---

① 郑炳林：《敦煌碑铭赞辑释》，甘肃教育出版社，1992 年。

五代第 98 窟是敦煌粟特曹氏的功德窟，因此其中必有曹姓以外的粟特人供养像，如有北壁下东向第三十九身的"米和清"、第四十八身"罗守忠"、第五十一身"安和员"，中心佛坛背屏后壁下供养人画像南向第一身"史留住"、第四身"罗安信"等。

宋代重修盛唐第 171 窟龛下有宋画供养人画像，其中南侧北向第二、三、五身分别为石丑定、石丑戍、石丑儿等石姓粟特人男供养像。

北魏第 263 窟后经五代某社人组织重修，其中有粟特人康员昌供养人画像。

一直到了元代，莫高窟第 3 窟有元代画师甘州人"史小玉笔"题记（图 2-15），史小玉题名另出现在莫高窟第 444 窟中，此史小玉很有可能是流寓河西的粟特人后裔。

（三）藏经洞遗画中的粟特人供养像

藏经洞敦煌绘画品中，同样有一定数量的粟特人供养像。考虑到此类资料前人介绍不是很多，研究也较为少见，因此本文欲作较为详细的介绍。以下均为五代宋曹氏归义军时期作品[①]。

1.Stein painting19（Ch.lviii.003）绢画建隆四年（963 年）绘地藏菩萨像（图 2-16）

由中间发愿文题记可知，是由敦煌粟特人

图 2-15 莫高窟西夏第 3 窟元代史小玉题记所在壁画

---

① 本文所引敦煌藏经洞绢画分别采自［英］韦陀（Roderick Whitfield）主编：《西域美术·英国博物馆藏斯坦因收集品》三卷（The Arts of Central Asia），日本讲谈社，1982—1984 年；［法］吉埃（Jacques Gies）编，秋山光和译：《西域美术·吉美博物馆伯希和收集品》（Les Arts de l'Asie Centrate）二卷，日本讲谈社，1994—1995 年；俄罗斯艾尔米塔什博物馆、上海古籍出版社：《俄藏敦煌艺术品Ⅱ》，上海古籍出版社，1998 年。

图 2-16　藏经洞绢画 Stein painting19 建隆四　　　图 2-17　藏经洞绢画Stein painting54 太
　　　年地藏菩萨像　　　　　　　　　　　　　　平兴国八年观音菩萨像

"康清奴"发心功德的作品。供养人画像男左女右排列,男供养像两身,题记:

　　　　故敦煌郡……太子宾客……

　　　　男幸通一心供养

　　　另一侧女供养像同为两身:

　　　　故母阴氏一心供养

　　　　女十娘子一心供养

　　在这里,康清奴作为施主,没有画出自己与妻子的供养像,仅画出了父母之像,又
画上了自己的儿女像。显然是儿子为父母子女所施作品。

　　2.Stein painting54(Ch.lvii.004)绢画太平兴国八年（983 年）观音菩萨像（图 2-17）

　　该绢画是由"施主清信佛弟子知敦煌都园官兼大行园家录事米员（延）德发心敬
画"。供养人画像分两层,男左女右。均为立像。中间发愿文碑记,两侧供养人分上下两
排排列。女方一侧上排:

　　　　施主新妇曹氏永充一心供养

　　　　女清婢一心供养出适李氏

　　　　新妇阴氏一心供养

　　　　新妇王氏一心供养

　　下排：

　　　　新妇康氏一心供养

　　　　孙新妇张氏一心供养

　　　　孙丑子一心供养

　　　　孙长泰一心供养

　　男像一侧上排：

　　　　施主米延德永充一心供养

　　　　男愿昌一心供养

　　　　男愿盈一心供养

　　　　男富长一心供养

　　下排：

　　　　孙丑挞永充一心供养

　　　　孙丑定一心供养

　　　　孙丑儿　孙长兴供养

　　其中下排后两身分别各为小孩
像。此供养人画像也是粟特人比较
集中的，有米姓一家，与之联姻的曹
氏、康氏，另有与之联姻的敦煌汉族
大姓张氏、阴氏、王氏。

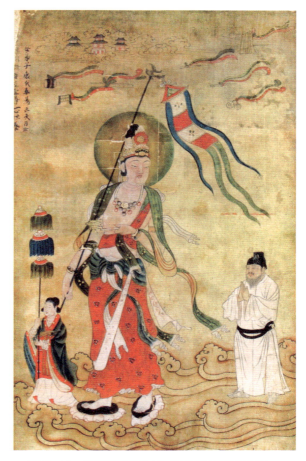

图 2-18　藏经洞绢画 MG.17657 引路菩萨像

　　3.MG.17657 绢画引路菩萨像（图 2-18）

　　画面菩萨像左上侧题记：

　　　　　　女弟子康氏奉为亡夫萨诠/画引路菩萨壹尊一心供养

　　所引者为一白衣老者。

　　4.ДХ.68 麻布画十一面观音菩萨像（图 2-19）

　　由发愿文可知是由"清信弟子大乘贤者康行迁敬画"，画面下部供养人画像一排，中间
发愿文题记，右侧三身女供养像，题记：

　　　　……

图 2-19-2　ДХ.68 麻布画十一面观音菩萨像
女供养像

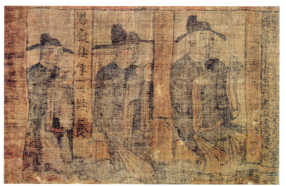

图 2-19-1　ДХ.68 麻布画十一面观
音菩萨像

图 2-19-3　ДХ.68 麻布画十一面观音菩萨像
男供养像

　　母赵氏一心供养

　　……

左侧三身男供养像，题记：

　　……

　　……

　　男康住子一心供养

供养人画像全为跪像。是粟特康氏一家供养。

5. ДХ.57 麻布画观世音菩萨像（图 2-20）。

画面下部为供养人画像。右侧两身女像，中间一小孩像。题记：

施主康氏一心供养

……

新妇索氏一心供养

左侧三身男供养，题记：

施主清信弟子常满儿

一心供养

□□卓□□一心供养

男弟子灵□……

应是常氏供养作品，其中有与之通婚的"康氏"供养像。

（四）其他

在敦煌石窟供养人画像中，除粟特九姓胡人及其后裔以外，另有其他胡人供养的情况。

莫高窟北周第 294 窟北壁出现了来自天竺的"商胡"供养像，分别为北壁供养人画像西向第二十五、二十六身（图 2-21），题记分别为：

清信商胡竹□□居□供养

清信商胡竹……供养佛时

另在第 205 窟有中唐社人"竹庭钦"供养像。

按照学者们的意见，敦煌出现的"辛"氏也是中亚胡人，北周第 290 窟有画师"辛

图 2-20 ДХ.57 麻布画观世音菩萨像

图 2-21-1　莫高窟北周第 294 窟
北壁千佛下方供养像

图 2-21-2　莫高窟北周第 294 窟供养像后面
出现的牛车

图 2-21-3　莫高窟北周第 294 窟北壁天竺商胡供养像（最后两身）

仗和"供养题名，没有供养像。到了后来经五代重修的晚唐第 128 窟，存供养人画像全
为五代时作品，根据供养人画像题名可知，东壁门上六身男性供养像中（图 2-22），全
为"辛"氏家族，又在南壁同样有可以辨认的"辛"氏男供养人画像题名，由此可以认
为该洞窟是五代时期的"辛家窟"。

图 2-22　莫高窟第 128 窟五代重绘东壁门上辛氏男供养像

第 62 窟有大量的成姓供养像，有"成陀罗"等成姓供养群像，当为胡人。

而对于敦煌的"翟"氏，除有来自汉族大姓浔阳、上蔡翟氏之外，另有来自高车的胡族翟氏。虽然有学者也从敦煌遗书等资料中检索到一定数量的汉姓以外的翟氏，但是由于绝大多数资料不好作严格的胡汉区分，因此本文暂略。

二、粟特九姓胡人供养像的几个特点

（一）时代特点

综观敦煌的粟特九姓胡人供养人画像资料，作为一类独特社会人群，总体而言，概有以下几个特点：

1.越往后期洞窟中的粟特人供养像数量越多

就现有的供养人画像资料当中，粟特九姓胡人集中在晚唐五代宋归义军时期的洞窟当中，代表有莫高窟晚唐第 196 窟的何氏家族、五代第 129 窟的安氏家族、五代第 387 窟的康氏家族，五代第 128 窟的辛氏家族，以及曹氏归义军时期大量统治者曹氏家族的供养像。而在之前所见均为零星资料，即使是在粟特人的功德窟当中，仍无法看到如后期这样集中的粟特人供养像。这种情况的出现，除了其时代特点之外，或许也受到供养人题记不存或不清、粟特胡人服饰的汉化等诸多客观因素的制约，因此仍有进一步考察的必要。这种情况的出现，无疑表明，随着时间的推移，敦煌地区的中亚粟特人对佛教信仰的变化，事实上是从一个侧面说明这些九姓胡人的地方化、汉化的过程，因为到了归义军时期，在敦煌的粟特人基本上都是中亚胡人的后裔，九姓胡人本有的传统与特征慢慢地在消失。

敦煌地区粟特人的这种总体时代特征，也影响到以下几个特点的表现。

2. 粟特人在相同洞窟供养人画像群中所占比例偏低

一方面，从现有的资料，我们还没有发现完全的，或者说是纯粹的粟特九姓胡人的供养像单独存在于一个独立的洞窟，或一完整的绘画当中，无论是单独的某一姓氏，拟或诸姓氏交叉出现。粟特九姓胡人的出现，无论在哪个时代，都是与各汉族姓氏的功德主们同时出现，即使在粟特人为主的功德窟中，也不能例外。

这种情况出现的原因，应是受胡汉联姻的制约，胡人与汉族联姻的结果，胡人家族中就必然要出现汉族女性，也因此进入其供养的功德窟中，这种情况比较好理解。代表如第 285 窟，粟特人"清信女史崇姬"对应的是汉族大姓"清信士阴安归"，另有第 322 窟，由题记可知，与粟特男性对应的女性有汉族大姓"阴氏""张氏"。但是由于受题记缺失的限制，大多洞窟则无法一一指明。不过我们深信，在如第 129、387 窟等窟中的粟特男供养像对应的女供养像当中，汉姓者不在少数。而如 Stein painting19（Ch.lviii.003）绢画建隆四年（963 年）绘地藏菩萨像，施主"康清奴"的母亲就是赵氏。Stein painting54（Ch.lvii.004）绢画太平兴国八年（983 年）观音菩萨像，施主"米员（延）德"家族中就有娶汉族张氏、阴氏、王氏。

另一方面，也受本地政治的影响，最高统治者或一些有影响的汉人家族重要人物出现在其功德窟当中，这一点也是他们在本地生活的必需。表现在归义军时期洞窟当中，如第 196 窟甬道出现索勋等像，而在曹氏归义军时期洞窟中，几乎都要画入张氏和曹氏统治者供养像。

而如归义军曹氏，则又是另当别论，除统治的需要之外，也从一个方面表明曹氏汉化程度之深。

另在莫高窟第 196 窟，与窟主何法师一道的乾元寺等寺院僧人们，除何姓出家人以外，又有"俗姓邓氏""俗姓张氏""俗姓范氏""俗姓王氏""俗姓阳（杨）氏"等汉族姓氏出家者，粟特九姓胡人本姓以外的僧人大量出现在其家族供养功德窟中，该洞窟是一个代表，值得注意。

3.到了归义军时期粟特人在洞窟以外佛教绘画的赞助礼敬方面表现出很大的供养热情

藏经洞绘画中，由前文可知，有粟特人供养人画像的资料，基本全为晚唐五代宋归义军时期作品，这一方面似乎暗示我们到了这一时期，随着粟特人汉化的进一步加强，九姓胡人的佛教信仰和汉族没有什么区别，因此在营建大量洞窟功德窟以外，也对绢画、麻布画的供养功德表现出很大的供养热情。当然，对于此前的绢画、麻布画、纸本画中粟特人供养的情况，受资料限制很大，故对此问题的探讨需谨慎。

作为总结，以上敦煌石窟中粟特人供养人画像的时代特点，表现出一个基本的历史事实，就是本来以祆教作为主要信仰的中亚移民粟特人，在入华以来，单就敦煌地区而言，随着时间的推移，他们入乡随俗，为了更加适应当地的生活习俗，也为了自身生活的方便，受当地浓郁佛教文化的熏陶，渐渐有更多的九姓胡人及其后裔加入了对佛教虔诚礼敬的信众行列，以至于有相当一部分人，渐渐或完全失却了本来的祆教信仰。

（二）原创性特点

在这里所论敦煌石窟粟特九姓胡人供养人画像所表现出的"原创性"特点，是指其不同于其他洞窟中所见汉人供养人画像的基本布局与排列关系等现象。

第一，早在西魏第 285 窟，供养人画像不是像同时代洞窟中那样，在一壁布局一排供养人画像，而是在北壁各铺说法图下各自以愿文为中心，对称布局男女供养像，各自形成一个完整的供养组合空间，这在北凉第 275 窟北壁，北魏第 263 窟南壁、北壁、东壁新剥出的供养人像，西魏第 249 窟北壁（图 2-23），西魏第 288 窟各壁，北周第 428、290 窟等窟中表现明显。因此，像第 285 窟供养人画像的布局关系，这种现象在北朝洞窟中并不多见，最早即是该洞窟，因此属本洞窟的"原创"图像。

而第 285 窟粟特人特点的供养人画像布局关系，又在初唐第 322 窟粟特人功德窟中表现得淋漓尽致。东壁各铺说法图下分别布局夫妇对应供养像的方式方法，在当时的洞窟供养人画像布局特点方面，显得格格不入，因为同时代以至于前期隋代其他洞窟中的

图 2-23　莫高窟北周第 249 窟主室北壁说法图

供养像均是位于各壁下部，以整齐划一的形式，一排排列像，十分严整，这方面的代表洞窟如隋代第 62、276、282 窟，初唐第 57、331、375 等窟。

与此同时，粟特人供养人画像的这种分散布局特点，也反映在晚唐第 196 窟的主体供养像之外，分别见于主室南壁供养菩萨造像之间、中心佛坛背屏北向面、前室西壁门上诸处小供养像中。对此有学者认为是后期重修时所为①，而据我们考察的结果，实为粟特人功德窟供养人画像的一个特点，与是否重修关系不大。

第二，在初唐粟特人功德窟第 322 窟见到了较早的跪式供养人画像。樊锦诗、刘玉权先生指出："第 322、209 窟说法图中出现跪式男女供养人，为以前所未见。"②此前自十六国北朝隋代洞窟壁画中的供养人画像，均为站立供养像。因此，又构成粟特人像在敦煌石窟的又一"原创性"特点。

敦煌石窟中，供养人画像这两个特点的出现，非常重要，因为很有可能此种现象即是在敦煌的中亚粟特人在洞窟壁画艺术中绘画自身供养像的独特方式方法。事实上，仔细考察历代洞窟壁画中的供养人画像就会发现，这一现象正是部分窟主、施主有可能为粟特裔的洞窟内供养人画像的常见方式方法。

第三，作为晚唐粟特人功德窟第 196 窟，通过题名可知，在东壁门北的何性世俗在家众男供养人中，可以认为全是已经作故的人。共有十人，二侍从，其中供养像题记可知，有八身全为已故的人，另有两身题记不清，从排列关系看，也应为亡人。这是一个非常独特的现象，为什么何法师窟中的何姓男供养人，画入的全是亡人？对此，我们还没有更好的解释，姑且存疑。按梅林先生的意见，则是因为该洞窟到了宋代重修的缘故③。但作为一"原创性"特点，似没有多大问题。事实上这种现象在整体个石窟中也不多见，甚为独特，需再作思考。

---

① 梅林：《"何法师窟"的创建与续修——莫高窟第 196 窟年代分论》，载《艺术史研究》第八辑，中山大学出版社，2006 年，第 413—432 页。

② 樊锦诗、刘玉权：《敦煌莫高窟唐前期洞窟分期》，载敦煌研究院编《敦煌研究文集·敦煌石窟考古篇》，甘肃民族出版社，2000 年，第 148 页。

③ 梅林：《"何法师窟"的创建与续修——莫高窟第 196 窟年代分论》，载《艺术史研究》第八辑，中山大学出版社，2006 年，第 413—432 页。

图 2-24　北朝隋唐墓葬出土各式胡人俑面貌

（三）关于粟特人画像的写真特点

来自中亚两河流域的粟特九姓胡人，流寓汉地，作为外来人群，显然其人种完全不同于本地的汉族人，应该说其胡貌特征是存在的，特别是在中唐以前流寓敦煌的粟特人中，因为根据"从化乡"的人名、婚姻等推断，正如池田温先生指出的那样，有相当一部分人仍保留有原始的中亚胡人特征，另有一部分已经汉化。如贞观中康国人大首领康艳典东来所居的粟特胡人聚落"石城镇"①，这个粟特胡人聚落，后来在吐蕃占据西域大部之后，按郑炳林先生的意见，率众集体并入敦煌②。而根据大量吐蕃统治时期写本文书中记载的九姓胡人姓名特征，学者们也指出了有相当一部分人仍带有明确的胡人原始特征。

也就是说在归义军之前的粟特人中，有各时期来华的中亚胡人，也有从周围地区并入的胡人，当然也有他们的后裔。到了归义军时期，按照荣新江先生们的意见，在敦煌的粟特人基本上是他们的后裔③。

我们所关注的是，无论是哪一类粟特人，也不管是在北朝、隋唐，还是五代宋归义军时期，在敦煌的粟特人及其后裔，从人体面貌特征上讲，其"胡貌"特征应是存在的（图 2-24），即使是充分考虑到各个时期胡人的汉化历史事实，也不能完全泯灭他们体质的基本特征。

① S.367《沙州伊州地志残卷》，载郑炳林《敦煌地理文书汇辑校注》，甘肃教育出版社，1989 年，第65 页。

② 郑炳林、王尚达：《吐蕃统治下的敦煌粟特人》，《中国藏学》1996 年第 4 期，第 43—53 页。

③ 荣新江：《敦煌归义军曹氏统治者为粟特人后裔说》，《历史研究》2001 年第 1 期，第 65—72 页。

　　既然如此，则就石窟中出现的供养人画像而言，就有一个画像特征方面"写真"的问题。

　　对于这些胡人供养像的面貌特征，理论上讲，应该说如果供养人画像中确实存在写真的情况，则其面相的胡貌特征应该得到体现。按照姜伯勤先生的研究①，敦煌画中有相当部分的写真肖像艺术，笔者也赞同这一观点②。但非常可惜的是，就我们在洞窟中所看到的粟特胡人供养像，由于画像的残毁等各种原因，已很难看到其本来的面貌特征了。虽然姜伯勤先生一再强调了第390等窟中出现的胡服特征③，而服饰本身则不足以构成我们判断九姓胡人身份的唯一凭证④。

　　对于九姓胡人供养人画像在石窟中的面貌特征，也成了现今学术界讨论敦煌粟特人的一个焦点和瓶颈问题，学者们对归义军统治者曹氏族属的讨论即是一个例证。事实上，这个问题的确成了我们研究石窟中九姓胡人问题的一个难点。我们虽然也认为供养人画像中写真现象的客观存在，但是要如何理解此写真画像的真实性和可靠性，以及具体到每一所洞窟中的情况，结合胡人的地方化与汉化，再考虑到洞窟供养人画像的表现形式，以及与汉族供养人一道出现等一系列问题，是一个复杂的系统性课题，需进一步考察。

（四）性别特点

　　从前述各洞窟与绢画等粟特九姓胡人供养人画像可知，一方面就我们所检索到的资料，在佛教洞窟中，粟特供养人以男性为主，女性供养人画像较为少见；另一方面，即使是有女性供养人画像的粟特人功德窟中，女性的比例很低，多是以男性为主的供养情形，

① 姜伯勤：《敦煌的写真邈真与肖像艺术》，载氏著《敦煌艺术宗教与礼乐文明》，中国社会科学出版社，1996年。
② 沙武田：《敦煌写真邈真画稿研究——兼论敦煌画之写真肖像艺术》，《敦煌学辑刊》2006年第1期，第43—62页。沙武田：《敦煌画稿研究》，中央编译出版社，2007年，第286—298页。
③ 姜伯勤：《敦煌285窟所见嚈哒人的密特拉神崇拜》，《中国祆教艺术史研究》，生活·读书·新知三联书店，2004年，第203—216页。
④ 葛乐耐（Frantz Grenet）：《粟特人的自画像》，载《法国汉学》丛书编辑委员会编《粟特人在中国——历史、考古、语言的新探索》（即《法国汉学》第十辑），中华书局，2005年，第305—322页。张元林：《粟特人与莫高窟第285窟的营建——粟特人及其艺术对敦煌艺术的贡献》，载云冈石窟研究院编《2005年云冈国际学术研讨会论文集·研究卷》，文物出版社，2005年，第394—406页。

第 359 窟男女数量上趋于一致，但其中有少量汉人女性在其中。这种现象与传统所见汉族供养人画像中男女对应出现、平分天下的形势不完全一致。

初唐第 322 窟没有看到明确的粟特女供养人，所见汉族女供养像为张氏、阴氏。盛唐第 182、130 窟的康人安、石国奴应是男性，中唐第 44 窟康秀华是敦煌粟特富商，到了中唐的第 158 窟现存壁画中竟然没有画出女供养人，此情形也出现在晚唐第 196 窟中，甬道画归义军统治者阶层，东壁门南北分别画以何法师为主的乾元寺僧人与何姓世俗在家众供养像，也就是说主体供养人画像中没有女性画像。唯有在南壁供养菩萨造像间、中心佛坛背屏北向面、前室西壁门上等位置零星分散画有几身女性、小孩供养像，大概是这些女性的个人功德行为，画在这些地方，与男性稍作对应。

这种现象到了曹氏归义军时期，情况有所改变，主要体现在与粟特曹氏后裔有关的诸功德窟中，完全恢复到了汉人传统男女供养人画像对称分布，且各占一半的总体特征。此改变无疑属于粟特曹氏后裔作为统治者后的调整，要统治以汉族和汉文化为主的敦煌地区，如果仍迷恋粟特人的文化与观念，必是行不通的。正因为如此，也影响到了其他粟特安氏、康氏功德窟，如第 129、387 窟等。同样的情形，也反映在粟特人供养的绢画、麻布画当中，这种现象也是胡人汉化的必然结果。

敦煌石窟粟特胡人供养像的这种性别特点，也让我们联想到历史上在丝路古道上胡人活动的一个历史现象。来自中亚西域的这些粟特胡人群体，作为历史时期行走贩运的商人，在典籍文献、墓葬考古、新

图 2-25　丝绸之路上的男性胡人形象

疆敦煌各地壁画等各类资料中，看到的是一个以男性为主的商业民族在丝绸之路上活动的身影（图2-25）。总体来看，在所有的胡人图像资料中，是很难看到明确有表现出胡女的形象，这是一个客观而真实的历史事实①。这种历史客观事实，也影响到了胡人在佛教洞窟中的供养像。

（五）职业特点

粟特人作为商业民族，就必然与中古时期的手工业生产有不可分割的联系。对于敦煌的手工业与工匠等的研究，姜伯勤先生、马德先生、郑炳林先生已有精辟论述②。敦煌石窟供养画像题记中，很少反映出有各类工匠的情形。但即使在这些仅有的供养人工匠资料中，却多与粟特人有关。如有第196窟的"纸匠都料何员住""纸匠何员定"，由此表明何姓家族从事以造纸为主要的手工业务。第129窟"绘画手安存立"，说明安氏家族有专门从事绘画的人，结合同出"绘画手张弘恩"，似乎表明了以安存立和张弘恩为代表的归义军画院组织参与了该洞窟的重修活动。最早见到的画师有北周第290窟辛仗和，最晚见到的是元代来自甘州的史小玉，均为粟特人或其后裔。

至于像从事商业的第44窟供养者康秀华、第294窟天竺商人，则是粟特人的传统职业。另如以第129、387、98、54等窟粟特人在归义军政权中的任职情况，则是敦煌归义军时期粟特人的基本职业特点，这方面的研究较多。

三、由供养人画像看粟特九姓胡人对洞窟营建的贡献

有史记载，自汉魏两晋以来，大量流寓河西的中亚粟特人，他们广泛参加到当地以汉人为主体的社会群体中，对河西的政治、经济、文化的繁荣与发展做出了不可磨灭的贡献。单就敦煌石窟的营建而言，流寓敦煌的中亚胡人也同样做出了重要的贡献。对此问题，总体而言，大概可以认为有以下几种情形。

① 乾陵博物馆：《丝路胡人外来风——唐代胡俑展》，文物出版社，2008年。
② 姜伯勤：《唐五代敦煌寺户制度》，中华书局，1987年。马德：《敦煌工匠史料》，甘肃人民出版社，1997年。郑炳林：《唐五代敦煌手工业研究》，《敦煌学辑刊》1996年第1期，第20—38页。

（一）作为新建洞窟功德主

按照张元林先生的系列研究，第285窟诸多图像受粟特等中亚波斯艺术的深刻影响，并进而指出其密切的粟特艺术源流关系，使我们有理由相信第285窟洞窟功德主浓厚的粟特人因素，也就是说第285窟实为粟特人供养功德窟。这是敦煌石窟中最早可以断定为流寓敦煌的粟特人营建的功德窟。而洞窟中多种造像题材与多种艺术风格的互动，则充分表明了粟特人及其艺术对敦煌石窟艺术不可估量的贡献。与此同时，第285窟与粟特人关系的认定，则与以贺世哲先生为代表的专家学者认为第285窟为北魏宗室、瓜州刺史元荣的功德窟的传统意见有所区别①，二者之间的关系问题，也随之而来。与本文无关，故从略。

初唐第322窟和中唐第158、359窟均为粟特安氏家族营建的功德窟，本书有专章讨论。

另一个为粟特家族营建的功德窟，即晚唐莫高窟第196窟"何法师窟"。由东壁门北的男供养像可知，有三位"故父"，分别为第一身"何曹□（求）"、第四身"何员住"、第六身"何□慎"，梅林先生据此认为该洞窟的营建设计是以对应的东壁门南三位何姓僧人为中心，是有一定道理的。结合题记反映出的何姓所从事的手工造纸职业特点，这样就更加强了其作为粟特何氏家族功德窟的历史事实。

五代宋归义军时期以曹氏为中心营建的诸多功德窟，虽然汉化非常严重，没有多少粟特人的特点，但是考虑到曹氏作为粟特后裔的基本历史事实，仍可按粟特人新建的功德窟论，但是由于情况独特，不做详论。

（二）参与营建洞窟

前述"基本资料"部分之"散见于部分洞窟中的粟特人供养像"所辑资料，除几身仅见题记不见供养像者外，其他均可列入粟特人参与营建的洞窟当中，但这些洞窟主要的功德主应为汉族诸大姓，个别粟特人只是由于和窟主的特殊关系而有缘参与其中，留下供养像。

---

① 贺世哲：《敦煌石窟论稿》，甘肃民族出版社，2004年。贺世哲：《敦煌图像研究——十六国北朝卷》，甘肃教育出版社，2006年。

（三）重修前代洞窟

五代宋时期，以粟特安氏家族重修第 129 窟，康氏家族重修第 387 窟，曹氏家族重修大量洞窟为代表，反映出这一时期粟特人对前期洞窟重修功德的加强。

（四）粟特画派与独特艺术图像的引入大大丰富了敦煌石窟艺术

洞窟营建之外，粟特人对洞窟的贡献，另可表现在因粟特人的参与而有新的外来画样画稿的传入，因此大大丰富了敦煌艺术的内容与艺术价值。

姜伯勤先生非常注意粟特画风对敦煌艺术的意义，通过对敦煌壁画与粟特壁画的比较研究，先生总结性地指出了敦煌石窟中此类艺术的营养成分[①]。又按姜先生的研究，表明了早在隋代敦煌莫高窟壁画中"粟特画派"就已存在，代表作如大量波斯萨珊联珠纹样的出现，以及如莫高窟第 244、390 窟的联珠纹分格形式等，"构成了在中国的粟特画派"[②]。

事实上不仅仅如此，经过我们的研究，可以看到在粟特人营建的功德窟中，有明显的中西交流的影响，相当一部分图像都会表现出其独特的艺术成分，而其背后则是窟主施主中粟特人的贡献。最为明显的例证是西魏第 285 窟的图像渊源关系，这也正是张元林先生认为其洞窟壁画与粟特人密切相关的主要线索所在。另就初唐第 322 窟而言，在洞窟的各个方面，如建筑装饰、彩塑胡貌特征、两身分别手托绵羊山羊的人非人造像、有胡须的飞天造像、葡萄纹装饰、带有于阗画风的千佛造像、新画样画体的东壁门上说法图、经变画中出现的玻璃钵、小圆毯等，无不表现出强烈的粟特艺术的成分。

事实上，对于粟特画派与受流寓敦煌的粟特人的影响而传入的独特艺术图像在洞窟中的表现，资料远比以上这些要丰富得多，本书相关章节会陆续展开讨论。

---

① 姜伯勤：《敦煌壁画与粟特壁画的比较研究》，载《敦煌艺术宗教与礼乐文明》，中国社会科学出版社，1996 年，第 176 页。

② 姜伯勤：《莫高窟隋说法图中龙王与象王的图像学研究》，《敦煌艺术宗教与礼乐文明》，中国社会科学出版社，1996 年，第 125—156 页。

四、由供养人画像看粟特九姓胡人在洞窟中的供养功德观念

粟特人是商业民族，利所在，无不至，长年奔波在漫漫的丝路古道上。由于这种职业特点，养成了他们在日常生活中追名逐利的性格特点。九姓胡人的这一基本特点，也反映在他们对敦煌石窟的供养观念当中。具体可分两种情形：

（一）洞窟整体观念差，突出供养功德

前文有述，在第285窟北壁出现粟特胡人供养像的图像，他们所供养的对象，即分别是各自所对应的一铺说法图，这种情形与传统供养人格局完全不合。以至到了第322窟供养人画像，主要见于东壁各铺说法图下侧，单独构成，没有整体观念。中唐第158窟西壁单独的比丘供养像，晚唐第196窟主体供养人画像以外几处供养小像的出现，都是各自为政，只考虑自己的供养功德需求，没有传统上敦煌石窟供养人画像的整体观念。另有如盛唐第182窟康人安供养题记、第130窟石国奴供养题记、中唐第44窟康秀华供养题记，更是突出了粟特商人的功利性。特别是康秀华供养题名，康秀华是粟特富商，家资丰盈，一次性就向寺院施舍财物合500余石小麦。非常有意思的是，就是这样一位可以向寺院一掷千金的人，在洞窟供养方面，却显得很是吝啬，仅在盛唐没有画完工的第44窟（图2-26）一个很小的位置布施画了一幅不大的观世音菩萨像，写上自己的供养功德题记就了事。因为按照佛教经典的说法，对于佛像的供养，没有大小多少之分，也没有新建重修之区别，功德都是无量的，甚至重修的功德有时还胜过新创之功，在这样的情形下，作为在市面上斤斤计较的商人，各自有一个小算盘。至于康秀华向寺院的慷慨施舍，则面对的是寺院僧众等社会实体与其背后的一群人，从人际关系、社会影响等方面大有利益所在。

（二）以重修洞窟功德为主

敦煌石窟的历史上，重修前代洞窟最多、工程量最大的是五代宋归义军时期。基本上重修了前代绝大多数洞窟，一般仅重修前室和甬道，又在甬道位置画上曹氏统治者供养像，同时又装饰了大面积的崖面。这种情形的出现，按学者们的研究，是由于当时崖面已经饱和的原因。我们认为，此现象的出现，也从一个方面说明作为商业民族粟特人

后裔的曹氏统治者，从他们民族传统观念出发，从利益合算的角度，为了获得更多的供养功德，也为了统治者自身利益的需要，因此便大范围重修前代洞窟，加上崖面壁画的绘画，因此在那个时期，给人们的感觉是整个莫高窟石窟都是曹氏的功德窟，其功利性思想表现得再淋漓尽致不过了，使这些九姓胡人的后裔获得了最大的社会效益。

至于像第 128、129、387 诸窟的重修，五代时这些粟特人后裔仅在这些洞窟中略作修补，然后便重彩浓墨地画上自己家族的供养人画像，俨然以这个洞窟功德主的形式出现，以最小的付出得来最大的利益，粟特民族追逐名利的传统表露得再清楚不过了。

小　结

对于敦煌石窟中粟特供养像的检索，使我们从另一个角度认识与了解到在敦煌中古时期，作为外来移民群体的九姓胡人对敦煌石窟营建的贡献及其特点。以上简单的梳理，或可为继续探讨敦煌地区粟特人的流变、九姓胡人的汉化、归义军曹氏统治者与粟特的关系、敦煌艺术中的粟特流派等问题有所助益。当然，作为敦煌供养人画像的一小部分，也可为敦煌供养人图像的研究提供一点思考，并进而为深入探讨中古时期佛教石窟造像的供养功德观念的变化提供有价值的启示。

图 2-26　绘制粟特大商人康秀华供养题记的莫高窟第 44 窟

第三章

隋末唐初河西李轨大凉胡人政权及其对莫高窟洞窟营建之影响

　　隋朝末年，天下大乱，群雄竞起，河西自不能例外。大业十三年（617 年）七月，武威豪杰、鹰扬府司马李轨举兵起事，"轨自称河西大凉王，建元安乐"①，建立河西大凉政权，据地自保。大凉政权以武威为中心，西取张掖、敦煌，东取西平、枹罕，尽占河西五郡，割据河西。但好景不长，武德二年四五月间，在唐王朝的策划下，李轨被一起举事的胡人大将安修仁和受唐派遣前来策反的安兴贵兄弟共执之，押送长安伏诛，短命的李轨河西大凉政权，算起来不足两个春秋。对于李轨大凉政权，作为隋末唐初群雄割据政权之一，地处河西，对隋的灭亡和唐平天下都未造成很大的影响，存在的时间颇为短暂，如昙花一现，因此史书记载至为简略②。

　　不仅如此，由于其作为河西的地方过渡政权，前后分别跨隋末、唐初，因此往往不受史学家的注意，在研究河西史地时多被一笔带过。但作为地处丝路通道的地方政权，辖处独特的地理位置，又与唐初西北两个重要的政权突厥和吐谷浑有过关系；又因为其主要基础是九姓胡人，起于胡亦灭于胡，与在唐代历史上有重要地位和影响的凉州粟特胡人安氏家族关系密切，故也颇受史家的重视。较早汪篯先生对李轨政权兴亡之原因作过分析，结论认为当系以凉州安姓胡人为代表的西域胡商集团利益关系变化所导致，甚有道理③。较为全面集中的研究，当属吴玉贵先生，基本上理清了河西大凉政权的历史线索，并对一些史书记载不明或相互有出入的问题，如"李轨起兵及处置隋官的时间""李轨之攻陷河西诸郡""李渊之遣使凉州""李轨政权与唐的关系""李轨河西政权

---

① （后晋）刘昫等撰：《旧唐书》卷五五《李轨传》，中华书局，1975 年，第 2249 页。

② 大凉及李轨事迹分别参见新旧唐书《李轨传》《高祖纪》《隋书·炀帝纪》《资治通鉴》"大业十三年""武德元年""武德二年"等记载。

③ 汪篯：《西凉李轨之兴亡》，载（唐）长孺等编《汪篯隋唐史论稿》，中国社会科学出版社，1981 年，第 270—278 页。

的年号"等作了澄清①。后来先生又就凉州的粟特胡人安氏家族作专题研究,让我们从更广阔和更深入的背景下看到了李轨大凉政权兴亡的特殊人事与因缘关联②。

一、敦煌遗存大凉时期文物文献

大凉政权因为存在的时间不过二载,且除武威郡以外,向西占据张掖和敦煌的时间较晚,要到武德元年的五至七月或略晚,而占据薛举西秦政权所在的西平、枹罕二郡则就更晚,要到武德元年十一月李世民俘虏薛举之子薛仁杲之后③。因此从考古学角度很难将其和隋末唐初之文物严格区分开来,除非有明确纪年者例外,正如樊锦诗、彭金章二先生指出的那样:

> 敦煌藏经洞所出、时代从公元 305 年至公元 1002 年、分别属于六朝、隋、唐、五代和宋代,有确切纪年的 1330 件汉文文献中(按:作者引薄小莹《敦煌遗书汉文纪年卷编年》,长春出版社,1990 年。),没有发现属于河西大凉国安乐纪年的文献。究其原因,很可能与当时的正统思想有关,对闹割据的李轨分裂政权的安乐纪年不予承认。亦可能与河西大凉国是一个短命的王朝有关,从凉王李轨在武威起事,后又即皇帝位,到他被俘虏后押解长安伏法,前后时间不过三年,因而在考古学上很难将河西大凉国时期的遗物从隋末唐初的遗物中区分开来,除非有确切的文字记载。④

但是考虑到大凉政权所占据的河西走廊作为丝绸之路重要通道,据《隋书·地理志》记载,有隋一代,单就李轨起兵的武威郡"统县四,户一万一千七百五"。另外,张掖郡统县三,户六千一百二十六;敦煌郡统县三,户七千七百七十九;枹罕郡统县四,户一万三千一百五十七;西平郡统县二,户三千一百一十八。东西一千余公里。且经隋初装

① 吴玉贵:《关于李轨河西政权的若干问题》,《敦煌学辑刊》1990 年第 1 期,第 68—78 页。吴玉贵:《突厥汗国与隋唐关系史研究》,中国社会科学出版社,1998 年,第 313—316 页。

② 吴玉贵:《凉州粟特胡人安氏家族研究》,《唐研究》第三卷,北京大学出版社,1997 年,第 195—338 页;另载吴玉贵《西暨流沙:隋唐突厥西域历史研究》,上海古籍出版社,2020 年,第 227—282 页。

③ 吴玉贵:《关于李轨河西政权的若干问题》,《敦煌学辑刊》1990 年第 1 期,第 68—78 页。

④ 樊锦诗、彭金章:《敦煌莫高窟北区 B228 窟出土河西大凉国安乐三年(619)郭方随葬衣物疏初探》,《敦煌学》第二十五辑,2004 年,第 524、525 页。

矩的经营，炀帝西巡张掖，河西丝路贸易大兴①。在这样的历史背景下，李轨尽占河西五郡，时间虽短，但也应有相当数量的历史遗存可资证明这一地方割据政权的相关史实。

只可惜目前为止，考古发现又极为有限。但是敦煌等地零星文物的出土，为我们了解和研究河西李轨大凉政权提供了新的资料和视角。

（一）莫高窟北区出土相关文物

莫高窟北 228 窟系一瘗窟，出土随葬品中有纸质汉文墨书衣物疏一件，编号B228:1（图 3-1），该衣物疏因为有"安乐三年"纪年，显得极其珍贵。由内容可知，系佛弟子郭方的随葬衣物疏，考古报告定名《河西大凉国安乐三年（619 年）郭方随葬衣物疏》②，樊锦诗、彭金章二先生有专题研究，并对其学术价值作了总结：一是印证了史籍中有关李轨及河西大凉国的记载可信；二是李轨政权的势力范围曾经到达敦煌地区，并对该地区实施了有效统治；三是填补了敦煌藏经洞所出数万卷文书中安乐纪年的缺环③。

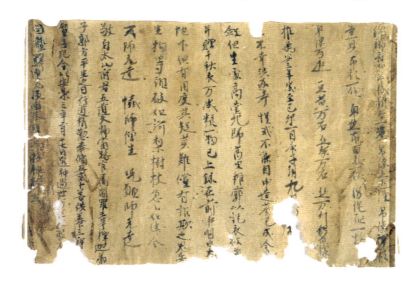

图 3-1 莫高窟北 228 窟出土《河西大凉国安乐三年（619 年）郭方随葬衣物疏》

① 陈爱珠、徐勤：《丝路重镇武威》，载李明伟《丝绸之路贸易史研究》，甘肃人民出版社，1991 年，第 85—110 页。

② 敦煌研究院编，彭金章、王建军：《敦煌莫高窟北区石窟》（第三卷），文物出版社，2004 年，第 334 页。

③ 樊锦诗、彭金章：《敦煌莫高窟北区B228窟出土河西大凉国安乐三年（619）郭方随葬衣物疏初探》，《敦煌学》第二十五辑，2004 年，第 515—528 页。

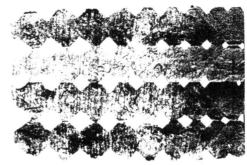

图 3-2-1　莫高窟北 228 窟出土纸衣　　　图 3-2-2　莫高窟北 228 窟出土联珠形剪纸

　　除此之外，该衣物疏也为我们了解当时人们的宗教信仰、埋藏习俗，大凉割据政权下敦煌莫高窟的营建等提供重要的参考资料。

　　莫高窟北 228 窟同出土文物另有① 黄色袈裟、丝绸袋、墨绿色纱、棉布枕头、棉布三角袋等丝棉绢物各一件，漆盘、陶瓶、铁器、皮靴、泥捏动物等各一件，以及纸上衣、联珠形剪纸各一件（图 3-2），还有作为陪葬的棺人木牌 3 件，谷草把 3 束，棉絮等杂物数件。

　　因为该洞窟中瘗埋的人骨是两个男性个体，一老者，一为五十余岁，因此以上随葬品是否全为 619 年和"佛弟子"郭方的衣物疏一起入葬，不能肯定，但是因为衣物疏的存在，结合所记内容与实物的对比，其中的织物类等大多数当为同时代物品。

　　除莫高窟北 228 窟以外，另有相邻二瘗窟与其为同一时期，即莫高窟北 222 窟、北 227 窟。

　　莫高窟北 222 窟同样为两个男性个体，除有各类丝棉绢物外，也有锦彩百衲残件北222:10、北 222:11（图 3-3）②，还有木雕器和残陶器，以及陈放死者的草垫子，另有一枚波斯银币（图 3-4）③。据对窟内出土草垫子的碳十四年代测定，时期为隋末。考古报告

---

① 本文所引莫高窟北区石窟相关资料均引自《敦煌莫高窟北区石窟》相关章节，恕不一一作注。

② 此百衲残件后被中国丝绸博物馆复原，为一长方体或表现长方体物品覆盖，认为是一"百衲桌帷"，参见杨汝林：《敦煌莫高窟北区出土锦彩百衲的修复与研究》，载赵丰、罗华庆主编《千缕百衲——敦煌莫高窟出土纺织品的保护与研究》，艺纱堂·服饰工作队，2014 年，第 39—47 页。赵丰主编：《丝绸之路：起源、传播与交流》，浙江大学出版社，2015 年，第 112、113 页。

③ 彭金章、沙武田：《试论敦煌莫高窟北区出土的波斯银币和西夏钱币》，《文物》1998 年 10 期，第22—27 页。

图 3-3-1　莫高窟北 222 窟百衲残件

图 3-3-2　莫高窟北 222 窟百衲复原图

图 3-4　莫高窟北 222 窟出土波斯银币

认为和北 228 窟处同一崖面，洞窟形制相同，因此当为同时期，即隋末唐初。

北 223 窟为一男一女两个成年个体，考古报告认为和北 222 相同或相近。北 227 窟遗物均不存，人骨残部分。考古报告认为时期与形制相同的北 222、北 228 窟相同，为隋末唐初[①]。倪润安先生也把莫高窟北区的瘗窟划分为四期，其中北 222、北 227、北 228 属于第一期隋末唐初（581—619 年）[②]。如此，作为胡人政治代表的河西李轨大凉政权时期的文物——波斯银币和联珠形剪纸作为随葬品的出现就非常好理解了。

由于洞窟的大小、形制特点，可以确定该三窟最初的营建即为瘗窟无疑，并非属后人利用早期的其他性质洞窟（如僧房窟、禅窟等）改造而成。

的确，从洞窟的性质、形制、大小、规模、葬式葬俗，以及所在的崖面位置等各方面比较，可以认为三窟为同时期相近时间段内所营建之瘗窟。那么安乐三年衣物疏作为纪年的标志性物品，则告诉我们这三所洞窟基本上就是在大凉政权期间营建并瘗埋死者。至于瘗埋的时间就不好确定了，但应该相距不会太远。因为像两个男性个体共同埋入一个洞窟中，结合衣物疏中死者之一郭方的"佛弟子"身份，则他们可能为在家的师徒或师兄弟关系。

（二）敦煌写经

日本东京书道博物馆藏《维摩诘经卷三》（图 3–5），尾题：

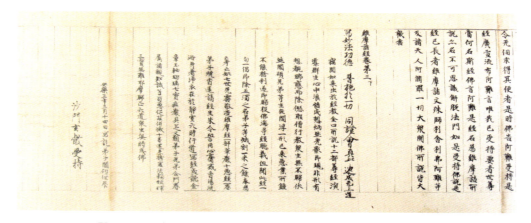

图 3-5   日本东京书道博物馆藏安乐三年《维摩诘经卷三》局部

---

① 均参见《敦煌莫高窟北区石窟》（第三卷）相关洞窟考古报告。

② 倪润安：《敦煌隋唐瘗窟形制的演变及相关问题》，《敦煌研究》2006 年第 5 期，第 56—62 页。

安乐三年三月十四日写讫，弟子阎硕供养。沙门玄叡受持。①

《敦煌遗书总目索引》"日本人中村不折所藏敦煌遗书目录（据昭和法宝目录）" 0800《维摩诘经》误认安乐三年为 620 年，但打了个问号②。池田温先生抄录题识（池田先生也误为 620 年），他本人显然认为是真品，荣新江先生持相同意见，并指出中村不折氏所藏多为精品③。因此，该安乐三年写经当为敦煌写经，大概是出自藏经洞，后经王道士早年的流散，最终为日本人中村不折氏所藏。

因此，这是早于莫高窟北区石窟 B228 窟衣物疏及相关文物之前明确为河西大凉政权时期的重要文物，且出自藏经洞，理应引起注意，说明了大凉政权时期敦煌佛教的状况。

该《维摩诘经》抄于安乐三年的三月十四日，之后不久的四月（一说五月），李轨及其子弟被安氏兄弟押解前往长安，大凉政权宣告灭亡。前件衣物疏写于安乐三年二月十七日，相差不远。两件有安乐三年李轨大凉政权覆亡前夕纪年文物的存在，充分表明了大凉政权对敦煌的有效统治，也从一个侧面说明人们对李轨统治河西的认可。

但是书道博物馆另藏《药师琉璃光如来本愿功德经》（图 3-6），题记表明是由比丘惠达发心写于"大唐开国武德二年四月八日"。同馆《佛说妙好宝车经一卷》系"大业十三年佛弟子张佛果为刘士章善友知识敬造"④。对于这些写经，池田温先生、荣新江先生均认为是真品，而且均可归入敦煌写经。后者的具体抄写时间不明，加上李轨占据敦煌是在武德元年的七月或稍后⑤，因此张佛果抄写《佛说妙好宝车经》时敦煌仍为隋代的政治状况，因此题记不误。但是比丘惠达发心造《药师琉璃光如来本愿功德经》的时间是武德二年四月八日，而且明确为"大唐开国"，其时在河西实为大凉安乐三年的四月八日。这样就出现疑问：为什么在安乐三年的二月、三月的敦煌写经中均使用当时河西大凉安乐纪年，而写于四月的该件却用大唐武德纪年？

答案有几种可能：

第一种：就是该件药师经系今人的伪作，造假者不熟悉当时河西敦煌的历史实况，

---

① ［日］池田温编：《中国古代写本识语集》，东京大学东洋文化研究所报告，1990 年，第 178、179 页。

② 商务印书馆编：《敦煌遗书总目索引》，中华书局，1983 年，第 331 页。

③ 荣新江：《海外敦煌吐鲁番文献知见录》，江西人民出版社，1996 年，第 174—183 页。

④ ［日］池田温编：《中国古代写本识语集》，《东京大学东洋文化研究所报告》，1990 年，第 178、179 页。

⑤ 吴玉贵：《关于李轨河西政权的若干问题》，《敦煌学辑刊》1990 年第 1 期，第 69—71 页。

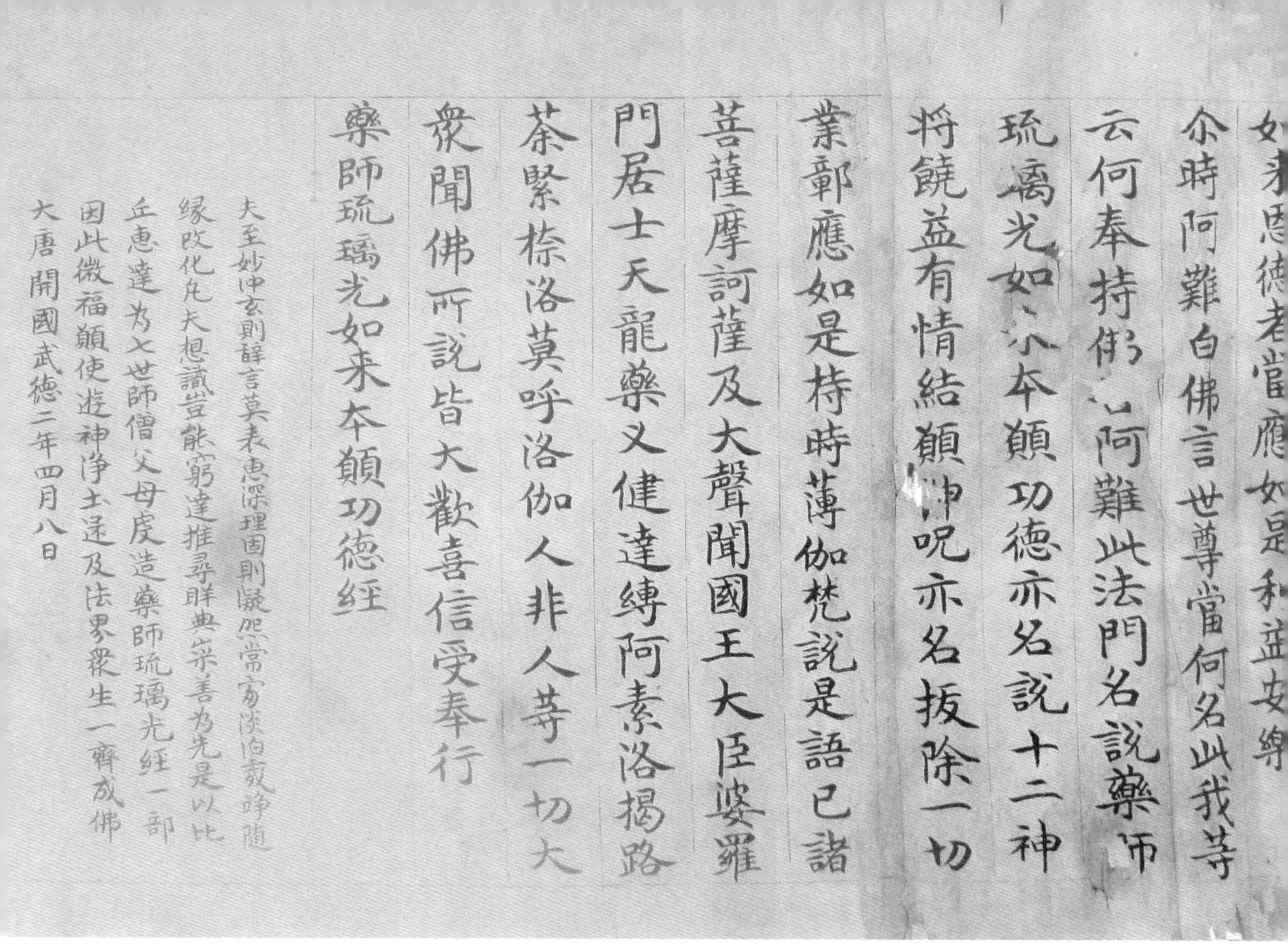

如来恩德者当应如是和益安

尔时阿难白佛言世尊当何名此我等

佛告阿难此法门名说药师

琉璃光如来本愿功德亦名说十二神

将饶益有情结愿神咒亦名拔除一切

业郭应如是持时薄伽梵说是语已诸

菩萨摩诃萨及大声闻国王大臣婆罗

门居士天龙药义健达缚阿素洛揭路

茶紧捺洛莫呼洛伽人非人等一切大

众闻佛所说皆大欢喜信受奉行

药师琉璃光如来本愿功德经

大至妙申玄则辞言莫表惠深理固则凝伽常写淡泊救诤随

缘政化凡夫想识岂能穷达推寻群典荣善为先是以比

丘惠达为父世师僧父母度造药师琉璃光经一部

因此微福颙使遊神净土迳及法界众生一齐成佛

大唐开国武德二年四月八日

图 3-6　日本东京书道博物馆武德二年《药师琉璃光如来本愿功德经》

故忽略了李轨大凉政权的历史。但是我们知道，大多经手过或作过研究的专家学者并不认为该件写经为赝品，故可不予考虑。

第二种：就是该经系从中原内地传入敦煌的，因此也就不存在安乐纪年的问题。

第三种：就是发心造《药师琉璃光如来本愿功德经》的比丘惠达此时得知李唐王朝统一中原的消息，心有所向，为求正统，使用唐武德纪年。况且到了安乐三年四月时期的李轨大凉政权，不仅内部出现严重的分裂，而且大唐西取之心已明，又本身属据地自保的地方割据政权，因此不为一些地方人士所拥护也就属历史的必然现象。因为两唐书《李轨传》与《资治通鉴》均记李轨是在武德二年的五月被安氏兄弟叛变，大凉政权随之覆亡。

第四种：就是至安乐三年四月时大凉政权已经被安氏兄弟政变覆亡，敦煌与武威均为河西丝路要道，因此消息很快传至敦煌。据《旧唐书·高祖纪》：

夏四月辛亥，李轨为其伪尚书安兴贵所执以降，河右平。

此记载与《新唐书·高祖纪》《资治通鉴》"武德二年"条所记五月有出入，吴玉贵先生倾向于四月，现在看来当有一定的道理。

以上在敦煌地区遗存下来的大凉时期文物文献，为我们理解这一时期粟特胡人的活动提供重要的历史线索，也启示我们作更加深入的思考。

二、李轨河西大凉政权的年号

史书对于李轨年号的记载各不相同，归纳有三种说法：

第一种：李轨在隋大业十三年七月起兵后建元安乐。

《隋书·炀帝纪》：

> （大业十三年七月）丙辰，武威人李轨举兵反，攻陷河西诸郡，自称凉王，建元安乐。

《旧唐书·李轨传》：

> 轨自称河西大凉王，建元安乐。

第二种：唐武德元年十一月李轨称帝后建元安乐。

《新唐书·李轨传》：

> （武德元年）轨僭帝号，建元安乐。

第三种：唐武德元年十一月李轨称帝后改元安乐。

《资治通鉴》卷一八六载：

> （武德元年）十一月乙巳，凉王李轨即皇帝位，改元安乐。

因为史书记载的不一致，对此问题，早年吴玉贵先生即提出了质疑，并作了专门的讨论，结论认为李轨于大业十三年七月起兵之初即自称河西大凉王，并且设置了一套官制，亦建立了年号，即为安乐。但"至于李轨称帝后改元年号，由因史文阙载，已不可得知"[1]。上举两件安乐三年纪年衣物疏和写经的存在，则为此问题的讨论画上了圆满的句号。因此，史书所记李轨于武德元年十一月称帝后"改元安乐"之事不可信，事实上李轨并未改元，自始至终使用安乐纪年。

---

[1] 吴玉贵：《关于李轨河西政权的若干问题》，《敦煌学辑刊》1990年第1期，第76—78页。

李轨安乐年号，由于是地方割据政权所使用，不为人们所常用，因此出现像前述《昭和法宝目录》《敦煌遗书总目索引》《中国古代写本识语集》等对安乐纪年时间的混淆。即使是专门研究历代年号的专著工具书中，也出现可待修正的著录，《中国历代年号考》记李轨安乐纪年始自 618 年十一月，至于 619 年五月，指出是据《资治通鉴》所记武德元年改元安乐说，并据《通鉴考异》记："按《轨传》云，轨称凉王，即改元安乐。今据《实录》。"[1]此处《轨传》即《旧唐书·李轨传》，《实录》即《唐高祖实录》。具体之辨析，吴玉贵先生已作了明解。这种由于历史文献记载的混乱和不明，导致今人在编写历史年表时往往容易出现疑惑或误笔[2]。

修正后的李轨大凉安乐年号时间为：617 年七月至 619 年四月（或五月），前后三年时间，但实际加起来不足两年。

三、河西大凉政权前后敦煌莫高窟的营建

李轨大凉政权于武德元年七月后占据敦煌，至武德二年四月灭亡，其间仅有八九个月时间，过于短暂，加上战争的影响，很难集中讨论大凉政权期间莫高窟的营建。但是作为河西历史时期重要的宗教与文化艺术活动的莫高窟洞窟营建，洞窟中的蛛丝马迹，对于我们分析短暂的大凉政权亦有一定的参考意义。

李轨河西大凉政权，从起事、建立、到政权内部矛盾的产生，以至于最后被推翻，均与居住武威的粟特九姓胡人密不可分，尤以武威安氏家族影响最大，可以认为大凉政权是胡人集团控制下的一个地方割据势力。符合当时隋末唐初武威作为丝路上国际商业民族粟特九姓胡人聚居中心的历史事实。对此，前述汪篯先生、吴玉贵先生均有详细深入的分析研究。

在这样的历史背景下，莫高窟北区石窟北 222 瘗窟中随葬来自中亚波斯萨珊朝的银币，北 228 窟联珠纹剪纸等文物，则是对河西与敦煌独特社会环境的最好注脚。

至于莫高窟隋代洞窟中出现大量反映中亚波斯与粟特美术的内容，已属学界所共

---

① 李崇智编著：《中国历代年号考》（修订本），中华书局，2001 年，第 106 页。
② 方诗铭：《中国历史纪年表》，上海辞书出版社，1980 年，第 81 页。记李轨安乐纪年始于 618 年十一月，止于 619 年五月。但又注明"一作大业十三年（617 年）建年号安乐"，甚是严谨。

图 3-7-1　莫高窟第 277 窟西龛　　　图 3-7-2　莫高窟第 277 窟西龛外沿对马联珠纹
　　　　　　　　　　　　　　　　　　　　　　　　　边饰局部

知。代表如第 277 窟龛沿装饰联珠对马纹（图 3-7）、第 420 窟彩塑菩萨像所饰联珠狩猎
纹、第 402 窟龛沿联珠翼马纹（图 3-8）①，以及具有浓郁粟特风格所构图特点的第 244、
390 窟，姜伯勤先生认为当是粟特艺术家所为②。另有第 420 窟窟顶法华经变、第 296 窟
福田经变（图 3-9）、第 290 窟佛传故事画等中出现的胡商活动情景，均是对丝路上粟特
胡人活动真实客观的记录和再现③。

① 关友惠：《莫高窟隋代图案初探》，《敦煌研究》1983 年创刊号，第 26—37 页。姜伯勤：《敦煌吐鲁番
　 文书与丝绸之路》，文物出版社，1994 年，第 71—82 页。姜伯勤：《敦煌与波斯》，《敦煌研究》1990
　 年第 3 期，第 1—15 页。
② 姜伯勤：《敦煌壁画与粟特壁画的比较研究》，载氏著《敦煌艺术宗教与礼乐文明》，中国社会科
　 学出版社，1996 年，第 158—178 页。
③ 李明伟：《丝绸之路贸易史研究》，甘肃人民出版社，1991 年，第 111—134 页。荣新江：《萨保与萨薄：
　 佛教石窟壁画中的粟特商队首领》，载《粟特人在中国——历史、考古、语言的新探索》，中华书局，
　 2005 年，第 49—71 页。

图 3-8 　莫高窟第 402 窟西龛沿联珠装饰

图 3-9　莫高窟第 296 窟窟顶北披福田经变中的丝路贸易图

　　发展到初唐时期，甚至出现了粟特人的功德窟，据我们的研究，莫高窟第 322 窟有可能为安姓胡人营建的洞窟①。莫高窟第 322 窟是敦煌石窟初唐的代表性洞窟。具体而言，按史苇湘先生的分期，是"武德至贞观初年的洞窟"②；万庚育先生认为是初唐第二期由"隋风渐转唐风"的典型窟，整体造像并没有完全脱离隋代的影响③；樊锦诗、刘玉权二先生同样把第 322 窟分期为唐前期第一期洞窟，时间"大致始于唐武德元年至七年（618—624 年），下迄唐贞观十六年至龙朔二年（642—662 年），当在唐高祖、太宗、高宗初期"④。

① 沙武田：《莫高窟第 322 窟图像的胡风因素——兼谈洞窟功德主的粟特九姓胡人属性》，《故宫博物院院刊》2011 年第 3 期，第 71—96 页。修订稿见本书第四章。
② 史苇湘：《关于莫高窟内容总录》，载敦煌文物研究所编《敦煌莫高窟内容总录》，文物出版社，1982 年，第 118 页。
③ 季羡林主编：《敦煌学大辞典》，上海辞书出版社，1998 年，第 52 页。
④ 樊锦诗、刘玉权：《敦煌莫高窟唐前期洞窟分期》，载敦煌研究院编《敦煌研究文集·敦煌石窟考古篇》，甘肃民族出版社，2000 年，第 144—150 页。

所谓"隋风渐转唐风",是隋末唐初,其实正是河西大凉政权及其前后。

洞窟中出现几处工匠类题名,分别如下:

在西壁外层龛北侧最下角的西壁,即北侧天王彩塑的右腿一侧的壁面,有一竖行墨行草书:

　　安从(巡)勿必(？)

另在同一位置的北壁天王像后,外侧有一竖行楷书小字:

　　张生大子安倍(？)生一

对此,《莫高窟供养人题记》把"安"释读为"史"[1]。受此影响,姜伯勤先生、罗丰先生等均以粟特"史"姓论之[2],但经笔者多次在洞窟中的仔细释读,在此把专家们原录为"史"的文字录为"安",似更妥当[3]。

在里侧又一行墨书六字,草书,又似符号,完全不认识。

以上的两处题名,有字却没有像。重要的是,从这几处题名的方位和文字与墙壁壁面的关系观察,则属初唐的作品,不似后人所为。

这些题记均写在不易看到的地方,也写得非常的杂乱,当有可能是画工画匠在工作时的随意之作[4]。

结合洞窟诸图像所反映出的粟特艺术成分,我们初步考察,第322窟有可能为敦煌的粟特九姓胡人安氏家族营建的洞窟[5],如果这一观点有其合理的成分,则恰与当时河西历史政治大背景所契合。同为河西的安氏胡人,在敦煌莫高窟发心营建功德窟者,与武威的安氏家族是否为同一家族不好肯定,但是他们均为来自安国的胡人则无疑问。作为入华的商业民族,定居河西,无论是敦煌还是武威,由于商业关系,他们之间往来密切似可肯定,因此仍可视为一家。本来,大凉政权就是以武威安氏胡人为代表,是他们联合其他胡人势力构成的地方政权,起事独立自保的目的和最终解体的原因,均是因为

---

① 敦煌研究院编:《敦煌莫高窟供养人题记》,文物出版社,1986年,第132页。

② 姜伯勤:《中国祆教艺术史研究》,生活·读书·新知三联书店,2004年,第217—224页。罗丰:《隋唐间中亚流传中国之胡旋舞》,载氏著《胡汉之间——"丝绸之路"与西北历史考古》,文物出版社,2004年,第280—298页。

③ 土肥义和先生在看了相关的壁画图片后,也同意笔者的意见。

④ 之前我把其认为是供养人题名,后经马德先生和张先堂先生指教,应为工匠作品,很有见地。

⑤ 前揭笔者《故宫博物院院刊》稿。

胡人集团的商业利益所致①。

　　另有可能，莫高窟第322窟即是大凉政权占领敦煌之后，由该政权势力最大的武威安氏家族所发心营建的功德窟。因为莫高窟自十六国北凉以来，发展到隋末唐初，已是河西最大的佛教石窟圣地，规模也颇为可观，远远超过武威的天梯山石窟、张掖的马蹄寺（主要是千佛洞）、酒泉的文殊山等河西石窟群。作为宗教中心，必然是这些往来于河西及丝路上逐利民族寻求平安等精神慰藉的场所，他们有足够的钱财用于营建一所像第322窟这样精美的洞窟，这一点也完全符合安氏家族在河西大凉政权中的地位。

　　最为有趣的现象是，第322窟东壁门南药师经变内的女供养像题名残存"亡母阴……"。按家族洞窟特征，此亡母阴氏，当是窟主九姓胡人安氏家族与汉族阴氏联姻的结果，是粟特人入华后汉化和融入当地的主要手段之一，屡见于史料②。有趣的是，隋唐时期的阴氏，作为敦煌世家大族，武威即是其郡望之一③。可见武威阴氏是为当地的望族，必是入华粟特人大家族选择通婚的主要对象。

　　由此，作为大凉政权主要利益集团的九姓胡人代表的安氏家族，其影响可能已达敦煌，最终在各种利益的驱动下，在莫高窟发心营建功德窟第322窟。当然这样一所洞窟的营建绝非在大凉政权统治敦煌不到一年的时间内所能完成，理当持续到大凉政权之后的唐初时期。而大凉之后的安氏胡人集团因为在平叛李轨、扫平陇右河西的历史关键时期，利用其在河西、武威及长安的独特关系，立下了汗马功劳，正如吴玉贵先生所言，"河西之地实际上是由安氏家族双手送给了唐朝"④，最终使得整个家族在唐王朝统治下的河西地区地位上升至最高峰，李轨及其子弟在长安被杀后，安兴贵被授予右武侯大将军、上柱国、封凉国公，安修仁被授予左武侯大将军、封申国公⑤。武德九年（626年）

①　汪籛：《西凉李轨之兴亡》，载唐长孺等编《汪籛隋唐史论稿》，中国社会科学出版社，1981年，第270—278页。
②　程越：《从石刻史料看入华粟特人的汉化》，《史学月刊》1994年第1期，第22—27页。陆庆夫：《唐宋间敦煌粟特人之汉化》，《历史研究》1986年第6期，第25—34页。刘惠琴、陈海涛：《从通婚的变化看唐代入华粟特人的汉化——以墓志材料为中心》，《华夏考古》2003年第4期，第55—61页。
③　马德：《敦煌阴氏与莫高窟阴家窟》，《敦煌学辑刊》1997年第1期，第90—95页。
④　吴玉贵：《凉州粟特胡人安氏家族研究》，载《唐研究》第三卷，北京大学出版社，1997年，第300页。
⑤　参见新旧两唐书《李轨传》。

图 3-10　昭陵出土安元寿墓志

唐太宗初定功臣，安兴贵、安修仁各食实封六百户，并位于六百户诸功臣之首①。受其影响，他们的后代像陪葬昭陵的安元寿等人在唐王朝的地位显赫一时，据《安元寿墓志》（图 3-10）记载，贞观元年（627 年），突厥颉利可汗派人与唐太宗会谈，太宗独留安元寿一人于身边护卫②。有如此历史背景，胡人安氏家族在莫高窟继续从事洞窟的营建则合情合理。

　　第 322 窟以外，是否还有其他的洞窟营建也受到大凉政权前后胡人集团的资助，受资料所限，不好确定，但是像自隋代以来胡人势力在河西的不断滋长，特别是经过大凉政权的变故后，以安氏家族为代表的胡人集团的壮大，必然影响到自十六国北朝以来所延续的河西人们信仰的佛教石窟的营建，事实上入华的九姓胡人早在西魏莫高窟第 285

① 参见《旧唐书·太宗本纪》卷上。
② 昭陵博物馆：《唐安元寿夫妇墓发掘简报》，《文物》1988 年第 12 期，第 37—44 页。

图 3-11　陕西历史博物馆博藏石黑奴造像碑

窟营建之时就已参与到这一活动当中来①。陕西历史博物馆藏一件出自陕西汉中城固县
的北魏孝昌三年（527 年）的一佛胁侍造像碑（图 3-11），背面铭文：

太岁丁未三月廿五日佛弟子石黑奴为亡父母

亡妇儿敬造释迦石像一区愿宜生西方

净佛国土莲花化生诣□妙法供

养三宝龙花三会愿□□首见诸得道

历侍诸佛愿石黑奴将身并眷属还得

供养奉所造石像常识宿命一切众生

① 张元林：《粟特人与莫高窟第 285 窟的营建——粟特人及其艺术对敦煌艺术的贡献》，载云冈石窟
　研究院编《2005 年云冈国际学术研讨会论文集·研究卷》，文物出版社，2005 年，第 394—406 页。

普同此愿[1]

此石黑奴应为石姓粟特胡人。莫高窟西魏第285窟有滑黑奴供养像并题名（图3-12），姜伯勤先生指出当为来自嚈哒的滑国人[2]。另，《旧唐书·玄宗纪》记载开元九年四月六胡州之乱，首领之一即是粟特胡人何黑奴。可见"黑奴"字样为粟特人取名所常用。

这时期的汉中一带实属南齐政权，应为武帝大通元年（527年），说明这一时期粟特人已流寓至汉水流域，刻石造像，供养佛教尊像，结合第285窟资料，可见胡人来华后与当地佛教信仰的融合已是较为普遍的现象了。

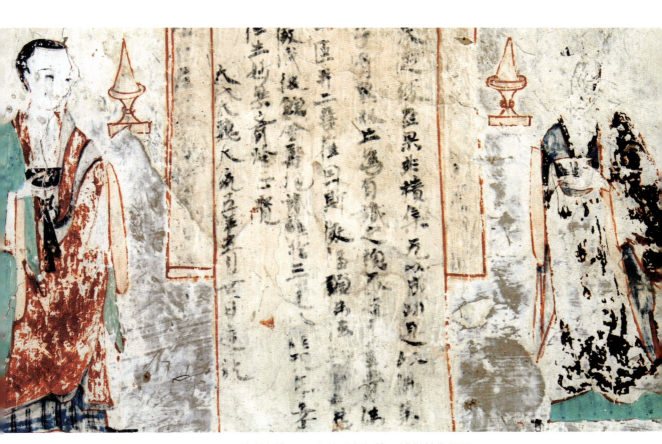

图3-12　莫高窟第285窟北壁东起第1铺供养像题记

---

[1] 东京国立博物馆：《宫廷の荣华：唐の女帝·则天武后とその时代展》，1998年，图版4，第27页。
[2] 姜伯勤：《中国祆教艺术史研究》，生活·读书·新知三联书店，2004年，第203—216页。

小　结

可以认为，大凉李轨胡人政权的建立和解体，都是河西地区粟特胡人力量集中的原因，而凉州粟特安氏对李唐统一的巨大贡献，则是河西地区粟特胡人发展的新高峰，作为河西佛教圣地的莫高窟，结合隋唐时期（安史之乱之前）丝绸之路繁盛的史实，再结合历史时期敦煌地区的粟特胡人积极参与佛教活动的相关记载，这一时期如火如荼般营建的敦煌洞窟群中，作为时代工程，必然有一定数量的粟特胡人参与其中，来自中亚粟特地区的美术成分也必然渗透到洞窟壁画艺术当中，值得我们仔细考察并作深入的研究，以探究粟特胡人在敦煌石窟中留下的丰富的丝路场景。

第四章 莫高窟第 322 窟图像的胡风因素与洞窟功德主的粟特胡人属性

　　莫高窟第 322 窟是唐初的代表性石窟，为一中小型洞窟（图 4-1），塑像和壁画保
存完好，色彩鲜艳如初，一直以来被认为是初唐艺术的代表作，段文杰先生主编的《敦
煌石窟艺术》全 22 本，其中有第 57、322 窟①，另在网络资源"数字敦煌"上可以三
维浏览②，这是目前最全面的图像资料集成，说明第 322 窟在敦煌石窟群中的代表性
和重要性。对第 322 窟的研究，最精彩的属姜伯勤先生对其中两身持羊畏兽图像的解
读，结合洞窟题记中出现的"（龙）年"题记，指出"不称'辰年'而称'龙年'，正暗

示出窟主史氏或为突厥裔，
或为粟特裔"，对洞窟窟主族
属有精辟之见解③。受姜先生
的启发，再回过头来看，早年
敦煌文物研究所的专家们对
第 322 窟窟主问题，已有"胡
人"身份的重要推测④，实是
敦煌石窟营建史上值得关注
的一个现象。在前贤们研究
的启示下，笔者试作更加详
细的分析。

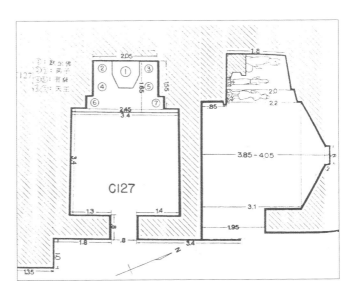

图 4-1-1　莫高窟第 322 窟平、剖面图（石璋如绘）

① 敦煌研究院编，段文杰总主编，赵声良编著：《敦煌石窟艺术·莫高窟第五七、三二二窟（初唐）》，
　江苏美术出版社，1995 年。

② https://www.e-dunhuang.com/cave/10.0001/0001.0001.0322

③ 姜伯勤：《莫高窟 322 窟持动物畏兽图像——兼论敦煌佛窟畏兽天神图像与唐初突厥祆神崇拜的
　关联》，载《中国祆教艺术史研究》，生活·读书·新知三联书店，2004 年，第 217—224 页。

④ 敦煌文物研究所编：《中国石窟·敦煌莫高窟》三，图版 17 说明，文物出版社、日本平凡社，1987
　年，第 223 页。

图 4-1-2 莫高窟第 322 窟彩塑

一、洞窟两身人非人图像再说

莫高窟第 322 窟西壁双层龛，外层龛顶的左右二角各画一神兽的形象，以中间的一佛二弟子对称分布（图 4-2）。二神兽形象非常独特，均为人身兽首，赤裸全身，唯穿一较短绿色灯笼裤（或可称犊鼻裤），双肩生出三道蓝色火焰状翼翅。头发上束，怒目圆睁，龇牙咧嘴。手脚均作鸟爪形。全身肌肉突起，孔武有力。二像相对，手脚一前一后，均作向前急驰状，周围有流云飘浮，更显神秘氛围。其中右侧一身右手高举一长角山羊（图 4-3），左侧一身左手高举一绵羊（图 4-4）。

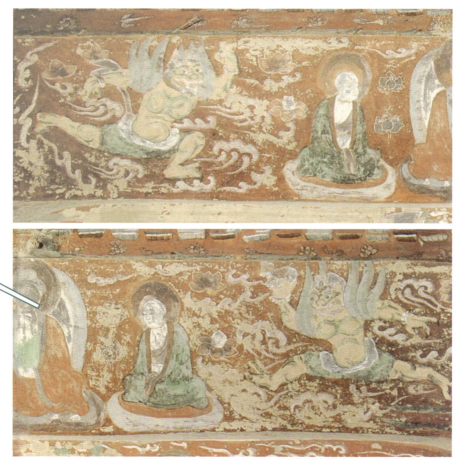

图 4-2　莫高窟第 322 窟两身有翼神兽所在位置关系

图 4-3　手持山羊的神兽（线图采自姜伯勤先生手绘图）

图 4-4　手持绵羊的神兽（线图采自姜伯勤先生手绘图）

以史苇湘先生为代表的敦煌研究院专家定名此两身图像为"人非人"①。

"人非人"是佛教神祇，其性质基本上是属天龙八部或天部类，定义颇为广泛，在佛教经典中广为所见，以护法神祇为其主要的归属。

《仁王护国般若波罗蜜多经疏卷上二》：

　　佛言亦得八部鬼神，皆曰人非人也。②

《注维摩诘经》：

　　紧那罗。 什曰：秦言人非人，似人而头上有角。人见之言人耶非人耶。故因以名之。亦天伎神也。③

《佛说庄严菩提心经》：

　　尔时会中有天子，名师子奋迅光。即从坐起合掌白佛言：善哉世尊！如上所说，甚深希有诸佛功德，譬如甘露充足一切。佛告天子：善哉善哉！如汝所说，若有比丘比丘尼优婆塞优婆夷，天龙夜叉乾闼婆阿修罗迦楼罗紧那罗摩睺罗伽人非人等。④

《大宝积经》：

　　舍利子。彼诸无量病苦众生，不遇良医，为病所弊，无有救护，无有归趣，皆共呼嗟，失声号哭，涕泣横流，作如是言：我今受此无量重病，何处当有天龙药叉健达缚，及诸罗刹人非人等，以大慈悲而能见为除我病者。若有能除我病苦者，我当不悋一切财宝，厚报其恩，随其教诲。⑤

因此，近人作了总结，《佛学大辞典》：

　　人非人，（天名）紧那罗之别名。似人而非人也。《法华文句》二曰："紧那罗，亦云真陀罗，此云疑神，似人而有一角，故号人非人。"又，天龙等八部众之总称，以彼等本非人而诣佛所皆现人体也。《舍利弗问经》曰："八部皆曰人非人。"《法华经义疏》二曰："人非人者，八部鬼神本悉非人，而变作人形来听说法，故云人非人也。"⑥

---

① 敦煌研究院编：《敦煌石窟内容总录》，文物出版社，1996 年，第 132 页。

②《大正藏》第 33 册，第 447 页。

③（后秦）释僧肇撰：《注维摩诘经》，《大正藏》第 38 册，第 331 页。

④《大正藏》第 10 册，第 963 页。

⑤《大正藏》第 11 册，第 281 页。

⑥ 丁福保：《佛学大辞典》，载慈怡主编《佛光大辞典》等，对"人非人"释义均相当。

另一方面，人非人在佛教中也被视为可以加害于人的恶鬼类形象。

《别译杂阿含经卷第九》：

> 时须达多，既至门下，见城门开，谓天已晓，即出门外，欲诣佛所，先以念佛故有光明，来照其身。到城外已，见一天祠，实时绕祠，恭敬礼拜，还复黑闇。心自念言：天大黑闇，若人非人，或能害我。当还入城。时尸婆天神，放光照曜，乃至祇洹，悉皆大明。天神即语须达多言：汝可前进，不宜退还。[①]

《舍利忏法》：

> 此陀罗尼，有大威力，一切诸魔，终不能作其障碍。一切冤家，恶友鬼神，药叉罗刹，人非人等，不得其便，增长无量善根。[②]

毫无疑问，莫高窟第 322 窟外龛顶两侧出现的"人非人"无疑是佛教的护法神，当属天龙八部类"八部鬼神"之一，或即是作为"天伎神"的"紧那罗"，只可惜头上无角。

内层龛内相类位置均为飞天伎乐类图像，由此我们有理由认为该两身人非人亦属"天伎神""紧那罗"。敦煌壁画中的飞天类造像，专家学者认为即是佛教天龙八部之"乾达婆""紧那罗"[③]。但是近年，由赵声良先生的最新研究可知，"飞天"只是一种俗称，也并非专属"乾闼婆""紧那罗"，而是"佛教诸天"的泛称[④]。第 322 窟龛顶的伎乐天当为飞天之一类，即伎乐天神的"乾闼婆""紧那罗"，则应是没有什么问题。

既然如此，那么第 322 窟两身人非人与佛教诸天之一的乐伎神"乾闼婆""紧那罗"共同出现在龛顶位置，中间一佛二比丘说法图，表明他们共同作为"八部鬼神"类护法的意义。

作为佛教"八部鬼神"之一的"人非人"，在敦煌莫高窟北朝和隋代洞窟频有出现，

① 《大正藏》第 1 册，第 440 页。

② 《卍新纂续藏经》第 74 册，第 623 页。

③ 段文杰：《飞天——乾闼婆与紧那罗》，载氏著《段文杰敦煌艺术论文集》，甘肃人民出版社，1994 年，第 415—438 页。段文杰：《飞天——乾闼婆与紧那罗——再谈敦煌飞天》，载氏著《敦煌石窟艺术研究》，甘肃人民出版社，2017 年，第 378—396 页。此观点为敦煌飞天研究的基本观点，为学者们所普遍认同。

④ 赵声良：《飞天艺术新探》，载氏著《敦煌艺术十讲》，上海古籍出版社，2007 年，第 107—136 页。

图 4-5　莫高窟西魏第 285 窟窟顶东披有翼神兽

如有莫高窟西魏第 285 窟窟顶（图 4-5）、249 窟窟顶、288 窟窟顶东披，北周第 296 窟龛外北侧（图 4-6），隋代第 420 窟藻井、419 窟平顶、276 窟窟顶西披（图 4-7）、305 窟藻井等①。

　　毫无疑问，以上洞窟中出现的此类图像，当系佛教八部护法类神祇。因此我们在此遵从佛教原典，仍以"人非人"称之，沿系敦煌研究院专家的准确定名。

① 敦煌文物研究所编：《敦煌莫高窟内容总录》，文物出版社，1982 年。

图 4-6　莫高窟北周第 297 窟彩塑羽人　　　　　图 4-7　莫高窟隋代第 276 窟神兽

　　由姜伯勤先生的研究可知，日本学者长广敏雄很早就把中国六朝时期出现的此类"人非人"类图像称为"畏兽"[1]，因此姜伯勤先生即把莫高窟第 322 窟与第 249 等窟的"人非人"、国内大量墓葬和粟特美术品中的有翼天神兽类图像均以"畏兽"相称[2]。

　　中国早期的文献中对"畏兽"的记载有两处：

　　晋·郭璞《山海经·北山经》：

　　　　有兽焉，其状如豿豸而赤豪，其音如榴榴，名曰孟槐，可以御凶（辟凶邪气也，变在畏兽画中也）。

　　郭璞进一步在《山海经图赞卷上·北山经图赞》中解释道：

　　　　孟槐，似豿豸，其豪则赤。列象畏兽，凶邪是辟。气之相胜，莫见其迹。[3]

① ［日］长广敏雄：《六朝时代美术研究》，美术出版社，1969 年，第 107 页。参见姜伯勤：《中国祆教艺术史研究》，生活·读书·新知三联书店，2004 年，第 219 页。

② 姜伯勤：《"天"的图像与解释——以敦煌莫高窟 285 窟窟顶图像为中心》，载氏著《敦煌艺术宗教与礼乐文明》，中国社会科学出版社，1996 年，第 55—94 页。姜伯勤：《莫高窟 322 窟持动物畏兽图像——兼论敦煌佛窟畏兽天神图像与唐初突厥祆神崇拜的关联》，载氏著《中国祆教艺术史研究》，生活·读书·新知三联书店，2004 年，第 217—224 页。

③ （清）严可均辑：《全上古三代秦汉三国六朝文》卷一二二《全晋文》，中华书局，1958 年，第 1806 页。

《魏书》卷一九《志》第十四《乐》五：

　　（北魏道武帝天兴）六年（403 年）冬，诏太乐、总章、鼓吹增修杂伎，造五
兵、角抵、麒麟、凤皇、仙人、长蛇、白象、白虎及诸畏兽、鱼龙、辟邪、鹿马仙
车、高絙百尺、长桥、缘橦、跳丸、五案以备百戏。大飨设之于殿庭，如汉晋之旧
也。太宗初，又增修之，撰合大曲，更为钟鼓之节。[①]

遗憾的是，单凭以上的记载也无法分辨"畏兽"的具体形象特征。

但非常幸运的是，同时期的佛典，由姚秦高僧鸠摩罗什于弘始四年（402 年）夏在
长安逍遥园西明阁创译的《大智度论》，则有更有价值的论说。

《大智度论》卷九六：

　　莫观左右者，人散心行道故左右顾看。行者无缘观后，当前则不得不视，
故但言莫左右顾看。复次恶魔常惑乱行者，或作种种形，或作好色，或作畏兽，
在道左右，故言莫观。[②]

把"畏兽"归入"惑乱行者"的"恶魔"之列，表明在魏晋南北朝时期，中国传统
神鬼世界中的"畏兽"观念的性质，其形象在同时期墓葬美术中得到最为直观的阐释。
其代表如学者们多有研究的，现藏美国波士顿美术馆，1926 年出自洛阳东陡沟村西的
北魏正光三年（522 年）的《辅国将军长乐冯邕妻元氏墓志》，志座的四缘和志盖刻满
纹饰，有神像 18 尊，并有题名。同于 1922—1930 年在洛阳发现的另五方北魏墓志，
如有正光五年（524 年）元谧墓志、元昭墓志、孝昌二年（526 年）元乂墓志、侯刚墓志、
永安二年（529 年）苟景墓志（图 4-8），均刻有各类神兽形象[③]。

图 4-8　北魏墓志上的神兽

① （北齐）魏收：《魏书》，中华书局，1974 年，第 2828 页。
② 《大正藏》第 25 册，第 732 页。
③ 施安昌：《火坛与祭司鸟神——中国古代祆教美术考古手记》，紫禁城出版社，2004 年，第 31—80 页。

图 4-9 响堂山石窟有翼神兽（作者拍）

同类形象，另在北朝佛教石窟艺术也频繁出现，代表即为上举莫高窟诸例图像，又在北齐响堂山石窟也有见到（图 4-9）。

这些神兽形象，学者们一致认为是受祆教思想与美术的影响，即属中国早期的祆神世界。近年考古发现的粟特人墓葬如北周西安安伽墓[①]、北周西安史君墓[②]、日本 Miho 博物馆藏北齐石棺床屏风、安阳发现的北齐石棺床、隋太原虞弘墓[③]、隋天水石马坪墓[④]、太原北齐徐显秀墓[⑤]等，其中广泛出现的类似有翼神兽图像（图 4-10），

---

① 陕西省考古研究所：《西安发现的北周安伽墓》，《文物》2001 年第 1 期，第 4—26 页。陕西省考古研究所：《西安北郊北周安伽墓发掘简报》，《考古与文物》2000 年第 6 期，第 28—35 页。

② 杨军凯：《入华粟特聚落首领墓葬的新发现——北周凉州萨保史君墓石椁图像初探》，载荣新江、张志清主编《从撒马儿干到中国——粟特人在中国的文化遗迹》，北京图书馆出版社，2004 年，第 17—26 页。

③ 山西省考古研究所等：《太原隋代虞弘墓清理简报》，《文物》2001 年第 1 期，第 27—52 页。

④ 天水市博物馆：《天水发现隋唐屏风石棺床墓》，《考古》1992 年第 1 期，第 46—54 页。

⑤ 山西省考古研究所、太原市文物考古研究所：《太原北齐徐显秀墓发掘简报》，《文物》2003 年第 10 期。常一民：《触摸彩绘的历史——太原市北齐徐显秀墓发掘记》，载山西博物院、山西省考古研究所编《发现山西——考古人手记》，山西出版集团、山西人民出版社，2007 年，第 151—175 页。

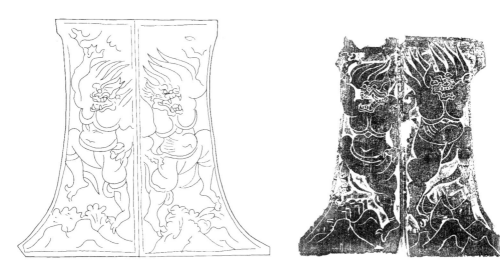

图 4-10　西安北周安伽墓石榻有翼神兽

十分形象而又明确地阐明了祆教有翼天神图像的性质与出现的意义，均与墓主人的祆教信仰或历史背景密不可分，也是中西美术交流的重要结果与优秀篇章。

综观以上事例，对于这些发现于中国广大地区的佛教艺术中的"八部鬼神"类"人非人"，中国传统观念中的"畏兽"与"恶魔"、粟特祆教美术中的有翼天神，其形象在漫长的历史长河中大同而小异，变化并不大，均为人身兽首，或鸟首人身，或人首鸟身，或兽首人身（或作各类有翼神兽形），面目恐怖，双肩生翼翅，头发上竖，作奔驰状，或相互追赶状，手脚多为鸟兽爪形。

但是非常有意思的是，这些神兽图像，虽见有手拿东西者，常见均以各类工具为主。而莫高窟第 322 窟这两身形象却各自手托一绵羊、山羊，突显了此两身图像出现在该洞窟中的独特之含义。

"人非人"作为佛教洞窟艺术中的"八部鬼神"类护法神形象，通过我们上面的研究，应该说是没有多大的疑问。但是绘画第 322 窟的艺术家们有意在这里画入两身绵羊、山羊的形象，作为一种特例，无疑是受到祆教思想与图像的深刻影响。非常有意思的是，即使在粟特人的墓葬如北周史君墓[1]，或受粟特胡风强烈浸染的北齐徐显秀墓

① 杨军凯：《西安北周史君墓石椁图像初探》，载《法国汉学》丛书委员会编《粟特人在中国——历史、考古、语言的新探索》，中华书局，2005 年，第 3—17 页。

中①，此类图像也没有看到手执强烈代表祆教特征的、象征守护祆神风俗、加入护火行列的山羊、绵羊或其他动物②，因此姜伯勤先生特别注意到这一独特的祆教美术现象，进而精辟阐明该图像所肩负着的祆教思想与突厥人的风俗习惯③。而突厥人与粟特九姓胡人在文化方面的互动交流，已不是新鲜的话题，在历史文献记载和近年出土的粟特人墓葬画像艺术等各方面都得到极其深刻的阐释。对此长时间内学者们的研究非常丰富，不须在此多笔。

第322窟的"人非人"完全以代表祆教思想与形象的形式出现，虽然表达的是佛教八部天神护法的思想与意义，当属M.莫德与姜伯勤先生提出的"两重性图像志"（the two folded iconography/a doubled iconography）、"图像志两重性"④。荣新江先生则从"粟特美术宗教功能的转化"角度作了阐发⑤。祆教艺术图像作为"两重性图像志"现象，广泛出现在祆教以外的载体与宗教文化当中，这种宗教文化图像的互相借用，是一种常见的历史文化现象，成书于722年的韦述《两京新记》卷三记：

> （布政坊）东北隅，右金吾卫。西南隅，胡祆祠。武德四年所立，西域胡天神，佛经所为摩醯首罗也。⑥

另外，胡僧们对佛教与祆教的双重信仰，也是一种历史客观事实。这种现象也促进了此类佛教与祆教美术的"两重性图像志"广泛出现于中古美术当中。

《高僧传》卷一〇《安慧则传》：

> 安慧则，未详氏族，少无恒性，卓越异人，而工正书，善谈吐。晋永嘉中，天下疫病，则昼夜祈诚，愿天神降药以愈万民。一日出寺门，见两石形如瓮，则疑是异物，取看之，果有神水在内。病者饮服，莫不皆愈。后止洛阳大市寺，手

---

① 罗世平：《太原北齐徐显秀墓壁画中的胡化因素》，载《艺术史研究》第五辑，中山大学出版社，2003年。

② 蔡鸿生：《唐代九姓胡与突厥文化》，中华书局，1998年，第135页。

③ 姜伯勤：《莫高窟322窟持动物畏兽图像——兼论敦煌佛窟畏兽天神图像与唐初突厥祆神崇拜的关联》，载《中国祆教艺术史研究》，生活·读书·新知三联书店，2004年，第224页。

④ 姜伯勤：《中国祆教艺术史研究》，生活·读书·新知三联书店，2004年，第203页。

⑤ 荣新江：《粟特祆教美术东传过程中的转化》，载氏著《中古中国与外来文明》，生活·读书·新知三联书店，2001年，第322—325页。

⑥ （唐）韦述撰，辛德勇辑校：《两京新记辑校》，三秦出版社，2006年，第34页。（唐）杜佑撰：《通典》卷四〇"萨宝"条，中华书局，1988年，第1103页。

自细书黄缣，写大品经一部，合为一卷，字如小豆，而分明可识，凡十余本。以一本与汝南周仲智妻胡母氏供养，胡母过江，赍经自随。后为灾火所延，仓卒不暇取经，悲泣懊恼，火息后乃于灰中得之，首轴颜色一无亏损。于时同见闻者，莫不回邪改信。此经今在京师简靖寺首尼处。时洛阳又有康慧持者，亦神异通灵云。[①]

事实上，早在莫高窟西魏第 285 窟西壁诸多图像中，就已经有非常形象的表现了。对此，张元林先生的研究非常深刻地揭示了这一重要的文化现象[②]。另就敦煌藏经洞保存著名的粟特祆教白画 P.4518（24），其出现在佛教洞窟，荣新江先生认为当与其功能的转化或有一定的关系[③]。这是一个很有见地的观点，当值得注意。

至此，就莫高窟第 322 窟的两身祆教艺术形式的"人非人"，我们不得不产生深深的疑问：如果没有窟主、施主或绘画者独特的粟特突厥文化背景，把洞窟中常见的"人非人"画成完全意义上的祆教护火神祇图像，是不可想象的。因此在这个意义上，姜先生指出该洞窟窟主"或为突厥裔，或为粟特裔"[④]。这是一个极富文化趣味的论断，促使我们就该洞窟的文化背景作一历史的还原。

虽然从上面的讨论，已经强烈暗示莫高窟第 322 窟与粟特九姓胡人的密切联系，但是要确定这一历史事实，则需作更深入的分析。单纯的历史文化现象，虽有其深刻的背景，但不足以充分说明问题，因此邱忠鸣博士提出的"厚背景研究法"则为我们从方法论角度指明了方向[⑤]，提示我们在更加广泛的文化视角，进行更为综合的研究。

以下试从更加广泛的视角，就莫高窟第 322 窟与粟特九姓胡人的关系，作更深入

① （梁）释慧皎著，汤用彤校注：《高僧传》，中华书局，1992 年，第 372、373 页。
② 张元林：《论莫高窟第 285 窟日天图像的粟特艺术源流》，《敦煌学辑刊》2007 年第 3 期，第 161—169 页。张元林：《观念与图像的交融——莫高窟第 285 窟摩醯首罗天图像研究》，《敦煌学辑刊》2007 年第 4 期，第 251—256 页。
③ 荣新江：《粟特祆教美术东传过程中的转化》，载氏著《中古中国与外来文明》，生活·读书·新知三联书店，2001 年，第 325 页。
④ 姜伯勤：《莫高窟 322 窟持动物畏兽图像——兼论敦煌佛窟畏兽天神图像与唐初突厥祆神崇拜的关联》，载《中国祆教艺术史研究》，生活·读书·新知三联书店，2004 年，第 224 页。
⑤ 邱忠鸣：《曹仲达与"曹家样"研究》，《故宫博物院院刊》2006 年第 5 期，第 86—105 页。

的分析与探讨。

二、洞窟营建的时代背景

莫高窟第 322 窟是敦煌石窟初唐代表窟。具体而言，按史苇湘先生较早的分期，是"武德至贞观初年的洞窟"[①]。万庚育先生认为是初唐第二期由"隋风渐转唐风"的典型窟，整体造像并没有完全脱离隋代的影响[②]。樊锦诗、刘玉权二先生同样把第322 窟分期为唐前期第一期洞窟，时间"大致始于唐武德元年至七年（618—624 年），下迄唐贞观十六年至龙朔二年（642—662 年），当在唐高祖、太宗、高宗初期"[③]。

作为初唐第一期的洞窟，有几个现象值得引起我们高度重视。

其一，洞窟西壁的双层龛。双层龛是隋代的主要洞窟形制，并非初唐所流行，到了初唐主要以单层敞口龛为主要的龛形样式。现所见与第 322 窟同时期的第 57 窟也为双层龛，第 57 窟可认为是初唐时期营建的带有浓郁隋代风格的代表窟。

其二，洞窟顶四披均画小千佛，是隋代常见形式，又南北壁千佛中画一说法图或净土变，同样带有隋代的传统。

其三，龛两侧上部分别画维摩诘和文殊菩萨造像的维摩诘经变画，是隋代洞窟的典型作法与经变画布局关系，如在隋代第 206、276、314、380、417、419、420 等窟。到了初唐维摩诘经变经整壁一铺的形式出现，如有第 220、335 等窟。

综合专家们的意见，结合洞窟的艺术特征，第 322 窟当属莫高窟初唐第一期洞窟，时代应为"武德至贞观初年"，是由"隋风渐转唐风"的一批洞窟之一。也就是说该洞窟一定程度上仍带有隋代敦煌艺术风格与样式的影响。

隋代的大一统，隋炀帝在对外交流方面具有高瞻远瞩的视野与勃勃雄心，大力加强与西域各国的联系与交往。据《隋书》记载，杨广称帝后，接连派遣李昱、韦节、杜

[①] 史苇湘：《关于莫高窟内容总录》，载敦煌文物研究所编《敦煌莫高窟内容总录》，文物出版社，1982年，第 118 页。

[②] 季羡林主编：《敦煌学大辞典》，上海辞书出版社，1998 年，第 52 页。

[③] 樊锦诗、刘玉权：《敦煌莫高窟唐前期洞窟分期》，载敦煌研究院编《敦煌研究文集·敦煌石窟考古篇》，甘肃民族出版社，2000 年，第 144—150 页。

行满等出使西域各国[①]，又令裴矩三次往来于河西和敦煌，同西域商人交市，西域各国使臣也相继来到中原[②]。隋炀帝本人也不辞辛苦，不远万里，翻越祁连山扁都口天险，到达张掖，经营河西，进行招商活动，成果显著。另据裴矩撰《西域图记》的记载，敦煌是当时隋朝通往西域三道的必经之地。裴矩经营河西与隋炀帝西巡引致贸易的国家达 27 国之多，中亚西域各国也相继派遣使臣来到中原，其中不乏波斯商人与使节，《隋书·西域传》对波斯的记载十分详细[③]。正因为如此，在敦煌隋代壁画中出现了像以联珠翼马纹为代表的各类联珠纹形象，以及其他具有浓郁中亚波斯风格的图案等文化现象[④]，是中西文化交流的产物，有深厚的历史文化背景。对于敦煌隋代石窟艺术与粟特九姓胡人更为密切的关系问题，拟另文专论。

而到了唐初，粟特人的活动更加频繁，其中武威是粟特人在河西的大本营。大业十三年（617 年）李轨在武威举兵，自称凉王，控制了河西。李唐王朝建立后，于武德二年（619 年）利用凉州粟特安氏的势力，从内部搞垮了李轨政权，统一河西。这一事件本身说明了河西粟特人集团规模与影响之大。也正由于河西有大量的九姓胡人活动与生存，因此到了 8 世纪中叶，在敦煌已有了粟特人的聚落"从化乡"[⑤]。"从化乡"在敦煌的形成，并不是在短时间内的事情，必须有一个较为漫长的粟特九姓胡人迁移敦煌的过程，那么唐初粟特人在敦煌的活动必不可忽视。无独有偶，近年在莫高窟北区洞窟发现出土于隋末唐初安乐三年（619 年）北 228 瘗窟旁边同期瘗窟北 222 窟中的波斯萨珊朝卑路斯银币（图 4-11）[⑥]，北 86 窟出土木雕彩绘胡人俑（图 4-12）[⑦]，及佛爷庙唐墓出土的

① (唐)魏徵：《隋书》卷四《炀帝纪》、卷八三《西域传》，中华书局，1973 年。

② (唐)魏徵：《隋书》卷六七《裴矩传》，中华书局，1973 年。

③ 李明伟：《隋唐丝绸之路——中世纪的中国西北社会与文明》，甘肃人民出版社，1994 年。

④ 关友惠：《莫高窟隋代图案初探》，《敦煌研究》创刊号 1983 年，第 26—37 页。姜伯勤：《敦煌吐鲁番文书与丝绸之路》，文物出版社，1994 年，第 71—82 页。姜伯勤：《敦煌与波斯》，《敦煌研究》1990 年第 3 期，第 1—15 页。

⑤ [日]池田温：《八世纪中叶敦煌的粟特人聚落》，《欧亚文化研究》1965 年第 1 期。[日]池田温：《唐研究论文集》，中国社会科学出版社，1999 年，第 3—67 页。

⑥ 彭金章、沙武田：《试论敦煌莫高窟北区出土的波斯银币和西夏钱币》，《文物》1998 年 10 期，第 22—27 页。

⑦ 彭金章、沙武田：《敦煌莫高窟北区洞窟清理发掘简报》，《文物》1998 年第 10 期，第 1—22 页。

拓片

线图

图 4-11 莫高窟北 222 窟出土波斯银币

图 4-12 莫高窟北 86 窟出土木雕彩绘胡人俑及线描图

图 4-13　佛爷庙唐墓出土胡人牵驼砖

胡人牵驼模制花砖（图 4-13）[①]，更进一步证明当时粟特人在敦煌活动的身影。

　　因此，具有隋风遗韵的莫高窟第 322 窟艺术风格，在这样的历史背景下，受到粟特胡人及其美术或审美观的影响也是可能的。

三、龛内彩塑像的胡貌特征及其"原创性"意义

　　莫高窟第 322 窟龛内彩塑一铺七身，一佛二弟子二菩萨二天王，保存完好，是唐代彩塑艺术的代表（图 4-14）。因此考察这些敦煌艺术史上的精品，必然会对我们重新认识产生这些艺术品的载体佛教"洞窟的历史性"（caves' historic）有非常重要的意

[①] 敦煌唐墓出土胡人牵驼砖现藏敦煌研究院，另在甘肃省文物考古研究所藏有其他同类墓葬出土胡人牵驼砖。

图 4-14　莫高窟唐代第 322 窟西龛彩塑一铺

义。我们这里所谓的"洞窟的历史性",是相对一所洞窟的整体性而言,包括洞窟营建的时代背景,赞助人即窟主、施主,洞窟营建的艺术家即画工、画匠,以及这些历史人物的民族关系、经济能力、艺术审美观、信仰世界等诸多信息。

其实,较早以来专家学者们就对此窟彩塑发表过一系列至为有趣的阐释:

对于第 322 窟龛内的一铺彩塑,敦煌文物研究所的专家认为:"此窟塑像,形体略显单薄,脸瘦、鼻高、嘴宽;菩萨头上以小辫编结而成高髻,颇似少数民族形象。这在敦煌彩塑中,是一种独特的风格。"①的确两身菩萨的辫发现象,正是中亚西域胡人发

① 敦煌文物研究所编:《中国石窟·敦煌莫高窟》(三),图版 16 说明,文物出版社、日本平凡社,1987 年,第 223 页。

饰的特征。也是敦煌所有彩塑造像所仅见的二例。

　　万庚育先生总结说："主室正面开龛,内塑一佛、二弟子、二菩萨、二天王。塑像已改变隋代背贴龛壁的贴塑形式,成为离壁独立的圆塑,天王位置,已移入龛内,加强了一铺塑像的整体感,类似帝王宫廷文臣武将格局,反映了唐代佛教艺术世俗化加强的过程。塑像形体略显单薄,还尚未完全脱离隋代贴塑风格的影响,但比例适当,造型优美、刻画细腻,肌肤的量感与质感均表现充分,菩萨头上结小辫而成高髻,天王鼻高翼宽、浓眉大眼,类似胡人形象,显示了此窟塑像所具有西域各民族的情貌,反映出贞观之后内地与西域各族之间的交往。"[1]

　　段文杰先生也认为第 322 窟的两身南方和北方天王彩塑,"高鼻大眼、八字胡",属"西域式的形象"(图 4-15)[2]。

　　樊锦诗先生也肯定了此铺造像中天王像所表现出来的"世俗生活中威武、善良、忠直性格的西域武将"特征[3]。

　　史苇湘先生则指出第 322 窟的天王彩塑像,

　　图 4-15-1　北方天王　　　　图 4-15-2　南方天王

① 季羡林主编:《敦煌学大辞典》,上海辞书出版社,1998 年,第 52 页。
② 段文杰:《唐代前期的莫高窟艺术》,载氏著《敦煌石窟艺术研究》,甘肃人民出版社,2017 年,第 57 页。
③ 季羡林主编:《敦煌学大辞典》,上海辞书出版社,1998 年,第 78 页。

图4-15-3　北方天王特写

"突出表现了'实'的含义""是以高度的写实手法制作的代表作"①。

而就天王彩塑像，敦煌的专家们又认为："龛口北侧的天王，为胡人形象。这或许说明此窟主是胡人，至少反映了唐代军队中任用胡人的政策。"②

敦煌艺术研究的大家们几乎一致的观点，是他们在洞窟中几十年如一日细细揣摩把玩的结果，非纸上谈兵，当应受到高度重视。

由彩塑天王的胡人面貌特征，进而推断其所在洞窟窟主的胡人身份。这是一个极富启发性的论断。艺术史的研究往往就是由点到面，要尽可能看到艺术背后的历史信息。

其实，若仔细观察，正如学者们指出的那样，第322窟彩塑有一种整体的艺术风格，既然如此，那么逻辑的推理和图像的风格可以清晰地表明除天王像以外，其他几身像的胡貌特征同样存在的事实，最具典型者当属菩萨像的辫发。非常有趣的是，我们可以看到佛、弟子、菩萨像均有类似于天王像的面部表现特征，浓眉大眼，高鼻梁（图4-16），只是因为缺少了天王的胡须、穿着和行头，少了一些胡气而已。佛与弟子、菩萨彩塑造像所具有的胡貌特征，是敦煌石窟以至于国内外其他石窟和各类造像艺术所仅见，极其的独特。显示出该洞窟窟主与塑匠艺术家独特的审美观念，由此似可推导这些艺术品背后活动的人的独特身份关系，他们极有可能即是敦煌的粟特九姓胡人。

更为有趣的是，就连天王脚下的小鬼也由传统的夜叉鬼的恐怖（是一种人兽等多种形象想象的组合形象）面孔变成了高鼻深目长脸的胡人面貌特征（图4-17）。这种

① 史苇湘：《唐代敦煌石窟分期与莫高窟初唐艺术》，载氏著《敦煌历史与莫高窟艺术研究》，甘肃教育出版社，2002年，第265页。
② 敦煌文物研究所编：《中国石窟·敦煌莫高窟》（三），图像17说明，第223页。

图 4-16　莫高窟第 322 窟龛内彩塑弟子菩萨像

图 4-17　北方天王脚下小鬼

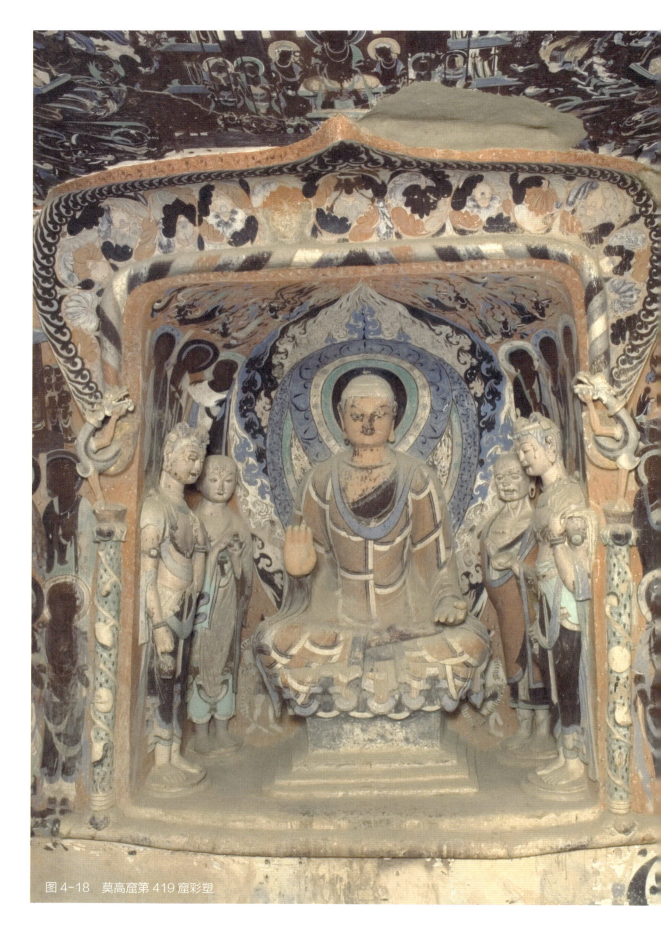

图 4-18　莫高窟第 419 窟彩塑

现象在大量的同类题材中别无他见［代表如莫高窟隋代第 427、419 窟（图 4-18），盛唐第 45、46 窟（图 4-19），中唐第 205（图 4-20）、159 窟，晚唐第 196 窟（图 4-21），

图 4-19　莫高窟第 45 窟彩塑

图 4-20　莫高窟第 205 窟中心佛坛彩塑局部

图 4-21　莫高窟第 196 窟中心佛坛彩塑

五代宋第 55 窟，可进行比较］，极具特征。艺术与社会、与历史有密不可分的关系，艺术是社会历史的产物，是在特定环境下的一种视觉图像表现形式，始终受到与之相关的时代、历史人物的左右。因此"哈斯克尔深信艺术并非是一个独立自足的实体，因而必须将其放到为之诞生、为之存在、为之消亡的广阔的社会文化背景中加以考察"。

的确，哈斯克尔是艺术史研究的代表人物，他非常注意研究"赞助人与艺术家"的关系问题，由他的研究我们的确看到了艺术品在风格方面很大程度上受到赞助人的影响，虽然并非绝对如此。曹意强先生在总结哈斯克尔此方面研究时指出："在哈斯克尔的研究中，他还考虑下述细节情况：艺术家的地位，涉及具体作品的位置与尺寸的具体定件的性质，题材的安排，雇主想要的作品的大小，作品中应画人物的数量和特定的色彩，以及完成作品所需的时间和付款的方式。因为，他相信所有这些事实均有助于艺术史家估量在多大程度上艺术家被允许保留个性及赞助人对其施加的压力。由此可更好地理解风格与趣味的变化。"①

第 322 窟彩塑造像的胡貌特征，作为一种前无古人后无来者的伟大创造，必然是雕塑艺术家充分受到赞助人窟主、施主和自身文化艺术的修养等多重因素作用的结果，并非历史的偶然，而是有其必然的历史背景。

综观世界艺术史长河，各个地区各个民族有着自身的艺术审美标准，不同类型与不同特色的艺术品，所阐发的正是这一客观事实。即使是同一民族在不同的历史时期，对艺术的审美也有不同的要求，这一点也为大量艺术品所说明。敦煌的艺术并不例外，熟悉敦煌艺术的人都知道，在存在了一千多年时间的艺术宝库敦煌石窟中，各个时期的艺术品均有着非常明显的时代特征。

史苇湘先生曾就敦煌艺术的"信仰与审美"发表过非常精辟的宏论，史先生指出，佛教艺术是"为世俗而作，为世俗所用"，没有"为信仰而信仰"和"为艺术而艺术"的作品，敦煌不同时期的艺术作品，就是当时当地的人们为了表达他们的"审美思想"而产生的信仰对象，因为"历史上的宗教信仰既然出现在一定的民族和社会中，表现为与之相适应的内容与形式，那么，佛教艺术的审美也必须受到同样条件的规范与制约"②。

---

① 曹意强：《艺术与历史》，中国美术学院出版社，2001 年，第 53 页。
② 史苇湘：《信仰与审美——敦煌石窟艺术研究随笔之一》，载氏著《敦煌历史与莫高窟艺术研究》，甘肃教育出版社，2002 年，第 612—624 页。

在这样的情形下，第 322 窟具有强烈写"实"风格的彩塑艺术所表现出的"胡化"特征就不是无源之水了，而应与窟主、施主的审美密不可分。

不仅如此，龛内彩塑像出现两身天王像，同样是属"原创性"图像，是莫高窟的首例。对"原创性"图像的阐述，是洞窟研究的重要途径与手段①。

樊锦诗、刘玉权二先生指出，第 322 窟的彩塑群像的胁侍中出现二天王，是敦煌彩塑艺术的新现象，为之前所未见②。

考虑到此两身天王像突出的"胡人"写实面貌特征，及脚下小鬼的胡化现象，作为"原创性"因素出现于龛内彩塑一铺的胁侍中，应属洞窟营建的窟主、施主们和洞窟设计规划的高僧及艺术家们共同协商的结果，否则突然地改变传统，在洞窟中加入全新因素，一定要考虑到对营建功德主们的信仰功德的影响，以及日常礼拜信众的不满和非议。

事实上，如果我们考察一下粟特美术在国内的发现，似乎可以找到与这种做法更为接近的形式。史君墓石椁的南壁外面，门两侧分别浮雕一四臂脚踩小鬼的守护神（图 4-22），其形象和布局关系均可与第 322 窟出现

图 4-22　史君墓石椁守护神

① 郑炳林、沙武田：《敦煌石窟艺术概论》，甘肃文化出版社，2005 年，第 361—364 页。
② 樊锦诗、刘玉权：《敦煌莫高窟唐前期洞窟分期》，载敦煌研究院编《敦煌研究文集·敦煌石窟考古篇》，甘肃民族出版社，2000 年，第 145 页。

的龛两侧胁侍天王像进行对比。另在受粟特美术与文化深刻影响的太原北齐徐显秀墓石墓门两侧，各立一执鞭武士形象（图 4-23）。而在隋唐墓葬中发现墓门两侧或石椁门两侧作为守护神的天王等镇墓神像，地域不限，东西南北资料极其丰富（图 4-24）①，是当时常见的一种做法，天王思想之间相互的影响，应该说是比较明显的。因此考虑到粟特人北周萨保史君墓和徐显秀墓的做法，表明粟特人对于这种守护思想的重视，以至于影响到了有可能是粟特人功德窟的莫高窟第 322 窟龛内彩塑的内容与布局。

而这种天王胁侍彩塑像在第 322 窟的出现，影响到尔后整个敦煌石窟彩塑艺术基本不变的格局与规范，由此也可以看到粟特文化与美术对敦煌彩塑艺术的影响之巨。

对于第 322 窟艺术造像中的胡化胡貌特征，另可补一例：

图 4-23　太原北齐徐显秀墓执鞭武士

---

① 张松林编：《中国古代镇墓神物》，文物出版社，2004 年。

图 4-24-1　洛阳博物馆藏洛阳唐墓出土各式镇墓神兽和天王俑（作者拍）

图 4-24-2 唐代墓葬中的镇墓神兽

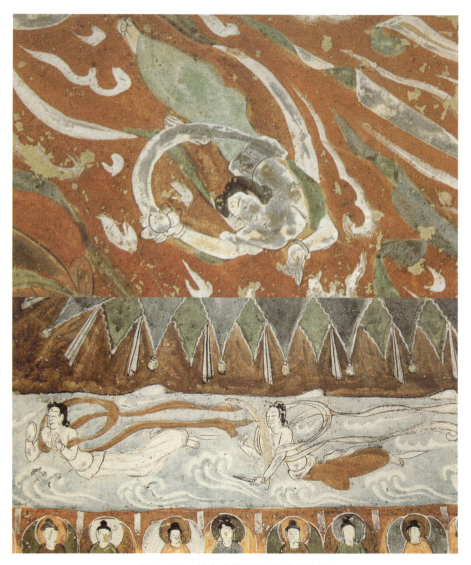

图 4-25 莫高窟第 322 窟龛顶飞天

　　洞窟西壁双层龛的内龛顶上，画有十二身飞天，最为有意思的是，这些飞天都画有
胡须（图 4-25），是一种极其独特的表现方法，谢稚柳先生早年就注意到了这一独特
的艺术现象，并认为是"诸窟所仅见"①。更为有趣的是，虽然在飞天面部画有胡须，

---

① 谢稚柳：《敦煌艺术叙录》，上海古籍出版社，1996 年，第 188 页。

图 4-26　莫高窟第 428 窟窟顶飞天

但整个身姿与形态仍是窈窕淑女，十分轻盈地飞来飞去。在敦煌大量的历代飞天中，大多是以女性化的身姿展现出来的，意在表现其娱佛的美妙境界与思想。因为作为乐神和音神的角色，总是与女性温柔善良、美丽娴雅的性格相匹配。即使在早期北周部分洞窟中的男性化飞天图像当中，也没有看到有胡须的描绘（图 4-26）[1]。

① 段文杰：《飞天——乾闼婆与紧那罗》，载《段文杰敦煌艺术论集》，甘肃人民出版社，1994 年，第415—438 页。谢生保主编：《敦煌壁画白描精萃·敦煌飞天》，甘肃人民出版社，1995 年。

图 4-27-1　安伽墓门上的袄神祭祀

图 4-27-2　史君墓石椁祭祀神

因此，此处胡须的出现，非常明显地表现了艺术家意在表达个人即赞助人的审美情趣。

粟特九姓胡人作为源自中亚两河流域的民族，其人种特征明显，而发达的胡须也成了他们区别于汉人的标志性特征。因此，他们对胡须的热爱也表现在如虞弘墓、安伽墓、史君墓的美术当中，其中的墓主人与武士等男性多为高鼻、深目、长髯，特别是大量的祭祀神等，更是长着浓厚的长须（图 4-27）。而对虞弘、安伽等人人骨人种经专家鉴定的结果，也清楚地表明他们作为高加索人种与中亚西亚胡人的属性[1]。

因此，此类仍可称其为"原创性"图像，其深刻的"历史性"是因为受到极有可能是第 322 窟窟主粟特人审美观的影响[2]。

四、中亚西域特征的装饰艺术

（一）葡萄装饰纹样

在第 322 窟双层龛内龛外边缘画有一圈条带形花草装饰纹样，是以葡萄纹为主，饰以蔓草纹，把一串串的葡萄有机地结合起来，使双层的内外层龛之间形成一道非常亮丽而又

---

[1] 详细分别参考《太原隋虞弘墓》《西安北周安伽墓》考古报告所附有关人骨鉴定与种族分析的文章。
[2] 另在莫高窟隋代第 404 窟的飞天中，有画胡须的现象，当系隋代艺术与粟特美术的密切联系之一例。

极富艺术特征和效果的装饰纹样（图 4-28）。

另在窟顶的藻井井心画葡萄石榴纹，相同图案另见同时期第 209 窟顶藻井井心[①]。

葡萄作为装饰艺术，是一种较为典型的纹样，在包括佛教美术在内的古代美术品中广泛使用，这种纹样也传到日本，对日本古代美术影响很大[②]。但非常有趣的现象是，作为纹样海洋的敦煌石窟壁画艺术中，葡萄纹样却并不常见，甚至可以说是极为少见[③]。鉴于这种独特的现象，此窟两处出现大面积的葡萄装饰纹样，就不得不引起我们给予特殊的注意。

葡萄是一种由中亚西域传入中国内地的水果，其与粟特九姓胡人的关系均

图 4-28-1　莫高窟第 322 窟西龛葡萄纹特写

图 4-28-2　莫高窟第 322 窟西龛葡萄纹装饰

① 敦煌研究院编，关友惠编著：《敦煌石窟全集·图案卷》，商务印书馆，2002 年。

② [日] 林良一：《仏教美術の装飾文様—11—葡萄唐草》，《仏教芸術》117，1978 年 3 月。[日] 粟田美由紀：《日本の葡萄唐草について》，《文化財学報》22，2004 年 3 月。[日] 宮下佐江子：《パルミラの葡萄唐草文（日本西アジア考古学会第 5 回公開セミナー—要旨集　葡萄の考古学》，《日本西アジア考古学会公開セミナー》5，2003 年 11 月。感谢滨田瑞美博士提供相关资料并给予宝贵意见。

③ 薄小莹：《敦煌莫高窟六世纪末至九世纪中叶的装饰图案》，载北京大学中古史研究中心《敦煌吐鲁番研究论集》，北京大学出版社，1990 年，第 355—432 页。

成不争的历史事实①。一般认为中国的新疆即古代的西域地区即是葡萄的重要产地，直到今天，这里仍是生产优质葡萄的地区。而事实上，中国人最早对葡萄的记载和认识，则是源自西汉张骞所带来的消息。

《后汉书》卷八八《西域传》：

> 粟弋国，属康居。出名马、牛、羊、蒲萄众果，其土水美，故蒲萄酒特有名焉。

《魏书·列传》第九〇《西域传》：

> 康国者，康居之后也……多蒲萄酒，富家或致十石，连年不败。

至于其后史书对粟特地区葡萄的记载就更是屡见不鲜了，而西域地区葡萄作为当地的基本特产之一，则是不绝于史籍，在此不一一列举。

既然对于以康国为主的粟特九姓胡人而言，葡萄和葡萄酒是他们日常的生活用品，也是他们向外传播的商品之一，那么，毫无疑问葡萄在他们的生活中扮演着非常重要的意义。艺术来源于生活，我们在世界各地看到的各种各样的艺术品，其形象的描绘均是人们现实生活的反映，艺术素材即来源于现实中的一草一木，一针一线。同样，在粟特人的艺术中，葡萄也就成了其主要表现题材之一。

在中亚粟特巴克特里亚北部哈尔恰扬公元前后的宫殿壁画中，在宫内通道的墙壁上随意地配有绘画图案，在红色底面上用白色毫无拘束地绘出枝叶繁茂的葡萄藤蔓，缀满串串饱满的葡萄②。

另在英国国家博物馆藏一件波斯萨珊王朝时期的银瓶，其上装饰全是葡萄蔓枝纹，并有一裸体人背一框正在采摘葡萄的情形，脚前还放置一盛满葡萄的物品（图 4-29）③。

入华的粟特九姓胡人墓葬美术中发现的与葡萄或葡萄酒有关的图像，就更是丰富多彩了。如虞弘墓石棺，见

图 4-29 波斯银瓶

① ［美］劳费尔著，林筠因译：《中国伊朗编》，商务印书馆，2001 年，第 43—69 页。［美］爱德华·谢弗著，吴玉贵译：《唐代的外来文明》，陕西师范大学出版社，2005 年，第 192—196 页。［法］布尔努克著，耿升译：《丝绸之路》，山东画报出版社，2001 年，第 261—262 页。

② ［俄］普加琴科娃、列穆佩著，陈继周、李琪译：《中亚古代艺术》，新疆美术摄影出版社，1994 年，第 49 页。

③ 图见《粟特人在中国——历史、考古、语言的新探索》，中华书局，2005 年，第 223 页。

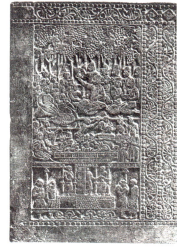

图 4-30　虞弘石椁壁浮雕图像　　　图 4-31　美国波斯顿美术馆藏安阳出土石棺屏风及线描图

有两人对坐，前置一盘葡萄（图 4-30）；现藏美国波士顿美术馆的安阳出土石棺上，对葡萄的描绘达到了完美的境界，整体情节即是以高大的葡萄树为背景，挂满串串葡萄（图 4-31）；安伽墓也有端葡萄的侍者像；另在虞弘墓和天水石马坪石棺上出现的踩葡萄作酒的场景，更是表现了粟特九姓胡人日常生活与祆教信仰中对葡萄酒情有独钟[1]。对此粟特美术现象，童丕先生已有注意，他指出"葡萄树及葡萄酒的主题几乎贯穿于所有在中国发现的粟特人墓葬中"[2]。

　　由此可见粟特美术图像与信仰世界中对葡萄类艺术和主题的热爱，有关描写粟特九姓胡人与葡萄有关的诗句，也形成唐代诗作的重要题材之一，对此方面的检索，资料异常丰富，不一而足，在此不作列举。

　　不仅如此，受粟特人及其美术的影响，在佛教石窟艺术中也见到了葡萄图像的独特表现形式。代表如云冈石窟北魏第 8 窟摩醯首罗天图像，胸前一手拿一串葡萄（图 4-32）。非常有趣的是，有关的佛典并没有摩醯首罗天手拿葡萄的记载[3]。按唐人韦述的

---

① 姜伯勤：《隋天水"酒如绳"祆祭画像石图像研究——与敦煌本〈安城祆咏〉的对照分析》，载《中国祆教艺术史研究》，生活·读书·新知三联书店，2004 年，第 155—172 页。

② ［法］童丕：《中国北方的粟特遗存——山西的葡萄种植业》，《粟特人在中国——历史、考古、语言的新探索》，中华书局，2005 年，第 207—225 页。

③ 贺世哲：《敦煌图像研究——十六国北朝卷》，甘肃教育出版社，2006 年，第 329—330 页。

记载①，最早来自印度教湿婆神的摩醯首罗图像②，曾一度是粟特祆教的天神。摩醯首罗虽然后来进入佛教石窟艺术，但是作为当时北中国丝路中心的北魏平城地区，大量粟特胡人的活动及大量粟特艺术品的考古发现③，表明了该图像受粟特艺术影响的可能性。如此，葡萄的出现也就不足为奇了。

无独有偶，在莫高窟西魏第 285 窟与摩醯首罗天同出的鸠摩罗天一手也拿一串葡萄（图 4-33），他是摩醯首罗天的儿子，但佛经同样没有其手拿葡萄的记载④。而第 285 窟与粟特人的关系及其诸多图像受粟特美术的影响，张元林先生已有宏论⑤。

至此，我们有理由认为，第 322 窟葡萄装饰纹样的强势表现，当与粟特人不无关系。

（二）莫高窟仅见的洞窟窟形装饰特点

在第 322 窟洞窟四壁相互之间及与窟顶四披的连接处，均以泥塑突出的条形饰处理，看起来类似于木条，这样处理的结果，使之与窟顶四披各转角的联珠纹合并在一起，使得洞窟成为一个有机的整体（图 4-34）。

图 4-32　云冈石窟北魏第 8 窟摩醯
　　　　　首罗天雕像

图 4-33　莫高窟西魏第 285 窟西壁手持一串
　　　　　葡萄的鸠摩罗天

---

① 见前揭（唐）韦述《两京新记》记载。

② 贺世哲：《敦煌图像研究——十六国北朝卷》，甘肃教育出版社，2006 年，第 329—330 页。

③ 张庆捷等编：《4—6 世纪的北中国与欧亚大陆》，科学出版社，2006 年。

④ 贺世哲：《敦煌图像研究——十六国北朝卷》，甘肃教育出版社，2006 年，第 331 页。

⑤ 张元林：《论莫高窟第 285 窟日天图像的粟特艺术源流》，《敦煌学辑刊》2007 年第 3 期，第 161—169 页。张元林：《观念与图像的交融——莫高窟第 285 窟摩醯首罗天图像研究》，《敦煌学辑刊》2007 年第 4 期，第 251—256 页。

图 4-34　莫高窟第 322 窟主室内景

　　略早于此的相当一部分隋代洞窟中，是以联珠纹连接各空间转角的处理方式，并形成隋代洞窟建筑装饰艺术的一大特征，代表如莫高窟第401、244、390等窟[1]。

　　至于联珠纹在隋代大量的表现与波斯萨珊的关系，以及与把这种纹样传到西域、敦煌的粟特九姓胡人的关联，已成学界共识。由此可以肯定认识到敦煌莫高窟隋代洞窟建筑装饰艺术受粟特美术的深刻影响，并进而使我们充分看到粟特文化与艺术对敦煌石窟艺术的影响之深刻。

　　在略晚于隋代的第322窟建筑装饰艺术处理手法上，窟顶的联珠纹与洞窟整体建筑空间观念毫无疑问是延续了隋代的传统。考虑到第322窟与粟特人的深层次关系的可能性，如此作法就显得顺理成章。

　　但是有意思的是，以圆塑的形式代替了隋代洞窟四壁相接处的联珠纹壁画，并在上方的位置伸出长条枝状挂钩，挂幡的痕迹非常清晰（图4-35），这种做法是莫高窟所仅见，非常独特。笔者推测，此种像木条形表现帐形殿堂空间的观念，很有可能是受到粟特民族长期使用帐篷的影响。因为他们所使用的帐篷其骨架无疑是用木条搭建的。

　　而之所以把受粟特美术影响的联珠纹以木条形圆塑替代，则表明该洞窟赞助人与粟特九姓胡人更加密切的联系。作为粟特裔的窟主施主们，在发心营建自己的功德窟时，尽可能要加入自己本民族的特色与本人的传统喜好。最终在和洞窟设计者及画工塑匠们的协调下，把礼拜供养佛教尊像的洞窟，多多少少变成了他们在商道和放牧时随身携带的毡帐佛龛。

　　当然，以上仅作推测，权当一说，仍需更多资料的佐证。

　　2008年7月笔者参加敦煌研究院与美国丝路基金会举办的"佛教艺术与考古：敦煌研究班"活动时，其中有美国的学员在听了我的报告后，告诉我在西亚土耳其一带，就有在过节时在庭院中用木棍支架，上面挂各类东西的习惯。这是个非常有意义的现象，可惜笔者没有查到更多相关资料，确如其说，那将为我们更进一步理解第322窟洞窟的建筑特征和窟主属性的推断提供了非常有意思的线索。

---

[1] 敦煌研究院编，孙儒僩编著：《敦煌石窟全集·建筑画卷》，香港商务印书馆，2001年。

图 4-85　莫高窟第 322 窟窟顶佛龛

图 4-36　莫高窟第 322 窟东壁门上三铺说法图

五、东传粟特美术特征的画样与图像

(一)受全新画风影响的东壁门上三铺佛说法图

第 322 窟在东壁门上画有三铺说法图(图 4-36),画面结构与绘画技法均较为独特,具有以下特征:

A.画面结构较为简明、疏散,人物排列较为自由。整体画面显得非常温暖而协调。清新简单的敷彩,与突出红绿颜色运用的效果,使得画面非常具有视觉效果。色彩感非常强。

B.人物面貌清新俊秀,画面人物之间具有较强的透视感和立体效果,空间层次感很强,显示出一种全新的画风。

C.说法图佛顶上不画华盖,而是以类似于芦苇一样的草本植物作为说法图的背景。

D.其中位于两侧的两铺说法图,其中的弟子像不是常见的面向中间的主尊佛像,而面向外侧的二菩萨。

说法图不画主尊的华盖,弟子像不面向佛立,均是佛教造像所少见,在莫高窟同样鲜见。同窟南壁千佛中间的说法图中的主尊两佛两侧二菩萨造像,也是相同的结构布局特点,非面向佛,而是略作侧身背向佛立(图 4-37)。

整体画面给我们的总体感觉就是一种朴实无华的简易之美,突出了色彩的运用与效果。

图 4-37　莫高窟第 322 窟门上说法图局部

　　对于东壁门上的这三铺说法图，谢稚柳先生认为"均甚美"①。虽没有详述，短短的三字却透露出谢先生对该三铺造像之独特艺术性意蕴的点评。

　　经过比较，我们发现了该三铺造像从艺术风格等方面，是与在山西太原发现的北齐娄睿墓、徐显秀墓壁画艺术可资比较。

　　早年发现的太原北齐武平元年（570 年）的东安王娄睿墓，有大量人物出行的壁画（图4-38）②。娄睿墓壁画的作者及其画风，史树青先生认为可能是北齐"画圣"杨子华③。同样，太原北齐武平二年（571 年）徐显秀墓，有保存完好的反映墓主人宴乐与出行的场

① 谢稚柳：《敦煌艺术叙录》，上海古籍出版社，1996 年，第 188 页。

② 山西省考古研究所、太原市文物管理委员会：《太原北齐娄睿墓发掘简报》，《文物》1983 年第 10 期，第 1—23 页；《北齐东安王娄睿墓》，文物出版社，2006 年。

③ 宿白：《太原北齐娄叡墓参观记》，《文物》1983 年第 10 期，第 27 页。史树青：《从娄叡墓壁画看北齐画家手笔》，《文物》1983 年第 10 期，第 29 页。

图 4-38-1　北齐东安王娄睿墓壁画

图 4-38-2　北齐东安王娄睿墓壁画局部

面（图 4-39）①，均代表了北齐时期一种全新画风的出现。

北齐绘画艺术的成就，在中国美术绘画史上有不可磨灭的贡献，以北齐大画家、有"画圣"美誉之称的杨子华为代表的画派，创造了全新的北齐绘画艺术，代表了北朝时期中国绘画艺术的最高峰，对其后中国绘画艺术的影响很大②。《历代名画记》引唐人阎立本评论杨子华的作品说："自像人已来，典尽其妙，简易标美，多不可减，少不可逾，其唯子华乎！"③

正是这种"简易标美"的北齐新画风，使得北齐绘画开创了中国绘画承前启后的新局面。其中娄睿墓、徐显秀墓壁画正是这一风格的集中体现。这种风格我们隐隐约

图 4-39 徐显秀墓墓主夫妇宴饮图

---

① 山西省考古研究所、太原市文物考古研究所：《太原北齐徐显秀墓发掘简报》，《文物》2003 年第 10 期。
② 金维诺：《曹家样与杨子华风格》，《美术研究》1984 年第 1 期；《青州龙兴寺造像的艺术成就——兼论青州样式与北齐曹家样》，在韩国庆州博物馆的讲演，1999 年 10 月；《南梁与北齐造像的成就与影响》，《美术研究》2000 年第 3 期。
③（唐）张彦远：《历代名画记》卷八，人民美术出版社，1964 年，第 156 页。

约在第 322 窟的这三铺说法图中看到了。正如有学者指出的那样："徐显秀墓壁画丰富的色彩表现令人眼前一亮。首先是墓室部分起稿作画前曾先涂一道黄灰底色，造成整体气氛明快而温暖；其次是大量使用调和色，并且冷暖色交互穿插呼应，造成画面人物之间多层次的空间距离感和和谐的视觉效果。""这种具有统一画面色调感和由色彩关系建立的造型结构，在中国古代墓室壁画中显得有些特殊，目前仅此一例。"[①]对于以北齐徐显秀墓壁画（包括娄睿墓壁画）为代表的北朝时期墓葬壁画受到以粟特美术为代表的外来绘画的影响，罗世平先生、渠传福先生等均有详论[②]，在此不多论述。

　　谢稚柳先生曾撰文指出，敦煌隋唐间画风的突变，完全脱离了北魏北周以来的画风，以一种全新的面貌与风格展现出来，其根源即是受到辗转来自北齐以娄睿墓壁画为代表的北齐画风的影响所致[③]。这是一个至今为止前无古人后无来者的宏论，虽然还没有受到敦煌艺术学界的足够重视，但是其必将对解决敦煌美术史上的一些重大问题起到不可估量的作用。在这里，我们的确看到了以莫高窟第 322 窟这三铺"简易标美"说法图为代表的敦煌初唐艺术受北齐画风的深远影响。

　　那么，受到本属粟特美术影响的北齐画风再影响的第 322 窟说法图，则必然与粟特美术在敦煌的表现密不可分，考虑到第 322 窟本有的诸多粟特文化与美术的影响因素，因此这种美术互动的现象则对探讨隋唐间敦煌艺术的发展变化有非同寻常的意义。

① 渠传福：《从考古发现看北朝中外绘画交流》，载张庆捷等编《4—6 世纪的北中国与欧亚大陆》，科学出版社，2007 年，第 275 页。

② 罗世平：《太原北齐徐显秀墓壁画中的胡化因素》，载《艺术史研究》第五辑，中山大学出版社，2003 年。渠传福：《从考古发现看北朝中外绘画交流》，载张庆捷等编《4—6 世纪的北中国与欧亚大陆》，科学出版社，2007 年，第 263—279 页。

③ 谢稚柳：《鉴余杂稿》（增订本），上海人民美术出版社，1996 年，第 272 页；《中国古代书画研究十论》，复旦大学出版社，2004 年，第 97—101 页。郑重：《与大师谈艺：壮暮堂谢稚柳》，上海古籍出版社，2004 年，第 28—33 页。

图 4-40   莫高窟第 322 窟北壁千佛壁画

（二）带有于阗画派的千佛造像

第 322 窟窟顶四披和南北两壁，均以隋代初唐常见的小千佛为主要题材。千佛像本来是一种极其常见和普遍的题材，乍看去其表现方法也没有什么独特之处。但是若仔细观察，细细玩味，则会发现一些非常独特的现象。南北壁个别小千佛的画法上，甚为有趣。即看到个别小佛并非传统的完全的正面像，而是作左右"四分之三"略侧身，或抬头，或侧目状，似有与旁边的小佛像交谈之意（图 4-40）。这种现象或本没有什么意味，或许即是画家的无意有意之作。却让我们联想到，在新疆和田丹丹乌里克同时期发现的寺院遗址中的小佛像的画法，这里的佛像均作略侧右，眼睛也作"四分之三"右视（图 4-41），甚为独特①。另在新疆和田地区的墨玉县库木拉巴特佛寺，出土石膏板壁画，其小佛像为同样的表现手法②。相同的千佛图像也可见于最新考古发现的和田地区策勒县达玛沟佛寺遗址（图 4-42），这些作品的时代均为 6—7 世纪③，与莫高窟第 322 窟时代相当。

　　丹丹乌里克佛寺遗址的考古报告中称被为"四分之三"的侧面佛像画法，使我们联想到在中亚波斯以及西方艺术中常见的侧身人物图像的特征，特别是在虞弘墓浮雕中的同类艺术表现手法（图 4-43）。对此，张庆捷先生敏锐地指出："该石椁图像有许多

图 4-41　新疆和田丹丹乌里克寺院遗址壁画千佛像

图 4-42-1　和田策勒达玛沟佛寺壁画残像

① 新疆文物考古研究所：《2002 年丹丹乌里克遗址佛寺清理简报》，《新疆文物》2005 年第 3 期，第 8—19 页。笔者有幸，于 2007 年 8 月中旬，承于志勇所长的关照，在新疆文物考古研究所的陈列室看到了这一批重要的于阗古佛寺壁画。对于佛像的这种独特画法，中国历史博物馆专事佛教美术研究的李翎博士也觉得很是奇特少见，当属独特画风所影响。

② 李吟屏：《和田考古记》，新疆人民出版社，2006 年，第 3 页。

③ 中国社会科学院考古研究所新疆队：《新疆和田地区策勒县达玛沟佛寺遗址发掘报告》，《考古学报》2007 年第 4 期，第 489—524 页。

图 4-42-2 和田策勒达玛沟佛寺壁画千佛

图 4-43 虞弘墓石椁宴饮线描图

艺术特色，其中最鲜明的一点，即几乎所有人物、动物、飞禽表现的都是侧面和半侧面，尤其是人物，即使身体是正面，头部也是侧面，这不仅使人物深目高鼻的人种特征得以充分表现，而且使得观者感到十分自然。同时这和古波斯和撒马尔罕壁画中的艺术手法是一脉相承的，因为我们在古波斯遗留的人物图像中，很少看到正面形象，如存世的波斯雕塑和器物上的人物图像，多是以侧面和半侧面为主。溯其源，我们在亚述帝国时期的壁画和石板浮雕中，所见人物也皆是以侧面表现为主。"①

于阗美术在西域自成一派，隋唐时期，尉迟乙僧父子在中原从事绘画活动，擅名一时。于阗画派美术对中国绘画的影响，学者们著述丰富，不一而足。于阗处在丝绸之路南道的重要位置，又是中古时期西域佛教的中心，因此，就敦煌而言其艺术受到于阗的影响自是必然。中唐吐蕃统治以后敦煌壁画的题材部分来自于阗，如大量的瑞像图与佛教史迹故事画等，以至于到了五代宋时期曹氏归义军与于阗的联姻，于阗成了沙州归义军政权最重要的政治盟友②。

在中唐以前，虽然我们还没有发现完全属于于阗题材与画风影响的作品，但是学者们对斯坦因发现于丹丹乌里克的 D.X.3 木板画袄教神图像的大量研究成果，表明了六七世纪粟特人在于阗的活动及其信仰和美术图像在于阗的表现。

同样的道理，粟特作为丝绸之路上文化与经济的传播者，也把于阗风格的绘画艺术从于阗传到了离此不远的丝路重镇敦煌，进而在莫高窟艺术中得到类似的表现。考虑到敦煌本地艺术家对于阗绘画的改进，以及敦煌本地传统绘画的固有表现风格，因此第 322 窟这种独特的千佛表现方法，或当受来自于阗画风的影响，最终是要归功于丝路上粟特九姓胡人的东进。

作为与粟特人密切相关联的第 322 窟，窟主们必然对他们带来的于阗画风有所袭受，于是艺术家们受到了新的画样画风的左右。

---

① 张庆捷：《太原隋代虞弘墓石椁浮雕的初步考察》，载巫鸿主编《汉唐之间文化艺术的互动与交流》，文物出版社，2001 年，第 20 页。

② 张广达、荣新江：《于阗史丛考》，上海书店，1993 年。敦煌研究院编，孙修身主编：《敦煌石窟全集·佛教东传历史故事画卷》，上海人民出版社，2000 年。

（三）几件小圆毯的文化意义

作为佛教艺术图像，无论在何时何地，弟子、菩萨造像均是或座或立于以莲花为主的各式佛座上，作为佛教尊像，是不能随意使用人间的坐具的，因此莲花几乎成了唯一的座具，只有佛像例外，虽可不用莲花座，但是也不能使用人间世俗之座具。但是非常有趣的是，我们在莫高窟第 322 窟图像中，却意外发现多处弟子、菩萨像使用世俗座具小圆毯的现象，分别为：

东壁门上三铺说法图之北侧一铺的二弟子二菩萨立像（图 4-44）；

东壁门上三铺说法图之南侧说法图的二立弟子像（图 4-45）；

东壁门上三铺说法图之中间一铺的跌坐二弟子像；

南壁中央说法图主尊佛两侧中间二立菩萨像，并前左右二胡跪供养菩萨像（图 4-46）。

以上各弟子菩萨造像均或立或胡跪于一小圆毯之上。因为同一铺说法图中另有使用莲花者，因此极易辨认。

图 4-44-1　莫高窟第 322 窟东壁门上北侧说法图

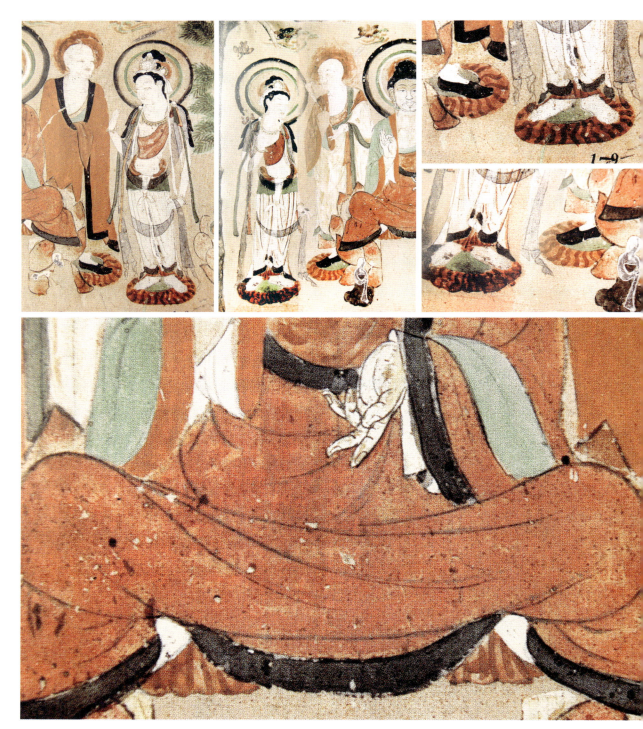

图 4-44-2　莫高窟第 322 窟东壁门上北侧说法图局部

图 4-45 莫高窟第 322 窟东壁门上南侧说法图

图 4-46-1 莫高窟第 322 窟主室南壁中央说法图

图 4-46-2 莫高窟第 322 窟主室南壁中央说法图特写

南壁说法图主尊前方二胡跪菩萨像之间放一供具,即置于一圆毯之上。

以上所见的小圆毯,大小仅容一人或立或跪其上,颜色有绿、紫等色,由于大多仅露外边,因此不明其装饰纹样。但从圆边的一条条边饰似可辨认其为毛织品。

同类图像,在略晚于此洞窟的建于贞观十六年(642 年)的第 220 窟北壁药师经变中,画有四身作胡旋舞的伎乐,分别脚踩一小圆毯,并有联珠纹装饰(图 4-47)。对这几张小圆毯,美国学者梁庄受伦即认为是来自波斯萨珊的物品[1]。另在莫高窟同时期第 341、215 窟相关图像中也可见到此类小圆毯的形象。

的确,对于这种毛织品的来源地,学者们一致认为当属波斯中亚一带的地方物产[2],同时又是九姓胡人进贡给中原王朝的主要物品之一,习称"舞筵",对此蔡鸿生先生有论[3]。至于中国史书和唐诗作品中对这类特殊物品的记述与描绘,均表明了其中亚西

---

① [美]梁庄爱伦著,宁强译:《绘于公元 642 年敦煌壁画中的两件可能是萨珊朝的罕见资料》,《敦煌研究》1991 年第 2 期,第 59—61 页。

② [美]劳费尔著,林筠因译:《中国伊朗编》,商务印书馆,2001 年,第 321—322 页。[美]爱德华·谢弗著,吴玉贵译:《唐代的外来文明》,陕西师范大学出版社,2005 年,第 256、259 页。

③ 蔡鸿生:《唐代九姓胡与突厥文化》,中华书局,1998 年,第 65—66 页。

图 4-47-1　莫高窟第 220 窟药师变乐舞

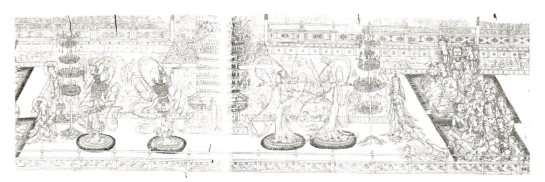

图 4-47-2　莫高窟第 220 窟乐舞图线描图（谢成水绘）

图 4-47-3　莫高窟第 220 窟乐舞图线描图局部（谢成水绘）

域原产地的属性,是中亚西域向中原王朝进贡的地方物产之一。

《册府元龟》卷九七一:

> 开元六年四月,米国王遗使献拓壁舞筵。

又记:

> 天宝九载四月,波斯献大毛绣舞筵、长毛绣舞筵、无孔真珠。

《新唐书·西域传》卷二二一"米国"条记:

> 开元时献拓壁舞筵、师子、胡旋女。

白居易《青毡帐二十韵》:

> 侧置低歌座,平铺小舞筵。

显然,这种小毛毯与中亚西域的胡舞不可分割。我们知道,"胡旋女"与"胡腾舞""胡旋舞",均是来自于中亚九姓胡人地区。

《新唐书》卷二三八《列传·西域》下:

> (康国)开元初,贡锁子铠、水精杯、码瑙瓶、驼鸟卵及越诺、侏儒、胡旋女子。

白居易《胡旋女》:

> 胡旋女,出康居。

《旧唐书》卷二一三《列传·安禄山》:

> 晚年益肥壮,腹垂过膝,重三百三十斤,每行以肩膊左右抬挽其身,方能移步。至玄宗前,作胡旋舞,疾如风焉。

安禄山是个地地道道的入华粟特人后裔(安国人),也成了入华粟特人的代表[1]。因此他跳的胡旋舞一度迷惑了玄宗,并为唐朝引来几乎亡国的大祸。

在同类出土的文物中也充分表明了此类小圆毯的中亚粟特属性,对此,罗丰先生[2]、张庆捷先生[3]均有深入的分析研究此不赘述。

---

[1] 荣新江:《安禄山的种族与信仰》,载氏著《中古中国与外来文明》,生活·读书·新知三联书店,2001 年,第 222—237 页。

[2] 罗丰:《隋唐间中亚流传中国之胡旋舞》,载郑学檬主编《唐文化研究论文集》,上海人民出版社,1994 年,第 336—353 页。罗丰《固原南郊隋唐墓地》,文物出版社,1996 年,第 52—53 页。罗丰:《胡汉之间——"丝绸之路"与西北历史考古》,文物出版社,2004 年,第 280—298 页。

[3] 张庆捷:《北朝隋唐粟特的"胡腾舞"》,载《粟特人在中国——历史、考古、语言的新探索》,中华书局,2005 年,第 390—401 页。

因此，莫高窟第 322 窟这几幅小圆毯的出现，无疑受到了敦煌粟特人文化艺术的影响，也为洞窟的粟特属性作了又一个很好的注脚。同时也让我们明白了为什么本应该为莲花座的地方却意外出现这种强烈中亚粟特属性小圆毛毯毡的原因。

而在东壁门南一铺造像下的两身男女供养人画像所跪之小方毯的出现，同样是供养人画像中使用毡毯类较早者，属独特之案例，也从一个侧面说明了该窟艺术家对此类中亚西域毛织品的独特感情。

（四）琉璃器物图像的存在

第 322 窟南壁中央说法图主尊右侧的最外一层菩萨立像，右手托一平底直腹圆口琉璃碗，透明的琉璃仍可看到碗另一侧的大拇指。这是一个非常重要的历史信息。

更为有趣的是，该菩萨像手中的琉璃碗，安家瑶先生作了详细的记录，并有线图说明（图 4-48）[1]。

图 4-48-1　莫高窟第 322 窟南壁中央　　　　　图 4-48-2　莫高窟第 322 窟南壁中央
　　说法图中持琉璃碗的菩萨　　　　　　　　　　说法图中持琉璃碗的菩萨局部

---

[1] 安家瑶：《莫高窟壁画上的琉璃器皿》图六，载北京大学中古史研究中心编《敦煌吐鲁番研究论集》第二辑，北京大学出版社，1983 年，第 425—464 页。安氏文中图九标也为第 322 窟内容，其实有误。另在安氏文中的"壁画琉璃器皿出现情况一览表"中列出的第 322 窟例证（第 451 页），均非该洞窟所有。因为文中注意有"窟中有圣历元年的榜题"，因此疑为第 332 窟，但实际也与洞窟图像有出入。

　　毫无疑问，隋唐的琉璃器是一种产自中亚的物品，河西和中原发现的琉璃器，均是由丝绸之路带入的，其中粟特九姓胡人的贡献非常大①。早在北魏时期都城平城地区就有了由中亚输入的、受西传技术影响的各类琉璃器②，而敦煌壁画中出现的琉璃器的中亚波斯文化，安家瑶先生有宏论③。其实即使是到了晚唐五代宋归义军时期，敦煌市场上仍有琉璃器作为外来商品进行贸易④。

　　因此，早在初唐壁画中所见琉璃器的出现，其文化因素是明确的。

　　另外，该铺说法图正前供器的形制，同样受到中亚波斯器形的影响，可有作进一步探讨的必要，这些都无疑加深了我们对该洞窟与粟特九姓胡人关系的思考。

六、供养人画像与工匠类题名反映出的粟特属性

（一）供养人画像

　　要探究洞窟窟主、施主的身份与民族属性，无疑保存于洞窟壁画中的供养人画像，是最值得作一番深入讨论的。

　　莫高窟第 322 窟的初唐供养人画像，分别有：

　　A.东壁门上中间一铺说法图下面（图 4-49），中间为发愿文榜题框，字残不清，以主尊为中心，左侧二跪姿男供养像，右侧一跪一立二女供养人像，题名均不清。

　　B.东壁门上北侧说法图下，中间为发愿文榜题框，左右分别为一男女跪姿供养像（图 4-50）。

① [美]劳费尔著，林筠因译：《中国伊朗编》，商务印书馆，2001。[美]爱德华·谢弗著，吴玉贵译：《唐代的外来文明》，陕西师范大学出版社，2005 年，第 296、297 页。

② 安家瑶、刘俊喜：《大同地区的北魏琉璃器》，载《4—6 世纪的北中国与欧亚大陆》，科学出版社，2006 年，第 35—46 页。

③ 参见《莫高窟壁画上的琉璃器皿》图六，北京大学中古史研究中心编：《敦煌吐鲁番研究论集》第二辑，北京大学出版社，1983 年，第 425—464 页。

④ 郑炳林：《晚唐五代敦煌贸易市场的外来商品辑考》，载《敦煌归义军史专题研究续编》，兰州大学出版社，2003 年，第 395—424 页。郑炳林：《晚唐五代敦煌贸易市场的国际化程度》《晚唐五代敦煌商业贸易市场研究》，载《敦煌归义军史专题研究三编》，甘肃文化出版社，2005 年，第 355—392 页。

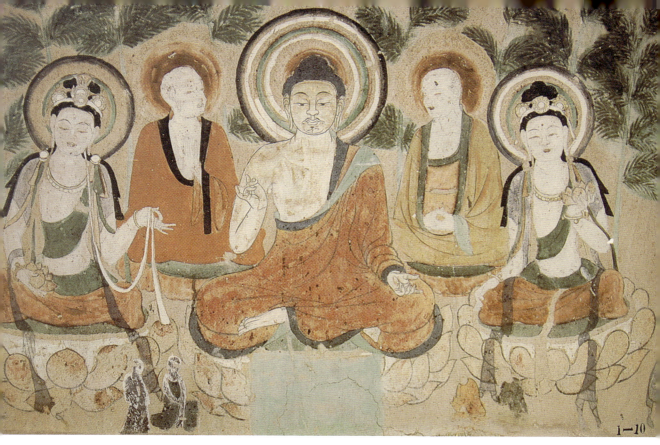

图 4-49　莫高窟第 322 窟东壁门上中间说法图

图 4-50　莫高窟第 322 窟东壁门上北侧说法
图下供养像

图 4-51　莫高窟第 322 窟东壁门上南侧药师佛
说法图及下供养像

C.东壁门上南侧说法图下，同北侧说法图供养人画像。

D.另，东壁门南药师说法图下面（图 4-51），中间为发愿文榜题框，残存有字：

　　□夫……

　　斳……

　　鏊□言……

　　□（龙）年……

　　懃戚……

　　家眷………

　　……

　　……①

以发愿文榜题为中心，南侧跪姿一男供养像，北侧胡跪一女供养人像，有题名：

　　亡母阴……

以上供养人画像，有几点值得注意：

其一，最早见到为跪式供养人画像。樊锦诗、刘玉权先生指出："第 322、209 窟说法图中出现跪式男女供养人，为以前所未见。"②此前自十六国北朝隋代洞窟壁画中的供养人画像，均为站立式供养像。

其二，是最早见到供养人画像分散于单幅画面中的表现方式。此前的十六国北朝隋代洞窟中的供养人画像，均是以集体形式，整齐排列分布于洞窟各壁下部。这一点是大家所熟知的，即使是此后的供养人画像，也遵守这一基本的表现方式。而第 322 窟独特现象的出现，无疑有其深刻的文化思想背景。

其三，该洞窟供养人画像从布局特点又一定程度上继承西魏粟特人功德窟第 285 窟的部分特点，主要表现在洞窟整体供养观念差，这也是粟特人供养人画像在敦煌石窟中的一个基本特点。对此我们有专文讨论③。

敦煌石窟中，供养人画像这两个特点的出现，非常重要，因为很有可能此种现

① 敦煌研究院编：《敦煌莫高窟供养人题记》，文物出版社，1986 年，第 132 页。

② 樊锦诗、刘玉权：《敦煌莫高窟唐前期洞窟分期》，载敦煌研究院编《敦煌研究文集·敦煌石窟考古篇》，甘肃民族出版社，2000 年，第 148 页。

③ 沙武田：《敦煌石窟粟特九姓胡人供养像研究》，《敦煌学辑刊》2008 年第 4 期。

象即是在敦煌的中亚粟特人在洞窟壁画艺术中绘画自身供养像的独特方式方法。事实上，仔细考察历代洞窟壁画中的供养人画像，就会发现，这一现象正是部分窟主施主有可能为粟特裔的洞窟内供养人画像的常见方式方法。对此，拟作另文专题研究。

（二）工匠类题名

除供养人之外，洞窟内意外地保留有几处可能是画工画匠的题名。

在西壁外层龛北侧最下角的西壁，即北侧天王彩塑的右腿一侧的壁面，有一行竖写墨行草书四字（图 4-52）：

安从（巡）勿必（？）

另在同一位置的北壁天王像后，外侧一竖行楷书小字（图 4-53）：

张生大子安倍（？）生一

对此，《敦煌莫高窟供养人题记》把"安"释读为"史"[1]。受此影响，姜伯勤先生、罗丰先生等均以粟特"史"姓论之[2]，但经笔者多次在洞窟中的仔细释读，在此把专家们原录为"史"的文字录为"安"，

图 4-52　莫高窟第 322 窟龛北壁墨书题记之一

---

[1] 敦煌研究院编《敦煌莫高窟供养人题记》，文物出版社，1986 年，第 132 页。

[2] 参见姜伯勤前揭文。罗丰：《隋唐间中亚流传中国之胡旋舞》，载氏著《胡汉之间——"丝绸之路"与西北历史考古》，文物出版社，2004 年，第 280—298 页。

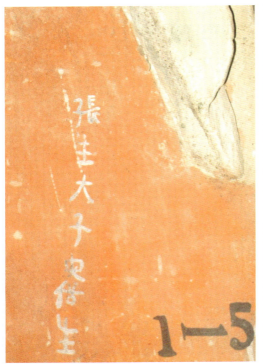
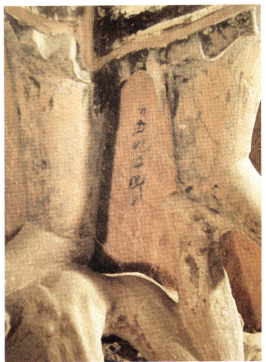

图 4-53　莫高窟第 322 窟龛北壁墨书题记之二　　图 4-54　莫高窟第 322 窟龛北壁墨书题记之三

似更妥当①。

　　在里侧又一行墨书六字，草书，又似符号，完全不认识（图 4-54）。

　　以上的两处题名，有字却没有像。但重要的是，从这几处题名的方位和文字与墙壁壁面的关系观察，则属初唐的作品，不似后人所为。

　　这些题记均写在不易看到的地方，也写得非常杂乱，当有可能是画工、画匠在工作时的随意之作②。

　　以上两处 "安" 姓工匠题名的出现，则为洞窟窟主、施主等赞助人的九姓胡人属性关系提供了非常重要的资料说明。"安从（巡）勿必（？）"，显然是中亚胡人的名字。"勿""必"

____

① 2008 年 10 月至 2009 年 10 月，笔者在日本东京艺术大学访学期间，就此问题请教著名敦煌学家土肥义和先生，先生在仔细察看了相关的壁画图片后，也同意笔者的意见。

② 之前我把其认为是供养人题名，后经马德先生和张先堂先生指教，应为工匠作品，很有见地。

又与"不"发音较为接近,而"勿""不"则属粟特九姓胡人汉字人名中较为常见的了①。

　　若这些题名确为安氏工匠所为,则表明第 322 窟功德主所雇用的工匠也是以粟特九姓胡人为主。这样更为洞窟功德主的粟特属性增添了证据。

　　安姓的确是河西敦煌隋唐时代最有影响的粟特家族,武威凉州的安氏其势力之大,在其帮助下李唐王朝才实现了统一河西的大业。而中晚唐时期以"安景旻"为代表的敦煌粟特安氏则与张议潮一道推翻了吐蕃的统治。而 8 世纪中叶敦煌写本 P.2748、P.3870《敦煌廿咏》中的《安城祆咏》②所记粟特人在敦煌的聚落"安城",本身就说明了敦煌地区来自中亚安国的侨民群体的庞大,成了九姓胡人的代表,对此藤枝晃先生③、池田温先生④等都同意此说。

　　由此,初唐第 322 窟出现了安氏工匠,他们为同属中亚移民的粟特九姓胡人为主的洞窟功德主服务,当属历史的必然。

小　结

　　讨论的结果表明莫高窟第 322 窟洞窟内有大量的图像受到了胡风的影响,结合洞窟营建的历史背景与供养人画像、工匠题名表现出的强烈的粟特九姓胡人特征关系,我们或许可以认为,莫高窟初唐第 322 窟即是流寓敦煌的粟特九姓胡人营建的功德窟。至少,从洞窟大量图像与文字信息所表现出来的与粟特文化、美术及审美观念等因素强烈的关联,可以初步认为该洞窟的赞助人与所雇佣的艺术家们,或多或少均与流寓敦煌的中亚粟特胡人有关。而作为丝绸之路交通要冲及粟特东迁的主要居聚地的河西地区,考虑到有大量粟特人的商业、宗教、文化、艺术的活动,一定程度上增加了我们

① ［日］吉田丰:《汉字拼写的粟特人名、重构的粟特文发音及其原意》,转引自［美］韩森:《丝绸之路贸易对吐鲁番地方社会的影响》,载《粟特人在中国——历史、考古、语言的新探索》,中华书局,2005 年,第 127—129 页。另据著名敦煌写本 P.3559 + P.2657 + P.3018 + P.2803v《唐天宝十载 (751) 敦煌郡敦煌县差科簿》记载"从化乡"的九姓胡人,池田温先生把这些胡人的名字一一罗列出来,其中也有带"不""勿",详见氏前揭文。
② 李正宇:《敦煌廿咏》,载季美林主编《敦煌学大辞典》,上海辞书出版社,1998 年,第 553 页。
③ ［日］藤枝晃《沙州归义军节度使末》(四),《东方学报》第 13 卷第 2 期,京都,1943 年,第 253 页。
④ ［日］池田温:《唐研究论集》,中国社会科学出版社,1999 年,第 4、5 页。

图 4-55 莫高窟第 322 窟龛下五代重绘供养像

对该洞窟作为粟特人功德窟推断的信心。龛下五代宋补绘的供养人画像中，有两身穿着菱形格衣服的小孩（图 4-55），按姜伯勤先生的观点[1]，当是粟特人，若是，则说明该洞窟一直到五代宋归义军时期仍由胡人管理重修，则正是敦煌石窟家族窟的特点，又为初唐功德主的胡人属性提供佐证资料。

---

[1] 姜伯勤:《敦煌莫高窟隋供养人胡服服饰研究》，载郝春文主编《敦煌文献论集》，辽宁人民出版社，2001 年，第 354—368 页。

第 五 章　为粟特人而建：莫高窟第 323 窟与中土佛教传播历史的图像展示

　　莫高窟第 323 窟是学术界关注较多的洞窟之一，对于该窟的思考，笔者之前曾就"张骞出使西域图"从"角色转换"与"历史记忆"的角度作过尝试性探讨，并附带就洞窟功德窟有一点不成熟的推测，洞窟南北壁所绘有关佛教在中土传播的故事中的几位核心人物有浓厚的胡人背景，佛图澄本西域龟兹胡僧，又是胡人集团后赵政权的"大和尚"[1]，康僧会"其先康居人，世居天竺，其父因商贾移于交趾"[2]。东晋杨都出金像和西晋石佛浮江的故事均来自高僧慧达，慧达本离石"稽胡"，被当地人称为"苏何圣"，其所授记的番禾御谷瑞像被称为"刘师佛""胡师佛"，可读胡语经典，又有诸多胡僧的神异功能，其身上胡僧的色彩非常突出[3]。再结合张骞出使西域图中的西域式城，加上邻窟第 322 窟又是唐初河西最大的胡人集团安氏家族功德窟[4]，综合诸多因素，我们推测第 323 窟"有可能也属移居敦煌的中亚粟特胡人功德窟"[5]。当时仅是一大胆之推测，近来又对该窟作了些更深入的考察，觉得这一问题仍然有进一步探讨的空间。

① （梁）慧皎：《高僧传》，中华书局，1992 年，第 345 页。

② （梁）慧皎：《高僧传》，中华书局，1992 年，第 14、15 页。

③ 参见《高僧传》卷一三《慧达传》、《续高僧传》卷二六《魏文成沙门释慧达传》、《释迦方志》卷下《通局篇第六》、《集神州三宝感通录》卷下、《广弘明集》卷一五、《法苑珠林》卷三一、《道宣律师感通录》卷中等。

④ 沙武田：《莫高窟第 322 窟图像的胡风因素——兼谈洞窟功德主的粟特九姓胡人属性》，《故宫博物院院刊》2011 年第 3 期，第 71—96 页。

⑤ 沙武田：《角色转换与历史记忆——莫高窟第 323 窟张骞出使西域图的艺术史意义》，《敦煌研究》2014 年第 1 期，第 21—29 页。

一、佛教艺术重功德轻形式主流现象之外的
莫高窟第 323 窟

对于佛教艺术而言，无论是造像碑、单体造像，还是石窟寺中各类形式的艺术作品，一类造像或一类绘画被重复制作，不断复制相似或相近的图像，是此类艺术作品的基本存在形式和表现手法，大同小异，这是我们今天在各类佛教遗迹和博物馆考察和参观时的一个总体的视觉认知（图 5-1）。当然艺术史上的这一现象主要是针对同一时期的作品而言。但若单从佛教艺术题材和内容上而言，这种现象的流行也可以横跨不同的时代，以及不同的地区。艺术史上这种现象的客观而真实的存在，其实是受到五个方面原因的规范和制约：一是造像所依据的相应经典文字的规范，二是信众在制作和膜拜造像时重功德轻形式观念的制约，三是佛教核心信仰的普世性和普遍性使然，四是代表性造像形成的规范化粉本的影响，五是模式化造像可以大大降低制作成本。

对于这一问题的解释，最不能忽视的一个基本问题是，在佛教传播过程中，从信仰和思想层面而言，以释迦牟尼、阿弥陀、弥勒、药师、卢舍那，以及观音、文殊、普贤、地藏等为核心的众神总是占据主体地位，以佛典所宣传和描述的各类形式的佛国世界一直

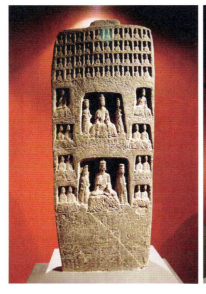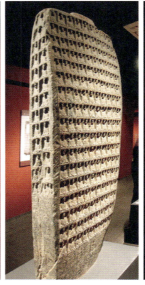

图 5-1   西安碑林藏几通北朝造像碑

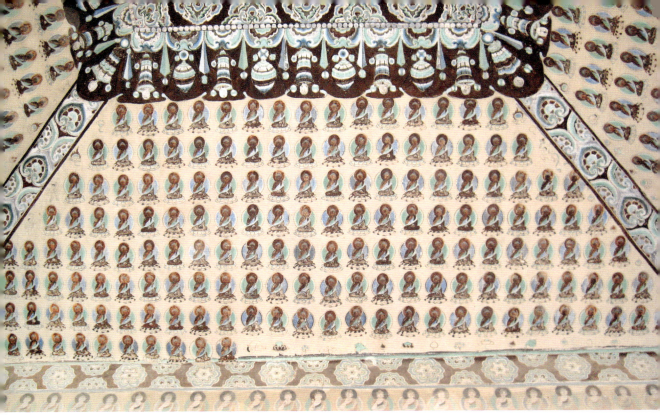

图 5-2　莫高窟盛唐第 79 窟洞窟千佛画局部

是佛教艺术品所着力表现的图像内容，而信众对佛国世界及其中众神的精神需求是佛教得以广泛传播的重要源泉。一方面，虽然各类形式的艺术品可以成为膜拜的对象，但信众的需求核心是心理层面，是透过造像存在的内涵，因此形式的雷同和模式化并不重要；另一方面，和现实理想世界一样，信众所追求的佛和佛国世界也理应有个形象的标准，不能有太大的区别[①]。因此，总体而言，佛教艺术品在题材内容、造像性格、图像特征上高度的相似性、近似性及其大同小异的现象，是此类艺术品的内涵和本质所决定的。

　　正因为佛教艺术的雷同、模式化、大同小异是艺术史上合理的艺术现象，因此当我们走进以莫高窟为代表的石窟寺遗址时，频繁地在不同的洞窟看到相同、相似、近似的各类尊像画、故事画、经变画，尤其是那些在同一时期频繁出现的千佛画、菩萨像、说法图（图5-2），几乎是同一类粉本影响下的作品。此类佛教艺术史上的客观事实和普遍现象，也是我们今天所看到的历史时期佛教艺术传播的基本规律和表现的基本方式。需要说明的是，此现象的存在并不否定我们今天从学术层面上探讨佛教艺术的复杂性和多变性。

　　若简单地理解历史时期佛教艺术的这一现象，可以归为功德思想、信仰观念、图像

---

① 这方面只针对同一类型和佛教艺术大系统，比如汉传佛教、藏传佛教、南传佛教艺术品往往有非常大的变化和区别，视觉差异很大，因此不能一概而论。

图 5-3 莫高窟第 205 窟南壁东起第三铺观音变供养像

功用共同作用的结果。所以巫鸿先生把此类宗教艺术归为"奉献式艺术",并且指出"奉献式艺术本质上是一种'图像的制作'(image-making)而非'图像的观看'(image-viewing)""图像制作的过程与写作和说唱不同,应有其自身的逻辑"。①

　　另外,对于这一问题的理解,也可以借助历史时期佛教艺术品所留下的大量的文字记载,其中包括供养人题记(图 5-3)、造像功德记(图 5-4)、造寺功德记、洞窟功德记(图 5-5)、功德愿文、回向文、写经和抄经题记等,这在历代的造像碑、各类金石文字和敦煌藏经洞有丰富的留存。检索这类文字,一个最深刻的印象就是对造像、建寺、建窟、抄经、写经功德的强烈诉求,往往雕刻一通小小的造像碑的功德可以包括"七世父母""现在眷属""当今府主""当今皇帝",甚至上升到为国家祈福的高度,几乎囊括功德主所有想要表达的善业福因和功德回向的对象。而且我们还注意到,与大量的佛教艺术品功德相关联的文字,虽然功德主的身份区别很大,有高级官吏(图 5-6),也有普通

① 巫鸿:《什么是变相》,载氏著《礼仪中的美术——巫鸿中国古代美术史论集》,生活·读书·新知三联书店,2005 年,第 366 页。

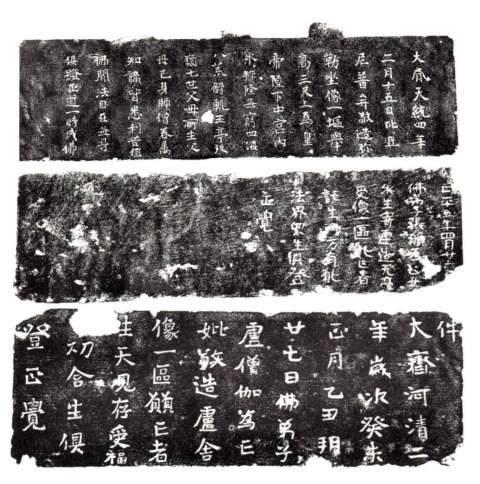

图 5-4　北齐邺城几通造像功德记

图 5-5　莫高窟天王堂功德愿文榜题框

图 5-6　陕西汉唐石刻艺术博物馆藏唐皇帝皇后供养像座

图 5-7   北齐邺城造像记一方

的老百姓（图 5-7），地位尊贵者和地位卑微者的造像功德愿望往往没有区别。

因此，总结此类文字，可以认为历史时期佛教艺术品的制作"重功德、轻形式"是其核心的发展轨迹和艺术动因，也是佛教艺术发展史上一个普遍的观念，所以使得艺术作品的复制率、雷同程度极高。

在这里我们讲佛教艺术重功德轻形式的现象和观念，主要是从佛教艺术高复制率和雷同性角度，而不是全面否定佛教艺术史上的形式问题，事实上佛教艺术对形式的重视也是其另一个面相，如以各石窟寺大窟和大佛的营建，以及以北魏洛阳永宁寺大塔的出现，武周时期大像制作等为代表的佛教艺术在形式上高度发展的一些现象和事例。

对于佛教艺术重功德轻形式的观念，在《佛说作佛形象经》《佛说造立形象福报经》《佛说大乘造像功德经》有清楚的反映，《佛说造塔功德经》：

> 若此现在诸天众等，及未来世一切众生，随所在方未有塔处，能于其中建立之者——其状高妙出过三界，乃至至小如菴罗果；所有表刹上至梵天，乃至至小犹如针等；所有轮盖覆彼大千，乃至至小犹如枣叶——于彼塔内藏掩如来所有舍利、发、牙、髭、爪，下至一分；或置如来所有法藏十二部经，下至于一四句偈。其人功德如彼梵天，命终之后生于梵世。于彼寿尽，生五净居，与彼诸天等无有异。善男子！如我所说如是之事，是彼塔量功德因缘，汝诸天等应当修学！[1]

① 《大正藏》第 16 册，第 801 页。

图5-8 敦煌绢画Stein painting157（ch.00387）观音像

佛教经典对重修佛像佛塔的功德记载较多，是众生供养、布施的重要内容，也是信众获取无量功德的重要手段，此类历史时期的事例不胜枚举。

另外，藏经洞绢、麻布和纸本绘画中保存有一些艺术水平极差的作品（图5-8），毫

图 5-9　西安博物院藏十六国北朝造像

图 5-10　甘肃庄浪红崖寺北朝造像龛

无审美可言，这种情况在造像碑中也可以广泛见到（图 5–9）。如果单从艺术审美的角度来看，我们在各地藏品中确实也可以看到一些品相颇不理想的佛教艺术品，甚至有个别艺术品毫无审美可言（图 5–10）。

因此，总体而言，佛教艺术重功德轻形式的观念及其影响下的丰富的作品，是佛教艺术史一个常识的现象。

当然，我们也必须要注意到，在漫长的佛教历史上，不同时期的艺术家们总是能够根据赞助人、功德主、供养人全新的意愿而制作出超越传统的作品，或者说他们总能够推陈出新，为自己所处的时代留下一笔笔精彩而厚重的文化遗产。这样的事例，我们在各大石窟寺均能找到相应的丰富的文化遗存，其中以敦煌石窟为例，在每个时代都会看到主流之外的变化，作为"新样"的艺术品总会让人眼前一亮，进而对这个时代的艺术有全新的认识。单从学术研究的角度来看，这类代表时代新样的作品，往往有丰富的历史信息和学术价值，正是巫鸿先生所强调的"原创性"（originality）洞窟[1]，敦煌石窟中可归为"原创性"的洞窟数量颇为丰富，其中巫先生有针对性地论述的莫高窟第 323 窟无疑是为代表。

第 323 窟被可认为是重功德和轻形式佛教艺术主流之外的一个特殊的案例，原因有三：

第一，第 323 窟洞窟主室南北壁故事画的主体并不是来自佛所说经典，而主要依据中土高僧的著述，属于史传类内容，二者有根本性区别。

第二，第 323 窟重点描述佛教在中土传播和发展的历史，和以表现佛、菩萨及各类佛国世界美好景观为核心的造像艺术的内容和目的完全不同。

第三，第 323 窟和那些重点描述佛国世界景象的艺术在功德观念上有很大的区别，第 323 窟似乎更关心佛教在中土发展传播的历史，而不特别强调佛教艺术最基本的功德观念。

---

[1] 巫鸿：《敦煌 323 窟与道宣》，载氏著《礼仪中的美术——巫鸿中国古代美术史论集》，生活·读书·新知三联书店，2005 年，第 418—430 页。

二、莫高窟第 323 窟样式未延续现象

莫高窟第 323 窟毫无疑问是敦煌石窟群中最具"原创性"的洞窟，也是最具"历史性"（historicity）的洞窟之一，巫鸿先生对该洞窟这两个方面的问题有过精彩的解读①，让我们看到在初唐时期处在丝路交会地的敦煌与当时的政治、经济、文化、宗教中心长安之间的密切联动，特别是长安南山律宗祖师道宣的著述给遥远西部小城敦煌带来的影响，最终以洞窟和壁画的形式体现出来，形成敦煌普通社会民众了解佛教在中土传播与发展的形象材料，也为我们观察这一时期敦煌与长安之间的互动提供一处重要的实物例证。

第 323 窟主室南北壁绘画佛教历史故事、感应故事、高僧灵异事迹故事，北壁西起分别画张骞出使西域图、释迦牟尼浣衣池与晒衣石、佛图澄灵异事迹、阿育王拜尼乾子塔、唐僧会江南弘教感应故事（图 5-11），南壁西起分别画西晋吴淞江石佛浮江、东晋

图 5-11　莫高窟第 323 窟康僧会江南弘教感应画面

① 巫鸿：《敦煌 323 窟与道宣》，载氏著《礼仪中的美术——巫鸿中国古代美术史论集》，生活·读书·新知三联书店，2005 年，第 418—430 页。

图 5-12 莫高窟第 323 窟昙延法师故事画

杨都出金像、隋文帝迎昙延法师入朝（图 5-12），主室东壁门两侧画戒律画，各壁下部一圈画立菩萨多身，正壁西龛情况不明，现存假山及主尊彩塑与胁侍有清朝重修的痕迹（图 5-13）。各壁上部和窟顶四披画初唐同时期常见千佛壁画。

对于第 323 窟而言，这种以佛教历史故事、感应故事、高僧灵异事迹为主题的壁画题材，包括主室整体的壁画组合，在莫高窟仅此一窟，其他如榆林窟、西千佛洞及或国内其他石窟群均未见第二例，在画史资料中也未见记载，因此可以强烈感受到第 323 窟的独特性和重要性。马世长先生对第 323 窟有最早也是最有代表性的研究，针对洞窟壁画题材内容，当初即鲜明地指出："这是个引人注目的变化。"[1]马先生此处所言"引人注目的变化"，是和其他同时期甚至之前各时期敦煌洞窟比较的结果。考虑到此类壁画题材及其组合形式之后再未出现，因此我们可以认为第 323 窟的壁画组合样式属昙花一现，并没有形成一种较为流行的样式而有所延续。

---

[1] 马世长：《莫高窟第 323 窟佛教感应故事画》，《敦煌研究》1981 年试刊第 1 期，第 93 页；另载马世长《中国佛教石窟考古文集》，商务印书馆，2014 年，第 285 页。

图 5-13 莫高窟第 323 窟窟内造像

图 5-14　莫高窟第 217 窟观音经变

图 5-15　莫高窟第 45 窟东壁地藏观音像组合

　　第 323 窟的营建时代，按照樊锦诗、刘玉权二位先生的考古分期，第 323 窟属于唐前期第三期第二类，莫高窟唐前期第三期洞窟大致完成于中宗、睿宗、玄宗前期（705—749年），即莫高窟的盛唐前期洞窟[①]。张小刚先生也同意这一分期意见[②]。樊锦诗、刘玉权二位先生的考古分期，这一期洞窟共有 34 个：第 217、108、123、208、213、214、215、219、319、374、328、458、39、41、42、43、48、49、50、51、52、66、109、116、119、120、122、124、125、323、444、446、130 窟，另外这一期续修前期洞窟有 5 个：第 333、387、96、205窟，本期另有 10 个窟没有完工：第 320、45、212、216、218、384、225、46、117、121 窟。这一时期洞窟主要的壁画题材内容和形式有：佛说法图多铺，阿弥陀经变共 15 铺可分 5型，观无量寿经变共 8 铺可分 3 型，弥勒经变共 11 铺可分 6 型，法华经变共 10 铺可分 3 型，观音经变 2 铺（图 5-14），另有地藏＋观音（图 5-15）、药师佛＋观音、地藏＋药师组合，各类形式的千佛壁画也不少，窟顶全是各类形式的千佛画（图 5-16），西壁正龛壁画以龛顶的华盖、说法图为常见，龛内主要是弟子和菩萨像，龛外两侧出现常见大菩萨像（图5-17），主室东壁往往是门上绘说法图、千佛、七佛等题材，两侧有绘菩萨像、天王像者，

① 樊锦诗、刘玉权：《敦煌莫高窟唐前期洞窟分期》，载敦煌研究院编《敦煌研究文集·敦煌石窟考古篇》，甘肃民族出版社，2000 年，第 143—181 页。
② 张小刚：《敦煌佛教感通画研究》，甘肃教育出版社，2015 年，第 288—289 页。

图 5-16　莫高窟
第 123 窟主室

图 5-17　莫高窟第 199 窟龛

也有通壁绘维摩诘经变或观音经变者①。

　　整体观察，这一期洞窟壁画题材和组合形式是唐前期流行的内容，前后继承关系明显，没有大的变化和调整，个别壁画内容在结构上或局部有所创新。相对于这些佛教艺术中常见的佛、弟子、菩萨、说法图、千佛、经变画内容，第 323 窟显然与众不同。

　　整体而言，石窟中基本造像的题材和内容是尊像画、说法图、千佛画、故事画和经变画，一定体现的是信众所要膜拜的诸多佛国世界及其中的众神，或表现佛和菩萨累世修行的本生、因缘、佛传故事，但无论什么内容，均来自浩如烟海的经典，强调的目的是对往生佛国世界的表达。但第 323 窟的故事画并非来自经典，而是来自后人编纂的佛教传播历史的书籍，其绘画的目的也似乎与往生佛国世界关系不大，而是强调对佛教传播历史的展示和教导。

　　更有趣的是，第 323 窟出现的表现佛教历史故事、感应故事、高僧灵异事迹故事的 8

① 樊锦诗、刘玉权：《敦煌莫高窟唐前期洞窟分期》，载敦煌研究院编《敦煌研究文集·敦煌石窟考古篇》，甘肃民族出版社，2000 年，第 143—181 页。

幅画面，不仅在敦煌石窟中没有被延续下来，即使是放在整个佛教美术史长河中考察，也是孤例，类似的作品，目前所知只有《历代名画记》所记唐长安西明寺有"褚遂良书"《传法者图赞》①、唐长安千福寺"北廊堂内"有韩干画"南岳智顗思大禅师法华七祖及弟子影"和"卢楞伽、韩干画"于"绕塔板上《传法二十四弟子》"②、唐长安安国寺有"梁武帝及郗后"图，应为《梁皇宝忏图》；③唐洛阳昭成寺有杨廷光画《西域记图》，④唐长安崇仁坊资圣寺观音院两廊有"韩干画，元中书载赞""四十二贤圣"，其中包括"龙树、商那和修"⑤，显然是佛教传法圣僧类绘画。还有在《历代名画记》中所记唐两京寺院常见的各类"行僧""圣僧"，是否属于佛教历史绘画，待考。

图 5-18　安阳大住圣窟传法祖师像

（作者拍）

　　寺观画壁之外，以文字和图像形式记载的有关佛教传播历史者，还应该包括玄奘的《大唐西域记》、王玄策的《中天竺行记》、唐高宗时期敕令百官修撰的《西国志》（包括文字 60 卷，图画 40 卷），以及以《西国志》中的"佛法圣迹住持"别成一卷的略本⑥。

　　但我们也注意到，这些在唐代一度流行的与佛教传法有关的文字和图像，其核心仍然是以发生在印度和西域的故事为主要内容，涉及中土佛法传播的历史故事并不多。

　　文献记载之外，图像实物的留存主要有安阳大住圣窟隋代雕刻的 24 身传法祖师像（图 5-18），沁阳悬谷山石窟隋代雕刻的 25 身传法祖师像，洛阳龙门擂鼓台中洞唐代中

---

① (唐) 张彦远：《历代名画记》卷三，人民美术出版社，1964 年，第 62 页。

② (唐) 张彦远：《历代名画记》卷三，人民美术出版社，1964 年，第 59 页。

③ (唐) 张彦远：《历代名画记》卷三，人民美术出版社，1964 年，第 55 页。另有同书卷三所记兴唐寺的"郗后"像，应是同一类绘画。

④ (唐) 张彦远：《历代名画记》卷三，人民美术出版社，1964 年，第 70 页。此条所记是否与佛教传播历史有关，还不是十分明了。

⑤ (唐) 段成式：《寺塔记》，人民美术出版社，1964 年，第 29 页。

⑥ 孙修身：《王玄策事迹钩沉》，新疆人民出版社，1998 年。

图 5-19-1　龙门
看经寺传法祖师像

图 5-19-2　龙门石窟擂鼓台中洞传法高僧像（作者拍）

图 5-20   莫高窟第 427 窟中心柱底层传法祖师像

图 5-21   莫高窟第 292 窟中心柱底层传法祖师像

宗时期雕刻的 25 身传法祖师像（图 5-19）、龙门看经寺开元年间雕刻的 29 身传法祖师像、莫高窟第 292、427 窟中心柱南、西、北三面隋代绘的 27 身、30 身传法祖师像（图 5-20、5-21），这些保存在石窟中的传法祖师像，王惠民先生有专题研究，可供参考①。由此我们似乎感受到传法祖师像在历史时期作为一类较为常见的表现佛教发展历史的艺术和图像，但显然和常见的在各类造像、雕刻、壁画、绘画中广泛出现的尊像画、说法图、千佛画、故事画、经变画等表现佛国世界的佛教艺术作品还是有很大的区别。

对第 323 窟的独特性和重要性，马世长先生早年已提出："第 323 窟出现的几组感

① 王惠民：《传法高僧图》，载龙门石窟研究院编《2004 年龙门石窟国际学术研讨会文集》，河南人民出版社，2006 年。此据王惠民：《敦煌佛教图像研究》，浙江大学出版社，2016 年，第 75—92 页。

应故事，都是比较著名，比较有影响的。因而这几组壁画内容，显然是经过精心考虑和挑选的。"①由此，我们的问题是，第 323 窟作为一种全新的图像样式，作为佛教石窟营建史和佛教艺术史上硕果仅存的表现佛教传播历史的图像，其设计和绘画的目的是什么？其中最核心的问题是对洞窟功德主的探究，因此对洞窟营建背景的考察显得至为迫切。

三、由洞窟营建时代背景看与粟特人可能的关系

按照敦煌研究院考古分期，第 323 窟属于唐前期第三期第二类，大致时间是中宗、睿宗、玄宗前期（705—749 年），属于莫高窟盛唐前期的洞窟②。另从洞窟壁画的艺术风格判断，应属于这一时期前半段的洞窟，即大致应在 722 年之前。

具有浓厚佛教历史宣传意味的洞窟如第 323 窟的设计营建，显然是有针对性的，应该是特定的功德主出于对特殊的信众宣传中土佛教传播历史而建的一个公共性洞窟。也就是说此类洞窟的营建是为特定的人群服务的。那么，在这个时期，敦煌社会最为特殊的人群无疑是新来的移民群体粟特九姓胡人，即被学界广泛讨论的 8 世纪中叶敦煌的"从化乡"的主体人群，据池田温先生的研究，敦煌"从化乡"的规模在 8 世纪中叶时，大约有 300 户人家，总人口数约为 1400 口（图 5-22）。③

对于"从化乡"的形成时间和原因，陈国灿先生有精辟之研究，指出其与发生在唐景龙元年（707 年）塔里木盆地南缘西突厥内部冲突引发的这一带粟特人的迁移有关④。神龙二年（706 年）十二月，西突厥首领乌质勒死，其子娑葛立，唐封为"金河郡王"⑤，故将阿史那阙啜忠节不服，并与娑葛屡相攻击，于是镇守西域的唐将郭元振便"奏请追

---

① 马世长：《莫高窟第 323 窟佛教感应故事画》，《敦煌研究》1981 年试刊第 1 期，第 93 页；另载马世长《中国佛教石窟考古文集》，商务印书馆，2014 年，第 286 页。

② 樊锦诗、刘玉权：《敦煌莫高窟唐前期洞窟分期》，载敦煌研究院编《敦煌研究文集·敦煌石窟考古篇》，甘肃民族出版社，2000 年，第 143—181 页。

③［日］池田温：《8 世纪中叶敦煌的粟特人聚落》，载氏著《唐研究论文选集》，中国社会科学出版社，1999 年，第 3—67 页。

④ 陈国灿：《唐五代敦煌县乡里制的演变》，《敦煌研究》1989 年第 3 期，此据氏著：《敦煌学史事新证》，甘肃教育出版社，2002 年，第 370—376 页。

⑤（宋）王若钦等编：《册府元龟》卷九六七，中华书局，1960 年，第 11196 页。岑仲勉：《西突厥史料补阙及考证》，中华书局，2004 年，第 75 页

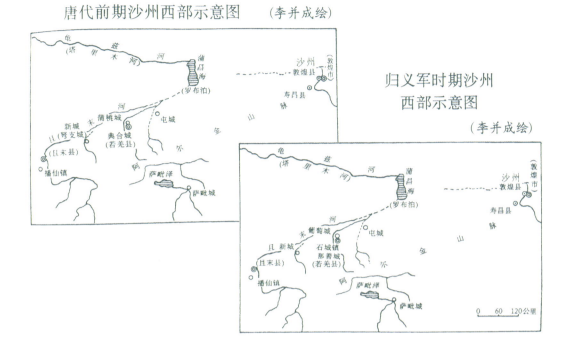

图 5-22-1   唐瓜沙地区示意图

图 5-22-2   唐沙州城遗址

阙啜入朝宿卫，移其部落入于瓜、沙等州安置，制从之"①。但这批突厥人并没有到达瓜、沙地区，当他们到达初唐以来即为粟特九姓胡人生活的且末河流域的播仙城一带时，在唐将军经略使周以悌的煽动下贿赂唐宰相宗楚客、纪处讷不欲入朝，并发安西兵和吐蕃军回攻娑葛，攻陷于阗坎城，获大批金宝和牲口②。这次阙啜与娑葛之间的战争给塔里木南缘东段的原有居民即康国大首领康艳典率领下的粟特人造成很大的冲击。

据敦煌写本 S.367《沙州伊州地志残卷》③、P.2005《沙州都督府图经》④等的记载，塔里木盆地东部地区早在唐贞观年间就是粟特人康国大首领康艳典率领族人所居之地，这些粟特人在这一带建立了一系列的聚居地，有典合城（后改为石城镇）、屯城（汉伊循城）、新城、蒲桃城、萨毗城，也包括播仙镇⑤，均属沙州刺史管辖地。

位处塔里木盆地南缘的这些粟特人的聚居地，因为景龙元年（707年）突厥人内部的战乱而发生了根本性变化，"自此以后，再也不见粟特聚落在此活动的记载，似乎粟特聚落突然在此消失了。这一现象，与阙啜在这一地区的劫掠骚扰，几乎同时发生，而且与敦煌从化乡的出现也遥相呼应。由此不难看出，原居于且末河流域的昭武九姓胡人，在受到阙啜的暴力威胁时，迅速逃往敦煌以求得沙州刺史保护。沙州官府对这大批避难而来的胡人，也当慕义来归、从化内附者，在敦煌划出地域加以安置，并建乡设制、编入户籍。这恐怕就是从化乡的由来，其时约在景龙元年（707年）"⑥。

景龙元年，正是莫高窟第 323 窟营建的时代上限。

塔里木南缘的这些粟特人进入敦煌的原因，除了西突厥内乱的影响之外，其实也与这一时期吐蕃人为了和唐朝争夺西域而连续发生的一系列强大军事活动有关，对此王小

---

① （晋）刘昫等撰：《旧唐书》卷九七《郭元振传》，中华书局，1975 年，第 3045 页。

② （宋）司马光：《资治通鉴》卷二〇九，中华书局，1956 年，第 6742—6745 页。但《通鉴》所记阙啜与娑葛相攻事件发生在景龙二年十一月，后据陈国灿先生推定，实为景龙元年事，见陈国灿《唐五代敦煌县乡里制的演变》（《敦煌研究》1989 年第 3 期），另见氏著《敦煌学史事新证》（第 382 页注 44）。

③ 郑炳林：《敦煌地理文书汇辑校注》，甘肃教育出版社，1989 年，第 65、66 页。

④ 郑炳林：《敦煌地理文书汇辑校注》，甘肃教育出版社，1989 年，第 19 页。

⑤ 荣新江：《西域粟特移民聚落考》，载氏著《中古中国与外来文明》，生活·读书·新知三联书店，2001 年，第 27 页。

⑥ 陈国灿：《唐五代敦煌县乡里制的演变》，《敦煌研究》1989 年第 3 期。

甫先生有全面的研究①。早在武周垂拱二年（686 年），在吐蕃的进逼下，唐朝撤离了镇
守安西四镇的兵力，"拔四镇"②，吐蕃乘虚而入，"四镇尽沦"③，情形对唐极为不利，
吐蕃人"长驱东向，逾高昌壁，历车师庭，侵常乐县，断莫贺延碛以临我敦煌"④，其间，
吐蕃人在西域的军事力量对这些隶属于沙州管辖的粟特胡人必定产生负面影响，这种情
况一直到长寿元年（692 年）王孝杰复四镇⑤，甚至在长寿二年（693 年），吐蕃组织数万
兵力围攻沙州，刺史李无亏率军出战重伤而死⑥。一直到万岁通天二年（697 年）还发生
了吐蕃要求唐"罢四镇兵"并"求分十姓突厥之地"的"野狐河会议"⑦。隶属沙州的
丝路南道重镇石城镇、播仙镇一线，是吐蕃在这一时期意欲进入西域的重要路线（即"东
道"），王小甫先生指出有六条道路供吐蕃人选择，其中多条道路都经过粟特人的聚居
区，并指出"早在延载元年（694 年），吐蕃便试图开通这条东道而被驻守当地的粟特移
民部落击退。此后直到开元初年，石城、播仙一线都在唐朝手中，吐蕃、吐谷浑的活动限
在阿尔金山以南"⑧。但到了开元八年（720 年），吐蕃人最终还是打通了这条通西域的
"东道"，《敦煌本吐蕃大事记年》记载，猴年（720 年）：

> 东突厥（'Bug Cor）之使者前来致礼……攻陷唐之 Sog song 城。⑨

① 王小甫：《唐·吐蕃·大食政治关系史》，中国人民大学出版社，2009 年。

② 《武周延载元年（694）氾德达轻车都尉告身》，载《吐鲁番出土文书》第 7 册，文物出版社，1986 年，
　第 224 页。（唐）员半千：《蜀州青城县令达奚君神道碑》，载《全唐文》卷一六五，中华书局，1983
　年。（唐）崔融：《拔四镇议》，载《文苑英华》卷七六九，中华书局，1966 年。

③ （后晋）刘昫等撰：《旧唐书》卷九七《郭元振传》，中华书局，1975 年，第 3046 页。

④ （唐）崔融：《拔四镇议》，载《文苑英华》卷七六九，中华书局，1966 年。

⑤ （宋）司马光：《资治通鉴》卷二〇五，中华书局，1956 年，第 6488 页。

⑥ 王团战：《大周沙州刺史李无亏墓及征集到的三方唐代墓志》，《考古与文物》2004 年第 1 期，第
　20—26 页。王惠民：《〈沙州刺史李无亏墓志〉跋》，《敦煌研究》2004 年第 5 期，第 67—68 页。李
　无亏墓志参见吴钢主编：《全唐文补遗》第八辑，三秦出版社，2005 年，第 313—315 页。

⑦ 此事件吴玉贵先生有深入研究，参见吴玉贵：《吐蕃"求分十姓突厥之地"辩误》，原载《隋唐辽
　宋金元史论丛》，上海古籍出版社，2012 年，第 54—61 页；此据氏著：《西暨流沙：隋唐突厥西域
　历史研究》，上海古籍出版社，2020 年，第 184—195 页。

⑧ 王小甫：《唐·吐蕃·大食政治关系史》，中国人民大学出版社，2009 年，第 150、151 页。

⑨ 黄布凡、马德：《敦煌藏文吐蕃史文献译注》录文作"攻陷唐城堡索格堡"，甘肃教育出版社，
　2000 年，第 49 页。

美国学者白桂思指出"Sog是古藏文对名词Sog dag（粟特人）的简写形式"①，王小甫也认为此Sog song城应该是石城镇②，而且认为吐蕃的这次军事活动是联合东突厥的共同行动，所以吐蕃和突厥对石城镇的攻陷也必然再次压迫这一带的粟特人迁移。加上其后吐蕃和唐在西域东边于阗等地的战争，对石城镇一带原有居民粟特人的影响会越来越大，迫使他们最后全部进入瓜沙地区。

大批粟特九姓胡人突然涌入敦煌，于是当地官府在敦煌城东约500米处新筑一城安置这些慕义来归、从化内附的粟特人，此处即P.2748《敦煌廿咏》之"安城祆咏"所记之"安城"，其中有"周回一百步""总共廿龛"的"祆神"祠一所③，是这些以祆教为主要宗教的粟特人的信仰中心，政府并在此专设"从化乡"，于是形成一个以祆神信仰为精神纽带的特殊的粟特人聚居地④。

但我们知道，佛教在敦煌占据重要的地位，在原有人口的基础上突然新增约1600口，而且这些人属于祆教徒，因此他们必然是佛教界需要争取的信众对象。唐代敦煌的人口总数，新旧《唐书》"地理志"均记"沙州敦煌郡"有"户四千二百六十五、口一万六千二百五十"⑤。在短时间内突然增加1000多人口，对敦煌而言无疑是个大事件。

从敦煌历史上来看，在这一地区信仰佛教的粟特人，早在北朝时期即已在洞窟营建方面有所作为，以莫高窟西魏第285窟为例，据张元林先生的考察，此窟即是粟特人的功德窟，是粟特人及其艺术对敦煌艺术贡献的早期例证，其中代表性图像即是西壁的诸多护法神，以及具有浓厚西方文化色彩的月天和日天图像（图5-23、5-24），还有洞窟供养人画像中的粟特人史崇姬、滑黑奴、何□等因素⑥。在北周的莫高窟第294窟出现了粟特商胡的供养像⑦。隋代洞窟中频繁出现的各类波斯萨珊风格的联珠纹和在隋代洞窟壁

① Ch.I.Beckwith,The Tibetan Empire in Central Asia,Princeton University,1987,第92页注42。
② 王小甫：《唐·吐蕃·大食政治关系史》，中国人民大学出版社，2009年，第150、151页。
③ P.2005《沙州都督府图经》，载郑炳林《敦煌地理文书汇辑校注》，甘肃教育出版社，1989年，第13页。
④ 荣新江：《北朝隋唐粟特人之迁徙及其聚落》，《国学研究》1999年第6卷，此据氏著：《中国中古与外来文明》，生活·读书·新知三联书店，2001年，第54—58页。
⑤ （后晋）刘昫等撰：《旧唐书》卷四〇《志·地理三》，中华书局，1975年，第1644页。（北宋）欧阳修、宋祁撰：《新唐书》卷四〇《志·地理四》，中华书局，1975年，第1045页。
⑥ 张元林：《粟特人与莫高窟第285窟的营建——粟特人及其艺术对敦煌艺术贡献》，载云冈石窟研究院编《2005年云冈国际学术研讨会论文集—研究卷》，文物出版社，2006年，第394—406页。
⑦ 敦煌研究院编：《敦煌莫高窟供养人题记》，文物出版社，1986年，第123页。

图 5-23　莫高窟第 285 窟月天图像

画供养人画像中较多出现的三角翻领
胡服、左右三角翻领女式敞衣、联珠
纹男式胡服，据姜伯勤先生研究，均
是中亚粟特贵族服饰影响的结果①。
到了唐代，粟特人作为供养人出现在

图 5-24　莫高窟第 285 窟日天图像

① 姜伯勤：《敦煌莫高窟隋供养人胡服服饰研究》，载郝春文主编《敦煌文献论集》，辽宁人民出版社，
　2001 年，第 354—368 页。

洞窟中的案例越来越多①，在藏经洞写经题记中也时常能见到粟特人的佛教功德行为，就洞窟营建而言，先后出现了像莫高窟初唐第 322 窟、中唐第 359 窟、中唐第 158 窟等明确属于粟特人家窟的现象（图 5-25）②。整体来看，粟特人在敦煌地区与佛教的关系越来越密切，随着时间的推移，越来越多的粟特人皈依佛教，进入寺院，或为寺户③。

图 5-25　莫高窟中唐第 158 窟主室

① 沙武田：《敦煌石窟粟特九姓胡人供养像研究》，《敦煌学辑刊》2008 年第 4 期，第 132—144 页。
② 沙武田：《莫高窟第 322 窟图像的胡化因素——兼谈洞窟功德主的粟特九姓胡人属性》，《故宫博物院院刊》2011 年第 3 期，第 71—96 页。沙武田：《敦煌莫高窟第 158 窟与粟特人关系试考》，《艺术设计研究》2010 年第 1、2 期，第 16—22、29—36 页。沙武田：《莫高窟吐蕃期洞窟第 359 窟供养人画像研究——兼谈粟特九姓胡人对吐蕃统治敦煌的态度》，《敦煌研究》2010 年第 5 期，第 12—24 页。
③ 郑炳林：《唐五代敦煌的粟特人与佛教》，载郑炳林主编《敦煌归义军史专题研究》，兰州大学出版社，1997 年，第 433—465 页。

因此，景龙元年以石城镇居民为代表的 1000 余粟特人集体进入沙州，被当地政府作为慕义归化的胡人而安置在沙州城东约 500 米的地方，取名从化乡，并给这些信仰祆教的胡人所筑城取名"安城"，此安城的建筑风格很可能有西域中亚之特点，同时又在安城中置祆祠，祆教信仰颇为强烈。但到 8 世纪初叶，敦煌作为佛教一大都会的性质已经形成，虽然敦煌老百姓的信仰五花八门，中土和外来宗教都有各自的土壤和信众，但佛教一直在走上升的路线，成为当地社会的主流宗教。因此，当敦煌社会面对着如此庞大的新的社会群体，争取他们接受并信仰佛教，成为佛教信众，极有可能成为 707 年之后敦煌佛教社会的一件紧迫的宗教任务。

于是，敦煌的佛教界便在原本是粟特胡人安氏家族的功德窟莫高窟第 322 窟的旁边新开一窟[1]，一改佛教石窟画尊像画、佛教本生因缘佛传故事画、经变画的传统，一改佛教石窟重功德的做法，为了给这些新入籍敦煌的粟特移民普及中土佛教传播的历史知识，便选择了在当时颇为流行和有影响力的中土佛教高僧编撰的一些佛教史料，择出其中与中土历代帝王奉佛、高僧灵异故事为主的题材，以连环画的形式画在洞窟南北壁适合观看的壁面上。同时，在选择故事方面，显然是充分考虑到了这批新入籍的粟特胡人的民族属性，故事画中的两位核心人物佛图澄、康僧会分别来自西域龟兹和中亚康居，是粟特人的故乡与他们的重要聚居地，而有浓厚稽胡色彩的"胡师佛"慧达所见神异故事的选择，也应该是考虑到了慧达的诸多胡僧色彩。张骞出使西域的大夏城是粟特人非常熟悉的地方，释迦晒衣石题记中出现的"此大夏波罗奈国"，即是玄奘《大唐西域记》所记"婆罗疴斯国"，是北印度大国迦尸国所在地，玄奘看到这里"天祠百余所，外道万余人"[2]，此"天祠"有可能即有粟特人祆教的神祠。

仔细观察洞窟壁画，在画面及其榜题中出现诸多表现与粟特人密切关系之处，容后文详说。

所以，总体而言，我们有理由相信，莫高窟第 323 窟作为"反传统"的洞窟，洞窟壁画题材选择的独特性，壁画新样式的出现，其实是与深厚的历史背景相关联，其中与

---

[1] 对于莫高窟第 322 窟的功德主，王惠民则强调了从化乡中的突厥人名和突厥化的粟特人的可能性，参见王惠民：《敦煌莫高窟第 322 窟"龙年"题记试释》，《敦煌学》2012 年第二十九辑；氏著《敦煌历史与佛教文化》，甘肃文化出版社，2020 年，第 50—65 页。

[2] （唐）玄奘、辩机原著，季羡林等校注：《大唐西域记校注》，中华书局，2000 年，第 557—561 页。

707 年大批粟特人的入驻和从化乡的安置似有最直接的关系。而把洞窟崖面位置选择在粟特人大族安氏功德窟第 322 窟的旁边，显然是经过精心设计和策划的结果，也是充分利用第 322 窟功德主的信仰和影响力，借助已有的粟特大族对佛教的崇敬和供养，加强对新来的粟特人群体的佛教宣传，扩大佛教信众基础。于是乎像第 323 窟这样独特样式的、带有强烈的"原创性"因素的洞窟被开凿完成，成为佛教艺术史上的一朵奇葩，也有可能属于粟特人流寓汉地后在宗教信仰方面发生过的一件独特的艺术案例。

四、画面及其榜题中的粟特影子

颜娟英先生在对第 323 窟的研究中，对其中榜题文字与正统佛教文献关系不合的现象有特别提示，指出洞窟壁画中的部分榜题文字并非严谨地抄录佛教正统文献，而是自由地更改内容，或简化，或夸张，甚至有错误的地方①。如把汉武帝的庙号"世宗"误作宣宗的庙号"中宗"，又如把拜倒外道塔的国王"月支国罽昵吒王"误作"阿育王"；在图像的描绘中也出现类似的情形，如在表现释迦圣迹晒衣石时，图像的演绎中出现"天女洁净晒衣石""雷神打雷""硾毙外道"的戏剧性内容，是原文献《大唐西域记》卷七"婆罗疴国三龙池"条所没有的内容；另晒衣石榜题中的"至今见在大夏寺"文字，马世长先生指出其中的"寺"应为"时"；昙延法师故事中榜题文字中"隋"写作"随"，"法"后漏一"师"字，"八戒"写为"戒八"②。壁画榜题文字的随意性和图像的演绎性，正是颜娟英先生认为第 323 窟图像系统属于地方传统的重要原因，此发现颇为重要，也富有启发性。

但是事实的确会如颜先生所说为敦煌地方传统的图像系统？还是另有原因？如果考虑到作为洞窟营建背景与粟特移民的背景关系，则似乎就容易理解了。

张骞出使西域图准确的名称应该是"张骞使大夏求佛名号图"，把汉武帝的庙号张冠李戴给汉宣帝，暗示功德主的汉文化修养不高，对中古历史掌握有限，与我们所论属粟特人功德主背景高度契合。另外，在这幅图中显然有强调大夏这一地名的意味在其中，唐人杜佑《通典》记大夏在"妫水南"，即阿姆河以南地区，可以认为仍然是粟特人

① 颜娟英：《从凉州瑞像思考敦煌莫高窟第 323 窟、332 窟》，载《东亚考古学的再思——张光直先生逝世十周年纪念论文集》，"中央研究院历史语言研究所"，2013 年，第 443—471 页。
② 马世长：《中国佛教石窟考古文集》，商务印书馆，2014 年，第 267 页。

的故乡①，因此画面中的西式建筑风格的城，必然是粟特文化和艺术所高度认同的画面。整体而言，第 323 窟选择这一故事，除了强调张骞"凿空"西域之壮举的同时，还可以通过这一故事加强粟特故地和汉地佛教之间的关系，当然张骞的故事想必也是敦煌历史时期处理与西域民族关系时重要的历史素材，是友好交往的历史象征，这些应该都是洞窟的营建者特意选择的结果。

其实我们对这些画面榜题文字仔细再作推敲，还可发现更多的疑点：

（一）对国王拜倒外道塔画面中国王名号的疑问

洞窟壁画榜题为（图 5-26）：

此外道尼乾子等塔，育王见谓是佛塔便礼，塔遂崩坏，□育王感德。

此故事画面的文献出处，据张小刚先生考证，是据元魏吉迦夜、昙曜共译《付法藏因缘》卷五、唐释法藏述《华严经探玄记》卷八等②，颜娟英先生检出更早的相关佛典由马鸣菩萨所著，后秦鸠摩罗什所译《大庄严论经》卷六③。据这些佛典所记，其中榜题中的"育王"即印度佛教历史上著名的国王阿育王，但佛典所记实际是"月支国王旃檀罽昵

图 5-26　阿育王拜尼乾子塔

① 有关"大夏"的研究，参见余太山：《塞种史研究》，商务印书馆，2012 年，第 46—86 页。余太山：《〈通典〉西域文献要注》，上海人民出版社，2009 年，第 160、161 页。
② 张小刚：《敦煌佛教感通画研究》，甘肃教育出版社，2015 年，第 123—124 页。
③ 颜娟英：《从凉州瑞像思考敦煌莫高窟第 323 窟、332 窟》，载《东亚考古学的再思——张光直先生逝世十周年纪念论文集》，"中央研究院历史语言研究所"，2013 年，第 443—471 页。

吒王",又作"罽昵吒王""罽眤吒王""罽腻吒王"。张小刚认为,这种改动的原因是"由于阿育王的名声较大,此处应该是将罽昵吒王的事迹误系在阿育王的名下"①,可备一说。的确,阿育王在佛教历史上的影响之大、地位之高,很难有人王与之相媲美,但是"月支国王旃檀罽昵吒王"即是佛教历史上继阿育王之后另一位大力发展佛教的国王,即由月支人建立的贵霜帝国的国王迦腻色迦王,同样是佛教历史上的著名法王。

仔细考虑,绘画者和书写者为什么要进行如此改动,恐怕另有原因,否则既然有佛典所据,就应该按照佛典忠实书写,何必作此改动。虽然把此故事转嫁给佛教法王的阿育王,从理论上是可以说得通的,也是信众能够接受的佛教历史故事,但毕竟这种改动应该是有特殊动因的驱使,否则还是很难让人理解。

我们试作推测,能够想到的最直接的原因,应该是功德主不愿意按照经文原典所记把此画面故事的主人公写作"月支国王旃檀罽昵吒王",于是改作佛教历史上同样有名的阿育王身上。因为阿育王所造瑞像在同窟南壁东晋杨都出金像故事中也出现了,同样也是改动原文献的结果,显然在第 323 窟的功德主、工匠、书手的心目中,阿育王的地位更高,对其印象更加深刻。

另一种原因,如果第 323 窟是为"从化乡"的粟特人宣传中土佛教传播的历史而建,考虑到洞窟强烈的粟特人背景,迦腻色迦王是 2 世纪时由大月氏建立的贵霜大帝国的一代君主,曾大力推行佛教,迦腻色迦时期粟特人的故乡——中亚的两河流域也归其统治,因此迦腻色迦王也可以认为是粟特人曾经的君主,但属于统治者和被统治者的关系。一方面,如果画面中仍然表现的是迦腻色迦王拜外道塔,显然容易勾起这些新移民对中亚故土的眷恋;另一方面,作为对粟特人进行中土佛教宣传的画面,如果出现接受者故土曾经的外族统治者国王的形象,显然也是功德主和观看者粟特人在情感上所不大能够接受的历史,毕竟月支在西迁过程中的强势军事行为,一度可以说是粟特九姓胡人共同的仇敌。因此,在充分考虑粟特人历史和感情的情况下,以偷梁换柱的方式十分巧妙地把本属"月支国王旃檀罽昵吒王"的神异事迹转移到阿育王的名下。

客观来讲,罽昵吒王在佛教历史上的口碑和声誉其实并不好,和阿育王在佛教历史上的地位确实不能同日而语。唐西明寺沙门释道世集《诸经要集》二〇卷《九要部》卷三〇《鸣钟缘第九》:

---

① 张小刚:《敦煌佛教感通画研究》,甘肃教育出版社,2015 年,第 124 页。

如付法藏经云：时有国王名曰罽昵咤，贪虐无道，数出征伐劳役人民，不知厌足。欲王四海戍备边境，亲戚分离，若斯之苦何时宁息。宜可同心共屏除之。然后我等乃当快乐。因王病虐。以被镇之人坐其上。须臾气绝。由听马鸣比丘说法缘故。生大海中作千头鱼。剑轮回注斩截其首。续复寻生。次第更斩。如是展转乃至无量。须臾之间头满大海。时有罗汉为僧维那。王即白言：今此剑轮。闻揵稚音即便停止，于其中间苦痛小息，唯愿大德垂哀矜愍，若鸣揵稚延令长久。罗汉愍念为长打之，过七日已受苦便毕。而此寺上因彼王故，次第相传长打揵稚，至于今日犹故如本。[①]

从这个意义上讲，第 323 窟的营建者还是刻意回避了罽昵咤王的负面影响，作了有意义的改动。

（二）对西晋石佛浮江感应事迹画面榜题中"佛裙"二字的疑问

洞窟壁画原榜题为（图 5-27）：

图 5-27　莫高窟第 323 窟石佛浮江故事画

---

① 《大正藏》第 54 册，第 191 页。

此西晋时有二石佛浮游吴江松（应为"吴淞江"），波涛弥盛，飘飘逆水而降，舟人接得，其佛裙上有名号，第一维卫佛，第二迦叶佛，其像见在吴郡供养。

此画面故事的文献来源是梁慧皎《高僧传》卷一三《慧达传》，但我们注意到壁画榜题"佛裙上有名号"在《慧达传》中原文为"背有铭志"，有出入。事实上，在这里壁画榜题文字以"佛裙"代称袈裟，在佛教经典和文献中更加规范的用语是"佛衣""法衣""三衣"，"裙"字的使用显得书写者不仅没有遵守原文献"背有铭志"的规定，而且完全把世俗服饰名词生硬地套在佛衣上，这在佛教经典和佛教历史上并不多见①，也不规范，似乎说明书写者对佛教常识的生僻，或者过于随意。

但如果考虑到洞窟营建方面浓厚的粟特背景，出现这些笔误倒是完全可以理解。

（三）对东晋杨都出金像感应画中佛像出土地点、发现者、所在寺名的疑问

据洞窟壁画榜题记载，杨都的"金铜古阿育王像"出自"东晋杨都水中"，是由"渔夫"们发现，并且"其佛见在杨都西灵寺供养"（图5-28）。但据此故事文献来源《高

图5-28　莫高窟第323窟杨都金像故事画

---

① "裙"出现在佛教尊像的服饰上，主要是描述菩萨、弟子、天王、力士、天人、比丘、比丘尼等人物，极少用于佛陀法衣的描述，另在密教尊像的描述中也较常出现。

僧传》卷一三《慧达传》的记载，杨都金像实为"是阿育王第四女所造"，是由"丹阳尹高悝于张侯桥浦里掘得一金像"，其像后在"长干寺"供养。改动较多，与文献记载区别较大。

整体而言，洞窟壁画榜题文字的改动有抬高故事可信度的意味在其中，把水中所获改作挖掘所得，地点非常具体，似乎更加神秘，也更加符合处在西北地区的敦煌人的想象；既然是挖掘，那么原文献所记发现者为渔夫就不合情理，于是便改作地方长官，可信度和权威性得到提升和加强；把本来是阿育王第四女所造金像直接附会在阿育王身上，更加有说服力和可信度，也有呼应杨都出阿育王金像的意味，还可以呼应篡改月支王拜外道为阿育王拜塔。

通过以上梳理，洞窟榜题文字的这些错误、改动、变动，如果按照颜娟英先生的说法，第 323 窟"图文表现的依据有可能是来自当地流行的传统"[1]，可能不是一个普遍的佛教美术的案例，更强调敦煌本地传统的影响。先生的观点对理解第 323 窟的图像传统有重要的意义，事实上也是我们理解该窟营建背景的重要线索，结合洞窟浓厚的粟特背景，则本窟的图样确实是敦煌本地的作品，而且有粟特人影响的因素。但是敦煌本地是否能够创作出此类图样，则是个需要讨论的问题，总体上我们还是强调此类图样传自内地的可能性。如果把此类表现佛教在中土传播历史的故事画集中在一个洞窟空间，再搭配以戒律画和特殊的主尊身份，则应该是敦煌人的一个创举，更准确地说是在敦煌粟特人中土佛教知识需求下的产物。那么，敦煌人为什么会设计开凿这样一个反传统的洞窟，若同样从粟特人中土佛教知识需求的角度加以阐释，则显得极有历史趣味性。

五、以粟特人为宣教对象的中土佛教传播历史的图像讲堂

我们知道，出现在洞窟中的各类尊像画和说法图，往往是传承有自，而各类故事画、经变画则和具体的经典相关联。但第 323 窟南北壁表现包括高僧显圣、明主皈佛、佛国弘法、瑞像东来在内的佛教传播历史的故事画面，并非出自经典，而是来源于高僧的著述，或其他佛教历史文献。因此，有必要对这些故事画面所据佛教史料先作一梳理。此

① 颜娟英前揭文，第 466 页。

问题，马世长①、孙修身②、张小刚③等先生已有研究，列表如下：

莫高窟第 323 窟南北壁故事画统计表

洞窟画面故事内容	时期	地点	核心人物	所据史料出处
汉武帝获匈奴金人并张骞使大夏求佛名号图	西汉	长安—大夏	汉武帝张骞	北齐魏收《魏书》卷一一四《释老志》，隋费长房《历代三宝记》卷二，唐道宣《广弘明集》卷二，唐道世《法苑珠林》卷一二，《佛祖统纪》
释迦牟尼洗衣池和晒衣石故事画	释迦牟尼时期	天竺	释迦	晋法显《佛国记》，北魏杨衒之《洛阳伽蓝记》，唐玄奘《大唐西域记》卷七、卷八
佛图澄神异故事画	西晋	邺城幽州	佛图澄	梁慧皎《高僧传》卷九"佛图澄传"唐房玄龄等《晋书》卷九五
国王拜倒外道塔故事画	阿育王时期	天竺	阿育王	元魏吉迦夜、昙曜共译《付法藏因缘》卷五，后秦鸠摩罗什译《大庄严论经》卷六
康僧会神异故事画	三国	建康	康僧会	梁慧皎《高僧传》卷一，《集古今佛道论衡》，《法苑珠林》卷四〇，《集神州三宝感通录》卷中
石佛浮江故事画	西晋	吴淞江	僧俗信众	《高僧传》卷一三"慧达传"，《集神州三宝感通录》卷中，道世《法苑珠林》卷一三
杨都出金像故事画	东晋	交州合浦水	僧俗信众	《高僧传》卷一三"慧达传"，《集神州三宝感通录》卷中，道世《法苑珠林》卷一三
昙延神异故事画	隋	长安	昙延	《续高僧传》卷八"昙延传"

由上表可以看到，第 323 窟南北壁的佛教感通故事画主要来源于中唐以前汉地僧人的各类著述，但很难确定是哪一部，而应是多部著述的杂糅。因此马世长先生认为"这些感应故事有着浓郁的乡土色彩，带着汉地标记的烙痕……与佛说的经典同等加以宣扬"④，有突出的个性色彩。

① 马世长：《莫高窟第 323 窟佛教感应故事画》，《敦煌研究》1981 年试刊第 1 期，第 80—96 页；另载马世长：《中国佛教石窟考古文集》，第 262—290 页。
② 孙修身主编：《敦煌石窟全集·佛教东传故事画卷》，上海人民出版社，2000 年，第 17、30—33、121—129、134—153、165—168 页。
③ 张小刚：《敦煌佛教感通画研究》，甘肃教育出版社，2015 年，第 286—294 页。
④ 马世长：《莫高窟第 323 窟佛教感应故事画》，《敦煌研究》1981 年试刊第 1 期，第 92、93 页。

这些汉地佛教传播的故事主要是表现汉地僧人的神异和佛像、佛舍利、佛经在汉地的神通，还包括中原汉地皇帝奉佛的故事，时间从西汉一直到隋，故事发生在中国的南方和北方，可以认为是第 323 窟建窟之前在汉地流传的佛教传播故事在敦煌的图像表现。张小刚指出："莫高窟第 323 窟所绘的佛教感通故事中，有一部分故事在道宣的著述中可以找到相关的记载，还有一些故事则出自其他人的著述；但是第 323 窟佛教感通画无疑受到了一种传统的影响，这种传统就是以道宣为代表的汉地僧人采用编撰佛教感通故事的方式来反映中国佛教传播历史的传统。"①而第 323 窟则是把这个传统进行图像化的代表案例，目前没有第二例。由此，我们看到一个现象，确如巫鸿先生所言，第323 窟的内容受到道宣著述的影响，但并不是全部来自道宣的著述，实际上应该是经过认真筛选后的结果，图像所据文本并非某一部作品，而是一个大杂烩，更多是受到了粟特人功德主的影响，同时也是为了对粟特人进行佛教历史知识宣讲的需要。

因此，从上表所列洞窟壁画故事所据史料出处来看，熟悉这类佛教历史故事者，必定是佛教界的人士，属于具有一定佛教历史知识的人，考虑到洞窟主室未设计和绘画唐代的供养人像，与莫高窟同时期洞窟中丰富的供养人画像传统不合，也不是佛教艺术表现的传统，鉴于洞窟主体壁画内容属于全新的样式，和那些表现佛国世界的"奉献式"绘画有很大的区别，可以看出此洞窟的营建者和功德主虽然无法确定，但显然非世俗社会的官员、大家族、社人组织，也不是代表家族的高僧大德或僧团组织，而是完全为无世俗功利性的僧人组织。这些僧人们营建第 323 窟是为了给粟特移民宣传佛教传播的历史，尤其是佛教在中土传播过程中发生的那些被编造出来的令人印象深刻的高僧神异故事、感应故事，或有代表意义和说服力的帝王奉佛的故事，也有与佛像、佛舍利、佛经相关的神异故事，可以认为是一处讲述佛教传播历史的讲堂，有佛教历史图像教科书之意义。

东壁根据《大般涅槃经》"圣行品第七"绘制的戒律画（图 5-29），具体表现僧人为严格守持戒律而发的种种誓愿，也是敦煌石窟乃至佛教艺术品中极为罕见之戒律画，弥足珍贵。因为在佛教内部，就戒律而言，核心是经典律条的规范，而不是图像的说教；加之戒律条文细微之至，内容也极其复杂，很难用图像表达出来；况且戒律画并不适合佛教徒以外的世俗人观看，因此在这种佛教历史展示性的洞窟空间绘制此类严酷守戒画

---

① 张小刚：《敦煌佛教感通画研究》，甘肃教育出版社，2015 年，第 293 页。

图 5-29　莫高窟第 323 窟东壁戒律画

面，显然强调的是洞窟所具有的展示、教育的功能，单从这一点而言，第 323 窟针对粟特移民对佛教相关知识的教育和宣传倒是煞费苦心。

正因为第 323 窟图像有强烈的宣传、展示、教育的意义和功能，所以我们看到南北壁的佛教历史故事画被布局在墙壁的中间位置，上面是窟顶千佛的向下延续（图 5-30），下面是 14 身菩萨像，似乎设计者充分考虑到观看者在窟内阅读时最佳的视觉效果的需求。同时，在画面中布满大大小小的榜题框，其中文字书写规范，直到今天我们仍然可以有效阅读，也说明了该洞窟作为宣传、展示中土佛教历史场所的可能性。因为在同时期莫高窟洞窟中的经变画，有相当一部分都不出现榜题，或者说这一时期洞窟壁画并不十分流行榜题。

考虑到窟顶和四壁的小千佛是这一时期流行的题材，南北壁下部的 14 身菩萨像也是这一时期常见的内容（图 5-31），有可能受到《大通方广经》的影响①，均有程式化和

---

① 赵晓星：《莫高窟第 401 窟初唐菩萨立像与〈大通方广经〉》，《敦煌研究》2010 年第 5 期，第 47—52 页。

图 5-30 莫高窟第 323 窟北壁壁画布局　　　图 5-31 莫高窟第 323 窟南北壁下层菩萨像

装饰之意味。事实上，南北两壁行列式的菩萨像，不仅有忏仪之功能，从形式上也有为进窟者引导和进行佛法加持之意味。

再考虑到戒律画其实也有可能来自唐代僧人的著述，因为这些画面在《经律异相》卷八"持戒发愿防之十七"、《法苑珠林》卷一〇四"受戒篇劝持部中"有类似的文字条目，仍然属于佛教历史史料的图像展示。

整体而言，莫高窟第 323 窟作为展示唐之前中土佛教传播历史场所的可能性很大，是一处敦煌佛教界专门为了以从化乡粟特群体为代表的普通信众展示中土佛教历史发展的一处特殊的场所，也算是盛唐前期敦煌僧人们在洞窟营建方面走出传统的一个尝试，显然属非主流的佛教艺术作品和形式，洞窟主体图像和思想不讲求功德观念，和其他的功德式洞窟及其中的奉献式造像有本质的区别，故没有被传承下来，在这一点上我们同意颜娟英先生的诊断，即认为第 323 窟图像并非来自正统的佛教文献，有可能是来自当地的传统[①]。但考虑到在敦煌本地也不流行此类图样的现象，因此，称传统还不太恰当。经过我们的讨论，敦煌本地的佛教界这一新的佛教艺术的创举，实际上针对性很强，是面对从化乡粟特移民群体而特意加强佛教知识的教育、宣传与展示。

因此，总结一下，第 323 窟可以认为是一处针对粟特人的中土佛教传播知识图像的讲堂。

---

① 颜娟英：《从凉州瑞像思考敦煌莫高窟第 323 窟、332 窟》，载《东亚考古学的再思——张光直先生逝世十周年纪念论文集》，"中央研究院历史语言研究所"，2013 年，第 443—471 页。

六、洞窟龛内主尊瑞像身份等相关问题质疑

如果第 323 窟确为敦煌本地佛教界在盛唐初期为了从化乡的粟特移民的信仰需求，集中展示唐之前佛教在中土传播的历史而营建的一处特殊的佛教知识图像讲堂式洞窟，洞窟本身有强烈的宣传、展示、教育的意义和功能，则需要继续讨论几个问题：

（一）两则天竺佛教历史故事出现的困惑

总体来看，第 323 窟主室南北壁展示出来的是唐以前中土佛教传播的历史故事，但我们不能忽略了释迦牟尼浣衣池和晒衣石、阿育王拜尼乾子塔两则表现天竺佛教历史故事画面的存在（图 5-32）。我们同时也注意到，这两则画面均绘于主室北壁，占据画面面积较同壁的张骞使大夏求佛名号图、佛图澄灵异故事画、唐僧会神异故事画明显偏小，且位于三幅大画面之间的下部，似有补白之意味。另外，若从故事发生的时间而言，显然这两

图 5-32　莫高窟第 323 窟北壁晒衣石故事画

幅画面都应该出现在张骞使西域求佛名号图之前，但设计者显然在布局这两则故事画时，并没有按洞窟南北壁整体的时间顺序来安排这两则印度的故事，补白之意味更加明显。

我们的困惑是，既然洞窟南北壁画面主体内容是反映中土佛教传播历史的，为什么要加上这两则发生在佛陀的故乡天竺的佛教历史故事画？更加有趣的是，这两则天竺佛教历史故事，在之后中晚唐五代宋时期在洞窟中颇为流行的有关印度的佛教史迹画故事中却又不见了，目前仅此一窟，同属昙花一现。

整体而言，我们确实可以感受到对第 323 窟的设计者而言，其最明确的目的是讲述佛教在中土传播的历史，但仍然以补白的形式绘制了两则发生在印度属于佛教初传时期的灵异故事，实际上是借佛陀的故事来强调此类故事的正统性。而这两侧故事画面均发生在大夏故地，实际上仍然有呼应粟特人故乡的意义。

（二）正壁龛内造像属性

对于第 323 窟西壁龛内造像的属性，最早史苇湘先生提出疑问，结合龛内假山的空间特征，怀疑龛内主尊有可能是凉州瑞像[1]，此说得到巫鸿先生的肯定并作了进一步阐释[2]，颜娟英先生也肯定此说[3]，但滨田瑞美女士则有完全不同的看法，她更尊重洞窟现有造像的特征和事实，而以倚坐的弥勒佛认定其属性[4]。若按本文所论第 323 窟是为了8 世纪初叶的粟特移民需要而营建的一所反映中土佛教传播历史图像的讲堂式洞窟，再结合洞窟整体的佛教故事画主题思想，则西壁龛内主尊作为瑞像的可能性仍然是我们首要的考虑因素。

前述从化乡的粟特人主要来景龙元年发生在塔里木盆地南缘东段的石城镇、播仙镇一带，他们集体投靠沙州，移民敦煌定居。我们注意到，据《唐书》郭元振传和《资

[1] 史苇湘：《刘萨诃与敦煌莫高窟》，《文物》1983 年第 6 期，第 5—13 页。

[2] 巫鸿：《敦煌 323 窟与道宣》，载氏著《礼仪中的美术——巫鸿中国古代美术史论集》，生活·读书·新知三联书店，2005 年，第 418—430 页。

[3] 颜娟英：《从凉州瑞像思考敦煌莫高窟第 323 窟、332 窟》，载《东亚考古学的再思——张光直先生逝世十周年纪念论文集》，"中央研究院历史语言研究所"，2013 年，第 443—471 页。

[4] ［日］滨田瑞美：《敦煌莫高窟第三二三窟考——图样构成と宗教の机能をめくって》，《国华》第 1446 号，第 121 编，第九册，平成二十八年，第 7—27 页。

图 5-33 莫高窟第 231 窟
于阗坎城瑞像

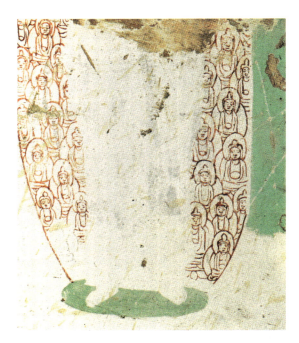

图 5-34 莫高窟第 126 窟于阗坎城瑞像

治通鉴》卷二〇九的记载，其中在阙啜的军事行动中就曾攻陷过"于阗坎城，获金宝及牲口"①，"于阗坎城"在两《唐书》卷四三《地理志》中记载有"于阗东三百里有坎城镇"，还有"坎城守捉"②。更为有趣的是，我们在敦煌中唐洞窟第 231、237 窟主室龛内顶披的瑞像群中看到也有榜题为"于阗坎城瑞像"者，为一立佛像，着通户式袈裟，右手于胸前作说法印，左臂下垂，手把袈裟，跣足立于莲花之上（图 5-33）。于阗坎城瑞像，据壁画榜题可知，一直到五代宋曹氏归义军的洞窟流行的瑞像史迹画中仍然有"于阗坎城瑞像"，但造像的特征发生了较大的变化，如莫高窟第 126 窟甬道北披西起第 6 格内，立像，着白色袈裟，衣身一色，但在舟形背光中全是小千佛，榜题"……□□国腾空而来在于阗坎城住"（图 5-34），另在第 108 窟甬道北披西起第 7 格亦绘一身坎城瑞像，立佛，着白色袈裟，衣身一色，题记"……佛真容白□香为身从……坎城住"，S21113v-a

① （后晋）刘昫等撰：《旧唐书》卷九七《郭元振传》，第 3045 页。（宋）欧阳修、宋祁撰：《新唐书》卷一二二，中华书局，1975 年，第 4363 页。（宋）司马光：《资治通鉴》卷二〇九，中华书局，1965 年，第 6742—6746 页。
② （宋）欧阳修、宋祁撰：《新唐书》卷一二二，中华书局，1975 年，第 150、151 页。

壁画榜题抄本有"释迦牟尼佛真容，白檀香为身，从汉国腾空而来，在于阗坎城住。其像手把袈裟"。对于阗坎城瑞像的特征，张小刚先生有全面之考察，他把两种不同特征的坎城瑞像分别称为A型和B型[1]。

　　神龙元年移居敦煌的粟特人中必定有来自坎城者，那么坎城之前颇为有名的这身从汉国腾空而来的用白檀香做的释迦牟尼真容瑞像，对于这些粟特人而言可能并不陌生，于是在为他们营建的宣教窟中便以这身坎城瑞像作为主尊，借他们在坎城故地的佛教故事和瑞像来完成对这些粟特移民的宗教教育和启发，倒是非常合适的洞窟主尊造像。但遗憾的是我们在莫高窟壁画和榜题中知道的坎城瑞像，仍然是立像（A型或B型），而且背景没有山峦，和第 323 窟龛内现存彩塑倚坐主尊及身后假山无法对应。

　　如果不是坎城瑞像，考虑到第 323 窟故事本源来自中国佛教僧人编著的佛教史料，而且选择的故事几乎全是中土佛教传播历史题材，因此还得考虑西龛主尊作为中土瑞像的属性，从这一点出发，前述几位先生推测其为凉州瑞像，倒是符合洞窟的主题思想和总体设计理念。但遗憾的是目前龛内主尊为一身经后期重修过的倚坐佛，而不是立像。

　　对于龛内作品的时代问题，学术界将龛内山峦的时期判断为初唐，基本上没有异议，我也在洞窟现场多次观察，从龛沿壁画与假山的衔接处层位关系（图 5-35），及整体山

图 5-35　莫高窟第 323 窟龛顶壁画

① 张小刚：《敦煌佛教感通画研究》，甘肃教育出版社，2015 年，第 132—134 页。

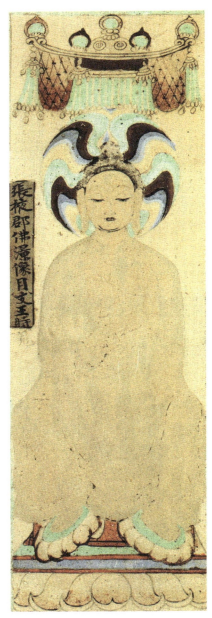

图 5-36　莫高窟第 231 窟张掖郡
　　　　佛影瑞像

形的古朴感等考虑，可以确认与洞窟壁画时代相一致。但对于龛内的几身彩塑像，除主尊以外的几身弟子菩萨像，明显属于清代作品，但主尊倚坐佛虽有较明显的后期重修重妆的痕迹，但从龛内整体空间结构和彩塑的整体形态上看，似有盛唐原作的面貌特征，不大可能是由一立像改造的结果。因此，我们相信洞窟营建之初龛内主尊仍然是倚坐像，这也符合后期重修重妆的基本规律，一般情况下重妆者不会轻易改动主尊的尊格身份。

非常巧合的是，在本土的瑞像中确有倚坐姿者，即位于河西走廊的"张掖郡西影像"，据莫高窟第 231、237 二窟的榜题和画像可知，为一倚坐佛，身着白色袈裟（图5-36）[1]。若此推测成立，第 323 窟的瑞像即是张掖郡佛影瑞像，给瑞像搭配以假山作为背景，倒是符合佛影曾经出现地的地理环境和特征，义熙八年（412），慧远在庐山模拟印度那揭城佛影山样式时有以下特征：

> 背山临流，营筑龛室；妙算画工，淡彩图写；色凝积空，望似烟雾；晖相炳焕，若隐而显。[2]

若仔细观察第 323 窟龛内的山形特征，倒有几份神似。

敦煌北朝洞窟中出现的白衣佛，即是佛

---

① 张小刚：《敦煌佛教感通画研究》，甘肃教育出版社，2015 年，第 219—223 页。
② （梁）慧皎撰，汤用彤校注：《高僧传》卷六《晋庐山慧远传》，中华书局，1992 年，第 213 页。

图 5-37　莫高窟第 254 窟白衣佛

影之像[1]，是佛在山岩石室留下的影子，背景为山峦，如莫高窟第 254、435 窟白衣佛（图 5-37、5-38）。张掖郡佛影瑞像在洞窟壁画榜题和藏经洞写本中还有说明文字，如"古

① 王惠民：《白衣佛小考》，《敦煌研究》2001 年第 4 期，第 66—69 页。［日］滨田瑞美：《关于敦煌莫高窟的白衣佛》，《敦煌研究》2004 年第 4 期，原载《佛教艺术》267 号，2003 年。贺世哲：《敦煌图像研究——十六国北朝卷》，甘肃教育出版社，2006 年，第 88—95 页。赖鹏举：《敦煌石窟造像思想研究》，文物出版社，2009 年，第 114—120 页。

图 5-38　莫高窟第 435 窟白衣佛

月支王时现"（第 231、237 窟、P.3033v）（图
5-39）、"古月之王时见在瑞像"（第 72 窟、
P.3352v-a），其出现的时间显然要早于汉
武帝张骞使大夏求佛名号之时，出现在主
尊的位置，和南北壁佛教灵异故事相衔
接，同时又是张掖郡的瑞像，可以认为
是把河西本地最早的瑞像作为主尊，符
合第 323 窟洞窟营建的主旨思想和题材
选择上的倾向性。

　　所以，如果推测不致大谬，第 323 窟
龛内主尊原本应是张掖郡佛影瑞像，本身
即为一身倚座像，最初应身着白色袈裟，
经后期重修重妆为现今的模样。对于"张
掖郡西影像"，另有文献记"其像两足返"
（S.2113v-a），不明其意，在壁画图像中也
得不到解释。

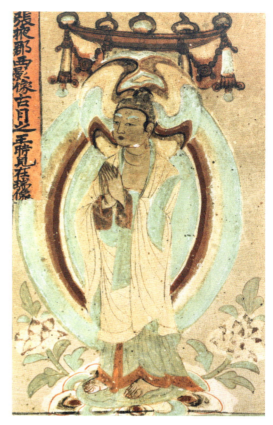

图 5-39　莫高窟第 72 窟张掖郡佛影瑞像

（三）是否反映佛道之争和借帝王奉
佛抬高佛教的地位

　　第 323 窟的佛教感应和神异历史故事，早在马世长先生最初的全面解读中就已经指
出其中包含着明显的佛道之争的意味，于是借帝王奉佛抬高佛教的地位，同时还有颂扬
高僧弘扬佛教伟业之意。结合唐代佛道关系，这一点多为其后研究者所认同。但如果该
窟果如本文所推论，实为敦煌佛教界为了发展和推动佛教事业，针对性地为 707 年之后
受西突厥内乱冲击而从石城镇、播仙镇、于阗坎城等塔木里南缘东段诸城镇迁移到沙州
的粟特人群体的需要而建的洞窟，对于这些原本以祆教为主要信仰的群体，要借此体现
新时代背景下的佛道之争，显然没有任何意义和必要。至于壁画中几则历代中原帝王奉
佛的事迹，则为流寓汉地的粟特人皈依佛教提供正面的引导，倒是确有很强的说服力，
符合建窟的宗旨。

七、余论：同时期吐谷浑人的活动

景龙元年从石城镇、播仙镇、于阗坎城一带迁入沙州的庞大的粟特人群体，无论如何都是敦煌在那个时期的大事件，也必然是敦煌佛教界需要面对的一个诱人的信众群体。但事实上，在大致相同的时期，在这批粟特人进入瓜、沙之前，先后还有几批吐谷浑人也被唐政府安置在河西，其中瓜、沙地区也一直是唐政府安置从青藏高原归附大唐王朝的吐谷浑的重要地方。

龙朔三年（663 年），吐谷浑灭国后其青海故地一直由吐蕃论氏家族统治，后来吐蕃王室与论氏家族发生冲突，论氏噶尔家族在吐谷浑故地的统治地位受到威胁并动摇，吐蕃王室与论氏家族斗争日趋激烈，对论氏家族率军讨伐。武则天圣历二年（699 年），论钦陵自杀后，其弟赞婆和论钦陵子论弓仁二人率所部吐谷浑归朝，史载：

> 夏四月，赞婆帅所部千余人来降，太后命左武卫铠曹参军郭元振与河源军大使夫蒙令卿将骑迎之，以赞婆为特进，归德王。钦陵子弓仁，以所统吐谷浑七千帐来降，拜左玉铃卫将军、酒泉郡公……秋七月丙辰，吐谷浑部落一千四百帐内附。[1]

论弓仁投唐事件记载于其《拔川郡王神道碑》中[2]。

可知，唐王朝把这两次归投的吐谷浑部落共约 4 万人安置在河西一带，其中大部分在凉州，其他各州也应有少部分安置。吐谷浑这两次归唐事件，即是《新唐书·吐谷浑传》所记"诸曷钵死，子忠立，忠死，宣超立。圣历三年，拜左豹韬卫员外大将军，袭故可汗号，余部诣凉、甘、肃、瓜、沙等州降"事件。

这一事件，也记载于郭元振给武则天的上书《安置降吐谷浑状》当中：

> 今吐谷浑之降者，非驱略而来，皆是渴慕圣化，冲锋突刃弃吐蕃而至者也。臣谓宜当循其情以为制，勿惊扰之，使其情地稍安，则其系恋心亦日厚。当凉州（原注：今武威郡）降者，则宜于凉州左侧安置之；当甘州（原注：今张掖郡）、肃州（原注：今酒泉郡）降者，则宜于甘、肃左侧安置之；当瓜州（原注：今晋昌郡）、

---

① （北宋）司马光：《资治通鉴》第二二八卷，中华书局，1975 年，第 6540 页。
② （唐）张说：《张燕公集》卷一七，上海古籍出版社，1992 年。

沙州（原注：今燉煌郡）降者，则宜于瓜、沙左侧安置之。但吐浑所降之处皆是其旧居之地，斯辈既投此地，实有恋本之情。若因其所投之地而便居之，其情易安；因数州而磔裂之，则其势自分。顺其情、分其势，而不扰于人，可谓善夺戎狄之权矣。[1]

同一事件，还记载于吐鲁番阿斯塔那 225 号墓出土的一批来自敦煌"豆卢军"的军务文书中。这批文书记载证圣二年，来自吐谷浑的"落蕃人贺弘德"，受吐谷浑可汗委托，来向瓜州陈都督报告吐谷浑部落有十万众欲来归唐的意愿，但在途中被沙州的豆卢军军戍守捉截获，随后豆卢军牒郭知运差兵马速即前往接应，并差子总管张令端相配合等。此组记载吐谷浑归朝的原始珍贵文书，陈国灿先生有专门研究[2]。也有研究者不同意此说，认为吐鲁番文书所记吐谷浑可汗十万众归唐计划，因为唐蕃关系的变化和吐蕃的阻拦最终没有实现[3]。

无论如何，可以认为在武周后期，先后应有不少的吐谷浑人通过各种方式来到瓜沙地区定居，归附大唐。吐谷浑虽然受吐蕃的影响较早也信仰佛教，但毕竟作为高原上的游牧群体，佛教信仰和佛教知识有多少，显然不能被高估，因此他们的到来，同样也应是敦煌佛教界需要面对的新的信众群体。

从这个层面来讲，第 323 窟的营建不仅仅是针对从化乡的新居民粟特人群体，同时也有可能考虑到数量不少的归附大唐的吐谷浑人对汉地佛教传播历史知识的需求。

小　结

敦煌石窟群数量众多，规模庞大，每一个石窟都有可能隐含着深厚而有趣味的历史，但佛教艺术重功德轻形式是其基本的制作或营建理念，因此，我们在众多石窟寺中往往看到的即是在同一时期洞窟艺术的一致性、相似性，甚至程式化现象。但莫高窟盛唐第

① （唐）杜佑：《通典》，中华书局，1988 年，第 5166—5167 页。
② 陈国灿：《武周瓜沙地区吐谷浑归朝案卷文书研究》，载氏著《敦煌学史事新证》，甘肃教育出版社，2002 年，第 167—197 页。
③ 陆离：《吐鲁番所出武周时期吐谷浑归朝文书史实辨析》，载《西北民族论丛》第十六辑，社会科学文献出版社，2018 年，第 93—111 页。

323窟显然属于一个特例，洞窟壁画主体选择了以中土佛教传播历史故事为主的内容，完全超出传统的佛教艺术重功德轻形式的基本理念，这在整个中古佛教艺术史上没有第二个例子，是中古佛教艺术史上的奇葩。因此，第323窟建窟的目的是什么？为什么要设计营建这样一个重点宣传唐以前中土佛教传播历史的图像展示空间？显然是为一个特定的群体而建。

简单考察历史可知，在属于第323窟的分期内，恰是景龙元年之后因西突厥的内部战乱而导致塔里木南缘东段石城镇、播仙镇、于阗坎城等诸多粟特人聚居地的居民大规模迁移进入沙州的时间段，在这之前的武周后期还有几批吐谷浑人也因各种原因归附大唐被安置在瓜沙一带。因此，面对以信仰祆教为主的规模庞大的外来移民粟特人（有可能包括部分吐谷浑人）群体，敦煌的佛教界充分利用原有的已改信佛教了的粟特人作为辅助，以之前已经建成的粟特人安氏功德窟莫高窟第322窟为邻窟，利用莫高窟公共文化中心的有利条件，打破常规，选择新建一特殊功能的洞窟，窟内集中展示唐以前中土佛教传播的重要历史故事，形成一处可以说对佛教是一张白纸的这些粟特人进行佛教知识宣教的场所，有佛教讲堂的性质。因此，可以说莫高窟第323窟是专为粟特人的佛教需求而建，这在佛教艺术史上独一无二，更是敦煌石窟群中的特例，意义重大。

第六章　敦煌莫高窟第158窟与粟特人之关系

莫高窟第 158 窟是吐蕃统治时期营建的一个大窟，窟内壁画和塑像均保存完好，壁画艺术水平高超，施萍婷先生指出有"吴带当风"之"吴家样"遗风①，属精品窟（图6-1）。窟内有 15 米的涅槃大佛像，属雕塑艺术史上的杰作，非常具有艺术震撼力和视觉冲击力，应当属于中古雕塑艺术史上可圈可点的艺术作品。在壁画题材方面，不仅有几幅属于鸿篇巨制的超大面积经变画，还有敦煌石窟仅有的十方净土变，且是立体式空间结构经变形式，显得匠心独具。窟内又有敦煌石窟所见最大规模的各国王子举哀画像，

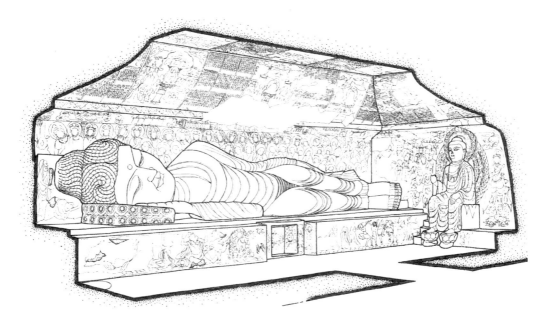

图 6-1-1   莫高窟第 158 窟空间透视图

① 施萍婷：《金光明经变研究》，载敦煌研究院编《1987 年敦煌石窟研究国际讨论会文集·石窟考古编》，辽宁美术出版社，1990 年，第 414—455 页；另见敦煌研究院编《敦煌研究文集·敦煌石窟经变篇》，甘肃民族出版社，2000 年，第 218—262 页。

图 6-1-2　莫高窟第 158 窟涅槃大佛窟

属于学术界关注度较高的作品，尤其是关系到丝绸之路的经典画面，是国内外敦煌展览的热门作品。

如此重要而富有艺术成就的洞窟，由于文献资料缺失和供养人画像题记的残损，洞窟功德主长期以来一直是个谜。

针对窟内各国王子举哀图，雷闻先生有专题研究，指出了其所反映出的粟特文化对唐代社会的影响①，刘永增先生发现了洞窟壁画中粟特纳骨瓮图例②，这些研究均把洞窟的文化艺术背景指向粟特美术的影响。

在前人研究的启示下，拟以莫高窟第158窟为个案，试图探究敦煌的粟特人与洞窟营建更为密切的关系。

一、洞窟基本情况

莫高窟第158窟，位于南区崖面南段五层。该窟又称涅槃窟，俗称卧佛洞。主室长方形盝顶，西壁设大型涅槃佛坛，佛坛上塑大型涅槃佛一身。窟顶画十方净土变及万菩萨等③；南壁绘弟子举哀；西壁画菩萨与天龙八部、众罗汉；北壁为各国王子举哀；坛下一龛为西方净土变，两侧画涅槃变情节；东壁门上画如意轮观音变一铺；门南北分别画密严经变④、金光明最胜王经变各一铺，其下的屏风画为诸品情节。

甬道供养人画像极其重要。谢稚柳先生记洞窟壁画中有供养人共五身，其中有比丘三身，男像二身；甬道南壁画比丘四身，北壁画比丘二身，其中第二身题名"大蕃管内三学法师持钵僧宜"，第三身男像为吐蕃装⑤。《敦煌莫高窟内容总录》记甬道南壁有中唐画比丘四身、北壁中唐画比丘二身、吐蕃供养人两身⑥。《敦煌石窟内容总录》只记甬

① 雷闻：《割耳剺面与剌心剖腹——粟特对唐代社会风俗的影响》，载《从撒马儿干到长安——粟特人在中国的文化遗址》，北京图书馆出版社，2004年，第41—48页。
② 刘永增：《莫高窟第158窟的纳骨器与粟特人的丧葬习俗》，《敦煌研究》2004年第2期，第13—18页。
③ 郭俊叶：《敦煌石窟中的万菩萨图》，载《艺术史研究》第十七辑，中山大学出版社，2015年，第309—329页。
④ 王惠民：《敦煌莫高窟若干经变画辨识》，《敦煌研究》2010年第2期，第1—5页。
⑤ 谢稚柳：《敦煌艺术叙录》，上海古籍出版社，1996年，第404页。
⑥ 敦煌文物研究所编：《敦煌莫高窟内容总录》，文物出版社，1982年，第53页。

道南壁有中唐画供养比丘四身、吐蕃装供养人两身，北壁内容不记①。所记比较混乱，实际情形是甬道北壁有中唐画供养比丘三身、吐蕃装供养人一身，其中西向第二身题名"大番管内三学法师持钵僧宜"，甬道南壁中唐画供养比丘四身。

贺世哲先生根据洞窟甬道北壁西向第二身供养人题名及洞窟壁画艺术风格等，断定该洞窟营建年代为中唐吐蕃统治时期的 839 年之前②。又，按敦煌研究院樊锦诗先生的分期，第 158 窟是中唐吐蕃统治敦煌晚期前段即 9 世纪初的洞窟③。所以洞窟营建的时代比较确定。

对此洞窟，刘永增有专题研究，主要集中在对其中涅槃经变的考释，并没有涉及更多的问题④，因此研究的空间很大。

引起笔者注意的是在洞窟中所呈现出来的与粟特有关的一系列现象，表明了该洞窟的营建与敦煌粟特九姓胡人的独特关联，分述如下。

二、各国王子举哀图的民族属性

第 158 窟壁画中最引人注目的是北壁的各国王子举哀图（图 6-2），画面由上而下，前面的是吐蕃赞普像，此像现已在洞窟壁画中不存，但我们可以在伯希和所拍图片中清晰看到。其次是由两位侍女搀扶的华夏帝王，其余十三位均高鼻深目，身穿独特的民族服饰，各个不同，可以认为是中亚西域人物形象。所有的人物都表现出其不同的哀悼神情。其中画面最下部靠前画的四身人物最为独特：一人以一长刀正在刺向心脏部位，一人拿一短刀正在割自己的鼻子，另一人双手各执一短尖刀作剜腹状，还有一个人正在割自己的耳朵。以这种独特的形式表示哀悼的风俗，当与中亚西域各民族的习俗有密切关系，对此学者们已有较多的研究。

① 敦煌研究院编：《敦煌石窟内容总录》，文物出版社，1996 年，第 62 页。

② 贺世哲：《从供养题记看莫高窟部分洞窟的营建年代》，载敦煌研究院编《敦煌莫高窟供养人题记》，文物出版社，1986 年，第 207 页。

③ 樊锦诗、赵青兰：《吐蕃占领时期莫高窟洞窟分期研究》，载敦煌研究院编《敦煌研究文集·敦煌石窟考古篇》，甘肃民族出版社，2000 年。

④ 对莫高窟 158 窟的详细资料，参见敦煌研究院编，刘永增著：《敦煌石窟艺术·莫高窟第一五八窟》，江苏美术出版社，1998 年。

图 6-2-1 莫高窟第 158 窟各国王子举哀图

图 6-2-2 莫高窟第 158 窟各国王子举哀图特写

图 6-2-3　莫高窟第 158 窟各国王子举哀图特写

　　蔡鸿生先生对九姓胡人的丧葬习俗作过专门研究，表明丧礼中的"剺面截耳"广见于中国北方民族，九姓胡更不例外①。的确，我们也可以从中亚粟特故地如片治肯特 2号遗址正厅南墙的大型壁画"哀悼图"中看到此种习俗的盛行（图 6-3），画面上绘六位粟特人，下绘五位突厥人，同在死者帐前剺面截耳②。另在粟特火寻（花剌子模）地区托库·卡拉出土的陶纳骨瓮上，就刻有男女剺面截耳的悼亡仪式（图 6-4）③。在新疆克孜尔第 224 窟后甬道前壁的荼毗图像中也有此类情节。

---

① 蔡鸿生：《唐代九姓胡与突厥文化》，中华书局，1998 年，第 24—27 页。

② 图见前揭雷闻文。

③ 刘永增：《莫高窟第 158 窟的纳骨器与粟特人的丧葬习俗》，《敦煌研究》2004 年第 2 期，第 13—18 页。施安昌：《故宫博物院藏建筑形盛骨器初探》，《火坛与祭祀鸟神——中国古代祆教美术考古手记》，紫禁城出版社，2004 年，第 84 页。

图 6-3　片治肯特 2 号遗址壁画哀悼图

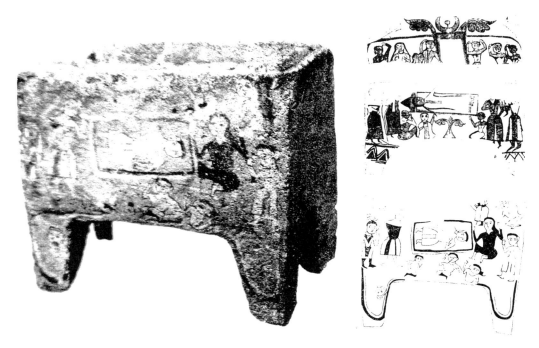

图 6-4　中亚地区纳骨器及图像

　　雷闻详细阐述了以莫高窟第 158 窟为代表的此类图像所反映的"割耳劓面与刺心剖腹"习俗与粟特人的关系，及其对唐代社会风俗的影响，让我们看到了粟特九姓胡人与此习俗的关系。由于第 158 窟此铺图像的特殊表现形式，雷闻先生进一步推测了此洞窟与粟特人独特的关系①。其实若从服饰考虑，画面中部分王子所戴的卷檐帽、所着小袖紧身衫及束腰带，正符合蔡鸿生先生对九姓胡人服饰特征的考证②。

　　的确，如果不是粟特人的功德窟，很难想象洞窟窟主与施主们会同意画家把这种与自己风俗习惯完全不同的图像画入洞窟。而且就此洞窟壁画而言，毫无疑问，北壁这一铺造像是艺术家要着重表现的画面，因为一则画面很大，二则画面内容非常独特，是敦煌同时期或之前同类壁画中所不见。如果洞窟功德主为粟特九姓胡人，那么以如此夸张的形式画入此类图像也就完全可以理解。

　　而值得引起我们注意的是，仔细观察该幅壁画发现，在各国王子的旁边都分别有一榜题框，现无文字。这些榜题框的特意绘制，显然是为了分别书写每个人物的身份、族属、国别或姓名等重要历史信息。也就是说画家们最初是充分考虑到这些人物不同的身份关系，应该具体有所指，而不是象征性的表示而已，不能简单的理解为中亚西域的各国王子。这一重要的历史信息，使我们更有理由相信当时的敦煌人们对这些异域民族深刻的认识，他们是包括活动在敦煌的中亚粟特九姓胡人在内的各国王子图像的具体反映。按贺世哲先生的解释，此类图像的出现同样与吐蕃习俗有关③，此说当为可信。因为作为吐蕃统治下的洞窟，如果画面内容更符合吐蕃人的习惯，无疑会对图像的存在与流传产生积极的意义。

　　作为涅槃经变，如此以一个壁面来表现这种独特形式的各国王子举哀的场面，在敦煌石窟壁画中前无古人后无来者，仅此一窟。更为重要的是，如此表现哀悼的场面，也不合经意。宫治昭先生指出，在犍陀罗和印度的涅槃图中，均没有出现这种以刀伤体的

① 雷闻：《割耳劓面与刺心剖腹——粟特对唐代社会风俗的影响》，载《从撒马儿干到长安——粟特人在中国的文化遗迹》，北京图书馆出版社，2004 年，第 41—48 页。雷闻：《割耳劓面与刺心剖腹——从敦煌 158 窟北壁涅槃变王子举哀图说起》，《中国典籍与文化》2003 年第 4 期，第 41—48 页。
② 蔡鸿生：《唐代九姓胡与突厥文化》，中华书局，1998 年，第 29 页。
③ 贺世哲：《敦煌壁画中的涅槃经变》，载敦煌研究院编《敦煌研究文集·敦煌石窟经变篇》，甘肃民族出版社，2000 年，第 99 页。

场面，在汉译相关经典中也找不到依据，因此并不是佛教本有的葬礼①。这种反常规现象的出现似乎暗示着洞窟表象背后赞助人的粟特人身份。事实上，若按陆庆夫、郑炳林先生的研究，吐蕃统治时期的敦煌存在着大量的粟特人，上至吐蕃统治政权，下至各行各业的手工作坊，以至于寺院僧人中均有为数不少的粟特人，而且有一部分粟特人成为当时敦煌上层社会的代表人物②。在这样的历史背景下，莫高窟为数众多的洞窟营建中或有粟特人的洞窟，当属可能。

举哀图中有包括唐朝帝王、吐蕃赞普及其他各国王子，这种让唐朝皇帝与各国王子共处一个空间的绘画方式，是粟特艺术中常见的内容，广泛见于粟特地区的绘画中，对此葛乐耐先生已有深入的考察研究③。其中汉族帝王是不可缺少的人物。《新唐书·西域下》记载昭武九姓之何国有建筑：

> 城左有重楼，北绘中华古帝，东突厥、婆罗门，西波斯、拂林等诸王，其君旦诣拜则退。

对于营建莫高窟第 158 窟的功德主而言，要把吐蕃统治者并不喜欢的中原汉族帝王像画入其中，而且是画在中间显著的位置，又有两位女侍者搀扶，明显要优越于赞普和其他各国王子，这种做法并不符合吐蕃上层的要求，之所以这样做，大概除了粟特人的艺术传统外，更重要的是已经长期定居于敦煌的九姓胡人对大唐盛世的怀念，同样表达了与敦煌本土唐人一样的反吐蕃情节。早已在此形成聚落定居于"从化乡"的粟特九姓胡人在大唐盛世下的敦煌安逸地生活，经营着他们的传统商业④。虽然吐蕃统治时期的粟特人并没有受到很大的冲击，毕竟对于他们而言，盛世下丝路贸易因吐蕃占领而大受影响。

---

① ［日］宫治昭：《涅槃和弥勒的图像学》，吉川弘文馆，1992 年，第 525—553 页。相关内容另见贺小平中译本：《关于中亚涅槃图的图像学考察》，《敦煌研究》1987 年第 3 期，第 94—102 页。

② 陆庆夫：《唐宋间敦煌粟特人之汉化》，《历史研究》1996 年第 6 期，第 25—34 页。郑炳林：《吐蕃统治下的敦煌粟特人》，载《敦煌归义军史专题研究》，兰州大学出版社，1997 年，第 386 页。

③ ［法］葛乐耐（Frantz Grenet）：《粟特人的自画像》，载《粟特人在中国——历史、考古、语言的新探索》，中华书局，2005 年，第 305—322 页。

④ ［日］池田温：《8 世纪中叶敦煌的粟特人聚落》，《欧亚文化研究》1965 年第 1 期。

三、波斯萨珊风格的联珠雁衔珠纹

莫高窟第158窟彩塑涅槃佛头下所枕的类似于枕头的半圆形物，表面彩画团花联珠雁衔珠纹，一朵团花中一圈联珠，中间一云形物上立雁，脖系绶带，嘴衔一串珠子，每一朵团花内雁两两相对而立（图6-5）。这种联珠内的绶带鸟衔珠纹样，无疑是中亚波斯的风格特征。

联珠纹是波斯萨珊朝一种很具特征性的纹样，特别是联珠中植物纹样或对兽对鸟、翼兽类纹样，更具代表性。这在萨珊遗物考古中发现较多，诸如有联珠猪头纹、联珠孔雀纹等建筑饰物；又如在中国出土较多的波斯萨珊朝银币的正背两面均为周绕一圈联珠纹；在新疆诸地出土被文献记载称为"波斯锦"的丝织物，其基本纹样便是各种联珠纹①。

图6-5　莫高窟第158窟佛枕联珠纹样

---

① 薄小莹：《吐鲁番地区发现的联珠纹织物》，载《纪念北京大学考古专业三十周年论文集》，文物出版社，1990年。赵华主编：《吐鲁番古墓葬出土艺术品》，新疆美术摄影出版社，1992年。

　　"至于萨珊联珠纹在中亚的影响，则不胜枚举。"姜伯勤先生同时列举了诸如在巴米扬及弗拉底石窟，粟特地区的巴拉雷达坂、瓦尔赫萨、阿弗拉西阿勃、片治肯特等壁画，还有克孜尔及莫高窟壁画中的各种联珠纹样①。另在《中亚古代艺术》一书中我们也见到在中亚广大地区为数不少的联珠纹样，均系萨珊风格的影响②，在此不一一列举。专家们考证的结果认为，这种波斯萨珊联珠中的有翼动物类应与萨珊朝琐罗亚斯德教有关。

　　敦煌隋代洞窟壁画中大量盛行联珠纹样，其中联珠翼马纹最具代表性，联珠中的翼马，单个之间及总体布局都讲求对称性，应该是受中亚波斯风格的影响，而其最终传入西域、河西和中原，则是与以九姓胡人为主的粟特人在丝路上的经济文化活动密不可分，粟特人扮演了文化传播的使者。因此联珠纹也就成了粟特文化的代表性特征之一。有关这个问题，关友惠、姜伯勤诸先生都有精辟的论述③。

　　隋代之后，敦煌壁画中的联珠纹开始衰退，这种有明显中亚波斯萨珊风格的各类联珠纹样并不是敦煌图案画的主流，包括中唐吐蕃统治时期壁画中仍以唐代最为常见的各类花纹为主，如宝相花纹等。在莫高窟第 158 窟此类联珠纹样的再次出现，显得极其特殊，特别是其中出现的雁系绶带和衔珠特征，无疑深受中亚波斯传统纹样的影响。我们在新疆克孜尔石窟和吐鲁番阿斯塔那唐墓中可以看到大量与此极其相似的纹样，均是联珠纹中一立雁（或其他鸟），脖系绶带，嘴衔一串珠（图 6-6）。

　　莫高窟中除这种明确有中亚波斯萨珊风格的联珠纹样外，莫高窟北区石窟隋末唐初瘗窟中的波斯萨珊银币和同为莫高窟北区石窟盛唐瘗窟中的胡人木俑，同样表明了以九姓胡人为主的粟特人艺术的流行④。

　　另在莫高窟隋唐壁画中，有大量各式各样的玻璃器皿，据有学者分析，这些玻璃器

① 姜伯勤：《敦煌与波斯》，《敦煌研究》1990 年第 3 期，第 1—15 页。

② [俄] 普加琴科娃、列穆佩著，陈继周、李琪译：《中亚古代艺术》，新疆美术摄影出版社，1994 年。

③ 关友惠：《莫高窟隋代图案初探》，《敦煌研究》1983 年创刊号，第 26—37 页。姜伯勤：《敦煌吐鲁番文书与丝绸之路》，文物出版社，1994 年，第 71—82 页。姜伯勤：《敦煌与波斯》，《敦煌研究》1990 年第 3 期，第 1—15 页。

④ 彭金章、沙武田：《试论敦煌莫高窟北区出土的波斯银币和西夏钱币》，《文物》1998 年 10 期，第 22—27 页。

图 6-6 克孜尔石窟联珠纹样

皿或是拜占庭式，或是波斯萨珊式，或为伊斯兰式。毫无疑问这些样式玻璃器物的传入是丝绸之路上粟特胡人的功劳[1]。

由此，联珠雁衔珠纹以一种独特风格和题材的艺术出现在中唐吐蕃统治时期洞窟第158窟，明显地比同时期常见洞窟壁画图案表现出更为深层的文化内涵。如果我们推测不谬的话，极有可能因为该洞窟功德主的粟特胡人身份或文化关系，因此在艺术家们绘制洞窟壁画时，不失时机地画上代表洞窟功德主民族文化特色的联珠纹图样。

四、两件粟特纳骨瓮的文化意义

据学者们的研究，粟特九姓胡人的葬礼中盛行纳骨瓮（又称盛骨瓮）习俗。就是人死后把尸体放在外面，让鸟、兽等把身体上的肉吃干净，然后把遗骨收集起来，放在特

---

[1] 安家瑶：《莫高窟壁画上的玻璃器皿》，载《敦煌吐鲁番文献研究论集》（二），北京大学出版社，1983年。

置的各种形状的瓮内（图 6-7）。此
种葬俗当与粟特人事火袄教有关。
在中亚粟特地区及新疆的焉耆、北
庭、吐峪沟一带发现有为数不少的
纳骨瓮①。对于粟特九姓胡人的这种
葬俗及其纳骨瓮的研究，学者们的
研究较多，可供我们参考②。

图 6-7　中亚粟特纳骨瓮

---

① 《新疆出土文物》图版 169，文物出版社，1975 年。柳洪亮：《新疆鄯善县吐峪沟发现陶棺葬》，《考
　　古》1986 年第 1 期。［日］影山悦子：《论新疆的 Ossuary（琐罗亚斯德教徒的纳骨器）》，《东方》
　　1997 年第 40 卷第 1 号。

② 蔡鸿生：《唐代九姓胡与突厥文化》，第 24—27 页。施安昌：《故宫博物院藏建筑形盛骨器初探》，
　　《火坛与祭祀鸟神——中国古代袄教美术考古手记》，紫禁城出版社，2004 年，第 82—88 页。

图 6-8-1　莫高窟第 158 窟持方盒举哀的弟子

图 6-8-2　莫高窟第 158 窟捧物举哀的弟子

　　敦煌在历史上虽然是作为丝绸之路上粟特九姓胡人的重要聚落之一，自汉代以来一直有粟特人的活动，九姓胡人的身影构成了中古敦煌历史的重要特色。但是到目前为止，还没有发现粟特人的墓葬，更没有粟特人习俗的纳骨器的发现。

　　比较有意思的是，在莫高窟第 158 窟南壁涅槃变中的弟子举哀图中，其中有两身弟子手捧一方形物（图 6-8），刘永增先生以中亚各地发现的纳骨器为比较材料，推断莫高窟第 158 窟涅槃图中南壁两身弟子们顶礼膜拜的箱形物即是粟特人祭葬祆教徒时所用的纳骨器。证明了在中唐时期的敦煌地区，至少在一部分祆教徒之间仍然遵从着粟特人的丧葬习俗[①]。这一发现极其重要。

　　在涅槃经变弟子举哀情节中画有弟子手捧方形物，的确从佛教角度不好解释。但是如果把其和粟特人的葬俗及其与粟特民族盛行的纳骨瓮结合起来，问题就变得简单起来，并有独特的文化趣味。

　　如果确如上说，此两身弟子所持为象征粟特习俗的纳骨瓮，无疑是因为窟主作为九姓胡人的关系，第 158 窟从表面上来讲是表现释迦牟尼死亡（实为涅槃）的洞窟，艺术家们根据窟主的族源文化关系，画上了这样的图像，也就极好理解了。

　　事实上，我们也可以从此洞窟壁画涅槃经变弟子相貌与体形的分析得到进一步的证明，因为综观画于洞窟南壁和西壁的弟子、罗汉等比丘形人物举哀图，人物形象均为胡人，高鼻深目，完全不似汉人的面貌特征（图 6-9）。极有可能画家们就是按粟特胡人的特征，极其形象地表达洞窟功德主的形象于他们自己营建的洞窟壁画当中。因为略微熟悉洞窟壁画者都知道，在敦煌壁画中，各时代表现佛教人物的绘画均是以当时当地的世俗人的形象来描述的，这一点也正是所有佛教艺术表现的基本方式方法。绘画者不可能为了表现佛教人物而坚持以佛教原始地的印度人的形象表现，艺术反映生活，也来自生活，艺术家只能以现实中的世俗人物形象来反映佛教历史。因此第 158 窟这种较为独特和反常现象的出现，必当有其深刻的历史原因。如果不是洞窟功德主作为九姓胡人的原因，则显得不好理解。

[①] 刘永增：《莫高窟第 158 窟的纳骨器与粟特人的丧葬习俗》,《敦煌研究》2004 年第 2 期，第 13—18 页。

图 6-9 莫高窟第 158 窟举哀的弟子

五、洞窟建筑形制与入华粟特人的丧葬习俗

莫高窟第 158 窟洞窟建筑形制比较独特,主室为盝形顶(图 6-10),这种顶形作为整个洞窟的主体形制,是莫高窟洞窟中所仅见。事实上,距第 158 窟时代不远的唐末第 148 窟作为与第 158 窟同样的涅槃大像题材,洞窟建筑形制方面与第 158 窟的区别较大,也就是说第 158 窟并没有承袭前期同类洞窟的形制。而事实上在敦煌石窟营建历史上,我们可以发现洞窟建筑形制的时代共性,或前后的相互延续特征。因此,莫高窟第 158 窟作为一个独特的形制,开创了一类仅见的形制关系,其中似乎暗含深刻的历史文化背景。

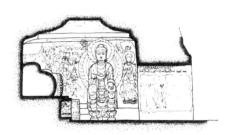

第 158 窟剖面圖

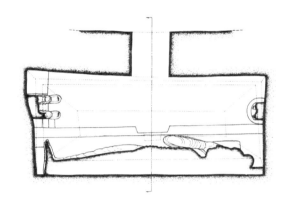

第 158 窟平面圖

图 6-10 莫高窟第 158 窟平、剖面图

考虑到莫高窟第 158 窟主体造像即涅槃大像的涅槃性格与思想,因此从表象的意义联系,可以和现实生活中人们的正常丧葬习俗发生必然的联系。

按照荣新江先生的研究,在包括敦煌在内的丝路沿线,均有粟特人的聚落,无论人多人少,都是按照本民族的传统形式进行封闭管理,所以每个聚落自然会形成相对独立的文化圈和生活环境,也就保存了本民族的生活习俗与信仰[1]。因此,我们可以认为,作

---

① 荣新江:《北朝隋唐粟特人之迁徙及其聚落》《北朝隋唐粟特人聚落的内部形态》,载《中古中国与外来文明》,生活·读书·新知三联书店,2001 年,第 37—110 页,第 111 页—168 页。

为洞窟功德主的粟特人，在发心营建一所大窟的同时，必然要与本民族的生活习俗与信仰发生关联。虽然佛教洞窟有其独特的属性，但是二者之间因为有了关键因素即中间人功德主的纽带，这种联系也就成为必然。

　　已出土的粟特人石葬具分别有：北周西安安伽墓为一石榻（图6-11）[①]，北周西安史君墓为一石椁（图6-12）[②]，日本Miho博物馆藏北齐石棺床屏风，安阳发现的北齐石棺床，隋太原虞弘墓为一石椁（图6-13）[③]，隋天水石马坪墓为一石棺床（图6-14）[④]。按照张庆捷先生的分类，可分为两类：第一类称之为古建殿堂式石椁（又称石堂），如虞弘墓、史君墓出土葬具均属此类。史君墓椁内另有石榻，如虞弘墓椁上有专门带双壶门的椁座，起着石榻的作用。第二类为石榻（有的称石棺床），如安伽墓、天水墓出土。天水墓、安伽墓者为屏风式石榻，又如安阳、Miho者为双阙屏风式石榻[⑤]。

　　宁夏固原发现了多座北周、隋唐时期的粟特人墓葬，如有史射勿墓、史索岩墓、史诃耽墓、史铁棒墓、史道德墓等，但是其汉化程度很高，单从葬具等方面看不到入华粟特人的特征[⑥]。

图6-11　西安北周安伽墓围屏石榻

① 陕西省考古研究所：《西安发现的北周安伽墓》，《文物》2001年第1期，第4—26页。陕西省考古研究所：《西安北郊北周安伽墓发掘简报》，《考古与文物》2000年第6期，第28—35页。

② 杨军凯：《入华粟特聚落首领墓葬的新发现——北周凉州萨保史君墓石椁图像初探》，载《从撒马儿干到长安——粟特人在中国的文化遗迹》，北京图书馆出版社，2004年，第17—26页。

③ 山西省考古研究所等：《太原隋代虞弘墓清理简报》，《文物》2001年第1期。

④ 天水市博物馆：《天水发现隋唐屏风石棺床墓》，《考古》1992年第1期，第46—54页。

⑤ 张庆捷：《入乡随俗与难忘故土——入华粟特人石葬具概观》，载《从撒马儿干到长安——粟特人在中国的文化遗迹》，北京图书馆出版社，2004年，第9—16页。

⑥ 宁夏回族自治区博物馆等：《宁夏固原北周李贤夫妇墓发掘简报》，《文物》1985年第11期，第1—22页。罗丰：《固原南郊隋唐墓地》，文物出版社，1996年。罗丰：《胡汉之间——"丝绸之路"与西北历史考古》，文物出版社，2004年。

图 6-12
西安北周史君墓石椁

图 6-13-1　虞弘墓发掘现场

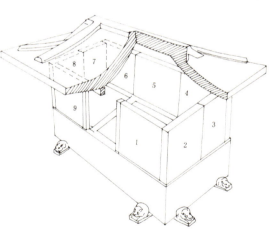

图 6-13-2　虞弘墓石椁结构图

图 6-14-1　天水石棺床

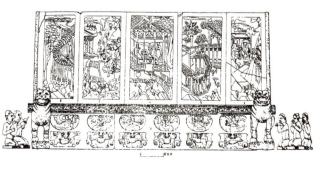

图 6-14-2　天水石棺床线描图

由此，可以认为，入华粟特人在葬具的选择与使用方面，总体上讲入乡随俗，汉化的程度很高。但一系列石葬具的出土，我们还是看到了入华粟特人在此方面的喜好。他们在放弃传统纳骨瓮的同时，选择了中国传统建筑与家具体系中的石堂式石椁与屏风式石棺床。仔细观察会发现，莫高窟第158窟的洞窟建筑形制，即长方形盝顶的主室，作为中国传统建筑"帐"形在洞窟中的体现，似与粟特人使用的殿堂式石堂石椁较为接近；而在第158窟内通长佛台上的小台所形成的空间，如萧默先生指出的那样，"形如榻"①。结合洞窟佛台三面所形成的壁画关系，则又与部分粟特墓石棺床所形成的石榻形制极其相似。这样完整的洞窟形制使得与粟特人对石葬具的使用得到有机的整合。考虑到固原等地粟特人墓葬的完全汉化现象，由此我们深切地感受到入华粟特人把他们在汉地所普遍使用的石葬具形式又曲折地移植到他们营建的佛教洞窟当中，这也让我们恍然明白了第158窟在洞窟建筑形制上的独特构思，及其所表现出的深刻的历史文化背景。

当然，作为佛教洞窟，由于受特定建筑形制内所绘制的图像内容的限制，使其表现出独特的思想与义理，对此层面的研究，当属更深和不同方向的课题，需另行讨论。

六、对涅槃经变图像的再解读

莫高窟第158窟的主体造像为绘塑结合的涅槃经变（图6-15），因此洞窟的涅槃主题思想也是非常明确的。因此要讨论洞窟功德主与粟特人的关系，在此也有必要就涅槃经变在图像特征等方面反映出的独特语言进行分析与解读。

莫高窟第158窟的涅槃经变规模非常大，南北西三壁和佛台正面壁画有足够的空间表现经变画内容，因为值此洞窟绘画

图6-15-1　莫高窟第158窟窟内景观

① 萧默：《敦煌建筑研究》，文物出版社，1989年，第50页。

图 6-15-2　莫高窟第 158 窟窟内景观

之时，莫高窟大型涅槃经变如初唐第 332 窟、盛唐第 148 窟两铺造像（图 6-16），已非常成熟并极其复杂地描绘了释迦牟尼涅槃的详细过程与可再现的诸多情节。从大的方面来讲，分别按长卷式绘画在两个洞窟的壁面上，依次画有：临终遗教、纯陀供养、入般涅槃、棺盖自启为母说法、出殡之金棺自举、大出殡图、香楼焚棺图、求分舍利图（或有八王争舍利战争场面）、收取舍利起塔供养等[1]，特别是第 148 窟洞窟空间与绘画时间和第 158 窟极其接近，第 148 窟绘塑结合的涅槃经变彩塑大像的南北西三壁绘画有大量的画面，其中的大出殡场面更是当年敦煌地方长官丧葬画面的再现。

　　但同样的空间与主题，第 158 窟并没有延续前期的作品样式，而是以一种全新的形

---

① 贺世哲：《敦煌莫高窟的〈涅槃经变〉》，《敦煌研究》1986 年第 1 期；《敦煌石窟全集·法华经画卷》，商务印书馆，2000 年；《敦煌研究文集·敦煌石窟经变篇》，甘肃民族出版社，2000 年；《敦煌石窟论稿》，甘肃民族出版社，2004 年。

图 6-16　莫高窟第 148 窟涅槃经变局部

式来表现涅槃变相。完全摒弃了初盛唐表现的故事性画面形式，也不表现涅槃主题的出殡与分舍利情节，利用南北西三壁巨大的空间面积，以巨幅绘画的形式着重表现弟子、罗汉、各国王子举哀情节。结合佛台正面画面如纯陀最后供养、须跋陀罗身先入灭、密迹金刚倒地、末罗族供养（详后）、动物供养等情节，我们可以看到此图像特征又似乎回到了隋代的情形。莫高窟隋代涅槃经变更多体现的是中亚的传统图像特征①，由此似乎说明了可能作为粟特人功德主因素的作用，因为他们并不喜好如同第332、148 窟那样表现中国传统丧葬的场面，而选择了更适合本民族绘画特征的样式。

　　宫治昭先生在考察中亚地区涅槃图像时，注意到了发现于片治肯特 2 号遗址表现斯雅乌秀传说的著名壁画，其画面构图包括画面的主题"哀悼"、举哀的人物、举哀的形式等均与中亚涅槃图像极其相似②。而片治肯特的此类图像，研究表明与粟特人关系密切，因为图像中本身就有粟特人的存在。比较可以发现，粟特人故地的此类表现英雄的"哀悼图"，在图像特征上的确和第158 窟的涅槃图有诸多较为相似的地方。因此可以认为粟特人选择了中亚传统的涅槃图像，因为这样更能体现他们自己的民族特征，也更符合自己民族的艺术审美。另外，作为丝绸之路上的追利一族，粟特人常常会在商道上看到中亚涅槃图像，图像的粉本画稿也会随着他们的庞大商队东传敦煌。

① 刘永增：《莫高窟隋代涅槃变相图与古代印度、中亚涅槃图像之比较研究》，《敦煌研究》1995 年第 1 期。刘永增：《敦煌莫高窟第一五八窟的研究》，载敦煌研究院编《敦煌石窟艺术·莫高窟第一五八窟》，江苏美术出版社，1998 年。

② ［日］宫治昭：《涅槃和弥勒的图像学》，东京吉川弘文馆，1992 年，第 525—553 页。贺小平中译本：《关于中亚涅槃图的图像学考察》，《敦煌研究》1987 年第 3 期，第 94—102 页。

　　宫治昭先生又注意到中亚涅槃图与弥勒菩萨的组合，认为当是表现法灭的思想①。同样，我们在第 158 窟看到了作为表现未来佛的弥勒倚坐彩色塑像（图 6-17），再次表现了粟特人对中亚图本的偏爱。

　　另在第 158 窟佛台正面北侧画有 5 身人物像（图 6-18），第一身耍倒立舞，第二身一边吹横笛一边跳舞，第三身一边双手击腰鼓一边跳舞，第四身右手举长棍、左手半举，似在讲话，第五身左手举麈尾，右手高举，手作舞蹈状。此几身人物像，贺世哲先生认为是表现"外道幸灾乐祸"情节的②，刘永增则认为表现的是"末罗族礼敬释迦"

图 6-17　莫高窟第 158 窟弥勒倚坐佛

的情节③，是末罗族供养佛的一种独特方式，符合他们的民族习俗。贺先生的依据是盛唐第 148 窟有榜题"拘尸那城中上道六师闻佛涅槃……欢乐"，并画六身外道作各种舞蹈状。刘永增则根据中亚地区涅槃图中的末罗族供养图像推导而来。

---

① [日] 宫治昭著，贺小平译：《关于中亚涅槃图的图像学考察》，《敦煌研究》1987 年第 3 期。
② 贺世哲：《敦煌壁画中的涅槃经变》，载敦煌研究院编《敦煌研究文集·敦煌石窟经变篇》，甘肃民族出版社，2000 年，第 100 页。
③ 刘永增著：《敦煌石窟艺术·莫高窟第一五八窟》，江苏美术出版社，1998 年。

图 6-18　莫高窟第 158 窟末罗族人供养释迦牟尼图

笔者在此倾向于此几身人物为末罗族的意见。因为我们可以看到，第 148 窟有题记表现外道幸灾乐祸的场面，一方面是因为此洞窟中详细表现了与涅槃有关的情节，那么经典所记此情节也就不能例外；但是第 158 窟的情形完全不同，经变画并没有着重表达更多与涅槃经变有关的内容，只是一个大概的主题性的表现，画面所见和第 148 窟内容相比较则显得极其简单。另一方面，我们可以看到第 148 窟的外道被画得特别小，是一个极不起眼的画面，而第 158 窟的此五身人物则画得很大，基本上占据了佛台北侧的大半画面。考虑到释迦牟尼涅槃的正面性，表现外道当然符合经文，却与画面主题的供养、举哀等忠于佛陀的思想不合，当然也会使信仰者在观看画面时产生不愉快的感觉，在这种情感下，把外道画得如此之大，又是观者最易看到的地方，因此似不大符合实情。同时，我们注意到在这几身人物的身后画有一些动物图像，这些动物毫无疑问是前来供养释迦牟尼佛的，此类画面在莫高窟第 332、148、92 窟等有非常清楚的表现。因此在这里把这些动物与那些奇异的人物画在一起，均是表现对释迦牟尼佛的哀悼和供养。

更何况如我们前面所说，第 158 窟的图像特征，更多与中亚的样式接近。在犍陀罗地区的涅槃图像中，末罗族是不可缺少的人物，他们作为释迦涅槃仪式的主持人，总是以舞蹈、歌谣、音乐、花轮、香料礼敬供养。对此学者多有研究[1]，也加深了我们的推测。

由此从涅槃经变图像的解读，同样显示出第 158 窟作为粟特九姓胡人功德窟的可能性。

---

① [日] 宫治昭：《涅槃和弥勒的图像学》，东京吉川弘文馆，1992 年。刘永增：《莫高窟隋代涅槃变相图与古代印度、中亚涅槃图像之比较研究》，《敦煌研究》1995 年第 1 期。

七、金光明最胜王经变图像的选择意义

第 158 窟内除前述主体造像绘塑结合的涅槃经变外，另有十方净土变、金光明最胜王经变、思益梵天请问经变、如意轮观音经变等内容。

在此欲就金光明最胜王经变（图 6-19）的选择所体现出的与粟特人可能的关联略谈一二。

吐鲁番安伽勒克古城所出《金光明经》尾题"庚午岁八月十三日，于高昌城东胡天南太后祠下，为索将军佛子妻息合写此金光明一部"（图 6-20）[①]。此庚午，学界多认定为北凉承玄三年（430），属十六国末期。表明这时在高昌城东已有祆教的胡天祠。

让我们产生兴趣的是，为什么佛教经典却被抄写于祆教祠中？对此同样有学者发出了疑问：

图 6-19　1908 年伯希和拍莫高窟第 158 窟金光明最胜王经变

---

① 图刊《新中国出土文物》，外文出版社，1972 年。录文转见陈国灿：《魏晋至隋唐河西胡人的聚居与火祆教》，载《敦煌学史事新证》，甘肃教育出版社，2002 年，第 97 页注 54。

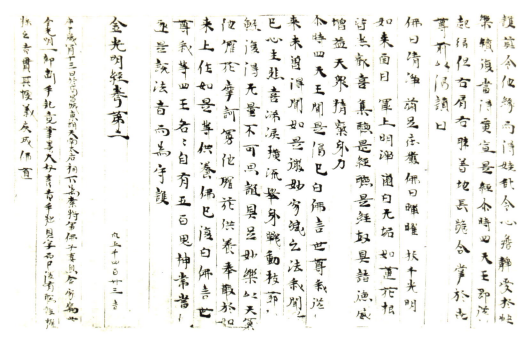

图 6-20　吐鲁番出土金光明经写本

　　何以一件佛经抄写于一座崇奉"胡天"的波斯系祆祠之中，其中缘故与古代西域宗教文化的多元特质有关，应加以交代。①

　　王丁另有《吐鲁番安伽勒克出土北凉写本〈金光明经〉及其题记研究》，是对此问题的详细阐释，只可惜笔者没有读到原文。

　　粟特九姓胡人信奉祆教，即琐罗亚斯德教（Zoroaster），又称火教、拜火教、火祆教。宣扬善恶二元论，认为火、光明、洁净、创造、生命是善端；黑暗、恶浊、不净、破坏、死亡是恶端。代表神灵分别为阿胡拉·玛兹达（Ahura Mazda）和安格拉·曼纽（Angra Mainyu）。祆教奉《波斯古经》（即《阿维斯陀》）为经典，认为火是光明、善的代表，是玛兹达的象征，教徒必须崇拜火，崇拜天上表示光明的日月星辰。因其拜天，故又称之

① 王丁：《南太后考——吐鲁番出土北凉写本〈金光明经〉题记与古代高昌及其毗邻地区的那那信仰与祆教遗存》，载《粟特人在中国——历史、考古、语言的新探索》，中华书局，2005年，第430页。

为胡天。

《晋书》卷八六《张轨附张实传》记京兆人刘弘在凉州（武威）天梯山：

> 然灯悬镜于山穴中为光明，以惑百姓，受道者千余人。

于此可见河西祆教徒很早就对"光明"的崇拜。

很有可能，作为信仰佛教的粟特弟子，虽然他们信仰了佛教，但并不能因此而说明他们完全皈依佛教。按照郑炳林先生的研究，敦煌的粟特人即信祆教又信佛教，信仰并重[①]。事实上粟特信仰的复杂性，正如毕波先生指出的那样，是一个"信仰的万花筒"[②]。

另如陈国灿先生考察的结果那样：

> 河西地区火祆祠庙的普遍存在，显然是以九姓胡人的聚居点为基础的，然而，这一天神教在古代的中国却始终未能得到广泛的传播，以致唐代以后，逐渐衰落。这一方面是由于中唐以后，社会动乱，河西为烈，整个河西地区经吐蕃，接着是回鹘、党项的交互占领，九姓胡人聚居点的破败，人口的流移他去，使得火祆教的基础受到严重的削弱。另一方面还在于内容丰厚的佛教教义对火祆教的不断影响和渗透，使得原有的一些火祆祠、胡天祠，遂而蜕变为佛寺；一些火祆教徒的子孙也逐渐变成了佛门弟子，敦煌莫高窟晚唐、五代及宋初佛窟题记中，出现了大批佛弟子或信士康、安、石、史、何诸氏对佛供养的题记，就是一个很好的说明。[③]

的确，《金光明最胜王经》本身与祆教毫无关系。但是由于祆教教义对"光明"的独特信仰，因此作为洞窟功德主的粟特人，在信仰佛教的同时，并没有完全放弃自己本有的祆教信仰。在此情形下，他们选择佛教经典"金光明最胜王经变"，只是意在从字面上取"光明"二字的象征意义，显示出他们的良苦用心。这种情形，也许正是吐鲁番安伽勒克古城所出《金光明经》尾题所暗示的真实的历史。事实上，这种从字面意义中简单反映粟特人对其本土祆教的光明信仰，也可以表现在他们的汉文名字中，如归义军时

---

① 郑炳林：《吐蕃统治下的敦煌粟特人》，载郑炳林主编《敦煌归义军史专题研究》，兰州大学出版社，1997 年，第 374—390 页。

② 毕波：《信仰空间的万花筒——粟特人的东渐与宗教信仰的转换》，载《从撒马尔干到长安——粟特人在中国的文化遗迹》，北京图书馆出版社，2004 年，第 49—56 页。

③ 陈国灿：《魏晋至隋唐河西胡人的聚居与火祆教》，载氏著《敦煌学史事新证》，甘肃教育出版社，2002 年，第 93 页

期文书P.3547《上都进奏院状》记张淮深派往出使唐朝的以粟特人为主的使团成员中，有"衙前兵马使再光进"；P.4640《己未至辛酉年（899—901）归义军衙内破用布纸历》记归义军将领中有"押衙曹光进""都押衙曹光嗣"，荣新江先生指出这些带有"光"字的人名，是粟特人后裔对祆教信仰的反映①。

对此我们也可以从佛教大德对经义的诠释中得到启发。吉藏即认为，《金光明最胜王经》在名义上，"金光明"表涅槃三德：法身、般若、解脱。以"金"之色无变、体无染、转作无碍、令人富贵，譬"法身"常乐我净四德；以"光"之能照、能除，喻"般若"；以"明"之无闇、广远，喻"解脱"②。

北图鳞字2号《金光明最胜王经卷第三》题："子年安阇梨，龙。"意即龙兴寺粟特人安姓的高级僧官曾在吐蕃统治时期讲授《金光明最胜王经》。池田温先生确定为9世纪前期作品③。另一件同时期《金光明最胜王经卷九》有"米通信书"的题记④。此两件与第158窟营建时代相当的佛经写本中粟特人题记的存在，也从另一方面说明了粟特人对《金光明最胜王经》的特殊喜好。

M.莫德提出"两重性图像志"（the two folded iconography/a doubled iconography），姜伯勤先生借此提出了"图像志两重性"⑤。如果我们的推测不致大谬的话，在此莫高窟第158窟金光明最胜王经变或可作为此类图像的一个小例证。就本质和现象而言，其作为佛教图像经变画题材，是毫无疑问的。但是在粟特人内心深处，该经变画所象征之"光明"一意，虽极牵强，却或许是存在的。

对此，若仔细考察一下敦煌金光明最胜王经变与所在洞窟功德主的关系，或可从另一个侧面帮助我们说明这一独特的历史文化现象。莫高窟金光明最胜王经变所在洞窟除中唐第158窟外，还有晚唐粟特何姓人营建的第196窟、粟特后裔曹姓营建的五代第

① 荣新江：《敦煌归义军曹氏统治者为粟特后裔说》，《历史研究》2001年第1期。
② 吉藏：《金光明经疏》，收于唐代慧沼作《金光明最胜王经疏》时亦沿用此义二疏均收于《大正藏》第39册。
③ ［日］池田温编：《中国古代写本识语集录》，东京大学东洋文化研究所报告，1990年，第380页。
④ ［日］池田温编：《中国古代写本识语集录》，东京大学东洋文化研究所报告，1990年，第382页。
⑤ 姜伯勤：《中国祆教艺术史研究》，生活·读书·新知三联书店，2004年，第203页。

256 窟、宋代第 55 窟，以及和粟特人一道推翻吐蕃统治的张议潮功德窟第 156 窟，就连实际主持营建了第 156 窟的张氏第二任节度使张淮深在自己的功德窟中也画入金光明最胜王经变，其意均是为了讨好拉拢粟特人。另外，一直和中亚粟特人有密切关系的阴氏，其大窟第 138 窟画入金光明最胜王经变的意义等，笔者均在另文有详细的分析说明[①]。由此可见敦煌洞窟壁画金光明最胜王经变的出现和存在，均或多或少与粟特人在敦煌的活动有关。

粟特人在自己的功德窟中选择了他们热衷的金光明最胜王经变，再一次让我们明白了自中唐以来敦煌世俗佛教在洞窟中的表现及其影响，李正宇先生曾详细深入地论述过敦煌的世俗佛教及其特点[②]。按李先生精辟的分析，诸如此类在洞窟中所画内容，必当构成功德主信仰的好恶。

八、洞窟营建的历史背景：吐蕃统治时期敦煌的粟特人

郑炳林先生对吐蕃统治时期的敦煌粟特人进行了详细的研究，结果表明有大量的粟特人活跃于各部落，从事各行各业的活动。更为重要的，居住在敦煌的"粟特人既信仰祆教也信仰佛教，是佛、祆二教并重的民族"。粟特人在吐蕃统治时期不仅信仰佛教，而且在佛教教团中具有很大的势力和影响，如 P.2729《吐蕃辰年（788）三月沙州僧尼部落米净辩牒》是吐蕃算使论悉诺罗检谟于当年对敦煌诸寺僧尼的清查名单，结果在共计有310 人的僧尼中，粟特九姓胡人多达 49 人。另外，粟特僧人在僧团中任职亦不鲜见，连都统、教授这样的高级僧官都有粟特僧人领任，并一度主持讲坛讲经说法，可见他们在僧团中的地位与影响非常之大。这种地位和影响是以康秀华、安勿㥄等粟特富商向寺院的巨额施舍为基础的[③]。敦煌吐蕃期文书 S.542《戌年敦煌诸寺丁壮车牛役簿》记载敦煌龙兴、大云、开元、安国、永安、乾元、灵图、金光明、报恩、兴善、灵修、大乘等十三寺

① 沙武田：《敦煌金光明最胜王经变的几个问题》，载《西域文献学术座谈会会议手册》，国家图书馆，2006 年。
② 李正宇：《唐宋时期敦煌佛教》，载郑炳林主编《敦煌佛教艺术文化国际学术研讨会论文集》，兰州大学出版社，2002 年，第 367—386 页
③ 郑炳林：《吐蕃统治下的敦煌粟特人》，载郑炳林主编《敦煌归义军史专题研究》，兰州大学出版社，2002 年，第 374—390 页。

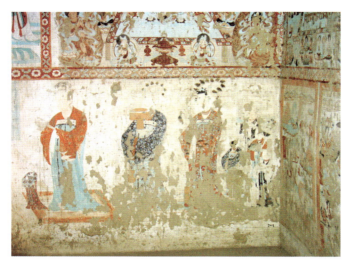

图 6-21 莫高窟第 144 窟粟特康姓供养像

寺户中有 48 户是粟特九姓胡人①。足见当时粟特人之状况。

吐蕃统治时期，粟特人"在吐蕃瓜州节度使衙和敦煌地方政权中，担任参军、都督、部落使等各级要职，与敦煌汉族大姓通婚，势力足以与索、张等大姓匹敌"②，康再荣在吐蕃统治时期出任纥骨萨部落使，就是一个代表。

莫高窟第 144 窟主室东壁门南女供养像中，有一身题名为"蕃任瓜州都□（督）□仓□曹参军金银间告身大虫皮康公之女修行顿悟优婆姨如祥□（弟）一心供养"（图 6-21），此康公在吐蕃瓜州使衙任职，又根据同一洞窟的题记可知，他嫁女龙藏家族，龙藏父亲曾任吐蕃部落使。

又，吐蕃统治时期的敦煌商人康秀华，根据其独特的身份关系，特别考虑到他作为吐蕃沙州官府机构中的一名官员，又担任着部落使一类的官职，结合归义军初期康氏家族在归义军政权中任职，推断吐蕃统治时期康秀华所管理的部落很有可能就是由唐前期敦煌从化乡改编成的部落③。

近年青海都兰吐蕃墓发现的东罗马金币、几十件粟特银器和迄今发现的 130 余种 350 多块带有浓厚波斯萨珊风格的丝织品，以及在都兰吐蕃墓葬近年来的一系列重大发现④，证实了经青海西宁、柴达木，到甘肃敦煌和新疆的道路，是 6 — 9 世纪前半叶古代

---

① 唐耕耦、陆宏基：《敦煌社会经济文献真迹释录》第二辑，全国图书馆文献缩微复制中心，1990 年，第 381—392 页。

② 郑炳林：《吐蕃统治下的敦煌粟特人》，载郑炳林主编《敦煌归义军史专题研究》，兰州大学出版社，1997 年，第 388 页。

③ 郑炳林：《晚唐五代敦煌地区的胡性居民与聚落》，载《粟特人在中国——历史、考古、语言的新探索》，中华书局，2005 年，第 178—190 页。

④ 青海文物考古研究所、北京大学：《青海都兰吐蕃墓》，科学出版社，2005 年。

图 6-22　青海都兰郭里木一号棺板画上的帐中宴饮图　　图 6-23　青海都兰吐蕃墓经锦联珠纹样

丝绸之路的一段重要干线。学者们的研究表明了在青海都兰等地吐蕃墓中所见大量文物与粟特九姓胡人的密切关系[①]。更为重要的是，吐蕃墓中出现的大量与粟特人有关的文物，揭示出吐蕃时期丝路南道上九姓胡人的繁忙景象，也说明了吐蕃人历来对九姓胡人的友善态度，这一点可以从郭里木棺板画上吐蕃人热衷穿着联珠纹绢锦中可见一斑[②]（图 6-22）。而我们在都兰吐蕃墓中织锦所见联珠纹样中（图 6-23），其中有部分与在第 158 窟佛枕上的纹样极其相似，二者可资比较[③]，反映出同时期同类图案在吐蕃统治下的两地流行的情形，进一步表明了九姓胡人在吐蕃统治时期对吐蕃文化的推动。

　　由此，在这样的历史背景下，吐蕃统治时期的敦煌出现粟特人营建的洞窟也就在情理之中。从第 158 窟的规模可知，该窟当属吐蕃期洞窟中最大者，究其原因，极有可能就是因为洞窟功德主系九姓胡人的缘故。因为吐蕃统治下的粟特人仍然活跃在丝路贸

① 许新国：《西陲之地与东西方文明》，北京燕山出版社，2006 年。其中有多篇论文涉及此问题。
② 许新国：《郭里木乡吐蕃墓棺板画研究》，载《西陲之地与东西方文明》，北京燕山出版社，2006 年。
③ 许新国：《都兰吐蕃墓出土含绶鸟织锦研究》，《中国藏学》1996 年第 1 期；另载《西陲之地与东西方文明》，北京燕山出版社，2006 年，第 213—232 页。

易的前沿，在敦煌他们仍是多数手工业与商业的主宰，因此他们仍然是当地的财富拥有者[1]。故而，他们有足够的财力开凿这样一所大窟。

九、对吐蕃装供养人画像的释疑

图 6-24　莫高窟第 158 窟甬道吐蕃装供养像

至于洞窟甬道壁画中出现的吐蕃装供养人画像，或许引起人们的疑惑——如果第 158 窟功德主确有可能为粟特九姓胡人，为什么甬道画像中出现了吐蕃装供养像（图 6-24）？其实此现象并不难理解，因为敦煌地区的九姓胡发展到中唐时期，大概已经有了很大的变化，特别是在服饰方面，基本上保持了中原或当地的传统服饰，即以汉族服饰为主流的现象，这是九姓胡融合汉化的特征之一。对此法国学者葛乐耐（Frantz Grenet）先生已有解释[2]，因为从北朝隋墓中发现的粟特人服饰，多为中原特色。莫高窟西魏第 285 窟史姓供养人的南朝服饰和第 322 窟史姓供养像的唐装（图 6-25），也可从一个侧面说明这一现象真实而客观的存在。莫高窟盛唐第 45 窟观音经变中的"胡商遇盗图"中（图 6-26），几身胡人虽然高鼻深目，满脸胡须，胡人特征明显，但是服饰除头戴各类毡帽具有民族特征外，所着圆领袍衣完全是当时唐人的基本服饰，与唐装的强盗没有区别。另外，也可从吐蕃统治时期之后，曹氏归义军供养人画像中得到更为充分的反证。按照荣新江、冯培红的研究，敦煌归义军曹氏族源

---

[1] 郑炳林：《吐蕃统治下的敦煌粟特人》，载郑炳林主编《敦煌归义军史专题研究》，兰州大学出版社，1997 年，第 374—390 页。

[2] ［法］葛乐耐（Frantz Grenet）：《粟特人的自画像》，载《粟特人在中国——历史、考古、语言的新探索》，中华书局，2005 年，第 305—322 页。

图 6-25   莫高窟第 322 窟史姓供养像

图 6-26   莫高窟第 45 窟胡商遇盗图

图 6-27　莫高窟第 196 窟粟特何姓供养像

当属粟特九姓胡[1]，郑炳林先生进一步肯定此说[2]。但我们知道，曹氏男女供养人画像所着服饰均为五代宋时期的汉装，从服饰上并不具备粟特胡人的特征。此现象同样表现在晚唐何姓家族洞窟第 196 窟中大量的何姓男供养像当中（图 6-27）。更何况在吐蕃统治时期的敦煌壁画中，我们知道当时吐蕃政权要求敦煌当地的汉人着吐蕃装，或许原本在敦煌生存汉化的粟特人也不能例外，事实上这种可能性很大。

　　吐蕃高僧"蕃大德三学法师持钵僧宜"的存在，也较好理解，因为敦煌石窟的营建虽然有功德主，但往往是要由寺院僧人做实际的工作，因为只有他们无论从各方面才是最佳的洞窟营建者。而供养人画像中僧人作为引导僧的现象，更是比比皆是。

①　荣新江：《敦煌归义军曹氏统治者为粟特后裔说》、冯培红：《敦煌曹氏族属与曹氏归义军政权》，俱载《历史研究》2001 年第 1 期。二文又分别载荣新江：《中古中国与外来文明》，生活·读书·新知三联书店，2001 年，第 258—274 页；郑炳林主编：《敦煌归义军史专题研究续编》，兰州大学出版社，2003 年，第 163—189 页。
②　郑炳林：《晚唐五代敦煌地区的胡性居民与聚落》，载《粟特人在中国——历史、考古、语言的新探索》，中华书局，2005 年，第 178—190 页。

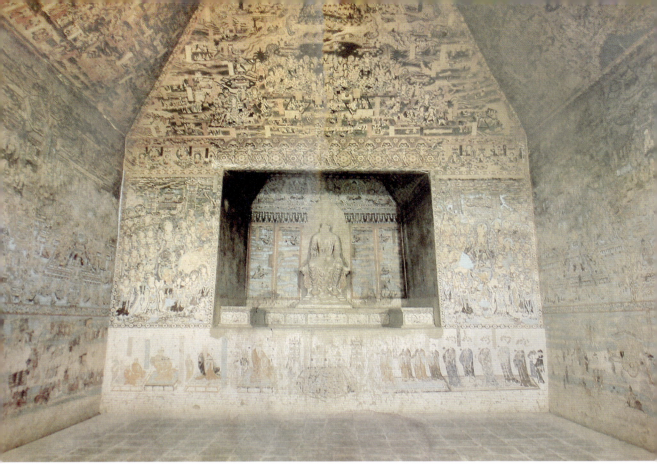

图 6-28　莫高窟第 156 窟内景

十、与邻窟张议潮功德窟的历史关联

从崖面位置关系考察，第 158 窟与晚唐重要洞窟即归义军首任节度使张议潮功德窟第 156 窟（图 6-28）互为邻窟。作为第 158 窟其后的洞窟张议潮功德窟的选址，无疑是经过深思熟虑的结果，非随意而为。作为洞窟组合，从思想与义理的考察当属另一个专门的问题。但是仅从崖面位置考虑，我们自然而然会把这两个并列互邻的洞窟联系起来，更何况两所洞窟营建的时间相隔仅有二十余年①。在这样短的时间内，前期洞窟第 158 窟的功德主们一定还活跃在敦煌的社会。他们有什么样独特的背景使得张议潮把自己的功德窟选在了其旁边呢？

这种情形只有两种可能性，即第 158 窟本身是为张氏家族洞窟，或第 158 窟的功德主与张氏归义军有着极其独特的关系。

① 莫高窟第 156 窟建成于 863 年左右。

　　显然，根据我们前面的分析，第158窟作为张氏家族洞窟的可能性并不大。如此，按照前面的推论，作为粟特九姓胡人开凿的洞窟，为什么会最终成为节度使功德窟的邻窟呢？

　　张议潮推翻吐蕃统治，建立归义军，是敦煌历史上的重大事件。但这一事件并非简单的历史故事。《资治通鉴》卷二四九唐宣宗大中五年胡三省注引《资治通鉴考异》：

　　　　按《实录》："五年，二月，壬戌，天德军奏沙州刺史张义潮、安景旻及部落使阎英达等差使上表，请以州降"。

　　可知，在推翻吐蕃统治、建立归义军政权中，总共有三支力量：张议潮为代表的汉族大姓，安景旻为代表的粟特人和阎英达为代表的通颊部落①，也就是说张议潮是借助了包括粟特人在内的另两支力量才得以成功的。

　　P.3551《药师琉璃光如来赞并序》记载吐蕃时一位张姓的都督娶妻粟特安氏：

　　　　则有清河张，敦煌郡大都督赐紫金鱼袋并万户侯，其公则威光奕奕，皎似珠星；精彩岩岩，净若冰雪。授赐南朝，拜谢重恩；腾星进路，承恩回还；閟色来侵，不遑本郡。则有都督夫人安氏，岁在笄初，花姿发艳，似春沼之开莲，素质凝辉，等秋地堪同，念金兰之义切，思结发之情深。

　　据考，这位张姓的敦煌郡大都督是张谦逸②，归义军首任节度使张议潮之父。张谦逸娶妻敦煌粟特人安氏，这种婚姻状况也促成了归义军之初粟特人的重要地位。特别是大中五年与张议潮一道遣使入朝的安景旻影响最大，官职节度副使御使大夫，与张议潮的地位相当。P.2854《行城文》、S.1164《回向文》、S.4504《释门杂文》等均有记载。因此郑炳林先生认为：

　　　　这种权力分割反映了敦煌粟特人在吐蕃统治时期势力的加强以及粟特人在收复敦煌等地战争中起了很大作用。③

　　除安景旻之外，另有康通信和康使君，以此三人为代表的粟特人在张议潮推翻吐蕃统治中起到了很大的作用，因此敦煌的粟特人是归义军的主要支持者，在归义军政权建立后，粟特人成为不可或缺的部分④。

① 荣新江：《归义军及其与周边民族的关系初探》，《敦煌学辑刊》1986年第2期，第24—44页。

② 郑炳林：《唐五代敦煌的粟特人与归义军政权》，载郑炳林主编《敦煌归义军史专题研究》，兰州大学出版社，1997年，第412页。

③ 郑炳林：《吐蕃统治下的敦煌粟特人》，载郑炳林主编《敦煌归义军史专题研究》，兰州大学出版社，1997年，第386页。

④ 郑炳林：《唐五代敦煌的粟特人与归义军政权》，载郑炳林主编《敦煌归义军史专题研究》，兰州大学出版社，1997年，第400—432页。

　　这样也就说明张议潮的生母安氏即是粟特人。更加表明了张议潮与粟特人特别是安姓的密切关系。第 158 窟极有可能就是以安姓为主的粟特人的功德窟，因此张议潮功德窟也就自然与其成为邻窟，一方面形象地记载了归义军与粟特人在共同推翻吐蕃统治过程中并肩奋斗的历史事实；另一方面大概也是为了使张氏归义军的统治更加稳固。佛教洞窟成了政治的纽带，此做法是归义军历史上较为常见的政治手段，代表洞窟即为第 98 窟①。

十一、敦煌粟特安氏的佛教信仰

　　如确如上述，莫高窟第 158 窟的营建与流寓敦煌的粟特安氏有关，那么则必然涉及这支粟特人后裔的佛教信仰问题。

　　对于流寓敦煌的中亚粟特九姓胡人来讲，来自安国的安姓是重要的一支。按池田温先生的研究，8 世纪中叶敦煌粟特人聚落"从化乡"的康、安、石、曹、罗、何、米、贺、史等姓人当中，总共 236 人中，其中安氏仅次于康姓，位居第二，有 39 人②。正因为有这样的历史背景，所以到了吐蕃统治时期，粟特安氏与康姓等一道，慢慢跻身敦煌大家望族，占有重要的社会地位。前述与张议潮一道推翻吐蕃统治的安景旻、康通信、康使君等即是代表。不仅仅如此，P.2770《发愿文》记载：

　　　　伏惟节儿，监军尚论……伏惟良牧杜公……伏惟我良牧安公，明鉴时政，清肃乡人，或识望弘深，聊扬今古，或推穷审察，妙尽否臧，嘉名遍于寰中，善积盛于宇宙。

　　可知，吐蕃统治敦煌时期有两位"都督"，分别为杜都督和安都督，郑炳林先生认为此安公即是安景旻③。又，P.2621《发愿文》记载：

　　　　二都督唱道于尧，三部落使和声应，百姓云集，僚吏同携，建一所伽蓝，兴百口之役。千梁偃蹇，上接仙途；数仞降基，傍通李径；檐垂天隙，攘列横定，周匝四廊；徘徊五达，负良工之架回；或登或凋，尽图尽之奇能；既丹即艧，东彩药师之变，

① 荣新江：《归义军史研究》，上海古籍出版社，1996 年，第 237—246 页。
② 池田温先生前揭文表一，第 26 页。
③ 郑炳林：《唐五代敦煌的粟特人与归义军政权》，载郑炳林主编《敦煌归义军史专题研究》，兰州大学出版社，1997 年，第 413 页。

妙极地方，西图净土之容，信兹极乐。维摩问疾，方丈虚容，素像神仪，光浮赫弈。

此旬功毕大会，即时亦有专使中传尚命，虔跪尊前，飞驿速临，故来庆赞。

安都督如此勤于伽蓝之建，则必信仰于佛教。

事实上粟特安氏信仰佛教，单就敦煌地区而言，早在北朝时就已存在，S.2942《大智度论卷第五十九》尾题"法师帛慧融经比丘安弘嵩写"①，池田温先生断为西魏时期写经②。S.449安文德写《大般若波罗蜜多经卷第三百一》，池田温先生断为敦煌陷蕃以前作品③。而在吐蕃统治时期的写本P.2729《吐蕃辰年（788）三月沙州僧尼部落米净辩牒》，记载算使论悉诺罗于吐蕃辰年三月五日对敦煌诸寺僧尼进行清查，计有310人，其中粟特胡姓49人，安姓有莲台寺安道进、灵修寺安妙定、安妙修，普光寺安普惠、安普登、安普照、安胜因④。表明吐蕃统治时期粟特安姓中信仰佛教的人并不少。

事实上，吐蕃统治时期粟特安氏在敦煌佛教僧团中有很大的影响与势力，前述北图鳞字2号《金光明最胜王经卷第三》题"子年安阇梨，龙"，池田温先生确定为9世纪前期作品⑤，由此表明当时龙兴寺粟特人安姓的高级僧官曾在吐蕃统治时期讲授《金光明最胜王经》。另，S.4192《丑年悲济花等唱卖得入支给历》，菊池英夫、土肥义和断为吐蕃期9世纪前期作品⑥，其中记"安教授合请亻亲八斗伍升"。"教授"是吐蕃统治时期敦煌最高一级僧官，分别有"都教授""副教授"（"教授""三学教授"），相当于归义军时期的最高僧官"都僧统""副僧统"⑦。由此郑炳林先生指出，"安教授"虽然不是"都教授"，但是作为"教授"一级僧官，在吐蕃统治时期极为少见，表明了粟特安氏在佛教僧团中的势力是很大的⑧。

① 施萍婷：《敦煌遗书总目索引新编》，中华书局，2000年，第90页。
② ［日］池田温：《中国古代写本识语录》，东京大学东洋文化研究所，1990年，第95页。
③ ［日］池田温：《中国古代写本识语录》，东京大学洋文化研究所，1990年，第367页。
④ 唐耕耦、陆宏基：《敦煌社会经济文献真迹释录》第四辑，全国图书馆文献缩微复制中心，1990年，第194—204页。
⑤ ［日］池田温：《中国古代写本识语集录》，东京大学洋文化研究所，1990年，第380页。
⑥ ［日］菊池英夫、土肥义和：《西域出土汉文文献分类目录初稿·非佛教文献之部古文书类Ⅱ》，东洋文库，1967年。
⑦ 谢重光：《吐蕃占领期与归义军时期的敦煌僧官制度》，《敦煌研究》1991年第3期，第52—61页。
⑧ 郑炳林：《吐蕃统治下的敦煌粟特人》，载郑炳林主编《敦煌归义军史专题研究》，兰州大学出版社，1997年，第381页。

作为商业民族，他们拥有相当的财富，因此也向寺院施舍财物。S.6064《未年正月十五日报恩寺诸色入破历算会稿》记，粟特人安勿赊曾向寺院施表 53 石 5 斗①。显然，安勿赊代表了粟特人特别是安氏的富户大族，能一次性向寺院施舍如此多的东西，除表明他本人的财力雄厚外，也说明了他对佛教的倾心。

而对于吐蕃统治时期敦煌地区粟特人的佛教信仰与他们在佛教集团中的地位与影响，郑炳林先生有专题研究，结果表明有大量的各阶层九姓胡人信仰佛教，或为寺院寺户，或在佛教僧团中担当要职，或施舍财物于寺院②。粟特人大面积的佛教信仰，也无疑为安氏的佛教信仰提供了可靠的证据。

既然如此，那么第 158 窟作为以身居要职的安景旻为代表的粟特安氏家族所营建的功德窟也就成为可能。

小　结

以上，经过逐一分析，可以说莫高窟第 158 窟洞窟功德主与粟特九姓胡人的关系，还是比较清晰地呈现在我们的面前。至此，作为敦煌粟特人在吐蕃统治时期石窟营建活动中的贡献，也为我们探索中古时期敦煌九姓胡人的艺术活动提供了重要资料。

诸多因素表明，吐蕃统治时期的敦煌粟特九姓胡人不仅营建了如此独特之大窟，而且在具体营建过程中，无论是在洞窟建筑形制、窟内壁画内容、具体图像的图本等各方面都表现出他们选择时的独特思维。既然作为洞窟功德主的粟特人在洞窟营建的诸多方面均时刻使之与本民族的文化、习俗等密切结合，那么他们和具体洞窟主持者及绘画艺术家之间的矛盾，又是如何调节的呢？因为我们从洞窟壁画的艺术风格方面看到此洞窟与同时期其他洞窟的区别，施萍婷先生在研究金光明经变时指出第 158 窟的画风当属吴道子一派③。的确，洞窟壁画技法非同一般，运笔自如，线条流畅，画面疏朗有致，人物

① 唐耕耦、陆宏基：《敦煌社会经济文献真迹释录》第三辑，全国图书馆文献缩微复制中心，1990 年，第 298 页。
② 郑炳林：《吐蕃统治下的敦煌粟特人》《唐五代敦煌的粟特人与佛教》，载郑炳林主编《敦煌归义军史专题研究》，兰州大学出版社，1997 年，第 374—390 页，第 431—465 页。
③ 施萍婷：《金光明经变研究》，载《1987 年敦煌石窟研究国际讨论会文集·石窟考古编》，辽宁美术出版社，1990 年，第 414—455 页。

极其传神，非一般画工画匠所成就。

　　通过对敦煌壁画与粟特壁画的比较研究，姜伯勤先生总结性地指出：

　　　　中国以线描为主的绘画技法的发展过程中，有一个不容否认的事实，即：在
　　南北朝时期，中国画风汲取了于阗画派和粟特画派的长处。南北朝及盛唐前许
　　多著名画家是于阗籍和粟特籍的。正因为这样，在大约七世纪时，这两个画派又
　　是最容易接受中国画法影响的。中国绘画在吸收了于阗、粟特画派营养后，在唐
　　前期形成了阎立本——吴道子为代表的集大成的风格，反过来又于七世纪影响到
　　于阗、粟特乃至梵衍那地区。[1]

　　按姜先生的研究，表明早在隋朝，敦煌莫高窟壁画中粟特画派就已存在，代表作如
大量波斯萨珊联珠纹样的出现，以及如莫高窟第244、390窟的联珠纹分格形式等，"构
成了在中国的粟特画派"[2]。或许莫高窟第158窟壁画的创作者是粟特艺术家的代表人
物，或粟特人功德主专门雇用了当时敦煌的艺术名师？当值得作进一步的探讨。

---

① 姜伯勤：《敦煌壁画与粟特壁画的比较研究》，载《敦煌艺术宗教与礼乐文明》，中国社会科学出
　　版社，1996年，第176页。
② 姜伯勤：《莫高窟隋说法图中龙王与象王的图像学研究》，载《敦煌艺术宗教与礼乐文明》，中国
　　社会科学出版社，1996年，第125—156页。

第七章

以莫高窟第 158 窟为中心看唐·吐蕃·粟特在敦煌的互动

　　莫高窟第 158 窟是吐蕃统治敦煌（786—848 年）晚期营建的一大窟，也是敦煌吐蕃时期洞窟中的代表窟①。据本书第六章的分析考证，该洞窟的核心功德主是来自中亚的粟特九姓胡人，并且是河西走廊唐前期最大的胡人集团安氏家族，我们在洞窟中确实看到与粟特九姓胡人及其美术相关的诸多绘画因素或特征。但洞窟整体壁画的题材与艺术风格，则属这一时期敦煌主要流行的传统的唐样唐风；同时，洞窟供养人中出现"大番管内三学法师持钵僧宜"②和吐蕃装人物形象，涅槃经变中的各国王子举哀图则是以吐蕃赞普为首的图像结构③，这些图像设计均在强调该洞窟的吐蕃时代和吐蕃因素。因此，在一个洞窟中同时体现唐、吐蕃、粟特不同文化元素和艺术特征相互之间的融合与互动，实是丝绸之路上文化交流的典型案例。

　　有鉴于此，在前人研究的基础上，拟以 9 世纪前叶丝绸之路上几大民族——唐、吐蕃、粟特及其文化在敦煌的互动为着眼点，作些探讨。

① 贺世哲：《从供养人题记看莫高窟部分洞窟的营建年代》，载敦煌研究院编《敦煌莫高窟供养人题记》，文物出版社，1986 年，第 207 页。樊锦诗、赵青兰：《吐蕃占领时期莫高窟洞窟的分期研究》，《敦煌研究》1994 年第 4 期，第 76—94 页；另载敦煌研究院编《敦煌研究文集·敦煌石窟考古篇》，甘肃民族出版社，2000 年，第 182—210 页。另可参考敦煌研究院编，刘永增著：《敦煌石窟艺术·莫高窟第一五八窟》，江苏美术出版社，1998 年。有关第 158 窟营建年代的最新研究，参考张延清（华青道尔杰）、张子鹏：《莫高窟第 158 窟建窟年代新探》，《藏学学刊》第十二辑，中国藏学出版社，2015 年，第 36—48 页。
② 黄文焕：《河西吐蕃文书简述》，《文物》1978 年第 12 期，第 59—63 页；另载《中国敦煌学百年文库·民族卷》2，甘肃文化出版社，1999 年，第 147—154 页；《中国敦煌学百年文库·文献卷》2，甘肃文化出版社，1999 年，第 476—483 页。贺世哲：《从供养人题记看莫高窟部分洞窟的营建年代》，载敦煌研究院编《敦煌莫高窟供养人题记》，文物出版社，1986 年，第 207 页。
③ [法]海瑟-噶尔美著，熊文彬译：《早期汉藏艺术》，中国藏学出版社，1994 年，第 37 页。魏健鹏：《敦煌壁画中吐蕃赞普像的几个问题》，《西藏研究》2011 年第 1 期，第 68—77 页。

一、涅槃经变画面选择的中亚粟特意识

莫高窟第 158 窟在吐蕃期洞窟乃至整个敦煌石窟中都有其独特的一面，具体而言即是以 15.6 米长的彩塑涅槃大像为代表的洞窟涅槃主题设置与相应的图像组合关系（图7-1）。这一时期最流行的洞窟主题和图像组合关系，是以方形殿堂窟西壁开龛，内设一铺七身，窟顶四披千佛，四壁依次布局各类经变画，前室各壁同样有经变画，具体经变画题材内容和艺术风格是唐前期的延续，代表洞窟有莫高窟第 154、159、231、237、238、359、358、360、361 等窟。相比较之下，第 158 窟在窟形、结构、主尊、经变画布局关系、经变画题材各个方面有明显的不同。

正因为第 158 窟是莫高窟吐蕃期洞窟中非常见、非常规的洞窟，因此其"原创性"[1]特性和意义明显，故有深入研究的必要。

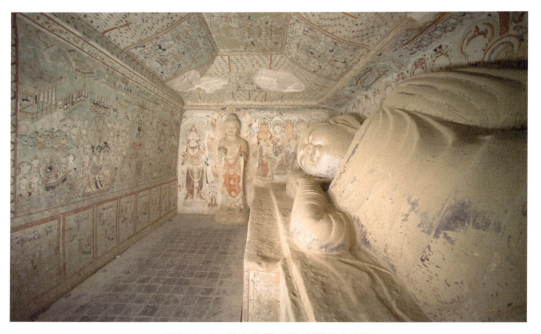

图 7-1-1　莫高窟第 158 窟睡佛向南看

---

① 巫鸿：《敦煌 323 窟与道宣》，载胡素馨主编《佛教物质文化：寺院财富与世俗供养国际学术研讨会论文集》，上海书画出版社，2003 年，第 333—348 页；另载巫鸿《礼仪中的美术》下卷，生活·读书·新知三联书店，2005 年，第 418—430 页。

图 7-1-2　莫高窟第 158 窟睡佛向北看

（一）画面整体构图的中亚传统

　　选择以涅槃大像为主尊，同时在南北二壁又分别塑出一身立佛和一身倚坐佛，共同构成三世佛体系[①]。另在三身大像后面的南、西、北三面墙壁上分别画表现涅槃场景的众弟子举哀、众菩萨天人举哀、各国国王子举哀的场景，另在涅槃佛台的立面有表现纯陀最后供养、须跋陀罗身先入灭、密迹金刚倒地、末罗族供养、动物供养的画面，还有在上部几个小画面表现迦叶奔丧、优波离报告佛母、佛母奔丧的场景。但让人疑惑的是，在之前的莫高窟第 332、148 窟中已经出现彩塑涅槃大像和情节复杂的大幅涅槃经变，画面内容丰富，其中第 332 窟为武周圣历元年（698 年）作品，占据洞窟主室南壁大半（另

---

① 敦煌研究院编，刘永增著：《敦煌石窟艺术·莫高窟第一五八窟》，江苏美术出版社，1998 年。

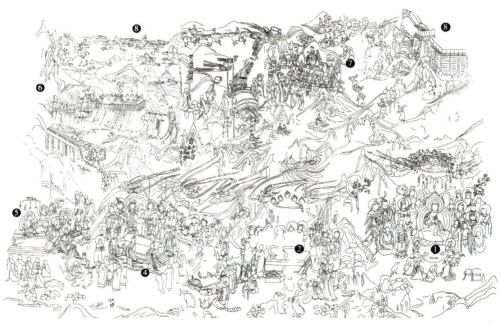

图 7-2　莫高窟第 332 窟南壁涅槃经变示意图

一半为彩塑立像）（图 7-2），第 148 窟为唐代宗大历十一年（776 年），长卷式，占据整
个西壁及北壁部分（23 米余）（图 7-3），情节复杂，按北凉昙无谶译《大般涅槃经》等
涅槃类经典的记载，把佛陀涅槃的主要情节都画了出来，依次画有：临终遗教、纯陀供
养、入般涅槃、棺盖自启为母说法、出殡之金棺自举、大出殡图、香楼焚棺图、求分舍利

图 7-3-1　莫高窟第 148 窟西壁涅槃经变

图（或有八王争舍利战争场面）、收取舍利起塔供养等，场面宏大，情节复杂①。

　　第158窟同为涅槃大窟，窟形空间结构和第148窟大同小异，有足够的空间表现《大般涅槃经》等表现涅槃的经典所记载描述的佛涅槃的场面和细节，但第158窟的绘画者和功德主并没有延续第332窟和第148窟的形式，只选取弟子举哀。菩萨与天龙八部众悼佛、各国国王举哀、动物供养、末罗族供养等有限和简单的几个场景，此图像特征又似乎回到了隋朝的情形。据学者研究，莫高窟隋代涅槃经变更多体现的是中亚的传统图像特征②。由此表明可能在作为粟特人功德主的影响下，他们没有选择本民族并不喜好的如同第332、148窟那样长篇表现中国传统丧葬的场面，而选择了更适合本民族绘画特征的样式。

　　据宫治昭的研究，以巴米扬为代表的中亚地区的涅槃图像，围绕在佛周围的核心情节主要有四，即须跋入火界定、大迦叶礼拜双足、哀悼的众人、摩耶夫人，显然其中众人

---

① 贺世哲：《敦煌莫高窟的〈涅槃经变〉》，《敦煌研究》1986 年第 1 期，第 1—26；《敦煌石窟全集·法华经画卷》，商务印书馆，2000 年，第 122—180 页；《敦煌研究文集·敦煌石窟经变篇》，甘肃民族出版社，2000 年，第 68—126 页；《敦煌石窟论稿》，甘肃民族出版社，2004 年，第 283—342 页。
② 刘永增：《敦煌莫高窟隋代涅槃变相图与古代印度、中亚涅槃图像之比较研究》，《敦煌研究》1995 年第 1 期，第 16—35 页。

图 7-3-2　莫高窟第 148 窟西壁涅槃像

图 7-4-1　克孜尔石窟第 38 窟后甬道正壁涅槃像

图 7-4-2　巴米扬第 72 窟涅槃图

图 7-4-3　巴米扬第 330 窟涅槃图

哀悼占据着画面的主要空间位置（图7-4）[1]，这一特征正是第158窟涅槃图像的基本现象。其中最能反映洞窟粟特人功德主的是其中的各国王子举哀图、末罗族乐舞供养、两位弟子所捧之方盒即纳骨瓮、佛枕之团花联珠雁衔珠纹[2]。其中的各国王子举哀图被认为是受到粟特地区传统绘画的影响，代表性画面即是片治肯特2号遗址表现"斯雅乌秀传说"的著名壁画"哀悼之图"（图7-5），其画面构图特征包括画面的主题"哀悼"、举哀的人物、举哀的形式等均与中亚涅槃图像极其相似[3]。

　　宫治昭又注意到中亚涅槃图与弥勒菩萨的经常性组合关系，认为是表现法灭的思想[4]。同样，在第158窟有作为表现未来佛的弥勒倚坐像彩塑，构成涅槃与弥勒的组合，再次表现了作为功德主的粟特人对中亚图本的偏爱。

图7-5　中亚片治肯特遗址中的哀悼图

①［日］宫治昭著，李萍、张清涛译：《涅槃和弥勒的图像学》，文物出版社，2009年，第453—477页。

② 沙武田：《莫高窟第158窟功德主与粟特人关系试考》（上、下），《美术设计研究》2010年第1、2期，第16—22页，第29—36页。沙武田：《吐蕃统治时期敦煌石窟研究》，中国社会科学出版社，2013年，第206—247页。

③［日］宫治昭：《涅槃和弥勒的图像学》，东京吉川弘文馆，1992年，第525—553页。相关内容另见贺小平中译本：《关于中亚涅槃图的图像学考察》，《敦煌研究》1987年第3期，第94—102页。

④［日］宫治昭著，贺小萍译：《关于中亚涅槃图的图像学考察》，《敦煌研究》1987年第3期，第94—102页。

图 7-6　莫高窟第 158 窟涅槃经变中的各国王子举哀图

（二）对中亚涅槃传统的修正体现出来的粟特文化影子

第 158 窟涅槃经变中的各国王子举哀图（图 7-6）虽然受到中亚和西域涅槃图像的深刻影响，但若相互之间进行仔细的比较，还是有所不同。第 158 窟这幅图中的人物身份较统一，是以各国国王的身份出现，但经典所记载则人物众多、构成复杂，往往是"四部众""无数一切大众""诸众生"的其中一类，在这些各部众中有妇女形象出现在巴米扬和龟兹等石窟壁画涅槃图中（图 7-7）。女性人物出现在涅槃图中，除了佛典所记佛母摩耶夫人和其随从之外，在敦煌石窟中没有看到过与中亚巴米扬同类图像中出现的混同在各类举哀人物中的女性形象。

入华的粟特人对于女性的隐讳笔法，其本民族女性在考古和艺术

图 7-7　龟兹壁画中涅槃图中的举哀者

中的缺失现象，一直受到考古和艺术史学界的关注①。入华胡人女性在汉人社会受到歧视是客观的历史问题和文化现象，我们在探讨外道女性②和胡旋女③相关问题时已有揭示，最终表现在艺术方面，成为中古时期颇具偏见的一类艺术表达手法。到了敦煌，受汉文化影响的佛教艺术中，对胡人女性的表现出现强烈的排斥心理，因此中亚涅槃经变中本来存在的女性举哀人物被有意略去，这一点也是入华后汉化的粟特人艺术的基本笔法。

（三）各国王子举哀图中人物榜题框暗含功德主的身份需求

仔细观察第 158 窟的各国王子举哀图，可以发现该幅壁画与中亚、龟兹、敦煌本地同类绘画有一个较大的不同点，即在相应的人物旁边绘制榜题，虽然文字不存，但榜题框保存完好，说明第 158 窟的这幅各国王子举哀图绘画之初是经过精心设计的，虽然可能有一定的粉本供参考，但因为标明了各个人物的身份关系，显然又并非完全据粉本所作，因经典中只强调在佛陀涅槃之时，会有不同的人前来悼念，其中国王、王子仅是各色人等中的一类。据唐若那跋陀罗译《大般涅槃经后分》卷下《圣躯廓润品》记载，释迦牟尼涅槃后，"迦毗罗"等八国国王"号哭悲哀，闷绝躄地"④。作为经变画艺术，显然没有必要分别标明每个人代表的国家、民族或姓名，正如我们在维摩诘经变中看到的各国王子礼佛图、中原帝王礼佛图，经典中讲前来毗耶离城维摩帐下听二大士辩法的人有"国王、大臣、长者、居士、婆罗门及诸王子并余官属，无数千人，皆往问疾"⑤，但我们在所有的维摩诘经变中看到的这些人物全不配榜题

① 向达：《唐代长安与西域文明》，生活·读书·新知三联书店，1957 年，第 40 页。芮传明：《唐代"酒家胡"述考》，《上海社会科学院学术季刊》1993 年第 2 期，第 159—165 页。孙机：《序言》，载乾陵博物馆编《丝路胡人外来风——唐代胡俑展》，文物出版社，2008 年，第 10 页。葛承雍：《丝路古道与唐代胡俑》，载乾陵博物馆编《丝路胡人外来风——唐代胡俑展》，文物出版社，2008 年，第 22—23 页。杨瑾：《考古资料所见的唐代胡人女性》，《文博》2010 年第 3 期；另载氏著《汉唐文物与中外文化交流》，陕西人民出版社，2018 年，第 46—51 页。
② 沙武田：《文化偏见与艺术歧视——敦煌画女性外道表现手法发覆》，口头发表于 2019 剑桥敦煌学国际学术研讨会，2019 年 4 月剑桥大学。
③ 沙武田：《隐讳的丝路图像——胡旋女在胡旋舞考古遗存中缺失现象探微》，复旦大学主办"丝绸之路写本文明国际学术研讨会"，2019 年 6 月。
④（唐）若那跋陀罗译：《大般涅槃经后分》，《大正藏》第 12 册，第 911 页。
⑤（姚秦）鸠摩罗什译：《维摩诘所说经》，《大正藏》第 14 册，第 539 页。

图 7-8-1　莫高窟第 103 窟维摩诘经变

图 7-8-2　莫高窟五代第 108 窟维摩诘经变各国王子图

（图 7-8），即是这个道理。

　　作为比较，梳理一下之前和同时期的涅槃经变，有明显的不同之处。第 158 窟涅槃经变同传承了中亚图本的隋代洞窟有更多的相同点，但隋代莫高窟第 295（图 7-9）、427、280、420 窟诸涅槃

图 7-9　莫高窟隋代第 295 窟涅槃图

图 7-10　莫高窟第
148 窟涅槃经变局部

经变完全没有出现各国王子举哀的场景。到了初唐第 332 窟的涅槃经变，场面宏大，情节复杂，分别在最后供养、佛为母亲说法、八王分舍利、舍利供养等场面均出现不同服饰和面貌的各国王子，但整个画面没有出现任何榜题。而到盛唐第 148 窟涅槃经变中，情节更加丰富，内容更加复杂，场面更多，其中在供养、举哀、分舍利等诸多情节中出现不同民族服饰和面貌的各国王子集体像（图 7-10），但均没有单独表明人物身份的榜题。

图 7-11　莫高窟第 44 窟中唐画涅槃经变各国王子举哀图

不过第 148 窟涅槃经变有丰富的榜题，且文字保存完好，多可清晰释读①。其他初盛唐时期的涅槃像如第 46、225 等窟，因为是以塑像的形式出现，受材料形式的限制，均未出现各国王子举哀的造像。

到了同时期的中唐吐蕃时期，有第 44 窟主室中心柱后西壁中唐补绘的大型涅槃经变，在第 158 窟涅槃经变同样的位置，即佛足后面出现一组各国王子供养像，其中明显的一身为吐蕃赞普像，但所有的人物均无榜题（图 7-11）。同为中唐补绘的第 185 窟主室东壁门上的涅槃经变，在佛足后面的几组人物，其中有一组为汉族帝王与众大臣，

最后面出现一组服饰面貌特征看应为各国王子的形象（图 7-12），总共有七身，但其位置处的榜题仅有三条，显然不匹配，应该不是对应的各人物国家、民族，而是来自经文的文字。

因此，第 158 窟涅槃经变中的各国国王举哀图的场景中，画家给每个不同国家或不同民族的王子画像旁边搭配一榜题框，显然当初是有文字书写的，这些文字如同其中在吐蕃赞普像旁的榜题内书写藏文"赞普"二字一样②，应该全是同类性质的文字，是相

① 图版参见敦煌研究院编，贺世哲主编：《敦煌石窟全集·法华经画卷》，上海世纪出版集团、上海人民出版社，2000 年。

② 对此藏文题记，日本学者上山大峻转写为 "dtsanpo"，汉译为 "赞普"（刘永增：《敦煌石窟艺术·莫高窟第 158 窟》，江苏美术出版社，1998 年，第 33 页）。霍巍转写为 "Bod-Btsan-po"，译为 "蕃赞普"（霍巍：《突厥王冠与吐蕃王冠》，《考古与文物》2009 年第 5 期，第 85 页）。

图 7-12　莫高窟第185窟东壁门上涅槃经变

应人物的国家、民族、身份的标识。

从现存各人物的服饰与面貌特征大体可以看到，除了特征明显的吐蕃赞普、中原帝王之外，其他人的身份，据从服饰特征的分析可知，确实以来自中亚粟特九姓胡为主①。

由此，按佛教经变画宣教的基本功能，在这里画家给本来完全不需要榜题框和相应文字的各国王子的画像前一一标注身份，应该是有意义的。考虑到功德主的粟特人身份，显然在这里有强调其民族身份和文化认同的心理需求。借涅槃经变，同时也应该有强调粟特人在佛教信仰历史方面的原始性和悠久性。而画面中唐、吐蕃、粟特人

①　曹喆：《唐代胡服——唐代敦煌壁画维摩诘经变中的胡服考证》，《丝绸》2007年第3期，第44—47页。

图 7-13-1　莫高窟第 158 窟涅槃经变诸天部举哀像

济济一堂，有文字说明，给观看者强烈的民族共存的印象，正是敦煌吐蕃时期基本的民族面貌[①]。

（四）各国王子画面人物顺序安排上的粟特主导地位

仔细观察第 158 窟各国国王举哀图，之前介绍此画面的文字或图版都局限在洞窟主室的北壁壁面上的画面，并以为是以吐蕃赞普为首的画面结构。但经我们仔细观察发现，在北壁吐蕃赞普之前、西壁的众天部之后，还有一身国王立像，占据南壁和西壁的拐角处，头戴"王"子冠，身着长袖汉服，为一老者形象，有长胡须，面貌特征有胡貌之相，朝向释迦牟尼，神情悲痛，在其前上方有一红底榜题框（图 7-13）。考虑到洞窟功德主的粟特胡人属性，这一身人物应该属于功德主所属本民族代表人物，代表的即是来自中亚的粟特胡人国王形象，赫然存在的"王"字冠帽，说明其与后面的赞普属并列关系，且有强调其国王身份之意义。之所以身着汉服，显然是有强调功德主所在粟特族属汉化

① 荣新江：《归义军及其与周边民族的关系初探》，《敦煌学辑刊》1986 年第 2 期，第 24—44 页。郑炳林、王尚达：《吐蕃统治下的敦煌粟特人》，《中国藏学》1996 年第 4 期，第 43—53 页。

图 7-13-2　莫高窟第 158 窟涅槃经变西
壁与北壁拐角处一身人物像

问题，以图像的形式非常巧妙地表达了第 158 窟功德主们，作为移居敦煌的九姓胡人安氏后裔，虽然身处吐蕃统治之下，仍然有强烈的唐王朝情节，这种现象出现在河西粟特安氏的身上，完全符合他们家族与唐王朝千丝万缕的关系[①]。

如果把此身人物理解成佛涅槃所在地拘尸那城的国王或佛经所记迦毗罗国的国王，则应属印度人物形象，当有壁画常见婆罗门人物形象特征，而不应该以此类汉服的形式出现。这一时期表现印度人的形象，即是佛教艺术中常见的外道婆罗门人物，同窟涅槃台下正壁北侧的末罗族人舞蹈供养形象即是（图 7-14）。

① 吴玉贵：《关于李轨河西政权的若干问题》，《敦煌学辑刊》1990 年第 1 期，第 68—78 页。又见吴玉贵：《突厥汗国与隋唐关系史研究》，中国社会科学出版社，1998 年，第 313—316 页。吴玉贵：《凉州粟特胡人安氏家族研究》，载《唐研究》第三卷，北京大学出版社，1997 年，第 195—338 页。

图 7-14　莫高窟第 158 窟涅槃龛下末罗族人物像

因此，这一身国王举哀像的释读，纠正了之前传统认为该窟各国王子举哀图以吐蕃赞普为前导第一身国王像的认识，再次印证了我们对该窟功德主粟特胡人身份的推论。而其所在画面位置，把西壁诸天部举哀和各国王子举哀有机联系在一起，当是设计者和画家的匠心布局。

图 7-15　莫高窟第 158 窟涅槃经变各国
王子后的一只猴子

（五）一只猴子的粟特属性

在各国王子举哀图的最末位置，即各国王子中赤裸上身持一长剑刺胸人物旁边，亦即这幅画面与倚坐的弥勒彩塑大像之间蹲着一只猴子，面向各国王子，张大嘴巴，眼睛突出，似有悲哀惊恐状，右手持一枝荷花，作供养状（图 15-1）[1]。

涅槃经变中出现各类动物倒是常见的现象，表示牛王等各类动物听闻释迦牟尼入般涅槃，前来供养佛，在第 332、148、92 等窟涅槃经变中均有看到各类动物最后一次听佛说法和最后供养的画面（图 7-15），第 158 窟涅槃佛台下面正壁中间龛两侧也有类似画面，其中末罗族舞蹈之后画有老虎、大角的鹿等动物供养像（图 7-16）。虽然猴子持花供养的性质是明确的，但把此只猴子画在不同的位置，与这些动物不在一起，当属另有考虑。

考虑到洞窟功德主的粟特胡人属性，联想到猴子在粟特美术中较为频繁出现的例证，二者之间似有关联。敦煌佛爷庙湾唐墓模印胡人牵驼砖中，就有一只猴子出现在骆驼所驮载的驮囊之上（图 7-17）[2]；唐昭陵陪葬墓郑仁泰墓一峰陶骆驼，在圆鼓鼓的驮

① 日本学者上岛亮曾经调查过敦煌壁画中的猴子，但遗漏了这一只，参见上岛亮：《敦煌的猴子》，《敦煌研究》1997 年第 4 期，第 20—25 页。
② 甘肃省博物馆：《敦煌佛爷庙湾唐代模印砖墓》，《文物》2002 年第 1 期，第 42—65 页。

图 7-16 莫高窟第 158 窟涅槃台下动物供养像

图 7-17 敦煌唐墓出土胡人骆驼砖及拓片

图 7-18　昭陵郑仁泰墓骆驼俑　　　　　图 7-19　辽宁朝阳蔡须达墓载猴子陶骆驼俑

囊上面同样爬着一只小猴子（图 7-18）[1]；辽宁朝阳贞观十七年（643 年）蔡须达墓出土
的一峰陶骆驼上，在圆圆的驮囊上面，也蹲着一只小猴子（图 7-19）[2]；新疆和田约特干
遗址出土较多的陶制小猴子，也有猴子骑在马上或骆驼上的图像（图 7-20）[3]；粟特地
区的遗址中也常见此类陶制小猴子[4]；广中智之认为猴子与马和骆驼在一起的现象，是源自

① 陕西省博物馆、礼泉县文教局唐墓发掘组：《唐郑仁泰墓发掘简报》，《文物》1972 年第 7 期，第
　　33—42 页，现藏陕西省博物馆。
② 尚晓波、朱达：《辽宁朝阳北朝及唐代墓葬》，《文物》1998 年第 3 期，第 4—26 页。
③ [日] 广中智之：《和田约特干出土的猴弹乐器陶俑类型分析——以俄藏彼得罗夫斯基收集品为中
　　心》，《新疆师范大学学报》（社会科学版）2008 年第 4 期，第 62—66 页。图版参见斯坦因：《西域美
　　术：斯坦因收集敦煌绘画》第三卷，讲谈社，1984 年，黑白图版第 101、102、103。另参见Expedition
　　Silk Road:Journey to the West,Treasure from the Hermitage,Hermitage Amsterdam2014,彩色图版 101.
④ 2016 年 12 月笔者于陕西师范大学聆听俄罗斯艾尔米塔什博物馆东方部PAVAL LUJER 教授讲座所得。

图 7-20   和田约特干遗址出土的猴子骑骆驼俑

印度的信仰,伊朗也有类似信仰,隋唐时期骆驼上的猴子,则是随着丝绸之路传入的[1]。齐东方同时指出唐墓骆驼上的猴子,也应和中国古代猴子治骡马病的传统有关[2]。

对这方面的研究,以上学者们已揭示出一些相关的资料。晋干宝《搜神记》卷三:

赵固所乘马忽死,甚悲惜之。以问郭璞,璞曰:"可遣数十人持竹竿,东行三十里,有山林陵树,便搅打之,当有一物出,急宜持归。"于是如言,果得一物,似猿。持归,入门见死马,跳梁走往死马头,嘘吸其鼻。顷之,马即能起,奋迅嘶鸣,饮食如常,亦不复见向物。固奇之,厚加资给。[3]

唐李冗《独异志》卷上云:

① [日]广中智之:《和田约特干出土猴子骑马俑与猴子骑骆驼俑源流考》,《西域研究》2003年第1期,第70—83页。[日]广中智之:《古代中国猴与马故事的源流——中外文化交流之一例》,《中国典籍与文化》2003年第3期,第118—123页。

② 齐东方:《丝绸之路的象征符号——骆驼》,《故宫博物院院刊》2004年第6期,第23—24页。

③ (晋)干宝撰,汪绍楹校注:《搜神记》卷三,中华书局,1979年,第37页。(宋)李昉《太平广记》卷四三五,中华书局,1961年,第3538页。

图 7-21-1 莫高窟第 158 窟立佛和倚坐佛彩塑

　　东晋大将军赵固，所乘马暴卒，将军悲惋。客至，吏不敢通。郭璞造门语曰：
"余能活此马。"将军遽召见。璞令三十人悉持长竿，东行三十里，遇丘陵社林，
即散去。俄顷，擒一兽如猿，持归至马前，兽以鼻吸马，马起跃。如今以猕猴置
马厩，此其义也。①

　　后魏贾思勰《齐民要术》卷六云：

　　凡以槽饲马，以石灰泥马槽，马汗系著门：此三事，皆令马落驹。《术》曰：
常系猕猴于坊，令马不畏，辟恶，消百病也。②

① 上海古籍出版社编：《唐五代笔记小说大观》（上），上海古籍出版社，2000 年，第 915—916 页。
② （后魏）贾思勰著，缪启愉校释：《齐民要术校释》，农业出版社，1982 年，第 286 页。

图 7-21-2　莫高窟第 158 窟彩塑大像特写

因此，第 158 窟在各国王子群像后画一猴子，其实也是丝路上粟特人与猴子长期产生的关系在敦煌壁画中的反映。

（六）受粟特影响下的团花佛衣

第 158 窟涅槃大佛的南北两侧，又分别为一彩塑立佛像和倚坐的佛像（图 7-21），共同构成过去、现在、未来的三世佛结构，过去佛迦叶佛为立佛，现在佛释迦为涅槃卧佛，未来的弥勒佛为倚坐佛。三世佛是敦煌石窟北朝以来较为流行的造像体系①。但我

---

① 贺世哲：《关于十六国北朝时期的三世佛与三佛造像诸问题》（一）（二），《敦煌研究》1992 年第 4 期，第 1—21 页；《敦煌研究》1993 年第 1 期，第 1—10 页；《中国敦煌学百年文库·考古卷》3，甘肃文化出版社，1999 年，第 71—104 页；《敦煌石窟论稿》，甘肃民族出版社，2004 年，第 410—462 页。

图 7-22-1　莫高窟第 158 窟彩塑坐佛像袈　　　图 7-22-2　莫高窟第 158　　　图 7-22-3　莫高窟第
裟团花　　　　　　　　　　　窟彩塑倚坐佛袈裟团花　　　　158 窟彩塑立佛袈裟团花

们在此窟的立佛和倚坐佛的佛衣上观察到一个有趣的现象，即二佛像的袈裟上均遍饰白
色的团花纹（图 7-22），其中最外层土红底色条形衣上每个格子内各饰一白色团花，另
外在脚部露出的最底层衣服上也装饰团花图案，倚坐佛里层僧祇支上也饰团花。

　　佛像服饰是有规定的，即严格的三衣制度，即姚秦罽宾三藏佛陀耶舍共竺佛念等译
《四分律》规定："听诸比丘作新衣，一重安陀会，一重郁多罗僧，二重僧伽梨。"袈裟一
词即梵文的 KASAYA，汉译袈裟，意为不正，"译曰不正、坏、浊、染等"[1]。三衣均由世
俗旧衣割截而成，重新缝制为纵横相间的稻田相，所以又称"割截衣""纳衣""百衲衣"。
三衣的材料也尽量以普通的棉、麻为主，是世俗人废弃、施舍之物，不能昂贵豪华。袈裟
的色相为"坏色"，以若青、若黑、若木兰色为主，但唐人道宣《四分律删繁补阙行事钞》
指出"一切青、黄、赤、白、黑五种纯色不得着"[2]，宋人元照《佛制比丘六物图》又说：
"上色染衣……须离俗中五方正色（谓青、黄、赤、白、黑）及五间色（谓绯、红、紫、绿、
碧，或云硫黄），此等皆非道相。"[3] 正因为有非常严格的规定，因此我们看历代佛像外层

①（姚秦）佛陀耶舍、竺佛念译：《四分律》，《大正藏》第 22 册，第 857 页。
②（唐）道宣：《四分律删繁补阙行事钞》，《大正藏》第 40 册，第 105 页。
③（宋）元照：《佛制比丘六物图》，《大正藏》第 45 册，第 898 页。

袈裟条形衣，均为单一色调，间有弟子或比
丘袈裟上饰水田纹样，即有山水画于其上，
俗称山水衲（图 7-23），应是佛与弟子在田
间走路受到启发的结果。但在袈裟上饰其
他各类纹样，显然有违背佛之本意，也不合
佛典所记三衣的基本特征。第 158 窟在二
身佛衣上遍饰白色的团花，使这两身佛衣
极具装饰效果，也使本来不华丽的袈裟颇
显富丽堂皇，不合教义，这在佛教造像史上
也是较为独特的一例。

目前学术界研究佛衣，以佛衣经典源
流、佛衣基本的穿着形式、佛衣样式的时代
和地区变化等问题为主[1]，还未见有专门讨
论佛衣上装饰问题的文章，因为若按严格
的经典教义，此问题本不存在，亦便无从
研究。

所以，第 158 窟立佛和倚坐佛造像佛
衣上出现遍饰白色团花的现象，给我们提
出新的思考。显然，在这里要找到经典的
规范是不大可能，在同时期和敦煌传统的
造像中也找不到可以比较的案例。在这里，
只有结合洞窟功德主的粟特胡人背景方可
解释得通。作为在服饰上喜欢装饰各类纹
样的粟特人，违背常识，给自己功德窟的佛

图 7-23 莫高窟初唐第 328
窟彩塑弟子像（摹写）

像上也画上大大的团花，似有粟特锦的风格，有浓厚的民族意识在其中。因为我们观察

---

① [日] 川口高风：《法服格正の研究》，第一书房，1976 年。[日] 泽木兴道监修，久马慧忠编：《袈
裟の研究》，大法轮阁版，1938 年。费泳：《中国佛教艺术中的佛衣样式研究》，中华书局，2012 年。
陈悦新：《5—8 世纪汉地佛像着衣法式》，社会科学文献出版社，2014 年。

图 7-24-1　莫高窟第 158 窟涅槃经变各国王子人物特写

图 7-24-2　莫高窟第 158 窟涅槃经变各国王子局部

此二身佛衣上的团花，同样出现在各国王子举哀图的赞普的大衣和两身王子的外衣上面（分别为割耳者和戴厚毛边帽者）（图 7-24）。吐蕃的服饰受粟特和突厥的影响深刻[①]，所以粟特胡人的团花服饰图案也出现在赞普的衣服上。

但有趣的是，我们注意到第 158 窟同窟壁画中的诸多佛像，均着单色的佛衣，没有袈裟上装饰团花的事例（图 7-25）。这一点也说明此二身彩塑佛像上佛衣上的团花纹是有意装饰的，若按此道理，涅槃大像佛衣上极有可能也遍饰团花，三世佛是统一的佛衣装饰效果。若此成立，则第 158 窟初建之时，佛衣华丽，渲染了一特殊的佛教空间，应该是粟特人功德主背景下的特有信仰空间。

我们之所以认定此类团花有粟特因素，可以得到该窟同类图案的佐证。在本窟金光

---

① 霍巍：《从考古材料看吐蕃与中亚、西亚的古代交通——兼论西藏西部在佛教传入吐蕃过程中的历史地位》，《中国藏学》1995 年第 4 期，第 48—63 页。陆庆夫、陆离：《论吐蕃制度与突厥的关系》，《兰州大学学报》（社会科学版）2005 年第 4 期，第 60—67 页。霍巍：《突厥王冠与吐蕃王冠》，《考古与文物》2009 年第 5 期，第 81—88 页。

图 7-25　莫高窟第 158 窟经变画主尊一例

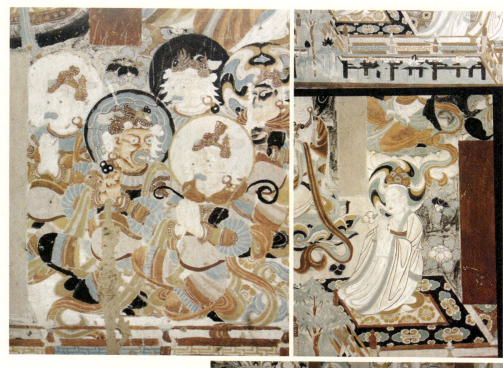

图 7-26 莫高窟第 158 窟金
光明最胜王经变人物地毯装饰

明最胜王经变前来听法的诸人物中，其中有一身王子、几身婇女等使用的地毯即为团花纹图案（图 7-26），有唐一代毯子类物品，主要来自中亚粟特和波斯萨珊等地，这在文献中记载颇为丰富，以美国学者Edward Hetzel Schafer的研究为代表①，学界有丰富的研究成果可供参考。

---

① ［美］薛爱华著，吴玉贵译：《撒马尔罕的金桃：唐代舶来品研究》，社会科学文献出版社，2016 年，第 488—490 页。

图 7-27　各国王子举哀图

二、彰显吐蕃因素图像运用与细节处理

莫高窟第 158 窟是吐蕃时期的代表窟，洞窟中能明确代表吐蕃特色和因素的图像有两处，一处是各国国王举哀图中的吐蕃赞普像及其藏文题记，另一处是甬道中的吐蕃装供养像和"大番管内三学法师持钵僧宜"供养僧人像，对此学术界已多有研究①。

但仔细观察这几处壁画图像，还可以发现一些更为有趣的现象和值得进一步探讨的问题。

（一）对唐蕃两个民族帝王像的强调及其原因和意义

在各国王子举哀图中，其中的吐蕃赞普和汉族帝王与其他诸国王像有较大的不同，此两位王像从画面整体结构而言，位处前排位置，此二人均有头光，二人分别由两侧的两身女侍从搀扶（图 7-27）；其他各王子均独自一人，全无头光，即使我们前文所论有

① 黄文焕：《跋敦煌 365 窟藏文题记》，《文物》1980 年第 7 期，第 47—49 页。贺世哲：《从供养人题记看莫高窟部分洞窟的营建年代》，载《敦煌莫高窟供养人题记》，第 207 页。魏健鹏：《敦煌壁画中吐蕃赞普像的几个问题》，《西藏研究》2011 年第 1 期，第 68—77 页。

可能属于洞窟功德主粟特安氏本民族的王子像，都无此特殊待遇。

　　首先，排列位置关系问题。从莫高窟第 332、148 窟大型涅槃经变画面中若出现各国王子的形象，总是处在中原汉族帝王并群臣像的后面或后排位置。类似的图像出现在长安等地看到的佛塔地宫发现的诸多舍利石函或舍利宝帐上出现的分舍利画面中，汉族帝王和大臣总是出现在其他各国王子像的前列位置，代表如临潼庆山寺地宫出土的武周时期的舍利宝帐线刻图，其中的分舍利画面中（图 7-28），左面第一身即汉族帝王，对应右面第一身为吐蕃赞普像①。另，蓝田菜拐村法池寺舍利石函上的分舍利场面，右面并

图 7-28-1　临潼庆山寺舍利宝帐

图 7-28-2　临潼庆山寺舍利宝帐上的涅槃经变（线刻）

① 赵康民编著：《武周皇刹庆山寺》，陕西旅游出版社，2014 年，第 49 页。

图 7-28-3　临潼庆山寺舍利宝帐上的涅槃经变（线刻）

图 7-28-4 临潼庆山寺舍利宝帐上的涅槃经变（线刻）

图 7-28-5 临潼庆山寺舍利宝帐上的涅槃经变分舍利图

图 7-29　蓝田法池寺舍利石函及分舍利图

列两身均为汉族帝王形象，对应的是两身头戴羽毛冠的新罗王子形象（图 7-29）[①]。

因此，虽然第 158 窟各国王子举哀图在人物的排列顺序上，总体上有长安等内地相关图像的影响，但把吐蕃赞普放在汉族帝王像之前，又把二人并列同规格处理，显然是在吐蕃统治的历史背景左右下又刻意强调唐蕃关系。第 158 窟是吐蕃统治敦煌晚期的洞窟，时间在 839 年左右，这一时期正是唐蕃长庆会盟后不久，唐蕃关系出现历史性的转变，在拉萨大昭寺门前立了《唐蕃会盟碑》，同时在像赤岭、德噶玉采等唐蕃交界的地方树碑、建汉藏寺院[②]，包括在吐蕃统治的汉地也会通过建寺或建窟的形式纪念这一伟大的历史事件，其中瓜州榆林窟第 25 窟即是在这样的背景下营建的功德窟[③]。

作为粟特人的功德主，能够如此用心安排绘画这一在唐蕃关系史上有重要象征意义的壁画，实是唐、吐蕃、粟特历史上的里程碑图像。

[①] 东京国立博物馆编：《宫廷の荣华：唐の女帝・则天武后とその时代展》，东京，1998 年，图版 34。

[②] 相关研究参见 Matthew T.Kapstein, The Treaty Temple of De-ga g·yu-tshal : Identification and Iconography.《西藏考古与艺术国际学术讨论会论文集》，四川人民出版社，2004 年，第 98—127 页。谢继胜、黄维忠：《榆林窟第 25 窟壁画藏文题记释读》，《文物》2007 年第 4 期，第 70—78 页。 Matthew T.Kapstein : The Treaty Temple of the Turquoise Grove, Buddhism Between Tibet and China, Edited by Matthew T. Kapstein, Wisdom Publication, Boston, 2009, pp1—20. 黄维忠：《德噶玉采会盟寺（de ga g·yu tshal gtsigs kyi gtsug lag khang）考——再论该寺非榆林窟》，《敦煌研究》2009 年第 3 期，第 93—99 页。

[③] 沙武田：《一座反映唐蕃关系的"纪念碑"式洞窟——榆林窟第 25 窟营建的动机、思想与功德主试析（上、下）》，《艺术设计研究》2012 年第 4 期，第 10—17 页；《艺术设计研究》2013 年第 1 期，第 16—23 页。

图 7-30　四川石渠须巴神山吐蕃石刻赞普供养像

其次，头光的问题。给吐蕃赞普和汉族帝王绘画头光也有特殊的含义。头光是佛之三十二相之一种，在佛教绘画中是对佛、菩萨、弟子、天王、力士等尊像画人物神性的定义，世俗普通人是不具备这一好相的。按这个道理推论，在这幅画中，设计者、绘画者和功德主是把此两身帝王像神圣化处理了。吐蕃赞普有头光，可以在四川石渠须巴神山吐蕃石刻中看到（图 7-30），具体人物是被称为藏族历史上"三法王"之一、有"圣神菩萨赞普"称号的赤松德赞，有相应的藏文愿文题刻①。赤松德赞的供养像有头光，是因为他是吐蕃当时的"圣神菩萨赞普"②，所以给他画上头光是可以理解的。另外，在吐蕃的佛教信仰和传统中，认为吐蕃赞普松赞干布是观音的化身，是后期藏文文献中所谓的"圣观自在心之子""大悲心所变化之护教大王"③，因此也是可以加上头光的。另在敦煌文献和唐蕃会盟碑中提到松赞干布时，往往称其为"圣神赞普赤松赞"，"圣神"的称号，也是可以加头光的。《嘛呢全集》④〔又译作:《法王松赞干布嘛呢全集》(chos rgyal

① 四川省文物考古研究院、石渠县文化局:《四川石渠县新发现吐蕃石刻群调查简报》,《四川文物》2013 年第 6 期, 第 3—15 页。
② 参见琼结桥头碑文, 巴桑旺堆:《吐蕃碑文与摩崖石刻考证》, 西藏人民出版社, 2013 年, 第 32—33 页。
③ 五世达赖喇嘛著, 刘立千译:《西藏王臣记》, 民族出版社, 2002 年, 第 100 页。虽然目前看到这一说法的历史文献略晚, 但考虑到布达拉宫是观音普陀珞珈之音译, 因此有理由认为, 吐蕃人在很早的时间即有这一传统。
④《嘛呢全集》, 青海民族出版社, 1991 年。

srong btsan sgam bo'i ma ni bka' `bum bzhugs so ）、《玛尼宝训》《松赞干布遗训》《末尼全集》]虽然是后期"掘藏师"假托松赞干布所作，但也可作为松赞干布信仰和推行观音信仰的侧面印证，也可以帮助我们理解很早时期吐蕃人就认为其是观音化身的可能性。张延清把第158窟的赞普画像归为赤松德赞，有头光是重要佐证①。但我们认为，此处的赞普画像，是泛指而非确指，若要确指则题记应标清楚才是。

既然赞普有了头光，在长庆会盟后成为甥舅关系的吐蕃赞普与唐朝帝王在这里要平等对待，那么唐帝王也要画上头光才行。换句话说，在这里，两位帝王已成为佛弟子或菩萨了。

再次，吐蕃赞普的藏汉对照榜题设计。现存于洞窟的北壁各国王子举哀图，吐蕃赞普的头像部分不知道什么时间被人为切割，包括榜题也一并切割，但根据伯希和考察团1908年拍摄的照片观察可知（图7-31），赞普像前的榜题分别是横框和竖框组合，即是汉文和藏文对照的榜题形式。此种榜题设计形式在此洞窟仅存此一例，其他各国王子榜题均为竖长条形，显然是属于书写汉字所用。给赞普像单独设计藏汉对照的榜题框，在强调吐蕃统治的同时，又充分说明功德主强烈的汉化意识。这种藏汉对照的榜题框，即今枝由郎提出的"T形框"②，笔者之前有专题研究③，或可参考。无论如何，在这里单独给赞普像加上属于本民族语言文字的榜题，有浓厚的吐蕃因素。不过非常有趣的现象是，该铺举哀图中的其他竖形榜题

图 7-31　1908 年伯希和拍莫高窟第 158
窟各国王子举哀图

---

① 张延清（华青道尔杰）、张子鹏：《莫高窟第158窟建窟年代新探》，载《藏学学刊》第十二辑，中国藏学出版社，2015年，第36—48页。

② Yoshiro Imaeda,T-shaped Inscription Frames in Mogao(Dunhuang)and Yulin Caves,《日本西藏学会会报》第53号，2007年6月，第88—99页。张长虹中译本：《藏学学刊》第五辑，四川大学出版社，2009年，第286—290页。

③ 沙武田：《榆林窟第25窟T形榜子再探》，《敦煌研究》2011年第5期，第28—34页。

图 7-32 莫高窟第 158 窟甬道吐蕃时期供养像

框中的汉字全部不存，唯独此条藏文榜题清晰地保存了下来，似乎是使用了不同的墨的缘故。我们在该洞窟的顶上看到了大量保存清晰的榜题汉字，可能是使用了相同的墨。

（二）供养人画像榜题的吐蕃传统

在第 158 窟甬道南北两壁，剥离上层后期重绘的壁画，虽然底层中唐吐蕃期的壁画被刻画严重，但仍然可以看到中唐吐蕃时期供养人的主体轮廓（图 7-32），榜题框和部分文字也能够释读，其中北壁第二身即是"大番管内三学法师持钵僧宜"（图 7-33），其他榜题文字完全不存。

仔细观察此窟甬道南北壁供养人画像的榜题框，发现这些供养人榜题框全部是方

图 7-33 莫高窟第 158 窟甬道北壁题记特写

图 7-34　莫高窟盛唐第 130 窟供养像　　图 7-35　莫高窟中唐第 231 窟东壁门上供养像

形设置，供养人是敦煌石窟最常见的图像，也是历代佛教造像中常见的内容，伴随供养人出现的榜题框和相应的文字，是我们研究相应造像图像的重要依据与可靠的历史信息。受古代汉字书写特点的规范和约束，这些榜题文字也都是竖条形，文字从右到左竖排。莫高窟北朝隋和唐前期洞窟中的供养人榜题框都比较小，是窄条形，到了盛唐开始出现像第 130 窟晋昌郡都督夫妇供养中出现的较为宏大的匾牌式的榜题框（图 7-34），到了中唐时期我们也可以在第 231 等窟看到匾牌式的供养人榜题框（图 7-35），这种榜题框的绘制颇为讲究，有底座、有装饰性碑额，类似唐碑的形制（图 7-36）。显然第 158 窟供养人像榜题框与这些传统的供养人榜题框的做法有所不同。

　　目前所知，莫高窟第 158 窟供养人画像从人物体量上来讲，是中唐吐蕃期洞窟中供养像最大者，也是晚唐之前敦煌石窟供养人画像除第 130 窟南大像之外（北大像第 96 窟也应该有较大的供养人画像，可惜早已毁不存了）最大者，这当然是和该窟巨大的规模有关系。联想到其后晚唐五代宋张氏和曹氏归义军时期大量供养人画像榜题框的设置，多是讲究的碑式匾额（图 7-37），历史梳理的结果，可以明显感受到第 158 窟如此处理榜题框显得有些不合常理。

　　事实上就供养人题记"大番管内三学法师持钵僧宜"条

图 7-36　唐代石碑

图 7-37 莫高窟第 108 窟天公主供养像题额 图 7-38 敦煌绢画Stein painting32 药师净土图

榜题框来看明显感受到文字所占面积有限，还有较大面积的容白，左右均可再书一行文字，这种处理并不美观，也不十分规范。

考虑到第 158 窟是吐蕃时期营建的洞窟，方形题框是属于从上到下横着书写的藏文较为适合的文字框，除了学者们已作过专门研究的敦煌石窟中的藏文榜题框之外，另在藏经洞出土的几幅绢画的榜题文字上也出现了类似于方形的榜题框，如Stein painting32药师净土图（图 7-38）。因此，可以认为第 158 窟供养人画像榜题框以方形形式表现，其实是受藏文书写传统的影响，也就是说设计者或是吐蕃人，或最初设计要写入藏文。"大蕃管内三学法师持钵僧宜"僧人供养像，黄文焕认为即是姓宜的吐蕃僧人，显然他是完全可以使用吐蕃文来书写供养人题记的。

因此，从目前甬道南北可以看到的供养人榜题框来看，全是方形，这些供养人几乎全是僧人，只有一身世俗人，因此几身僧人中除了"僧宜"之外，也应该还有吐蕃僧人；另外，北壁最后一身男供养像是吐蕃装，也有可能为吐蕃人，当然也有可能是吐蕃时期的粟特人，属功德主粟特家族成员。

（三）窟顶四方佛为吐蕃系统图像

第 158 窟顶是以十方净土为主的图像结构，其中的东、西、南、北四方净土的说法图中，分别以象、马、孔雀、金翅鸟四方座兽来呈现（图 7-39），方位概念明确。以此方

图 7-39　莫高窟第 158 窟窟顶十方净土四方净土四兽座主尊

图 7-40　莫高窟第 361 窟顶披图像

式表现四方佛的图像，出现在同一时期的莫高窟第 361 窟顶四披（图 7-40），赵晓星认为属于《金刚顶经》系统[①]，其中检索了金刚智翻译的《金刚顶瑜伽中略出念诵经》中对应的文字：

于其东方如上所说象座，想阿朗稗佛而坐其上；于其南方如上所说马座；想宝生佛而坐其上；于其西方如上所说孔雀座；想阿弥陀佛而坐其上；于其北方如上所说迦楼罗座；想不空成就佛而坐其上。各于座上又想满月形。复于此上想莲华座，每一一莲花座上佛坐其中。[②]

以第 361、158 窟为代表的敦煌中唐吐蕃时期的此类四方佛造像，虽然郭祐孟认为粉本可能来自长安的佛寺[③]，但我们考虑到出现此类图像的第 361、158 窟均为吐蕃统治

① 赵晓星：《梵殊室严——敦煌莫高窟第 361 窟研究》，甘肃人民美术出版社，2017 年，第 52 页。
②《大正藏》第 18 册，第 227 页。
③ 郭祐孟：《敦煌吐蕃时期洞窟的图像结构——以莫高窟 360 和 361 窟为题》，载敦煌研究院编《敦煌吐蕃文化学术研究会论文集》，甘肃民族出版社，2009 年，第 143—173 页。郭祐孟：《敦煌莫高窟 361 窟之研究》，《圆光佛学学报》2009 年第 15 期，第 143—173 页。

后期的洞窟，据赵晓星的研究，第361窟的供养人中有地位较高的吐蕃人在其中，她认为该窟供养人排列体现出来的法会仪式中，有吐蕃人的参与，甚至洞窟的设计和营建也是有吐蕃人的参与①。

考虑到第158窟甬道出现的吐蕃僧人和吐蕃装世俗人，以及各国王子中的吐蕃赞普像，第158窟的营建也不能没有吐蕃人的参与。此二窟从考古分期断代上是同一期的洞窟②。因此，在此二窟中均出现分别以象、马、孔雀、金翅鸟四方座兽来呈现四方佛，其实多少是有吐蕃的因素在其中的，至少可以认为是吐蕃人佛教体系中的一类较流行的图像。据杨清凡的研究，类似的五方佛在吐蕃颇为流行③，因此也应该影响到了敦煌。

三、汉地高僧写真图像传统对第 158 窟涅槃像的新诠释

图 7-41 莫高窟第 158 窟涅槃经变中的
头陀袋和澡瓶

第158窟涅槃经变的画面构成整体上是隋唐以来流行同类经变画的基本图像要素，并没有超出莫高窟第332、148窟的图像元素，也是公元前后至唐宋以来印度、中亚、西域、中原涅槃图像的核心内容。但是仔细观察，还是在该铺图像中发现了在历史时期涅槃图像中所没有看到的细小的画面内容，在彩塑涅槃大佛的头部一侧，即西壁和南壁的拐角位置的上部，分别挂一头陀袋和一澡瓶（图7-41），此画面非涅槃图像所具有的内容，因此值得关注。

---

① 赵晓星：《梵殊室严——敦煌莫高窟第361窟研究》，甘肃人民美术出版社，2017年，第230页。

② 樊锦诗、赵青兰：《吐蕃占领时期莫高窟洞窟的分期研究》，《敦煌研究》1994年第4期，第76—94页；另载敦煌研究院编《敦煌研究文集·敦煌石窟考古篇》，甘肃民族出版社，2000年，第182—210页。

③ 杨清凡：《吐蕃时期密教五方佛图像的传入及流布考》，载敦煌研究院编《敦煌吐蕃文化学术研讨会论文集》，甘肃民族出版社，2009年，第166—182页。杨清凡：《五方佛及其图像考察》，《西藏研究》2007年第2期，第31—37页。

图 7-42　敦煌藏经洞壁画 　　　　　　　　　图 7-43　莫高窟五代第 443 窟壁画

　　在树上挂僧人使用的头陀袋和澡瓶，是高僧写真的基本"形制"之一，早在张彦远《历代名画记》李雅条中就有所反映，"圣僧形制，是所尤工"①，此"形制"张善庆总结为："大德结跏趺坐于禅床或苇席之上，结禅定印，双目微启，神态怡然；背景是菩提树，或一株或两株，上挂头陀袋；澡瓶或挂于树上，或置于身旁；身后两旁有时候会立有近侍女和弟子；双履常常在坐具前，或是被描绘在禅床上。"②这些高僧写真的基本规范和特征，可以在敦煌绘画中找到诸多完美的例证，代表如莫高窟藏经洞洪辩写真像（图7-42）、第 137、139、476、443 窟（图 7-43）及纸本白描稿Stein painting163 高僧像（图7-44），这些高僧写真图，学术界已有丰富的研究成果③。在这些高僧写真像的形制构成中，都可以见到挂于树上的头陀袋和澡瓶（澡瓶有的置于地上），时代集中在晚唐五代宋。

①（唐）张彦远：《历代名画记》，人民美术出版社，1964 年，第 164 页。

②张善庆：《高僧写真传统钩沉及相关问题研究》，《敦煌学辑刊》2006 年第 3 期，第 99 页。

③姜伯勤：《敦煌的写真邈真与肖像艺术》，载氏著《敦煌艺术宗教与礼乐文明》，中国社会科学出版社，1996 年，第 78 页。沙武田：《敦煌画稿研究》，中央编译出版社，2007 年，第 275—299 页。张景峰：《敦煌莫高窟的影窟及影像》，《敦煌学辑刊》2006 年第 3 期，第 107—115 页。

因为我们在中亚、西域和内地的涅槃造像中均未看到有头陀袋与澡瓶出现的例证，故第158窟涅槃像诸多画面中出现此属于僧人随身使用的象征性物品，显然是受到了同时期颇为流行的高僧写真传统的影响。但我们遍观敦煌历代涅槃经变，却没有发现第二例图像，因此，当属第158窟绘画者的有意设计。

图 7-44　Stein painting163 高僧写真像

和此图像可以略作比较的是在犍陀罗的涅槃造像，其中经常可以看到在佛床下身先入灭的须跋陀罗的旁边，会有一三根木棍制成的三脚架，上面吊着一个像袋子一样的物品（图 7-45），宫治昭认为此图像表示的是作为持三杖者婆罗门身份的须跋陀罗所持水袋[①]。第158窟的头陀袋和澡瓶是挂在树上的，而且所在位置和处在涅槃台下的须跋陀罗相距太远，显然二者之间没有关系。如果把这件僧人平常所用物品归为其中的举哀弟子们，虽然理论上可以讲得通，但考虑到涅槃图像传统和弟子们的数量，也似乎不大可能。因此只能归为释迦牟尼所有。

那么，第158窟的设计者和绘画者之所以给涅槃图像平添此两件物品，应当是受到汉地高僧写真图像传统的影响。高僧写真像的重要用意是表达对高僧的纪念，供弟子、门人及信众瞻仰，也于祭祀之用。此问题在敦煌真赞文献有丰富的记载，P.3718《张和尚（喜首）写真赞并序》云：

　　　威仪侃侃，神容荡荡。笔述难穷，绘真绵帐。四时奠谒，千秋瞻仰。

　　P.3556《都僧统氾福高和尚邈真赞并序》记：

---

① [日] 宫治昭：《涅槃与弥勒的图像学》，吉川弘文馆，1992 年，第 111—112 页。

图 7-45　犍陀罗地区涅槃造像

故我大师图形留影，弟子固合奉行。遂慕（募）良匠丹青，乃绘生前影质。目掩西山之后，将为虔仰之真仪。

僧人写真称之为"邈真"，其实佛菩萨像也称为邈真，对此饶宗颐先生早年就通过敦煌绘画有探讨[①]，敦煌藏经洞绘画 MG.17775 题记：

忆恋慈亲，难卖见灵迹，遂召良工，乃邈真影之间，敬画大悲观世音菩萨一躯并侍从。

MG.17659 有"绘大悲菩萨铺变邈真功德记"，MG.17662 题"敦煌郡娘子张氏绘佛邈真赞并序"。

从这个意义上讲，第 158 窟出现头陀袋和澡瓶的释迦牟尼涅槃经变的绘制，其实也可以理解为另一种形式的释迦牟尼邈真，是佛的"圣容真身"。高僧写真像是对高僧的

---

① 饶宗颐：《敦煌白画导论》，载氏著《画宁页——国画史论集》，时报文化出版有限公司，1993 年，第 153、154 页。

纪念和瞻仰，释迦牟尼涅槃邈真也当有同样的含义。那么，在这里第158窟的释迦牟尼涅槃像即包含多重的性质和含义，是当时的敦煌佛教特意制造出来的一尊释迦牟尼真身像。这一做法，有浓厚的汉地佛教高僧写真传统的影子。

小　结

莫高窟第158窟虽然是吐蕃时期开凿的洞窟，洞窟功德主又属敦煌的粟特胡人家族，但窟内壁画和塑像整体的面貌特征属浓厚的唐风样式，艺术水平之精湛、绘画气势之磅礴，施萍婷先生认为第158窟的壁画是"神假天造，英灵不穷"的画圣吴道子风格在敦煌的代表作，无论大像小像均有"吴家样"风味在其中①，实是属有"前吴家样"美誉的初唐第220窟之后敦煌艺术的另一高峰。可以认为，第158窟整体上仍然是吐蕃统治下敦煌人们心系大唐文化艺术的反映，是在特殊时期、在特殊功德主人群的努力下的唐风代表窟，是唐、吐蕃、粟特多元文化共同作用下的艺术丰碑。

因此，第158窟是丝路"华戎所交一都会"的敦煌在吐蕃统治下，在大唐强劲的文化与艺术之风的影响下，功德主、绘画者以开放和包容的心态，也是出于本民族审美和信仰的需求，同时把具有粟特和吐蕃文化艺术的元素有意无意地融入其中，给我们展现出一个特殊时期唐、吐蕃、粟特在敦煌互动的真实案例。考虑到洞窟中最早出现的密严经变②和具有唯一性的十方净土变，第158窟实有可深入研究的巨大空间。

① 施萍婷：《金光明经变研究》，载敦煌研究院编《1987年敦煌石窟研究国际讨论会文集·石窟艺术编》，辽宁美术出版社，1990年，第421页。
② 王惠民：《敦煌莫高窟若干经变画辨识》，《敦煌研究》2010年第2期，第1—5页。

第八章 莫高窟吐蕃统治时期洞窟第359窟供养人画像

对于敦煌石窟而言，供养人画像是历代洞窟主要的社会世俗内容，构成学界研究的重要历史题材。但是中唐吐蕃统治时期发生了较大的变化，供养人画像大大减少或不作表现，出现一系列新的特征。对此，笔者曾作过专题研究①。当时就莫高窟第 359 窟作为吐蕃统治时期供养人画像的代表洞窟，作了简单的讨论。随着研究的不断深入，加之洞窟新题记的发现和释读，使得我们对该洞窟供养人画像的认识较之前发生了很大的变化。

另外，因为第 359 窟大量吐蕃装男供养像的集中出现，作为国内留存不多的吐蕃装服饰资料，已引起藏学界的关注，杨清凡博士在研究吐蕃王朝服饰史时，就曾作过介绍②。谢静博士对敦煌石窟有关吐蕃服饰资料作了详细的研究，其中涉及第 359 窟吐蕃装供养像的内容③。足见第 359 窟图像资料对研究吐蕃统治时期敦煌的社会、历史、石窟营建等均有着非常重要的启示意义。

近年来，笔者在从事"敦煌石窟供养人图像"与"吐蕃统治时期敦煌石窟"两项课题研究时，大量吐蕃装供养像的存在，必然成为我们关注的焦点。

一、洞窟供养人画像及新释读的题记

迄今，有关敦煌莫高窟供养人题记的辑录、释读，《敦煌莫高窟供养人题记》仍为最权威的资料④。书中记载第 359 窟题记仅一条，即位于西壁龛下南侧供养人像列北向第一身题名，这也是在当时的条件下释读该洞窟众多供养人题记的结果。另查伯希和、谢

---

① 沙武田：《吐蕃统治时期敦煌石窟供养人画像考察》，《中国藏学》2003 年第 2 期，第 80—93 页。
② 杨清凡：《藏族服饰史》，青海人民出版社，2003 年，第 56—57 页。
③ 谢静：《敦煌石窟中的少数民族服饰文化研究》，兰州：甘肃教育出版社，2016 年。
④ 敦煌研究院编：《敦煌莫高窟供养人题记》，文物出版社，1986 年。

图 8-1-1　莫高窟第 359 窟西壁全景

稚柳等人的记载，却无一条题记记载。事实上，到目前为止，此条题记在洞窟中仍保存较为完好，清晰可读。

近年，随着计算机、摄影、图像处理等设备和技术的飞速发展，重新释读洞窟中的一些文字题记与图像变成可能，那些在以前看似完全无法辨识的内容，借助现代高科技手段则可重现历史。对此，敦煌研究院已从多方面入手，进行洞窟图像的数字化，其前景非常诱人。而单就供养人画像而言，对一些题记的再释读也就被提上了日程。本次研究所涉及的洞窟供养人画像题记的发现和成功释读，就是我们借助紫光技术和高清晰度数码拍照的结果。

下面就第 359 窟供养人画像基本资料作一简介：

（一）洞窟供养人画像基本资料

第 359 窟为一小型洞窟，方形主室，供养人画像主要位于洞窟四壁下层一圈，以西壁龛下中间供器为中心，分属男女两个群体，前后依次排列，一直到甬道门口，这样就以洞窟主尊与甬道为中轴线，整体形成南北两个供养群像，其中北侧为男像，南侧为女像，如图所示（图 8-1）。

具体排列关系与内容如下：

1.中轴线北侧供养群像部分（图 8-2）

西壁龛下供器北侧南向比丘 7 身，作为引导僧，其后排列男供养像 2 身，共计 9 身。其中第 1 身为唐装，该身人物形象最大，榜题框为方形，从现有文字和遗迹明确显示题名计五行，窟内其余人物像题名均为一行或两行。其后第 2 身为吐蕃装。

图 8-1-2　莫高窟第 359 窟西壁下供养全景

连接北壁下男供养像，现存共计 18 身①，最后东北角被后代穿一洞，供养像不存，从位置看，至少还应有 2—3 身。这 18 身供养像，其中第 6 身为唐装，第 8 身残，从不开衩袍的下袍的形制分析，有可能是唐装。

以上计 20 身男供养像，人物形象大小与所占据壁面空间，越往后越小型化，人物排列显得更加紧密。

最后接东壁门北下，存 11 身。这些像均比较小，且残，多数模糊不清，但均似着吐蕃装。其中后面有作胡跪姿者。

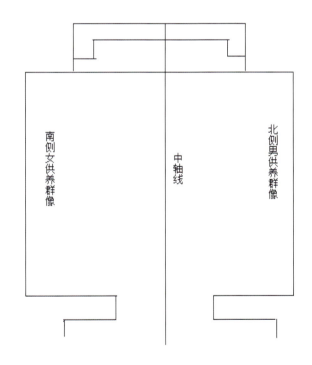

南侧女供养群像　　中轴线　　北侧男供养群像

图 8-1-3　莫高窟第 359 窟供养像布局图示

① 敦煌文物研究所编《敦煌莫高窟内容总录》与敦煌研究院编《敦煌石窟内容总录》均记为 13 身（文物出版社，1982 年、1996 年，分别为第 131 页、第 146 页）。

图 8-2 莫高窟第 359 窟中轴线北侧男供养群像及局部

2.中轴线南侧供养群像部分（图 8-3）

西壁龛下供器南侧北向比丘尼 7 身，作为引导尼，其后排列唐装女供养像 2 身，共计 9 身。

连接南壁下女供养像，现据遗迹可判断至少有 17 身，第三身后中间部分被后代穿开一洞，残题记一方，但供养像不存，另据被破坏的壁面空间计算，大概有 3 身的造像被毁。其中倒数第 3 身头饰为遮耳髻吐蕃装，服饰为唐装，其余均为初盛唐洞窟常见女性穿唐装，高腰裙、直袖衫、帔帛，高发髻，人物略显丰肥之美。

以上共计 19 身女供养像，与所对应的男供养像一样，人物形象大小与所占据壁面空间，同样越往后越小型化，排列也显得更紧密。至倒数第 3 身吐蕃装像则突然增大。

最后接东壁门南下，存 11 身，比较模糊，但均似唐装。

3.东壁门上部分

除洞窟各壁下的供养人画像外，另在主室东壁门上有供养像 2 身（图 8-4）。中间为一较大的土红色方形榜题碑形框，应为营建洞窟的发愿文内容，文字已不存，长方形束腰壸门底座，宝珠垂幔框形碑首。南北两侧分别为跪于方形壸门矮几上的男女供养像各 1 身。其中男像头戴软脚幞头，身着圆领红色长袍，腰束革带，上系蹀躞七事，内穿团花

图 8-3 莫高窟第 359 窟中轴线南侧女供养群像及局部

衬衣；人物身体颇显肥胖，粗腰，小眼睛，高额头，高鼻梁，一圈络腮胡须，显得较为浓密，修剪整齐，人物相貌特征极具中亚西域胡人气象。作胡跪供养状，双手执一长柄香炉。

对应女像为双膝跪姿，双手执香炉。身着高腰裙，直袖衫，头束云状高发髻，上饰花。人物面部不清，圆脸，小嘴。当为汉人特征无疑。

男女供养像题记条形框，位于中间愿文碑框两侧，窄条形，蓝底，文字不清。据榜题框大小与面积计算，上写文字不会太复杂，应比较简略。符合初唐、盛唐、中唐洞窟供养像题记常见特征。

图 8-4 莫高窟第 359 窟东壁门上夫妇供养像

（二）新发现释读的供养像题名

1.中轴线北侧比丘与男供养群像部分

A.西壁龛下北侧南向：

第 7 身比丘像（红底榜题）：

　　灵图寺……

比丘像后第 1 身（总第 8 身）着圆领红袍唐装男子像（图 8-5）（土红底榜题）：

　　前沙州……

　　……

　　伐（后？）（阅？）……

　　居仕……

　　主……

第 2 身（总第 9 身）着小翻领白袍吐蕃装男子像（白底榜题）：

　　男……

　　……

B.北壁西向男供养像题记：

第 1 身（拐角处）着小翻领红袍吐蕃装男子像（白底榜题，位于西壁拐角处）（图 8-6）：

　　弟子清信居仕石

　　郎□同一心供养

第 2 身着左衽白袍大翻领云肩吐蕃装男子像（白底榜题）：

　　男石衣（？）……

　　……

　　……

第 4 身着小翻领红袍吐蕃装男子像（红底榜题）：

　　□主……

第 7 身着小翻领白袍吐蕃装男子像（红底榜题）：

图 8-5　莫高窟第 359 窟西壁龛下唐装男供养像及榜题

图 8-6　莫高窟第 359 窟北壁第 1 身男供养像

图 8-7　莫高窟第 359 窟北　　　　图 8-8　莫高窟第 359 窟北壁第 16 身石神主供养像
壁第 11 身石万十供养像

□男……

第 11 身着小翻领灰白袍吐蕃装男子像（白底榜题）（图 8-7）：

　　男石萬十供

　　养

第 13 身着小翻领白袍吐蕃装男子像（白底榜题）：

　　　任男石□

第 14 身着小翻领白袍吐蕃装男子像（白底榜题）：

　　　任男□□

第 16 身着小翻领白袍吐蕃装男子像（现有倒数第 3 身，白底榜题）（图 8-8）：

　　　任男石神主供养

2.中轴线南侧比丘尼与女供养群像部分

A.龛下南侧北向比丘尼与女供养像题名：

第1身比丘尼像（白底榜题）（图8-9）：

　　□（沙）州普光寺尼坚□供养

该题记现存非常清楚，前人有抄录①。

比丘尼后女供养像第2身（拐角处，总第9身）唐装女供养人画像（白底榜题）：

　　新妇……

B.南壁西向唐装女供养像题名：

第1身（白底榜题框）（图8-10）：

　　新妇南阳张氏

第2身（白底榜题框）：

　　……供养

第4身，像不存，仅存白底榜题框：

　　新妇……

残破洞后西起第6身（红底榜题）：

　　女什四（?）娘

倒数第3身吐蕃与唐装混合女供养像（红底榜题框）（图8-11）：

　　孙什……

最后1身（白底榜题）：

　　孙什……

C.东壁门南西向女供

图8-9　莫高窟第359窟西壁龛下
第1身比丘尼供养像

图8-10　莫高窟359窟南壁
第1身女供养像

图8-11　莫高窟359窟南壁倒
数第3身唐吐蕃混合装女供养像

① 敦煌研究院编：《敦煌莫高窟供养人题记》，文物出版社，1986年，第140页。

养像题名：

第 1 身（白底榜题）：

　　孙什□娘

第 2 身（红底榜题）：

　　孙什八娘

第 4 身（白底榜题）：

　　孙什□娘

以上供养人画像题名的成功释读，为我们后面的研究打下良好的基础，而清晰保存于北壁弥勒经变左侧边幅处两行墨书题记"广昶至此，为/珍子求福慧"[①]，则使我们有更强烈的兴趣，以探讨洞窟的功德主及其相关的历史信息。

二、洞窟供养人画像之相互关系

由以上供养像的排列关系，结合部分可释读题记的考察，可以清楚地看到，作为男女两列供养像，在洞窟中的排列是有一定的秩序和相互关系的，并表现出一些明确的供养特征。

（一）出现较为独特的僧尼供养像

洞窟男女像分别是由 7 身僧尼作为前导而整体出现在洞窟中。由僧人作为引导是敦煌石窟供养像的基本特征之一，而且这一特征自始至终出现和保留在洞窟壁画中，但是

---

① 由于文字多处墨迹压在壁画颜色之下，因此可断该题记是写于壁画同时代。如此，据其意思判断，应为功德主的随笔，不似一般画匠工人或游观信众之作。最有意思的是，另在同时期邻窟第 361 窟金刚经变一侧也有一条笔迹完全相同的题记"将军子京诚为珍子祐□（福）慧"，从色彩叠压关系可知，亦为中唐与洞窟同时期作品。此两条题名表明这二窟为同时期营建，此二人来莫高窟时，正值此二窟营建之时，于是便写上了他们为珍子的共同祝福。同时也表明，此二人及其所要祝福者珍子，当非一般人物，否则不大会在别人的洞窟中留下题记。但是他们与该二窟的窟主、施主似乎没有多大关系，因为如果有关系，那么似不大有必要在这些地方题写，完全可以写在洞窟营建的愿文榜题中。莫高窟第 384 窟后室东壁门南中唐补绘的菩萨像空白处书"弟子韩广昶信受"，又在莫高窟第 18 窟南壁壁画上墨写"珍子咸康花开"，均记同一件事。

到了晚唐五代宋归义军时期，随着归义军政权成为瓜沙地区的实际统治者，在归义军节度使张、曹等大家族的功德窟中，僧人引导的位置让位于节度使等归义军统治者，世俗政权凌驾于宗教信仰之上，这也正是这一时期敦煌地区社会的基本历史状况。事实上，这一现象早在盛唐第130窟甬道晋昌郡太守乐廷瓌夫妇供养像中就出现了，反映出对于历代统治者而言，宗教信仰其实是他们的附属精神需要，并不能使之完全独立，更不能高于世俗政权之上，这又是中古时期佛教的基本社会地位与历史状况。历史上虽因个别皇帝个人的喜好，使佛教在某一时间段地位大涨，高僧大德与皇帝平起平坐，但毕竟只是昙花一现，且往往又被大规模的灭佛运动所替代，使佛教走向低谷，著名的"三武灭佛"即是血的教训。而像莫高窟初唐第323窟南壁所反映的像隋文帝等跪听高僧行法讲佛的事迹与现象，多是佛教为了自身的需要而编纂附会之说。因此第359窟僧人较多集体出现在男女供养像前的形式，一则表明到中唐吐蕃统治时期，敦煌石窟供养像仍在延续之前的传统模式，严格地把僧人画在了世俗人的前面，使这些功德主们的供养关系更加符合佛教法事仪式，表现出洞窟供养的严肃性；同时也从一个侧面表明，该洞窟的功德主们仍属一般的中下阶层，地位不会太高，至少是不会到地方最高的统治者阶层。

但是需要引起我们注意的是，第359窟男女供养群像前的僧尼分别为7身，如此数量僧尼的集体出现，除了应有的引导之外，更多的是体现僧尼本身的供养含义，那么从这个意义上讲，该处14身的僧尼像当与洞窟的功德主有千丝万缕的联系，或即是家族出家为僧者，或是为了专门的法事需要而特意安排。而僧尼各自作7身的对应关系，似有其特定的用意，如果说果真有窟主家族僧尼各7人，则属历史的巧合，但这种可能性太小。因此该处僧尼像所暗含的历史信息仍需作进一步的讨论。

（二）第359窟供养像排列非常整齐、单纯，整体性强，供养目标清晰

洞窟四壁下部一圈供养像，男女群像分别以西壁佛龛下中心位置的供器为开头，以僧尼为前导，依次先后排列，从西壁到南北壁再到东壁门南北两侧，各自形成一个完整的供养群体，前后紧密衔接。这种完整的排列关系，反映出他（她）们集体供养整个洞窟的功德意义，供养人之间有某种内在的紧密关联。

（三）第359窟供养像的排列表现出严格的辈分次递与供养的先后关系

由前面的分析，可以看到洞窟供养群像之间的内在联系，新释读的供养人题名，结

合供养人画像排列中出现的一些现象，为我们的分析提供了丰富而可靠的依据。

我们知道，敦煌洞窟中出现的供养人画像题名内容的书写，发展到唐代，均要表明各自与窟主的辈分关系，像有"窟主""施主""祖父""母""父""叔""伯僧""叔僧""兄""弟""姊""妹""兄僧""弟僧""姊（妹）尼""女""女尼""男""男僧""侄男""侄僧""新妇""男新妇""侄男新妇""侄女""侄尼""孙""孙女""孙僧""孙尼"等，在已经亡故的人前加写"亡""故"等相应的字样①。在洞窟具体排列过程中，是按照辈分的先后层次依次排列，窟主施主也不能例外，他们往往会出现在供养像的中间位置，即是这种原因所致。

如此，由前录第 359 窟供养像题名可以看到，男供养像中有"男""侄男"，女像中有"新妇""女""孙"，则说明分别是为窟主的儿子、姑娘、侄子、儿媳妇、侄媳妇，其次有孙子孙女辈。至此，至少表明这些供养人群像中有窟主家族三代人的存在。

非常有意思的是，仔细观察这些供养人画像，会发现在供养群像的僧尼组、男组、女组中，人物的排列越往前越高大，占据壁面空间越大，越往后人物越小，占据壁面空间越小，排列越来越紧密，以至于到了东壁门两侧位置，空间紧密，排列颇显杂乱，有大有小。由门南侧的女像题名可知，这两组人物属窟主的孙辈，属洞窟中最低一级的家族成员，因此排列不那么讲究，也没有那么严肃了。反映出画工艺术家们对社会生活的深切体会与独特的艺术处理手法。

而在具体的辈分区别上，也似乎反映在画像在壁面的空间位置与人物画像的大小关系中，如女像南壁下倒数第 3 身蕃唐混合装女像，题记反映为窟主"孙女"辈，该像前面可知的题名均为"女"（姑娘）辈或"新妇"（儿媳妇），排列也规则整齐。但其前面两身突然变小，到该像处又突然变大，其后又变较小，且越来越杂乱紧密。即使该像本身也没有大到如南壁前排诸身女供养像的大小。似乎说明从该像开始即是窟主孙女辈们的供养群像。画工们以这种微妙的变化来处理供养像的相互关系，颇有意味。

从敦煌供养像男女对应关系规律可知，多为夫妇对应组合。那么可以认为南壁出现"新妇"字样的诸女像，当与北壁诸"男""侄男"供养像对应为夫妇关系。

---

① 敦煌研究院编：《敦煌莫高窟供养人题记》，文物出版社，1986 年。

（四）较为独特的东壁门上夫妇供养像

作为一男一女对坐于东壁门上供养的形式，必是夫妇无疑，而且一般情况下应是洞窟功德主已亡故的父母或祖父母。同时代第 231 窟窟主阴嘉政亡父母阴伯伦夫妇即是代表①。这种夫妇对坐于洞窟东壁门上的供养形式，到了晚唐时期则大量出现，如第 144 窟功德主亡父母索留南与张氏夫妇，第 12 窟窟主金光明寺索法律之已故祖父母索奉珍夫妇②，第 138 窟阴氏某夫妇并智惠性供养像③，第 20 窟某夫妇等。和以上同类供养像比较，第 359 窟夫妇像没有身后的侍从像，又出现书写应是洞窟营建功德愿文大量文字的榜题框。不画侍从像，有可能是画家受空间限制而省略，另一种可能就是该夫妇只是一般的平民百姓，没有官位，生前没有家奴可供驱使，因此也就不表现于洞窟画像中了。

而从我们后面的分析表明，该洞窟功德主为粟特九姓胡之石姓家族，作为中亚移民的后裔，在吐蕃统治时期的敦煌大多沦为寺户或下层平民④，即使是那些仍保存有较高社会地位和丰厚经济实力的家族，受中亚胡人传统习俗的影响，多半并不蓄奴，因为胡人历来多为中原汉人统治者与大家族的家奴，大家所熟知的"胡旋女"就是中亚各国进贡唐王朝的礼物；大量唐墓壁画与胡人牵驼俑的出土，也清楚地告诉我们，胡人大多为统治者家奴，以唐代最为集中，事实上此现象早在汉代已较为普遍。《汉书·汲黯传》记汲黯为了保护因匈奴降汉时违抗圣令的商人及亲属五百余人，而向汉武帝进谏："臣愚以为陛下得胡人，皆以为奴婢，赐从军死者家。"据葛承雍先生研究，到了唐代大量胡人流寓中原长安，因其出身、职业、体貌、宗教信仰、生活习惯等关系的影响，虽然有大量的胡人生活在社会的各个阶层，但又常常受到社会的歧视⑤。由此表明中亚胡人们极有可能对此不公平的历史现象有本能的抵触心理。受此心理的影响，在这里我们看不到像其他洞窟的父母或祖父母供养像一样，并没有被画上相应的侍从像，颇为独特。当然在

① 沙武田：《莫高窟第 231 窟阴伯伦夫妇供养像解析》，《敦煌研究》2006 年第 2 期，第 6—10 页。
② 范泉：《莫高窟第 12 窟供养人题记、图像新探》，《敦煌研究》2007 年第 4 期，第 86—90 页。
③ 沙武田：《莫高窟第 138 窟智惠性供养像及相关问题研究》，《敦煌学辑刊》2006 年第 3 期，第 83—89 页。
④ ［日］池田温：《8 世纪中叶敦煌的粟特人聚落》，《欧亚文化研究》1965 年第 1 期；另载池田温《唐研究论文集》，中国社会科学出版社，1999 年，第 3—67 页。
⑤ 葛承雍：《论唐代长安西域移民的生活环境》，载氏著《唐韵胡音与外来文明》，中华书局，2006 年，第 66—77 页。

此并不能否认那些在历史上曾经因经商而富甲天下的胡商代表,其拥有大量的家侍当属例外,如 P.3813《判集》记载长安胡商史婆陀:"家兴贩,资财巨富,身有勋官骁骑尉,其园池屋宇、衣服器玩、家僮侍妾比王侯。"[1]

至于该夫妇像与洞窟窟主、僧尼、男女供养像的关系?以及其在洞窟营建之时健在与否?为什么被画在东壁门上位置等诸现象的考察,仍是需要作进一步讨论的问题。

三、洞窟供养人粟特九姓胡"石"姓家族之推论

作为有大量、整齐有序男女供养人画像存在的洞窟,探讨其群体的所属关系则是必要的。对敦煌石窟营建的传统而言,家族性质的功德窟最为集中,从第 359 窟供养像表现出的几方面特征来看,其作为家族功德窟的可能性最大。而洞窟中新释读的几身男供养像中"石"姓题名,为我们考察第 359 窟的洞窟功德主提供了可能。

由前文可知,在北壁的男供养像中,其中第 1 身(拐角处)吐蕃装男子像题名"弟子清信居仕石郎□同一心供养",第 11 身吐蕃装男子像题名"男石萬子供养",第 13 身吐蕃装男子像题名"侄男石□",第 16 身吐蕃装男子像(现有倒数第 2 身)题名"侄男石神主供养"。也就是说,在第 359 窟的男供养群像中,至少有 4 身可以明确断定为"石"姓的供养人画像。而从男供养像题名中较为频繁出现的"男""侄男"字样,结合这些男供养像集中前后有序排列的次递关系,以及前文已明确的辈分关系的讨论,我们基本可以肯定地认为,这些男供养群像即是当时敦煌某"石"姓家族群体。那么对应的女供养群像,则属该"石"姓家族的女眷无疑,有男像之诸"新妇",也有窟主的女儿和孙女们。这样不仅符合敦煌石窟家族洞窟营建的特点,也印证了我们对该窟供养人关系的分析。

有唐一代,活动于敦煌地区的石姓作为中亚粟特九姓胡人的族属关系,早已成学界共识。而在中唐吐蕃统治之前,8 世纪中叶,敦煌中亚粟特胡人聚落中心"从化乡"300余户 1400 余口的存在[2],使沙州成为名副其实的丝绸之路上中亚九姓胡人的聚居中心之一[3]。在这样的历史背景下,正如 P.2657、P.3018、P.3559《天宝十载(751)敦煌县差科簿》

---

① 陆庆夫:《从敦煌写本判文看唐代长安的粟特聚落》,《敦煌学辑刊》1996 年第 1 期,第 47 页。

② 参见池田温前揭文。

③ 荣新江:《中古中国与外来文明》,生活·读书·新知三联书店,2001 年,第 53—59 页。

记载的那样，单从数量上反映，石姓位居第三，仅次于康、安两姓，这一点也正是中亚各国实际情况的记载，康、安、石、曹等姓是中亚胡人流寓中原的主体。

据陆庆夫、郑炳林先生的研究，到了中唐吐蕃统治时期，沙州城东的从化乡虽然因吐蕃的占领而解体，但是原住敦煌的九姓胡人并没有像池田温先生认为的那样，或离开敦煌归还故乡，或散入回鹘，或依附于汉人寺院。相反，随着离敦煌不远的九姓胡人另一聚集地石城镇被吐蕃人陷落，大量胡人流入敦煌，和敦煌本地原有的胡人一道，扩大了敦煌的胡人群体，其中除有部分沦为寺院寺户外，还有为数不少的人仍活跃在敦煌的中上阶层，以至僧俗统治者①。而在这些粟特人当中，石姓同样比比皆是，不一而足。

在石姓男供养像中出现了像"石郎□同""石萬十""石□""石神主"等人名，虽然我们还没有查到在敦煌遗书中有相同人名者，但是联系相关写本仍可看到这些人名的中亚胡人特性。"石郎□同"作为有四个字的人名，汉人除复姓者很少使用，因此当为胡人人名的特点。"石神主"则最为特别，非常有意思的是，学界熟知的P.2657、P.3018、P.3559《天宝十载（751）敦煌县差科簿》中就有三位可资比较的人名出现，即石神功、何神祇、何神祚，池田温先生把其归入"汉式人名"特征②。另有一件较晚的写本，S.2174《天复九年（909）神沙乡百姓董加盈兄弟三人分家契》，篇尾的三个见证人画押，第一位"见人阿舅石神神（押）"③。以上五位粟特人名使用"神某"，其中三位属石姓，两位属何姓，似乎也可以归入粟特人取名的喜好一类。开元九年，"六胡州之乱"的起事头目之一"伪将军石神奴"④，同样能够说明问题。最有意思的是，其中的神祇、神祚、神主、神神、神奴，明显带有宗教色彩，这也是敦煌人名的特点之一⑤。而在这里似乎反映着九姓胡人本土祆神信仰影响的影子。

---

① 陆庆夫：《唐宋间敦煌粟特人之汉化》，《历史研究》1996 年第 6 期，第 25—34 页。郑炳林：《吐蕃统治下的敦煌粟特人》，载郑炳林主编《敦煌归义军史专题研究》，兰州大学出版社，1997 年，第 374—390 页。陆文载同书第 359—373 页。

② 参见池田温前揭文，第 22 页。

③ 唐耕耦、陆宏基：《敦煌社会经济文献真迹释录》第二辑，全国图书馆文献缩微复制中心，1990 年，第 148、149 页。敦煌研究院编：《敦煌遗书总目索引新编》定名"天复九年（944）己丑岁闰八月十二月神沙乡百姓董如盈兄弟三人分家契"，中华书局，2000 年，第 67 页。

④（后晋）刘昫：《旧唐书》，中华书局，1975 年。

⑤ 高启安：《唐宋时期敦煌人名探析》，《敦煌研究》1997 年第 4 期，第 121—128 页。

图 8-12 莫高窟第 359 窟东壁门上男供养像   图 8-13 西安西郊唐墓胡人头俑

在这样的历史背景下，第359窟石姓男供养群像当属来自中亚的九姓胡人及其后裔，应该没有问题。事实上我们可以看到其中被画于东壁门上位置的夫妇供养像中之男像，虽然其服饰特征为唐装，但是腰束革带的圆领红色长袍上系蹀躞七事，颇显肥胖的身体，粗大的腰围，小小的眼睛，高高的额头和鼻梁，一圈修剪整齐且显得较为浓密的络腮胡须，无疑给我们描绘了一位在面貌与体质特征上颇为典型的中亚西域胡人形象（图8-12），如果和唐墓中出土的大量胡人俑作一比较，给其穿上翻领小袖紧身的胡服，则并无二样（图8-13）。而该身像又是洞窟供养像中辈分最高者，是家族的最长者。由此可以确定该洞窟供养像男性必为九姓胡之"石"姓家族，女性的情况比较特殊，因为其中必有像南壁第一身"新妇南阳张氏"一样通过胡汉婚姻形式嫁入的汉姓，但是按照传统的观念和习俗，这些汉人女性一旦嫁为胡人，就成为胡姓家族成员了，因此从整体来看，洞窟的供养像群体仍属由男供养像代表的石姓家族。

四、洞窟供养人画像服饰新现象

第 359 窟因为有大量吐蕃装男供养像存在，而引起研究吐蕃服饰与历史文化专家学者的注意。但是仔细观察，发现该洞窟供养人画像在服饰方面的现象与特征，似有更多值得引起我们注意并可资讨论的地方。

（一）窟内下层的男供养群像中唐装人物的出现

包括笔者在内，以前的介绍和研究均以为莫高窟第 359 窟除东壁门上夫妇供养像之男像为唐装外，出现于西壁、北壁、东壁门北下的男供养像均为吐蕃装[①]，这一点到目前为止还没有引起人们的怀疑。近来仔细观察这些排列整齐的男供养像，却发现至少有 2 身人物着唐装，还有几身人物服饰也深受唐装的影响。

分别介绍如下：

男供养像第 1 身，即西壁僧人后第 1 身，头戴幞头，身穿红色长袍，腰束革带，手持长柄香炉供养，属典型的唐装。

男供养像北壁第 6 身，头戴幞头，身着红色圆领袍衣，下半身开衩，腰束革带，双手合十供养状（图 8-14）。需要特别注意的是，该像下面的底色与窟内其他供养人画像不同，其他的像底色均为白底色，唯独该像处的白底色被洗刷掉，露出壁面原始的仗细泥面，原白粉层仍有残留。更有意思的是，该洗刷出来的面积其形状为一人形，毫无疑问是为了特意绘画此

图 8-14　莫高窟第 359 窟北壁
第 6 身唐装男供养像

[①] 分别参考本文前引杨清凡、谢静专著论文，以及《敦煌莫高窟内容总录》《敦煌石窟内容总录》和笔者发表于《中国藏学》2003 年第 2 期关于吐蕃统治时期敦煌石窟中供养像的研究拙文，十分惭愧当初没有注意到这一重要而独特的图像历史现象。

身人像而为。从常理推断应属整个白底色粉刷后所为，而非之前余留。如此，则应是在原有一供养像的情况下，不知出于什么考虑和原因，又洗刷掉这身像，重新绘画一供养像，也就是说我们现在所看到的这一身供养像属二次作品。

唐装男像除以上两身外，北壁第 8 身上半部残，但从其所穿红色不开衩、类似圆领袍的情况分析，有可能为唐装。

（二）男供养像吐蕃装的分类及其特点

第 359 窟西壁、北壁、东壁门北下的男供养群像中着吐蕃装的诸人物，从服饰特征、装饰形式上具有以下几个方面的特点：

从前面数身较为清晰的人物头饰判断，均头戴用红色或浅红色，间有灰白色头巾裹成的"绳圈冠"，系于脑后；分于面颊两边的头发扎成髻，垂于耳际，末梢饰一绿色宝石（又似耳坠类饰品）。面部是否有吐蕃本地的"赭面妆"习俗，由于掉色，不清，存疑。

服饰可分两种类型：

第一类：属典型的吐蕃装。内穿交领衣，外披白色大翻领对襟长袍，饰绿边云肩，下半身开衩，显露加绣绿色缘边的裤子；长袍直袖长短不一，右侧短，左侧长，下垂至于膝下委地，形成左衽穿法；袖边饰似花边一圈，或为虎皮饰；腰系带，上是否有饰物不清；足蹬皮靴。代表为北壁第 5、9、15 身人物像（图 8–15）。

第二类：属受唐装影响的蕃装。内穿交领衣，外穿红色或白色间有灰色小翻领（绿色）长袍（是否对襟或斜襟则不清），下半部或开衩或不开衩，直袖，袖无饰，腰束革带。此类袍衣如果没有小翻领则完全是唐装男像常服圆领袍衣，明显地表现出

图 8–15　莫高窟第 359 窟典型
吐蕃装男供养像

受唐代服饰影响的因素。这种现象的
出现，当是自文成公主入藏以来，长
时期受汉文化影响所致①。代表为西
壁最后 1 身（白色开衩长袍）（图 8-16），
北壁第 1 身（红色不开衩长袍）、第 3
身（白色不开衩长袍）、第 4 身（红色
开衩长袍）、第 10 身（白色开衩长袍）、
第 11 身（灰色不开衩长袍）、第 12 身
（红色开衩长袍）。其中北壁第 2 身较
为独特，总体上属此类吐蕃装，但是
又有云肩装饰。

　　个别像腰佩蹀躞七事，其中北壁
第 5 身、第 9 身、第 15 身典型吐蕃装
人物像最为明确，其余不清，但受唐
装影响的服饰人物像中似无此装饰。
这一发现颇为重要，因为对吐蕃人佩
七事装饰，虽然按照其民族特性与服
饰影响和渊源关系，吐蕃服饰中当有
此饰物，但长期以来除在敦煌壁画赞

图 8-16　莫高窟第 359 窟受唐装
影响的吐蕃装男供养像

普礼佛图之外，在供养人画像中没有看到，因此可补此方面之空白。

　　从服饰的颜色上分，考虑到变色的因素，总体可分为白色、红色、灰色三大类。其中
白色为典型的吐蕃装，红色与灰色为受唐装影响的吐蕃装。

　　从排列方式看，一般是着红色衣与着白色衣者相间，前排为红色衣者后面跟随一身
至二身三身白色衣者，越往后着红色衣者越少。表现出总体上白色衣更多的特征，与我
们在维摩诘经变吐蕃赞普礼佛图壁画中看到的赞普等多穿白色长袍的习俗相一致。说明
吐蕃人尚白的风俗。

①［瑞士］阿米·海勒著，杨清凡译：《拉萨大昭寺银瓶——吐蕃帝国（7 世纪至 9 世纪）银器及服饰考察》，
　载四川大学中国藏学研究所编《藏学学刊》第三辑，四川大学出版社，2007 年，第 1994—223 页。

图 8-17　莫高窟第 154 窟药师经变中吐蕃装人物像

（三）女供养像中一身唐蕃混合装人物的出现

南壁的女供养人画像中，倒数第 3 身即题名"孙什……"者，头发从中间分开，分向两边，在发梢处扎成小髻垂于两侧，遮住耳朵。这种头饰在敦煌吐蕃时期洞窟中最早出现，所见吐蕃装供养像发饰多如此，莫高窟第 154 窟金光明最胜王经变长者子流水品中赶大象的人物像，即为此头饰，服饰也是翻领的吐蕃装（图 8-17），因此属较为典型的吐蕃发式，但是没有戴吐蕃式帽子。更有意思的是，该人物身上的服饰又完全是唐式，同其他的女供养像，唯独其发饰为仅见。当属在吐蕃统治时期敦煌地区出现的独特女性装扮，有明显的时代烙印。

（四）小结

以上服饰新现象的出现，不仅反映出吐蕃统治时期敦煌地区复杂的政治历史背景，也从一个侧面反映出该洞窟的功德主、供养人们复杂的社会心理，更为我们分析洞窟窟主提供了颇有意义的资料佐证，激荡出不同的思路。

五、洞窟功德主的蛛丝马迹

（一）洞窟窟主供养像的推断

如此时代明确、内容完备、供养人画像丰富、家窟性质无疑的洞窟，作为"施主"[①]的供养人画像大量出现在洞窟中，而供养像题名中有"男""侄男""女""孙""新妇"等表示与某人亲情辈分关系名称字样的书写，则表明该洞窟的供养人画像中必有窟主的存在，而不是全以施主的身份出现。而这些辈分题名也告诉我们，该窟窟主应是这些儿子、侄子、女儿、媳妇们的父辈，又是孙子孙女们的祖父辈。那么这个人是谁？洞窟中有没有其画像？

首先讨论一下东壁门上的夫妇供养像，参考同类造像的莫高窟第 231 窟窟主阴嘉政亡父母阴伯伦夫妇像、莫高窟第 144 窟某窟主亡父母索留南夫妇像、第 12 窟窟主索义辩亡祖父母索奉珍夫妇像，基本可以肯定判断莫高窟第 359 窟该夫妇供养像当为石姓某窟主的亡父母或祖父母，由于其中的男像完全为唐装，进一步表明在洞窟营建之时已经亡故的可能性。那么，该夫妇像作为窟主的可能性就不大了。

按常理推断，结合窟内题名中的辈分关系，窟主只能是属"男石萬十"的父亲，亦即"侄男石神主"的叔父，也是那些孙辈们的祖父了。

既然如此，据我们以窟内供养像题名的释读，男供养像北壁西向第 4 身着小翻领红袍吐蕃装男子像红底榜题"□主……"，但是由于该榜题较为模糊，不好作肯定判断，或为窟主。那么其前应为同辈们的供养像。在现有前面几身人物像可读的题名中，没有看到表示辈分的字样，也没有看到说明诸人是否亡故的字样，因此不好作轻率的判断。

但是仔细观察则会发现，位于整个供养像最前面者，即西壁第 1 身男供养像颇为特别：

第一，该像明显要比其他诸像高大魁梧，所占壁面空间大。

第二，该像着唐装，洞窟另一身着唐装属后涂改再绘（即北壁第 6 身）。

第三，该像题名共有五行字，为方形榜题框，而其他所有的供养像，包括东壁门上

---

① 所谓施主主要是指洞窟营造活动的支持者、参与者。施主有一个人、一家人或几个人、几家人的，还应有其他如政治团体、社邑组织、寺院僧人组织等团体。参见马德：《敦煌莫高窟史研究》，甘肃教育出版社，1996 年，第 160—168 页。

者的榜题框均为竖条形，都不长，多为可写一行文字，最多者也只能写两行文字。

第四，该像题记中出现"前沙州""居仕"等字样，其中"前沙州"为开头三字，表明该人物为"落蕃官"①，在唐代沙州有一定的社会地位。如此也让我们明白了为什么其坚持穿唐装的历史背景和感情取向。

第五，由题记可以推测该人物在洞窟建成时仍健在，因为按常理，如果是已亡故者，会在供养像题名一开始即作交代，书写"故""亡"等字样。

第六，所有的男供养像，只有此身持香炉供养，其余均为持花、双手合十供养，在敦煌石窟供养人画像中，一般来讲除那些极其特别的人物如节度使等，一般只有窟主（夫妇）持香炉。本窟东壁门上夫妇供养像同样持香炉，是因为其作为已故的家族长者和重要人物，又有可能即是洞窟名义上的窟主，是儿子为其所修像莫高窟第231、144等窟一样的"报恩之龛"。

因此，我们认为，处于整体洞窟男供养像首位的这一身人物，极有可能是窟主。对应女供养像第一位即是其夫人像。那么紧随其后的几身题名不清者像，当为同辈诸男，到北壁第7身左右即是其儿子侄子辈，东壁门北诸男像当为孙子辈，对应南侧女像部分可依次类推（但不能作完全的一一对应）。

（二）洞窟功德主家族的供养僧尼

至此，可以看到该洞窟作为粟特九姓胡人石姓家族供养功德的大致情况。

接下来讨论一下与该洞窟供养功德有关的僧尼施主们。该窟共有14身僧尼像，充分说明该洞窟与吐蕃统治时期敦煌寺院僧人的密切关系。一般来讲作为家窟，这些僧尼应该属石姓出家为僧尼者。据郑炳林先生的研究，可知吐蕃统治时期有大量的粟特人散布在敦煌各个寺院（僧寺与尼寺），其中石姓僧尼也不少②。P.2729《吐蕃辰年（788）三月沙州僧尼部落米净辩牒》是吐蕃占领后由算使论悉诺罗对敦煌诸寺僧尼进行清点的名册，其中粟特石姓僧尼有：龙兴寺都统石惠捷、石会如、石宝意，大云寺石法进，灵图寺石修定、石宝严、石修果、石正严，大乘寺石修行③。石姓僧人为佛教教团的领袖都统。

---

① 赵晓星：《吐蕃统治敦煌时期的落蕃官初探》，《中国藏学》2003年第3期，第53—62页。

② 郑炳林：《吐蕃统治下的敦煌粟特人》，载郑炳林主编《敦煌归义军史专题研究》，兰州大学出版社，1997年，第379—383页。

③ 郝春文：《晚唐五代宋初敦煌僧尼的社会生活》，中国社会科学出版社，1998年，第93—94页。

P.3047《吐蕃时期康喜奴等施入历》记载舍施人名中有粟特胡人石什一，以及活跃于吐蕃统治时期敦煌佛教界主持讲坛讲授佛经的著名高僧"法匠石公"（后论）。另据 S.542 背《戊年（818）六月十八日诸寺丁口车牛役部》记载石姓作为寺院寺户，就有开元寺寺户石奴子、石胜奴、石什一、石再再、石曲落，莲台寺寺户石温奴，报恩寺团头石多德，兴善寺寺户石什一、石奴子、石抱玉、石玉奴、石进玉等①。这些资料充分说明粟特石姓出家为僧尼的人不会太少，为我们理解莫高窟第 359 窟 14 位僧尼供养像的出现提供佐证。

据现可释读的僧尼供养像题名，其中女尼第一身持香炉者为"普光寺尼坚□"，由于壁画剥落，一字不明，但是"普光寺"三字与"坚"字及后面的"供养"二字，或清晰，字迹完全可以推断出来。普光寺为始见于吐蕃时期的沙州尼寺，非常有意思的是，我们在敦煌写本中发现有可供参考的资料，P.3600《吐蕃戌年普光寺等具当寺应管尼数牒》，记载当时普光寺有尼一百二十七人，我们注意到其中有法号坚惠、坚戒、坚性、坚信、坚意、坚悟、坚进、坚胜②。从普光寺尼数量分析，写本所记时间当为吐蕃晚期，李正宇先生认为是 794 年③。莫高窟第 359 窟樊锦诗等先生断代为吐蕃统治晚期，即 9 世纪 40 年代④，二者时代相距 40 余年，很有可能普光寺这些法号以"坚"开头的八位僧尼中就有第 359 窟的坚□。如果说该人在 794 年时仍为一般尼众，那么到了 9 世纪 40 年代时已成为 50 余岁的老尼，也有可能会有一定的僧职，因此排在洞窟供养像首位。又 S.542v2《普光寺尼坚意请处分尼光显状》，唐耕耦先生断定为吐蕃时期写本，记载由坚意出面来申请处分同寺（即普光寺）新出家为尼的光显因水渠取水事而和其他众尼发生的纠纷，似乎说明该坚意在普光寺非一般尼众⑤。莫高窟晚唐第 85 窟主室东壁南侧供养像第 2 身题名："□师普光寺尼坚进"，残不清的第一个字按常理推断应为"亡"

① ［日］竺沙雅章：《敦煌の僧官制度》，《东方学报》第 31 册，京都，1961 年，又载氏著《中国佛教社会史研究》，同期社，1982 年；池田温：《中国古代籍帐研究》，东京大学东洋文化研究所报告，1979 年，第 523—535 页。姜伯勤：《唐五代敦煌寺户制度》，中华书局，1987 年，第 25—40 页。

② 唐耕耦、陆宏基：《敦煌社会经济文献真迹释录》第四辑，全国图书馆文献缩微复制中心，1990 年，第 209—213 页。

③ 李正宇撰"普光寺"条，见季羡林主编：《敦煌学大辞典》，上海辞书出版社，1998 年，第 630 页。

④ 樊锦诗、赵青兰：《吐蕃占领时期莫高窟洞窟的分期研究》，载敦煌研究院编《敦煌研究文集·敦煌石窟考古篇》，甘肃民族出版社，2000 年，第 182—210 页。

⑤ 唐耕耦、陆宏基：《敦煌社会经济文献真迹释录》第四辑，全国图书馆文献缩微复制中心，1990 年，第 153 页。

或"故",第 85 窟是晚唐翟僧统法荣营建的功德窟,据考应建于 862—867 年[①],题名中没有写"妹""姊"等表示亲情的字样,而写"师",则说明该坚进非翟姓本家,也说明其地位较高。作为 794 年就已入寺的尼众,按正常情况,到第 85 窟建成时已经亡故,正好说明其在第 359 窟营建时年龄比较大。只是以上诸尼没有出现俗姓,仅作推测。

至于另一侧的僧人供养像,只发现最后一身题记"灵图寺"三字,不好再作推断。但是灵图寺作为敦煌中唐、晚唐、五代宋时期的大寺,在吐蕃期必有大量的僧人和寺户,石姓人出家该寺的可能性应当很大。

(三)吐蕃统治时期敦煌名僧"法匠石公"与莫高窟第 359 窟的关系

吐蕃时期活跃在敦煌佛教界的粟特胡人石姓僧人,当以敦煌遗书 P.T.1261《吐蕃占领敦煌时期斋亲历》第九部分记载"法海,石",即石法海,S.1154《瑜伽论第五十四卷》尾题"法海和尚",P.2255、P.2326、P.2358《设坛发愿文》记载在吐蕃统治晚期某年面向敦煌整个佛教教团主持举办佛教法会的"释门教主爱及法将石公"最为活跃。以上石法海、法海和尚、法将石公即与晚唐归义军时期写经 S.5872《维摩诘经疏》末题"敦煌释门讲百法论大法师兼释门都法律沙门法海"所记为同一人[②]。姜伯勤先生指出,法将、法奖,即法匠,是以讲经为主的高僧[③]。

让我们感兴趣的是,据 P.2255、P.2326、P.2358《设坛发愿文》记载,该法匠石公"谈唯识则疑是天亲,演维摩乃状同无垢",表明石公以擅长讲《唯识论》与《维摩诘经》而闻名,又当以《维摩诘经》最为精彩,其讲法令听法的僧俗信众"诜诜释子如归香积之餐,济济衣冠若往毗耶之室"[④]。由此也让我们联想到石姓家族所建洞窟第 359 窟主室东壁门两侧画一铺维摩诘经变,经变中又画吐蕃赞普礼佛图,与愿文所记该次设坛讲法

① 贺世哲:《由供养人题记看莫高窟部分洞窟的营建年代》,载敦煌研究院编《敦煌莫高窟供养人题记》,文物出版社,1986 年,第 209—211 页。

② 马雅伦、邢艳红:《吐蕃统治时期敦煌两位粟特僧官——史慈灯、石法海考》,《敦煌学辑刊》1996 年第 1 期,第 55—56 页。

③ 姜伯勤:《变文的南方源头与敦煌的唱导法匠》,《华学》1995 年第 1 期,第 149—163 页;另载氏著《敦煌艺术宗教与礼乐文明》,中国社会科学出版社,1996 年,第 395—423 页。

④ 黄征、吴伟编校:《敦煌愿文集》,岳麓书社,1995 年,第 351—354 页。杨富学、李吉和辑校:《敦煌汉文吐蕃史料辑校》,甘肃人民出版社,1999 年,第 186 页。

"奉为圣神赞普"回向功德不谋而合。作为一种推测,该法匠石公即是莫高窟第 359 窟的施主之一,并有可能作为高僧直接参与了洞窟的营建与壁画内容的设计,维摩诘经变即是按他的思想而被画入洞窟的,则西壁坛下的僧人供养像中就有其画像,如此第 359 窟也有可能成为石公平时在莫高窟为信众讲经(主要是《维摩诘经》)的场所之一了。

如果此推测不致大谬,则不仅为第 359 窟作为粟特九姓胡石姓家窟的推断提供佐证,也为吐蕃统治时期敦煌名僧昙旷、法成[1]之外的石公在莫高窟功德窟的研究提供重要的思路与线索,更是我们研究粟特胡人参与洞窟营建的重要材料。

六、从第 359 窟供养人看中唐时期粟特九姓胡人对吐蕃统治的态度

以上的研究,从各方面表明莫高窟第 359 窟作为粟特九姓胡人石姓家窟的特征与历史迹象。既然如此,则需要我们就该洞窟所涉及吐蕃统治时期敦煌历史上这样一个独特社会群体即粟特胡人的相关问题展开讨论。

(一)服饰的特征变化与供养人的心理感情

据学界前贤藤枝晃[2]、山口瑞凤[3]、长泽和俊[4]、姜伯勤[5]、戴密威[6]、史苇湘[7]、邵文

[1] 法成功德窟的研究,参见沙武田:《敦煌吐蕃译经三藏法师法成功德窟考》,《中国藏学》2008 年第 3 期,第 37—42 页。
[2] 藤枝晃:《吐蕃支配时期的敦煌》,《东方学报》31,京都,1961,第 199—292 页。藤枝晃著、刘豫川译:《吐蕃统治时期的敦煌》,四川藏学研究所等《国外藏学动态》第 3 期第 75—90 页,1988 年;第 5 期第 19—45 页,1991 年。
[3] 山口瑞凤:《吐蕃支配时代》,《讲座敦煌·2·敦煌の历史》,大东出版社,1980 年,第 195—232 页。
[4] 长泽和俊:《敦煌の庶民生活》,载《讲座敦煌·3·敦煌の社会》,大东出版社,1980 年,第 476—483 页。
[5] 姜伯勤:《唐敦煌"书仪"写本中所见的沙州玉关驿户起义》,《中华文史论丛》第一辑,1981 年,第 157—170 页。同作者《唐五代敦煌寺户制度》,中华书局,1987 年。
[6] [法]戴密微著,耿昇译:《吐蕃僧诤记》,甘肃人民出版社,1984 年。
[7] 史苇湘:《丝绸之路上的敦煌与莫高窟》,载敦煌文物研究所编《敦煌研究文集》,甘肃人民出版社,1982 年,第 43—121 页。同作者《吐蕃王朝管辖沙州前后——敦煌遗书 S.1438 背〈书仪〉残卷的研究》,《敦煌研究》1980 年创刊号,第 131—141 页。

实①、杨铭②等专家学者们的研究，吐蕃统治敦煌以后，施行了一系列的新政策，史苇湘先生把吐蕃对敦煌所施行的森严的民族统治归纳为易服辫发、黥面文身、推行部落制三个方面③。吐蕃统治敦煌时期的这些特点除史苇湘先生有研究之外，邵文实先生通过对吐蕃统治敦煌时期的主要人物尚乞心儿的研究也有较集中的讨论，因为吐蕃对敦煌沙州的统治主要是尚乞心儿所推行的一系列政策，有杀阎朝以儆叛心、推行吐蕃风俗、清查户口、部落制等④，和史苇湘先生的观点大同而小异，其实综观中唐吐蕃统治敦煌时期的历史，吐蕃对沙州的民族高压统治也无外乎以上几个方面。

对于吐蕃统治敦煌的新政策，单推行吐蕃风俗的易服辫发、黥面文身就受到了沙州老百姓的强烈反抗，上举前贤均有研究，其实在吐蕃期洞窟供养人画像中也得到了形象的反映⑤。一直到了911年敦煌的人们对此仍记忆犹新，P.3633《辛未年（911.）七月沙州百姓一万人上回鹘大圣天可汗状》记："……却着汉家衣冠，永抛蕃丑。太保与百姓重立咒誓，不着吐蕃。"当然现所知道的多是以沙州汉人为主体的情况，那么对于那些唐前期"从化乡"的居民，以及从石城镇流入的粟特人为主体的大量九姓胡人而言，这些中亚的移民及其后裔对于吐蕃的以上政策反应如何？本文所论莫高窟第359窟的石姓供养人的情况正好为我们探讨这个问题提供了思考的空间。

从前面对洞窟供养像服饰的特征与变化的介绍可以明确感受到，作为粟特人的功德主，虽然有大多男性穿上了吐蕃装，但是已故窟主父母（或祖父母）、窟主及大量女性供养像完整的唐装赫然出现在吐蕃期洞窟中，显然违背了吐蕃政策的要求，特别是北壁第6身，明显为涂掉底色后再绘唐装的特殊现象，强烈地感受到作为沙州陷蕃之前已完全脱掉胡服，穿上唐装，具有唐代正式户籍的中亚移民或其后裔，作为唐朝的子民，对大唐盛世心怀向往，或者说已完全汉化了，因此他们从内心深处还是愿意穿唐装的，表现出对吐蕃统治的反抗情绪。因为我们知道，唐代对胡人的服饰是没有限制的，相反好多

---

① 邵文实：《尚乞心儿事迹考》，《敦煌学辑刊》1993年第2期，第16—23页。同作者《沙州节儿考及其引申出来的几个问题——八至九世纪吐蕃对瓜沙地区汉人的统治》，《西北师大学报》1992年第5期，第63—68页。

② 杨铭：《吐蕃统治敦煌研究》，台北新文丰出版公司，1997年。

③ 参见前史苇湘前揭《丝绸之路上的敦煌与莫高窟》文。

④ 参见邵文实前揭《尚乞心儿事迹考》文。

⑤ 参见沙武田前揭《吐蕃统治时期敦煌石窟供养人画像考察》文。

唐人喜好胡服，一时间胡风胡气盛行于世，对此学者们的研究极多，不一一列举。敦煌吐蕃统治时期对胡人的服饰等习俗有没有限制，没有文献记载，但考虑到同为胡服，至少吐蕃人对胡服的限制要比唐装自由许多，他们如果没有汉化的影响，则可穿上本民族服饰，同为翻领，则或许为吐蕃统治者所允许和接受。但我们在洞窟中没有看到相关的图像，进一步说明了敦煌九姓胡人完全汉化的历史事实。因此，他们同敦煌的汉人都有反抗心理。

（二）与敦煌汉人大家族的联姻及其影响

第 359 窟作为粟特人的功德窟，在此有必要探讨其与沙州汉人家族的关系。

南壁第 1 身女供养像题名"新妇南阳张氏"，按常理表明对应的是北壁第 1 身石姓男供养像，合为夫妇。无论如何，这则题名给我们一个明确的信息，就是该石姓家族与敦煌汉人大族张氏联姻。除此之外，其他女供养像全为唐装，从一个侧面表明该家族男姓所娶是以汉人为主的事实。

敦煌的粟特人与汉族的婚姻关系，是敦煌粟特人的基本历史状况，早在三国时期，敦煌的胡汉互为婚姻已属常事，P.3636 记三国时太守仓慈治理下的敦煌"胡女嫁汉，汉女嫁胡，两家为亲，更不相夺"[1]。集中在归义军时期，大量的敦煌遗书与洞窟供养人画像题记均有记载，吐蕃时期也不例外，正如郑炳林先生所言："吐蕃时粟特人纷纷与敦煌大姓联婚。"[2]本文石姓娶南阳张氏即是一例。"南阳张氏"是敦煌的大姓，又称"龙舌张氏"，唐开元中张孝嵩奉诏都护北庭，后子孙世袭沙州刺史，留居敦煌，无疑是敦煌望族。吐蕃和晚唐时期敦煌遗书记载首任节度使张议潮及其父亲一族郡望本是"清河张氏"，可是到了张淮深时期又记作"南阳张氏"，而据姜伯勤先生研究："在沙州，张氏之南阳、清河二望，时相混淆。"[3]又据学者们研究，此种做法明显是为了攀附"南阳郡公"

① 施萍婷：《敦煌随笔之二》，《敦煌研究》1987 年第 1 期，第 44—49 页；又载氏著《敦煌习学集》(上)，甘肃民族出版社，2004 年，第 45、46 页。

② 郑炳林：《唐五代敦煌的粟特人与归义军政权》，载郑炳林主编《敦煌归义军史专题研究》，兰州大学出版社，1997 年，第 411 页。

③ 姜伯勤：《敦煌邈真赞与敦煌名族》，载姜伯勤、项楚、荣新江《敦煌邈真赞校录并研究》，台北新文丰出版公司，1994 年，第 6 页。

即 "南阳开国公" 的张孝嵩①。事实上 P.3354v 悟真撰《五更转兼十二时序》即称 "伏维我尚书渥洼龙种"，结合敦煌文献所记张孝嵩斩龙的传说②，似乎已经有附会南阳张氏之迹象。无论如何，南阳张氏在吐蕃时期已是敦煌望族无疑。

至于该 "南阳张氏" 与张议潮家族的关系，尚难完全明了，或属一支，或表明当时由于势力的日渐增强，张议潮已经有改清河张氏为南阳张氏的迹象。其实清河张氏与南阳张氏，从郡望上讲，不分伯仲，只是后者与敦煌更为密切而已。

那么营建第 359 窟的粟特石姓胡人家族与敦煌大族南阳张氏联姻，说明该石姓家族在当时的敦煌地位和影响并不低，上举 "法匠石公" 即是明证，否则作为一般下层老百姓，是不能在寺院和佛教界取得如此地位的。学者们的研究表明，敦煌的高级僧官往往出自名门望族，二者互为依附③，石姓在吐蕃初期有 "都统石惠捷"，后有 "法匠石公"，即为例证。在这样的背景下两家联姻，可谓门当户对。除此之外，张氏还与粟特最大的安氏集团联姻，P.3551《药师琉璃光如来赞并序》记载吐蕃时一位张姓大都督，娶妻粟特人安氏，此张大都督即是张议潮父亲张谦逸④。

作为敦煌粟特人集团的重要力量，该石姓很有可能参与了张议潮大中起义。据《资治通鉴》卷二四九《考异》引《实录》记载："（大中）五年二月壬戌，天德军奏：沙州刺史张议潮、安景旻及部落使阎英达等差使上表，请以沙州降。" 荣新江先生、郑炳林先生均认为安景旻所代表的是敦煌粟特人的力量⑤。也就是说粟特人及其组成的军队，以安景旻安公、安都督为代表，和张议潮代表的汉人势力，阎英达代表的吐浑、通颊等部落百姓一道，共同推翻了吐蕃在沙州的统治。其中安景旻所代表的 "九姓胡军" 当是包括九姓胡人诸姓在内的粟特人集团，石姓作为九姓胡人大姓，必不能例外。而第 359 窟明

---

① 邓文宽：《归义军张氏家族的封爵和郡望》，载《敦煌吐鲁番研究论文集》，汉语大辞典出版社，1990年。赵红、高启安：《张孝嵩斩龙传说历史背景研究》，《敦煌研究》2004 年第 2 期，第 63—65 页。

② 赵红、高启安：《张孝嵩斩龙传说探微》，《西北师范大学学报》（哲学社会科学版）2004 年第 1 期，第 70—76 页。

③ 参见前揭竺沙雅章文，另见郝春文：《晚唐五代宋初敦煌僧尼的社会生活》，中国社会科学出版社，1998 年，第 95—96 页。

④ 参见郑炳林前揭文《唐五代敦煌的粟特人与归义军政权》，第 412 页。

⑤ 荣新江：《归义军及其与周边民族的关系》，《敦煌学辑刊》1986 年第 2 期，第 25、26 页。郑炳林：《唐五代敦煌的粟特人与归义军政权》，《敦煌研究》1996 年第 4 期。

确记载石张二姓的联姻，结合这一独特的历史背景，则表明到了吐蕃统治晚期，敦煌汉人与胡人及其他民族之间已形成很大的关系网络，形势越来越对吐蕃人不利。在这样的情况下，第 359 窟的窟主们力量和信心大增，他们也不再理会吐蕃的政策，敢于在洞窟内画上大量包括唐装在内的供养人画像。

因此，从这一点也可以看到，敦煌的粟特人对吐蕃统治的确心存敌意。

（三）维摩诘经变吐蕃赞普礼佛图的绘制及其意义

第 359 窟还有一现象值得注意，东壁维摩诘经变中画吐蕃赞普礼佛图。

有人可能会疑问：为什么作为对吐蕃统治持抵触情绪的粟特人要在洞窟中画上吐蕃的赞普像呢？岂不是为吐蕃统治歌功颂德？

其实不然，在这里画上吐蕃赞普礼佛图，实属吐蕃统治时期敦煌石窟维摩诘经变的一大特征，其始作俑者并非第 359 窟的功德主，早在此前的第 231 窟阴家窟、第 237 窟、第 159 窟张家窟就已出现，作为同时期的洞窟，约定俗成，第 359 窟也就不得不画上赞普像。毕竟时代的现实不可抗拒。

另外，如果我们前面对洞窟功德主与粟特人名僧"法匠石公"的关系推测能够成立，则又一定程度上受到了石公的影响，要画上维摩诘经变，则当时传统的赞普像也就不能不画了。

如果我们再换个角度思考，这样做的现实意义也很强，一是从表面上表达对吐蕃统治的服从，以求得生存和发展的空间，像阴嘉政功德窟的营建即是代表，学界研究很多。同时也有为洞窟供养像中唐装的出现作掩饰的意义，正可谓是阳奉阴违。

七、余论：第 359 窟出现大量吐蕃装供养人画像原因

就目前留存下来的敦煌石窟中的吐蕃期洞窟供养人画像资料，莫高窟第 359 窟是出现最多的洞窟，也是吐蕃装供养像最集中的洞窟，同时还是洞窟供养像最为完整的洞窟，涉及功德主家族男女老幼及已故祖辈，构成敦煌石窟特别是吐蕃期洞窟供养人画像独特的现象，因此有必要就其出现的原因作一交代。

敦煌莫高窟吐蕃期石窟群中之所以没有出现更多的供养像的洞窟，明显是受到吐蕃推行其风俗的影响，构成沙州以汉族为主体的原有居民的无声反抗，在各自功德窟中不

画或少画供养像即是其曲折的反映，也属不得已而为之。

作为石姓家族的粟特胡人，虽然有些人因为其长期的汉化，或因在吐蕃占领前已穿上了象征大唐身份地位的唐朝官服，但还是极不愿意穿上吐蕃装，像曾身为"前沙州"某官职的窟主即西壁第 1 身男供养像。对于该洞窟粟特人窟主、施主的汉化，参见笔者另文分论[1]。

但是从另一方面考虑，正如杨清凡博士指出的那样，吐蕃服饰本身是受波斯、粟特、突厥等胡人服饰影响的结果[2]，因此作为粟特石姓家族的功德窟，对于这些来自中亚的移民，他们并没有像敦煌其他汉族人一样，长期以来受汉文化的影响，更何况吐蕃装本身的翻领样式，一定程度上保留了这些胡人本民族的服饰特点，这样从心理上、生活习惯方面，都是可以勉强接受的。

而对于那些不乐意者，则通过穿受唐装影响下的吐蕃装的折中方式，一则满足了其对唐装的感情，二则可以应付吐蕃的政策。

至于那些坚决不同意以吐蕃装形式出现的个别人，像窟主一样，或则因为其曾生活在沙州陷蕃前，又在唐政府机构中任过职，便采取灵活的手段，以个案的形式逃过当时统治政策的约束与规范。而像北壁第 6 身者，则属公然的对抗行为，或属推翻吐蕃后的修改，但也表现出本人对吐蕃统治的不满之情。

对于女性来讲，在中唐吐蕃统治敦煌时期，洞窟供养像中所见服饰多为唐装，比较独特，似乎为吐蕃统治所允许，加上她们大多数人即是敦煌的汉族大姓，因此对于她们而言，在政策允许的情况下穿唐装是每个人内心的必然选择。

既然如此，受传统洞窟供养像绘制的影响，以及在供养功德观念的作用与信仰力量的驱使下，第 359 窟的这些功德主们，以灵活的思想，巧妙的办法，最终打破了自沙州陷蕃以来洞窟中长期不集中绘画世俗供养人画像的沉寂，给人以耳目一新的感觉。

当然，我们也必须认识到，从总体上来讲，到了吐蕃统治的后期，由于汉人世家大族与粟特人势力的不断壮大，吐蕃的统治不断被削弱，加上玉关驿户起义的教训，吐蕃

---

① 沙武田：《敦煌的粟特胡人画像——莫高窟第 359 窟东壁门上新释读一身石姓男供养像札记》，载《敦煌文献、考古、艺术综合研究——纪念向达教授诞辰 110 周年国际学术研讨会论文集》，中华书局，2011 年。

② 杨清凡：《藏族服饰史》，青海人民出版社，2003 年。

统治受到制约，于是作为最晚一期营建的洞窟第 359 窟，其供养人画像再次以北朝、隋、唐前期的形式大规模集中出现。敦煌石窟营建历史上，供养人画像的绘画又出现了历史性的延续。这也是我们在研究敦煌石窟美术史过程中观察到的饶有趣味的现象。

第九章　敦煌的粟特胡人画像：莫高窟第359窟东壁门上石姓男供养像

一、敦煌粟特人画像的一个现象

对于敦煌历史上的粟特人，广泛见载于丰富的历史文献和藏经洞遗书，是历来学者们关注的重要课题，学界大家各自从不同的角度咸有发表，硕果累累，不一而足，基本上厘清了敦煌粟特人的历史脉络。相关的学术史，陈海涛有综述，可供参考[①]。

但非常有趣的是，已属学界不争事实的敦煌粟特人历史研究当中，人们所关注并可资利用的丰富资料多为文字文献的记载，极少数以敦煌艺术品为对象的研究，也都是间接的图像，或为受中亚粟特与波斯影响的洞窟壁画图案，或是具有中亚特色的器物，或属粟特人信仰特征的宗教偶像，或仅属有中亚波斯风格的人物图像。

最为可惜的是，一直以来被学界大量引用的出现于莫高窟历代洞窟中的九姓胡人供养人画像资料，也全是仅从榜题文字的姓氏与人名特征上的判断，多有臆测的成分，无一例可从面貌、体质、服饰、姓氏、人名其中两个或更多特征结合的有力证明，使得这种仅从姓氏来断定族属的研究虽有一定的道理，但总显缺乏说服力，故颇受学界质疑。

事实就是如此，在敦煌这样一个九姓胡人长期居住生活的地方，莫高窟、榆林窟等处极为丰富的石窟群壁画，包括最具历史信息的洞窟供养人画像等图像中，始终没有看到可以从人物面貌、体质、服饰特征与题名结合来确定粟特人真实身份的资料，颇令人匪夷所思，实属历史之谜。

其中最具代表意义的是五代宋时期的归义军统治者曹氏一族，长期以来，学术界对以曹议金为代表的敦煌曹氏的族属莫衷一是，但多以其在敦煌洞窟供养人画像题名中的自称而断

---

① 陈海涛：《敦煌粟特研究历史回顾》，《敦煌研究》2000 年第 2 期，第 160—168 页。

其郡望为"亳州谯郡",自罗振玉以来为学界所秉承①。个别学者如史苇湘早年就已对此问题产生疑问,惜未详论②。近年来,荣新江、冯培红撰文认为,敦煌归义军政权统治者曹氏一族当属中亚粟特人后裔③。但是这一结论也受到了学者的质疑,李并成、解梅并不认为敦煌的归义军曹氏统治者为粟特族属,其中曹氏族人的汉人面貌特征即是重要证据之一④。

的确,以曹议金为代表的曹氏诸节度及家族其他人物在莫高窟、榆林窟的画像面貌无一例有胡人特征,如果他们确为中亚的九姓胡人后裔,即使是考虑到其长期以来与汉族通婚等汉化因素,但其面貌无任何胡人的特征确属不好理解的现象,值得注意。因此,在更有说服力的资料如曹氏的墓葬等未发现之前,要对曹氏的族属源流做出定论,现在看起来确有一定的困难。除一些文献资料的佐证之外,对洞窟中出现的包括曹氏在内的大量粟特供养人画像的解读,仍是探讨敦煌地区粟特人历史的重要资料的。如果曹氏确为粟特人后裔,则需对洞窟中的这些流寓敦煌的粟特九姓胡人后裔画像在这方面的"失语"现象做出科学合理的解释。鉴于此,笔者在做有关"敦煌石窟粟特九姓胡人供养像"课题的研究时,出于谨慎,没有把归义军曹氏供养像与其他的粟特人供养像统一起来对待,觉得有必要作区别,不可一概而论⑤。

姜伯勤曾从服饰的角度,再结合洞窟壁画中的粟特美术成分,多次强调了敦煌莫高窟隋代洞窟第303、390窟出现的胡服供养人画像与粟特美术的密切关系,强调了敦煌的粟特画派⑥。姜先生的研究为我们观察敦煌壁画中的粟特美术成分提供了非常重要的思路与线索,诚如先生指出的那样,以莫高窟隋代第244、390窟为代表的洞窟壁画艺

① 罗振玉:《瓜沙曹氏年表》,载陈国灿、陆庆夫主编《中国敦煌学百年文库·历史卷》1,甘肃文化出版社,1999年,第1—12页。
② 史苇湘:《世族与石窟》,载敦煌文物研究所编《敦煌研究文集》,甘肃人民出版社,1982年,第154页。
③ 前揭荣新江、冯培红二氏文。
④ 李并成、解梅:《敦煌归义军曹氏统治者果为粟特后裔吗——与荣新江、冯培红先生商榷》,《敦煌研究》2006年第6期,第109—115页。
⑤ 沙武田:《敦煌石窟粟特九姓胡人供养像研究》,《敦煌学辑刊》2008年第4期,第132—144页。
⑥ 姜伯勤:《莫高窟隋说法图中龙王与象王的图像学研究》,载氏著《敦煌艺术宗教与礼乐文明》,中国社会科学出版社,1996年,第125—156页;《敦煌莫高窟隋供养人胡服服饰研究》,载郝春文主编《敦煌文献论集——纪念敦煌藏经洞发现一百周年国际学术研讨会论文集》,辽宁人民出版社,2001年,第354—368页;《敦煌285窟所见厌哒人的密特拉神崇拜》,载氏著《中国祆教艺术史》,生活·读书·新知三联书店,2004年,第203—216页。

术，当是粟特人在敦煌从事艺术活动（或受粟特人影响）的重要例证，恰又在第 390 窟出现了多身胡服供养人画像。不过遗憾的是，没有面貌体质特征的佐证，单从服饰角度是无法把这些供养人与九姓胡人完全联系到一起的。

而佛爷庙唐墓出土的胡人牵驼砖①和莫高窟北区初唐瘗窟 B86 窟出土的彩绘胡人木俑②，由于都出自墓葬，应与在中原大量唐墓中出土的随葬胡俑一样，均为陪葬的人物，属墓主现实生活中曾拥有的奴婢驱使，又被表现于墓主的另一个世界，或者说仅是当时墓葬流行的随葬品。是对墓主生活时期胡人的存在及其社会生活的反映，属大唐盛世常见的现象，而其出现在敦煌，更属正常。但这两类胡人画像的存在，仍无法让我们对历史文献所记大量参与到敦煌社会经济文化生活，甚至政治与宗教统治阶层的九姓胡人完全联系到一起。同样的，莫高窟北周第 290 窟中心柱西向面供养人画像的"胡人驯马图"，图像清楚地表明该胡人应是位马夫类社会底层人物，属胡人来华后常见的职业，没有榜题框，更加表明其社会地位的低下。同窟东壁门北牵马驾牛车的胡人，性质类同。此类胡人画像在其他洞窟也可见到，如隋代第 390 窟东壁门两侧供养像后牵马驾牛车的胡人，晚唐第 156 窟张议潮出行图和五代第 100 窟曹议金出行图中狩猎与赶驼队者，其中也有胡人的形象。这些胡人地位低下，属于主人的家奴，供养像中没有榜题，历史也不大可能留下他们的真实姓名。

至于其他像莫高窟北周第 296 窟福田经变中的胡商，隋代第 303、420 窟法华经变、盛唐第 45 窟观音经变中的"胡商遇盗图"，历代维摩诘经变中的"各国王子礼佛图"，中唐第 158 窟涅槃经变中的"各国王子举哀图"中所画的胡人形象，实属画家为了表现经文的本意而特意画入的特定形象，属佛经绘画的需要，是艺术家对佛经的理解与表现，或是他们对固有粉本的照抄，虽然从一个侧面也能够说明敦煌地区胡人活动与生活的社会历史，但由于是对一类社会现象普遍反映的形式，因此并不能成为我们理解敦煌九姓胡人真实面貌与现实生活的绝对资料。

但是，这些胡人画像的存在，却也表明敦煌的历代艺术家们，对这些往来于丝路、定居于敦煌的粟特胡人形象并不陌生，以画像艺术的形式和手段表现这些独特的人群，应是他们的拿手好戏。

① 敦煌研究院编：《敦煌艺术精华》，1994 年，第 103 页。
② 彭金章、沙武田：《敦煌莫高窟北区洞窟清理发掘简报》，《文物》1998 年第 10 期，第 4—21 页。

因此，对敦煌历史上真实存在的粟特人画像的揭谜，成了敦煌学研究中一个不大也不算小的问题，由于资料的限制，这个问题一直困扰着人们。近年来，笔者在从事敦煌石窟供养人画像、粟特美术、吐蕃统治时期敦煌石窟等诸多课题研究的同时，在不同视角与思路的激荡下，着重关注了供养人画像榜题新资料的发现和释读，并看到一身应属典型粟特人的画像，现介绍出来，以飨同好。

二、莫高窟第 359 窟东壁门上石姓男供养像释读

莫高窟第 359 窟属中唐吐蕃统治时期的代表洞窟，建成于吐蕃统治的晚期约 9 世纪40 年代[①]。第 359 窟因为窟内集中保存了吐蕃统治时期敦煌石窟中的供养人画像，又以吐蕃装男供养像的集中出现最为独特，受到学界的普遍关注，是研究吐蕃服饰极为珍贵的资料。对于该洞窟供养人画像的基本资料及其相关的问题，笔者有专文讨论[②]。本文欲就该洞窟新释读的一身具有胡人特征、并可以确认属于粟特人的供养像作专题研究。

（一）东壁门上夫妇供养像身份关系

第 359 窟主室四壁下一圈均为中唐吐蕃统治时期的供养人画像，以西壁龛下中心所画供器香炉与甬道中心线为中轴线，南北两侧分别画比丘尼和女性、比丘和男性供养像。除此之外，主室东壁门上画男女夫妇二人对坐供养像（图 9–1），其中的男供养像即是本文要讨论的主要对象，是笔者所认定的颇具本民族面貌特征的、较为典型的粟特胡人画像。有意思的是，对应的女性供养像，无论是服饰特征，还是体质面貌均为典型的唐代汉族妇女形象，身着高腰裙，直袖衫，头束云状高发髻，上饰花，人物面部不清，圆脸，小嘴，为汉人特征无疑。当系胡汉通婚的图像表现。

虽然该夫妇二人供养像榜题均已看不到文字，但是窟内新发现的其他供养人画像题记，给我们推断这身供养像的姓氏与族属提供了充分的佐证：

① 樊锦诗、赵青兰：《吐蕃占领时期莫高窟洞窟的分期研究》，载敦煌研究院编《敦煌研究文集·敦煌石窟考古篇》，甘肃民族出版社，2000 年，第 182—210 页。

② 沙武田：《莫高窟吐蕃期洞窟第 359 窟供养人画像研究——兼谈粟特九姓胡人对吐蕃统治敦煌的态度》，《敦煌研究》2010 年第 5 期，第 12—24 页。或引本稿第五章。

图 9-1 莫高窟第 359 窟东壁门上夫妇供养像

　　供助紫光灯和高清数字拍摄技术，我们在第 359 窟内发现并成功释读了其中的多身供养人画像题记，通过对这些供养像题记资料的研读，我们得知一个非常有趣的结论和现象：第 359 窟是属流寓敦煌的粟特九姓胡人"石姓"某家族营建的功德窟，可以称其为莫高窟的粟特人"石家窟"。

　　我们之所以如此认为，是因为洞窟供养像清晰的题名和严格整齐的辈分排列关系所揭示。

　　其中北壁西向吐蕃装男供养群像（图 9-2）题名：

　　第 1 身："弟子清信居仕石/郎□同一心供养"；第 7 身："□男……"；第 11 身："男石万十供/养"；第 13 身："侄男石□"；第 14 身："侄男□□"；第 16 身："侄男石神主供养"。从题名称谓上可以认为，这是窟主的兄弟、儿子和侄子们的供养像，均属粟特石姓，那么窟主也非粟特人石姓莫属。

　　对应南壁西向唐装女供养群像（图 9-3）题名：

　　第 1 身："新妇南阳张氏"；第 2 身："……供养"；第 4 身："新妇……"；残破洞后

图 9-2　莫高窟第 359 窟中轴线北侧男供养群像

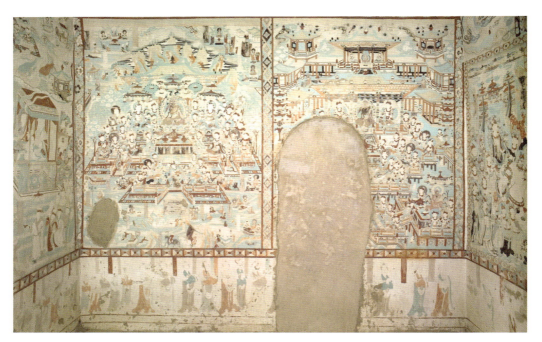

图 9-3 莫高窟第 359 窟中轴线南侧女供养群像所在位置

西起第 6 身（红底榜题）："女什四（？）娘"；倒数第 3 身："孙什……"；最后 1 身："孙
什……"。显然属对应男性的妻子与窟主的女儿、孙女们的供养像，当属石姓家族女眷
无疑。

再看东壁门南西向女供养像题名：

第 1 身："孙什□娘"；第 2 身："孙什八娘"；第 4 身："孙什□娘"。然仍属窟主的

孙女辈。

经过分析，笔者认为窟主当为西壁龛下比丘后第 1 身唐装人物像，因为该像处男供养像第 1 身位置，形象比其他像高大，手执香炉（这是敦煌石窟窟主等身份地位独特供养像的特权），又着唐装，表明其对唐文化的向往和九姓胡人汉化的深刻，榜题文字也比其他各像均要多："前沙州……/……/伐（后？）（阅？）……/居仕……/主……""前沙州"正说明其任职唐朝的证据和对唐朝服饰依恋的原因。

按同时期和稍晚的洞窟如第 231、144、12 窟等主室东壁门上男女对坐像，均为窟主的父母或祖父母供养像的表现方法，可以确定第 359 窟东壁门上的夫妇供养像当不例外，而其完全以唐朝服饰的形式出现，则更说明该二人为窟主父母像（祖父母像的可能性比较小），而他（她）们生活的时期应是（或者说主要是）在沙州陷蕃前的唐代，也就是说他（她）们二人是唐代编户入籍于敦煌的中亚粟特人。

（二）东壁门上男供养像之画像特征

该二人像中间为一较大的方形土红色榜题碑形框，应为营建洞窟的发愿文内容，文字已不存，长方形束腰壸门底座，宝珠垂幔框形碑首。南北两侧分别为胡跪于方形壸门矮几上的男女供养像各 1 身。其中男供养像是本文重点介绍和讨论的对象（图 9-4），具有以下几个方面的特征：

1.服饰特征

该像服饰特征是典型的唐装，头戴软脚幞头，身着圆领红色长袍，腰束革带，上系

图 9-4　莫高窟第 359 窟东壁门上男供养像面貌特写（正常光与多光谱拍摄）

蹀躞七事（图 9-5），内穿团花衬衣。

　　革带上挂蹀躞七事，是目前所知敦煌石窟供养像除莫高窟第 148、409、237 窟、西千佛洞第 19 窟，榆林窟第 39 窟等回鹘王子和回鹘人供养像，以及莫高窟第 332 窟、榆林窟第 6 窟等元代蒙古人供养像外所仅见，另在五代第 100 窟"天公主"窟曹议金夫人陇西李氏回鹘"天公主"出行图中回鹘侍从像有带蹀躞七事，在吐蕃期洞窟维摩诘经变吐蕃赞普礼佛图中出现的随行吐蕃装人臣也多有佩此饰物，但这两类前者为非传统供养人画像，后者不属于供养像类。对于身着唐装的男供养像，在初唐、盛唐、中唐和晚唐洞窟中，别无他例见带此饰，即便是明确为粟特人功德窟的供养像也无此饰，如莫高窟晚唐第 196 窟何法师窟中的何姓男供养像（图 9-6）。即使到了五代宋归义军时期，初认为属粟特人后裔的曹氏众多男供养像中，也没有看到有佩此饰者。充分表明该像的独特性。

　　行文至此，有人可能会产生疑问，按唐代的制度，《唐会要》卷三一《舆服上》记"文

图 9-5　莫高窟第 359 窟东壁门上　　　　　图 9-6　莫高窟第 196 窟何姓男供养像
　　男供养像腰间"七事"特写

武咸带七事"，又据《新唐书》卷三四《五行志一》载高宗、武后言腰悬"七事"的太平公主所穿为"武官装束"，可知"蹀躞七事"必为武官之服。在唐景云二年（711 年）至开元二年（714 年），官常服中曾经规定武官五品以上须在腰间悬佩七件物品以示身份，但一般限于朝参等集体重大活动，而且仅实行了短短三年的时间[1]，可以说是昙花一现，并未广泛流传开来。第 359 窟此身男像在唐初可能为唐代武官，因此身带七事以示官职身份？作为武职，符合粟特人在唐代的主要职业特征[2]。孙机先生指出："真正广泛吸纳粟特移民从事的职业是当雇佣兵。"[3]唐代著名诗人高适就曾感叹道："控弦尽用阴山儿，登阵常骑大宛马。"[4]此处"阴山儿"当非专指，应是胡人的泛称。到唐玄宗极盛时期，"骁将锐士，善马精金，空于京师，萃于二统"，也就是说当时的军事精锐分别控制在胡人蕃将手中，其中有"哥舒翰统西方二师"的河西、陇右节度，"安禄山统东北三师"的

① （后晋）刘昫：《旧唐书》卷四五《舆服志》，中华书局，1975 年，第 1953 页；《新唐书》卷二四《车服志》，中华书局，1975 年，第 529 页。沈从文：《中国古代服饰研究》，上海世纪出版集团，2005 年，第 360—362 页。

② 陈海涛、刘惠琴：《来自文明十字路口的民族——唐代入华粟特人研究》，商务印书馆，2006 年。森部丰：《唐后期至五代的粟特武人》，载《粟特人在中国——历史、考古、语言的新探索》，中华书局，2005 年，第 226—234 页。

③ 乾陵博物馆：《丝路胡人外来风：唐代胡俑展》孙机先生《序言》，文物出版社，2008 年，第 10 页。

④ 高适：《送浑将军出塞》，《全唐诗》卷二一三，中华书局，2008 年。

范阳、平卢、河东节度①，是胡人武职的顶峰，最终导致以安禄山和史思明为代表的粟特胡人军事集团的叛乱，结束了一个盛世的时代。按池田温研究，《天宝十载差科簿》所记敦煌九姓胡人的"从化乡"居民中，其中有部分参与军事活动或服兵役，还有人结衔为武职，如果第 359 窟该男子生活的时期能够早到此时，也是可以理解的。

但是事实上，如果按第 359 窟营建年代计算，景云年中至开元初期（711—714 年），到第 359 窟营建的 9 世纪 40 年代②，有 120 余年的时间。该像人物在沙州为武官的最早时间至少可到 20—40 岁，因此按七事实行的最晚时间开元初（714 年）计算，至 9 世纪 40 年代也要 140 岁左右，考虑到洞窟营建之时其人已亡故，因此从这一点还可以理解。但是按作为其儿子辈的窟主题名中出现"前沙州"字样，考虑到从沙州陷蕃（786 年）到洞窟营建也要 50 余年的时间，按 20 岁入仕，作为曾经为唐代官吏的窟主到洞窟营建时期也都 70 岁已上了，那么窟主至少出生在 8 世纪 60 年代末。此时，作为在 714 年已经有 20 岁的该像男子，到 8 世纪 60 年代末已经 70 岁高龄，不大可能再生儿育女了。因此该男子像服饰所带七事，似与唐初一度施行的官服无关。

其实，腰系蹀躞七事，是古代西域和北方民族的常见服饰特征，属他们随身所佩带物品，一般是在革带上挂七件条形带，分别内装算袋、刀子、解锥（唠厥）、砺石、挈必真、针筒、火石袋等七件日常生活用品，史书称其为"蹀躞七事"，十分形象客观地表现着游牧民族的生活习俗。对此，原田淑人③、沈从文④分别对中国古代这种胡服现象作过介绍和说明。这种流行于游牧民族的服饰装饰品，无疑也适用于丝路上主要商业民族粟特九姓胡人，是他们长途商业旅行的必需品，更是粟特武士的传统装束⑤。被研究服饰史者所广为论述的流行于唐代的妇女胡装，此"胡"无疑是以粟特人为主的中亚西域人，其中特征之一即有腰带蹀躞七事的现象。的确，这种胡服对唐代的影响，俯拾皆是，正

---

① （唐）杜佑：《通典》卷一四八"兵"总序。参见黄永年：《〈通典〉论安史之乱的"二统"说证释》，《陕西历史学刊》1981 年第 2 期，另载《唐史十二讲》，中华书局，2007 年，第 85—100 页。

② 樊锦诗、赵青兰：《吐蕃占领时期莫高窟洞窟的分期研究》，载敦煌研究院编《敦煌研究文集·敦煌石窟考古篇》，甘肃民族出版社，2000 年，第 182—210 页。

③ ［日］原田淑人：《唐代の服饰》，东洋文库刊行，1997 年。

④ 沈从文：《中国古代服饰研究》（增订本），上海书店，1997 年，第 232、260—262 页。

⑤ 马冬：《唐代服饰专题研究——以胡汉服饰文化交融为中心》，陕西师范大学博士学位论文，2006 年。

图 9-7　唐韦琐墓
胡装女侍石刻图

图 9-8　莫高窟第 359 窟东壁门南维摩诘
经变吐蕃赞普礼佛图

所谓"万国衣冠拜冕旒""万国仰宗周，衣冠拜冕旒"[1]。《新唐书·五行志》记太平公主曾在一次宫廷宴饮时，腰上挂着七事，可见胡风影响之盛。陕西乾县唐永泰公主墓、韦琐墓多身女扮男妆侍女石刻线画，有唐装有胡服，随身佩带蹀躞七事（图 9-7），无疑是受到中亚胡风的影响所致，而大量胡人俑的出现即是最好的注脚。至于唐代沿丝绸之路长安洛阳等广大地区深受胡人文化习俗的影响，已属学界不争之史实，各地唐墓出土的胡人俑，唐诗中对胡人的描述，胡服在唐代女性中的流行（胡俑、壁画等绘画中均有看到）[2]，等等，从不同的角度诠释着有唐一代来自中亚的九姓胡人对唐文化的渗透和贡献[3]。

　　受粟特等服饰文化影响的吐蕃服饰，腰佩蹀躞七事为其特征之一，在敦煌壁画吐蕃赞普礼佛图中，即广泛见到这种民族服饰装饰特征，第 359 窟的赞普与随侍中即有多身均佩有七事（图 9-8），对此谢静有介绍和讨论[4]。沈从文在讨论《步辇图》中吐蕃重臣

① （唐）王维：《和贾至舍人早朝大明宫之作》《奉和圣制暮春送朝集使归郡应制》，《全唐诗》卷一二七。

② （后晋）刘昫：《旧唐书·舆服志》："开元初，从驾宫人骑马者，皆着胡帽，靓妆露面，无复障蔽，士庶之家又相仿效，帷帽之制绝不行用。"黄能馥、陈娟娟：《中国服饰史》，上海人民出版社，2004 年，第 265 页。

③ 向达：《唐代长安与西域文明》，生活·读书·新知三联书店，1957 年。葛承雍：《唐韵胡音与外来文明》，中华书局，2008 年。

④ 谢静：《敦煌石窟中的少数民族服饰文化研究》，兰州大学敦煌学研究所博士学位论文，2007 年。

禄东赞服饰时，主张吐蕃人服饰中应带有七事①。杨清凡也持相同的意见②。后经笔者观察，新发现第359窟供养像中有三身（北壁第5、9、15身）典型吐蕃服饰人物像即佩此装饰。据研究，吐蕃人的这一装饰习俗，其渊源关系仍来自粟特人的服饰特征③。

因此，我们有理由认为莫高窟第359窟该身男供养像，虽身着唐装，却腰系蹀躞七事，非唐装中本有的装饰，这种服饰装饰即使在两京的长安洛阳等内地的男子服饰中也不多见，又属敦煌大量唐前期、晚唐五代宋男供养像所仅见，无疑非常服，当属胡风浸染的结果。

更为有趣的是，作为洞窟供养人画像，出现在庄严的佛教洞窟，面对心中的圣像，心存敬仰和虔诚，手执香炉，却腰系蹀躞七事，佩刀带火，多有不符礼佛之情之景，只缘他们是粟特人身份，作为本民族的生活习俗，也就不足为怪了。

图9-9　西安北周安伽墓石榻安伽夫妇像

2.体型特征

第359窟东壁门上该人物体型颇为独特，身体极显肥胖，粗腰，虽为胡跪像，但仍略显高大魁伟。最值得注意的是，该像脖颈圆满，完全属肥胖型人之特征。虽然肥胖并非九姓胡人的典型身体特征，但是作为伊朗系人种的他们，身体容易发胖也属正常生理现象，因为作为商业民族的粟特人对于肉类和葡萄酒有独特之偏好，《旧唐书·哥舒翰传》记"翰好饮酒，颇恣声色"。加上定居敦煌后不再远走行商导致生活习性的改变，都容易使其身体发胖。这让我们想起西安北周安伽墓石棺上所刻夫妇宴饮图中的男主人公，同样大腹便便（图9-9）④，而西安韩森寨出土的一身唐代彩

① 沈从文：《中国古代服饰研究》（增订本），上海书店，1997年，第232页。
② 杨清凡：《藏族服饰史》，青海人民出版社，2003年，第98页。
③ 杨清凡：《藏族服饰史》，青海人民出版社，2003年，第98页。
④ 陕西省考古研究所编：《西安北周安伽墓》，文物出版社，2003年，彩色图版五一。

图 9-10　西安韩森寨唐胡俑及头部特写

绘胡人陶俑，胡须下颌与脖子间鼓胀出来的赘肉（图 9-10）①，与第 359 窟此像极其相似，事实上这样的胡俑比较常见，陕西陇县出土一批陶胡人俑，多有此特征，让我们看到肥胖胡人的普遍存在。

　　事实上，我们仔细检索一下中原内地长安洛阳等地出现的作为随葬的胡人俑，发现身体肥胖者比比皆是②，其中以葛承雍所论属表演魔术之幻人的胡人袒腹俑最具代表性③，如有甘肃庆城唐游击将军穆泰墓胡人袒腹俑（图 9-11）④、西安东郊唐金乡县主墓

① 乾陵博物馆：《丝路胡人外来风》，文物出版社，2008 年，第 140 页图版。
② 乾陵博物馆：《丝路胡人外来风：唐代胡俑展》，文物出版社，2008 年。
③ 葛承雍：《唐代胡人袒腹俑形象研究》，《中国历史文物》2007 年第 5 期，第 20—27 页。
④ 庆城博物馆：《甘肃庆城唐代游击将军穆泰墓》，《文物》2008 年第 3 期，第 32—51 页。

图 9-11-1　唐金乡县主墓胡人　　图 9-11-2　庆城唐穆泰墓　　图 9-11-3　陕西考古所藏唐
　　　　　袒腹俑　　　　　　　　　　　　胡人袒腹俑　　　　　　　幞头胡人俑

胡人袒腹俑[①]等。

　　至于魁伟，一是胡人体质所致，另一方面也是这个尚武民族的气质所在。

　　而历史记载属于粟特人中身体肥胖的代表人物，即是安禄山，《新唐书·安禄山传》：

　　　　守珪丑其肥，由是不敢饱，因养为子。……晚益肥，腹缓及膝，奋两肩若挽
　　牵者乃能行，作《胡旋舞》帝前，乃疾如风。帝视其腹曰："胡腹中何有而大？"
　　答曰："唯赤心耳！"每乘驿入朝，半道必易马，号"大夫换马台"，不尔，马辄仆，
　　故马必能负五石驰者乃胜载。

① 王自力、孙福喜编：《唐金乡县主墓》，文物出版社，2002 年。

　　由是可见，对于粟特人而言，身体易于肥胖当属正常现象，或亦可作为其种族之特征对待。同为敦煌石窟供养人画像，相比之下，如此肥胖之人物画像别无他见，也从侧面表明该人物之独特性。

3. 面貌特征

　　该身男供养像在面貌特征上，同样颇为独特，少见。蓝眼睛，高额头，高鼻梁，一圈络腮胡须，显得较为浓密，人物相貌特征极具中亚西域胡人（图 9-12），正如唐代诗人所描述的那样"碧玉炅炅双目瞳，黄金拳拳两鬓红""琉璃宝眼紫髯须"①。

　　敦煌壁画中对人物胡须的描画，其中供养人画像当中男像们的胡须，历代都以八字须或山羊须为常见，还没有看到有像莫高窟第 359 窟该身像之一圈浓密的络腮胡，和唐

图 9-12　莫高窟第 359 窟胡人男像面部图像处理前后效果图

① （唐）李白：《上去乐》，载《全唐诗》，中华书局，2008 年。张说：《苏摩遮》，载《全唐诗》，中华书局，2008 年。

图 9-13-1　洛阳矿
山厂唐黄釉男胡人俑

图 9-13-2　西安南郊唐
墓三彩胡人武官俑

图 9-13-3　西安西郊唐墓
胡人俑头部特写

墓中胡人俑的大胡须完全一样（图 9-13），当属这个外来民族人种的体质面貌特征无疑。

　　另外，我们注意到该身供养像的眼睛画法，是以宝石蓝颜色点描的眼珠，至今仍清晰可视，即是唐人所描述胡人"碧玉炅炅"般的双目、"琉璃"一样的双眼，非常形象化，恰在敦煌这身粟特人供养像眼睛画法中得到完美的诠释，相得益彰，当属认识粟特胡人面貌画像特征不可多得的资料。这种描绘眼睛的方法并不多见，我们在敦煌壁画中看到画人物眼睛，均是以墨色点睛，在供养人画像中比比皆是。即使在同一洞窟中的其他男女供养像（包括其对面的夫人像），均不见此画法。如果再仔细观察整个洞窟壁画人物眼睛的画法，发现除供养人画像以外，包括维摩诘经变中的吐蕃赞普礼佛中的人物，各经变画中的佛、菩萨像等均没有用此技法表现人物眼睛。但非常有趣的是，在经变画中的天王、梵王、力士、夜叉、药师十二神将、文殊菩萨所骑狮子、牵狮子与大象的昆仑奴等，却以此蓝宝石点描眼睛（图 9-14）。我们知道天王、梵王、力士、夜叉等护法神将，由于在佛教中的身份关系，均要突出其力量感，因此历来以强健善武的胡人形象为蓝本，我

图 9-14　莫高窟第 359 窟经变画人物面相画法

们在佛教造像和唐代墓葬中的镇墓兽等艺术品中经常见到，可以说是胡人形象的翻版。

　　因此，在这里画家唯独把东壁门上的这身有胡人面貌特征的男供养像的眼睛画成和经变画中的这些护法神王类一致，无疑是壁画的作者充分了解画像主人作为胡人所具有的面貌特征，在这里"画龙点睛"，可谓入木三分，十分形象地给我们塑造了一位九姓胡人的典型形象。画家在这里一反常规，以宝石蓝点睛，不得不让我们联想到该像作为粟特人面貌特征的关系，这些蓝眼睛、高鼻梁、虬髯的西域胡人，艺术家们在充分观察其真实面貌特征的基础上，通过写真的艺术手法，再现了一位生活在敦煌的九姓胡人的真实面貌，也让我们再次看到了敦煌人物写真肖像画的艺术特性①。

① 姜伯勤：《敦煌的写真邈真与肖像艺术》，载《敦煌艺术宗教与礼乐文明》，中国社会科学出版社，
　1996 年。沙武田：《敦煌写真邈真画稿研究——兼论敦煌画之写真肖像艺术》，《敦煌学辑刊》2006
　年第 1 期，第 43—62 页。

这种高度写实的艺术表现方法，与中原长安洛阳等地所见历代壁画墓、唐三彩、陶俑或石刻胡人像一样，实属不可多得的宝贵资料，当属敦煌壁画艺术在这方面的独特贡献。

4.小结

作为曾生活在沙州陷蕃前的这身石姓男子，编户入籍正式成为李唐王朝的子民，定居在九姓胡人聚居中心的沙州城东安城"从化乡"，娶一名汉人女子为妻，并生下像第359窟的窟主等兄弟多人。由其子孙等人的题名，以及与敦煌汉族大姓如"南阳张氏"等的通婚可知，他所在的石姓胡人移民家族，在当时的敦煌颇有一定的社会地位，家境殷实，与汉族大姓通婚。当然，他与家族其他人深受唐文化影响，汉化程度很高，着唐装，娶汉女。但是，毕竟作为一名从人种、体质、面貌等各方面均与汉人有本质区别的胡人，后辈们在其家族功德窟中，画像入窟，他们所雇用的画工画匠们，在充分考虑雇主意愿的前提下，按他们的要求，以高度写实的艺术手法，精心绘制了这样一身曾活跃在敦煌的粟特胡人的写真像。给我们勾勒出了一位虬髯、高鼻、深目、蓝眼睛，体型魁伟而又颇显肥胖的粟特胡人形象。属敦煌人物画尤其是供养人画像中所仅见。为我们更进一步理解和研究活跃在敦煌地区为数不少的粟特胡人，从个人画像的角度提供了非常珍贵的资料。理当引起我们的重视。

三、对洞窟其他供养人面貌特征无胡貌的解释

行文至此，新的结论伴随着新的问题出现：既然粟特人石姓家族的功德窟第359窟内，作为窟主父亲的东壁门上这身男供养像，从画像的角度表明其为典型的胡人体质与面貌特征。如此，即使是考虑到他的妻子为汉人的情况，有汉化的现象，但从遗传学上来讲，洞窟其他男女供养像，作为他的儿子、孙子，女儿与孙女辈的供养像中，同样应有面貌为胡人的可能性，为什么我们在洞窟主室四壁下一圈男女供养像中均无发现呢？

在讨论这个问题之前，必须明白一个现象：一方面，由于历史的原因，洞窟底层壁画掉色、变色和脱落颇为严重，造成人物面貌等细部识别的极大困难，因此无法轻易做出判断。另一方面，由于女像均着唐装，男像以吐蕃装为主，僧尼均着法服，加上画像形成前后的排列关系，这种集体仪式的服饰特征和排列关系，造成观察视角的统一化、模式化，从这方面也影响了观察者对人物画像面貌等细部的判断。

　　单就女供养像而言，其中有"新妇南阳张氏"题名，说明石姓男子娶的媳妇多为汉人，因此不存在面貌再辨别的问题。如果其中有受其父亲或祖父胡人血统遗传者，面貌为深目、高鼻的胡女形象，则按传统的绘画习惯，断然不会真实地画出来的。因为按中国传统思想和文献记载可知，历代对胡女的记载，均出现在如酒肆、歌舞伎等颇为轻浮的场合，社会地位低下，甚至被社会视为不良妇女。《朝野金载》《太平广记》《唐人小说》《唐传奇》等所记"狐女"多被隐涉为胡人①。李白诗"胡姬貌如花，当炉笑春风""胡姬招素手，延客醉金樽"②，所描写的胡女，恐怕不会被稍有社会地位者所认同。唐人诗歌中描述的能歌善舞，富有异域风情的"酒家胡"，多是通过奴婢贸易入华的胡人女子③。我们在大量的墓葬等胡人画像、三彩、陶俑等资料中，看到的全为胡人男子像，几乎看不到有关胡女的资料，当系时人对胡女的偏见。对此孙机先生发表了自己独到的见解，颇具启发意义④。法国葛乐耐教授通过对安伽墓石棺、Miho 藏粟特人石棺、安阳粟特人石棺的观察，敏锐地指出一个现象：作为这些社会地位较高的粟特人墓主（像萨保），均穿粟特胡服，而他们的妻子却总是穿着汉人服饰⑤。史君墓画像也不例外。其实仔细观察会发现，包括一些侍女人物也为汉装，充分表明入华的粟特人对汉文化的理解，汉人社会对胡女的偏见和轻视，也不得不使这些来自中亚的移民在本属自己的墓葬画像艺术中有所选择，实属不得已而为之。但有意思的是，学者们研究表明，入华的粟特人多半保持着族类通婚的习俗⑥。在这样的情况下，即使是有可能为胡女者仍不愿意被画成地道的胡人形象，其原因是相同的，仍属社会认同的价值取向所左右。如此，则敦煌也不能例外。

① 王青：《西域文化影响下的中古小说》，中国社会科学出版社，2006 年。
② （清）王琦、（明）胡之骥注，李长路、赵威点校：《李太白全集》，中华书局，1998 年。
③ 芮传明：《唐代"酒家胡"述考》，《上海社会科学院学术季刊》1993 年第 2 期，第 159—166 页。
④ 孙机：《序言》，载乾陵博物馆编《丝路胡人外来风：唐代胡俑展》，文物出版社，2008 年，第 10 页。
⑤ ［法］葛乐耐：《粟特人的自画像》，载《粟特人在中国——历史、考古、语言的新探索》，中华书局，2005 年，第 305—323 页。
⑥ 程越：《从石刻史料看入华粟特人的汉化》，《史学月刊》1994 年第 1 期，第 24—25 页。蔡鸿生：《唐代九姓胡与突厥文化》，中华书局，1998 年，第 22—23 页。荣新江：《北朝隋唐粟特聚落的内部形态》，载氏著《中古中国与外来文明》，生活·读书·新知三联书店，2001 年，第 132—135 页。陈海涛、刘惠琴：《来自文明十字路口的民族——唐代入华粟特人研究》，商务印书馆，2006 年。

对于男供养像而言，均为石姓家族的男人们，父亲或祖父为粟特胡人，母亲或祖母为汉人的情况下，他们当中应有面貌仍为胡人特征者，但是画像中没有被表现出来，究其原因，除前述洞窟画像集体出现与观察视觉模式化等客观之原因外，主要还是缘于唐人对"胡"之鄙视的社会思潮。

《旧唐书·哥舒翰传》：

> 翰素与禄山、思顺不协，上每和解之为兄弟。其冬，禄山、思顺、翰并来朝，上使内侍高力士及中贵人于京城东驸马崔惠童池亭宴会。翰母尉迟氏，于阗之族也。禄山以思顺恶翰，尝衔之，至是忽谓翰曰："我父是胡，母是突厥；公父是突厥，母是胡。与公族类同，何不相亲乎？"翰应之曰："古人云，野狐向窟嗥，不祥，以其忘本也。敢不尽心焉！"禄山以为讥其胡也，大怒，骂翰曰："突厥敢如此耶！"翰欲应之，高力士目翰，翰遂止。

安禄山如此忌讳"狐"，则是因为在当时颇为盛行的"胡""狐"相通习俗[1]，明显是对胡人的贬低，以至于有讥讽侮辱的性质，反映出一种普遍的社会现象，作为突厥种的哥舒翰本人也属失言，正所谓"突厥敢如此耶！"。对此，早年陈寅恪先生《胡臭与狐臭》即有揭示[2]，黄永年先生再作发展[3]，结合像《太平广记》及志怪小说和笔记传奇等所记不胜枚举的"胡""狐"故事，让我们明白，入华的胡人不愿意为"胡"的真实原因。

即使是对这些"善商贾，争分铢之利""利之所在，无所不至"[4]的商业民族而言，粟特人来华后主要从事商业，是重农抑商的汉人文化圈的低下营生，唐代规定"凡官人身及同居大功已上亲，自执工商，家专其业，皆不得入仕""工商之家不得予入仕"[5]"自天子逮以胥吏，章服皆有等差""胥吏以青，庶人以白，屠商以皂"[6]，商人地位等同于

① 王青：《早期狐怪故事：文化偏见下的胡人现象》，《西域研究》2003 年第 4 期，第 91—97 页。王青：《西域文化影响下的中古小说》，中国社会科学出版社，2006 年。张军、黄鹏：《〈任氏传〉中的"狐女"应当是胡女》，《绍兴文理学报》2006 年第 2 期，第 44—47 页。

② 陈寅恪：《寒柳堂集》，上海古籍出版社，1980 年，第 142 页。

③ 黄永年：《唐史十二讲》，中华书局，2007 年，第 181—190 页。

④（宋）王溥：《唐会要》，中华书局，1955 年。

⑤（唐）李林甫：《大唐六典》，三秦出版社，1991 年，第 35、66 页。（后晋）刘昫：《旧唐书·食货志》，中华书局，1975 年。

⑥（后晋）刘昫：《旧唐书》，中华书局，1975 年。

屠夫！可想而知，作为商人的九姓胡人，唐人是戴着有色眼镜来看待他们的，因此我们在传奇与笔记小说类作品中常常可以看到"胡商"玩各种不光彩的把戏。同样的原因，仍属汉文化主导下的吐蕃统治时期的敦煌社会，这些九姓胡人即使愿意穿上吐蕃装，但仍不愿意被明显地画成具有典型胡人特征的面貌。

至此，读者可能又要疑问：既然九姓胡人忌画胡像，为什么第 359 窟东壁门上的男子像却被画成胡人面貌特征呢？

究其原因，也存在胡人汉化程度大小的因素。作为盛唐时期活动在敦煌的胡人，当为沙州陷蕃前九姓胡人聚落中心"从化乡"的一员，在这个以胡人为主的群体内，相信胡貌特征绝不会受到歧视；再按池田温先生的研究，他们当中大部分人属直接来自中亚各国的原始居民[1]，因此汉化的程度低，受汉人文化的影响小，又在一定程度上保留了粟特人本来的面目特征。同时，作为洞窟中要特意表现的一身已故人物，画家们则在石姓窟主、施主们的默许下，按常理要配合邈真赞的描述，较为"写真"地表现了一位颇为典型的入唐胡人形象。在这里很大程度上也有纪念与祭祀的意义，正是吐蕃占领时期洞窟主室东壁门上窟主夫妇供养像的主要功德观念，对此现象，笔者有专文研究，或可参考[2]。作为表达窟主晚辈们对父辈的纪念和祭祀思想，则人物画像需要尽可能地写实才符合这一功能的内涵。

而西壁龛下、北壁下、东壁门北下的这些家族男供养像，因为人物众多，又多要穿吐蕃装，如果全画成胡人面貌，则会影响到洞窟的信众礼拜观念，无法大众化。与他们对应的女眷多为与之通婚的汉姓大族女性，因此她们大概也不大愿意让自己的丈夫、兄弟、儿子们在这里公然以时人所鄙视之"胡"的面貌与形象出现吧。而且，作为入居敦煌的第二代、第三代粟特人，通过与汉人的通婚，长时间汉文化的熏陶，一则从面貌上出现变异，二则从文化认同和生活习俗等方面，均更多地倾向于汉文化圈，当属敦煌粟特人汉化[3]的典型例证，也是入华粟特人汉化[4]的代表。另外，安史之乱后，安西和河西

① ［日］池田温：《8 世纪中叶敦煌的粟特人聚落》，《欧亚文化研究》1965 年第 1 期；另载池田温《唐研究论文集》，中国社会科学出版社，1999 年，第 3—67 页。

② 沙武田：《莫高窟第 231 窟阴伯伦夫妇供养像解析》，《敦煌研究》2006 年第 2 期，第 6—10 页。

③ 陆庆夫：《唐宋间敦煌粟特人之汉化》，《历史研究》1986 年第 6 期，第 25—34 页。

④ 这方面详细研究参考陈海涛、刘惠琴：《来自文明十字路口的民族——唐代入华粟特人研究》，商务印书馆，2006 年。

陷蕃，丝路阻断，粟特人主要的贸易通道被打断，因此使得这些定居于沙州的九姓胡人主要赖以生存的商业活动受到很大的影响，据《资治通鉴》德宗纪贞元三年条载，当时由于"河陇没于吐蕃"使得滞留长安不归的胡人"凡得四千人"。独特的历史背景下，多重因素的作用下，大大加速了这些流寓敦煌九姓胡人汉化的进程。

在这方面，综观洞窟壁画内容和艺术风格也可以得以证明。作为粟特人功德窟的第359窟，几乎看不到有明显反映窟主粟特人族属关系的题材或绘画技法，并不像本书有专题讨论的莫高窟初唐第322窟与中唐第158窟那样，可以从洞窟的诸多方面反映出窟主、施主粟特九姓胡人的文化背景。或者像莫高窟隋代第244、390窟一样，当属敦煌的粟特画派，其作者有可能为粟特九姓胡人①。由此可见，第359窟的这些粟特人石姓功德主们，基本上已完全汉化了，完全依照当地汉人家族窟的形式与内容，为本家族营建了一所功德窟。

在这样的背景下，这些汉化的胡人后裔，在洞窟供养人画像中，有意无意地回避了或有或无的胡人面貌与体质特征，因此使得学界对这一问题的研究陷入僵局。最终使得有可能属粟特人后裔的敦煌归义军曹氏家族的男女供养像，无一例从画像上表现出胡貌特征。当然对此问题的研究，非本文所论主题，亦非三言两语可交代明了的。

---

① 姜伯勤：《莫高窟隋说法图中龙王与象王的图像学研究》，载氏著《敦煌艺术宗教与礼乐文明》，中国社会科学出版社，1996年，第125—156页。

第 十 章

面貌写真的民族认同与唐蕃服饰的文化归属：
吐蕃统治下敦煌的一个粟特人家族

　　对于吐蕃统治时期的敦煌粟特人而言，有一个重要的现象引起我们的注意，那就是粟特人与佛教的密切关系，据敦煌写本反映出来的信息可以看到，这一时期越来越多的粟特人从事与佛教或佛教信仰有关的活动，这大概也是受吐蕃统治的影响。"从化乡"解体后，粟特人不再聚族而居，失去了可以凝聚他们本民族祆神信仰的聚居中心[①]。于是曾经在唐朝沙州下辖一乡入籍纳税服役的这些粟特人，如同沙州的汉人一样，同样面临着如何应对和适应吐蕃统治的问题，于是构成当时敦煌社会重要内容的佛教活动成了这些粟特人新的选择[②]，本文对此现象拟从洞窟图像资料的视角再加审视，或有不同之心得。

　　近年来，我们在前人研究的基础上，以敦煌石窟图像资料为中心，本着"石窟皆史"的理念[③]，遵从"图像证史"的基本原则和方法[④]，在前贤们对敦煌石窟图像相关粟特美术研究的启示下[⑤]，试图从不同的视角即石窟图像和粟特美术入手，探讨中古时期敦煌

① 虽然敦煌的祆祠一直到晚唐五代归义军时期仍存在，但在 8 世纪中叶以后不再是粟特人的集中居住中心所在，因此也似乎渐渐失去了其作为宗教纽带联结敦煌粟特人的作用和地位。

② 参见郑炳林、王尚达前揭《吐蕃统治下的敦煌粟特人》文。

③ 马德：《敦煌学史上的丰碑——史苇湘〈敦煌历史与莫高窟艺术研究〉编校手记》，《敦煌学辑刊》2002 年第 2 期，第 119—124 页。马德：《一代尊师　学界楷模——史苇湘先生的献身精神与学术成就》，《敦煌研究》2000 年第 3 期，第 177—182 页。

④ 曹意强：《包罗万象史的观念与西方美术史兴起》，《思想学术文评述》1997 年第二辑；《图像与历史——哈斯克尔的艺术史观念和研究方法》（二），《新美术》2000 年第 1 期；《可见之不可见性：论图像证史的有效性与误区》，《新美术》2004 年第 2 期；《倾听历史的寂静之声》，《中华读书报》2002 年 5 月 15 日；《丹纳与图像证史》，《中华读书报》2004 年 9 月 15 日；《布克哈特的艺术观》，《中华读书报》2004 年 8 月 4 日；《图像证史——两个文化史经典实例》，《新美术》2005 年第 2 期；《历史与艺术》，中国美术学院出版社，2001 年。

⑤ 对于敦煌石窟粟特美术研究，成果颇丰，可参见综述论文：李国、沙武田：《粟特人及其美术影响下的敦煌壁画艺术成分》，《丝绸之路》2012 年第 20 期，第 73—81 页。

粟特人的历史问题。另外，作为"区域史地"命题背景下的敦煌，和同为丝路重镇、长安北大门的固原一样，粟特人问题的研究，应该有可相互补证的方面，罗丰先生对固原盐池何氏唐墓石门胡旋舞图像的研究，以小见大，由一组舞蹈图像引发的对中西文化交流史上一个大家熟悉而又陌生话题的宏论，可视为粟特美术研究的典范①，启示我们粟特美术和图像研究有无限的空间。

敦煌石窟是中古艺术的宝藏，其中与粟特人或粟特美术有关的壁画图像，并不鲜见，但是如何把这些隐藏于佛教石窟图像背后用于诠释佛教经典的画面与活跃在中古敦煌社会或丝路上的独特面孔粟特人紧密联系起来，一直以来受资料的限制，进展不够理想。但是莫高窟吐蕃时期第359窟较为完整的粟特石姓家族供养人画像和题记的发现与考释（详见本书第八章），可以认为是敦煌粟特人的考古新资料，更是目前为止在浩繁的敦煌文献和石窟图像中保存下来的一个较为完整的粟特人家族男女四代群体形象资料，也是颇为典型的敦煌粟特胡人写真画像，弥足珍贵。

对于这一重要的粟特人图像资料，笔者已就其所反映的时代背景、在洞窟中的历史关联、作为敦煌胡人画像的代表图像等问题，分别在前两章作过较为详细的探讨，但是觉得仍有进一步讨论的必要。本章则主要着眼于吐蕃统治时期敦煌的粟特人家族，从面貌写真、服饰选择、家族女性群体、家族信仰等角度再作诠释，或可发现一些有趣的话题。

一、敦煌一个粟特石姓家族供养群像

从莫高窟第359窟保存完好的供养人画像及题记可以非常清晰地看到，吐蕃统治时期一个粟特石姓家族男女成员四代人供养像共存一窟的现象（图10-1），有窟主、窟主的父母、与窟主同辈的"男"、窟主的"侄男"和"孙"子辈及对应的女性"新妇""女""孙"女辈，这在敦煌石窟中并不多见，即使是到了晚唐五代宋张氏和曹氏归

---

① 罗丰：《隋唐间中亚流传中国之胡旋舞——以新获宁夏盐池唐墓石门胡舞图为中心》，《传统文化与现代化》1994年第2期，第50—59页；另载《唐文化研究论文集》，上海人民出版社，1994年，第335—354页；收入氏著《胡汉之间——"丝绸之路"与西北历史考古》，文物出版社，2004年，第280—298页。

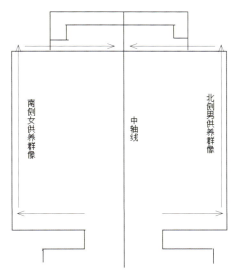

图 10-1   莫高窟第 359 窟供养像布局示意图

义军时期，虽然洞窟中的供养像规模不小，画像和题记相对保存较好，家族成员相对集中，代表如莫高窟第 156、98、61 窟等（图 10-2），但其中的家族成员最多者也不过三代，且没有如此密集，辈分的前后顺序亦没有如此清晰。

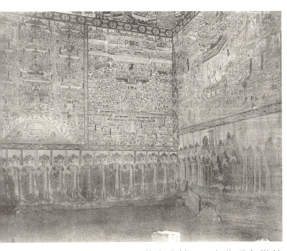

图 10-2-1   莫高窟第 61 窟曹氏女供养
群像（1908 年拍）

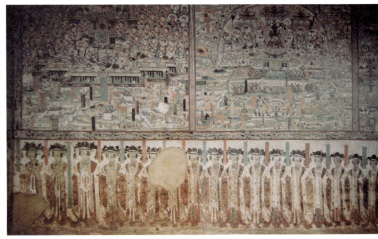

图 10-2-2   莫高窟第 61 窟女供养群像现状

图 10-2-3　莫高窟第 61 窟女供养群像

第359窟供养人画像可以归为三个部分：

第一部分：主室东壁门上的夫妇对坐供养像（图10-3），是这个家族在洞窟中辈分最高者，且应属已亡故祖辈。

第二部分：主室西壁龛下以供器为中心南北相对而列左右各7身共计14身僧尼供养像（图10-4），是这个家族出家在沙州各个寺院的僧和尼。

第三部分：分别跟在僧尼之后按辈分次序依次排列在中轴线南北两侧的供养像列，分别为北侧即由西壁龛下比丘之后—北壁下—东壁门北下一圈现存男性供养像31身（图10-5），南侧即由西壁龛下比丘尼之后—南壁下—东壁门南下一圈现存女性供养像30身（图10-6），他们的供养方向非常一致，均前后相跟随，指向相对而立的僧尼供养中心即龛内主尊所在位置，完全符合洞窟供养之主体和常例。

以上共计77身供养像，其中男性39身，女性38身，考虑到南北壁各有两处被后期穿洞破坏至少各有2身被毁，如此男女均可达到不少于40身的规模，因此在这个洞窟中的供养人总数应该不少于80身，且男女人数基本上相等，相差不过2—3数，故可以认为在当时的敦煌，这是一个规模可观的粟特人家族。

在此之前，据P.2657、P.3018、P.3559《天宝十载（751）敦煌县差科簿》的记载，8世纪中叶敦煌粟特胡人聚落中心"从化乡"有人口300余户1400余口[1]，单从数量上反映，石姓位居第三，仅次于康、安两姓，这一点也正是中亚各国实际情况的记载，康、安、石、曹等姓是中亚胡人流寓中原的主体。莫高窟第359窟据樊锦诗、赵青兰二先生断代为吐蕃统治的晚期，即9世纪40年代[2]。当然该石姓四代人并不是在短时间内形成的一个大家族，从供养人画像服饰中的唐服特征及窟主供养像题记中的"前沙州"字样，可以推断该家族辈分最高的夫妇和窟主均生活在陷蕃之前的沙州，应该是"从化乡"人口的延续。因此，应该说从吐蕃统治敦煌之前这个家族已经形成初步的规模，到了家族功德窟第359窟完工的9世纪40年代，达到80余口的规模，成为众多流寓敦煌的粟特人群中一个较为独特的群体。至少可以认为，该家族并没有太大程度上受吐蕃的冲击而

① 参见池田温前揭《唐研究论文选集》，第14页。

② 樊锦诗、赵青兰：《吐蕃占领时期莫高窟洞窟的分期研究》，载敦煌研究院编《敦煌研究文集·敦煌石窟考古篇》，甘肃民族出版社，2000年，第182—210页。

图 10-3　莫高窟第 359 窟东壁门上夫妇对坐供养像

图 10-4　莫高窟第 359 窟西佛龛下僧尼供养群像

图 10-5　莫高窟第 359 窟中轴线北侧男性供养群像

图 10-6　莫高窟第 359 窟中轴线南侧女性供养群像

像池田温、姜伯勤①等先生研究的那样，从化乡解体后如同其他多数沙州的粟特人一样
沦为寺院寺户，而是保持了完好的家庭和家族发展方向。

    作为一个完整的家族群体，我们之所以肯定其为粟特人家族，依靠的不仅仅是姓氏
的启示，还有东壁门上男供养像明显的胡人面貌特征，以及在男供养像中出现的"石
万十""石神主"等带有浓厚粟特人取名特征的榜题，当然在中唐吐蕃时期活跃在沙州
的石姓家族，加上以上的粟特"语境"，推断其为来自中亚的粟特人应该是没有问题的。
长期以来，在敦煌文献的研究过程中，学术界多单纯依靠姓氏来判断敦煌地区粟特民族
的属性，颇受治粟特研究学者像荣新江②、魏义天（Etienne de La Vaissière）③等先生的
质疑，而斯加夫（Jonathan K. Skaff）先生则在具体研究 7—8 世纪高昌吐鲁番地区粟特
社会的过程中，让我们看到了粟特人取汉名和汉人取粟特名存在的情况④。因此，我们
在研究敦煌地区粟特人画像的问题时也常常存在这样的疑惑，单纯地依据姓氏和人名判
断是否为粟特人是有一定困难的⑤，除非姓氏和人名的粟特特征非常明显，就像本文所
论莫高窟第 359 窟的石姓，因为有面貌的佐证，可以说一锤定音。从这个意义上讲，第
359 窟粟特人家族供养像的考古新发现，作为敦煌地区粟特人研究的重要资料，或可启
示我们对 8 世纪中叶沙州"从化乡"之后粟特人的问题作新的思考。

---

① 姜伯勤：《唐五代敦煌寺户制度》，中华书局，1987 年。

② 荣新江：《敦煌归义军曹氏统治者为粟特后裔说》，《历史研究》2001 年第 1 期，收入氏著《中古
    中国与外来文明》，生活·读书·新知三联书店，2001 年，第 258—274 页，荣先生指出简单地"根
    据人名来判断是否是粟特人"还是有些"武断"；另见荣新江：《敦煌学十八讲》，北京大学出版社，
    2001 年，第 239—240 页；类似观点见毕波：《中古中国的粟特胡人》，中国人民大学出版社，2011
    年，荣先生在该书的序文中提出目前学术界有"泛粟特论"的倾向，大概有前文之意在其中。

③《粟特人在中国——历史、语言、考古的新探索》，载《法国汉学》第十辑，中华书局，2005 年，第
    500—501 页。法国学者魏义天先生在会议总结中强调了"不能仅仅使用姓氏上的证据"来判断粟
    特人的民族归属，而是"应该使用其他的资料"。

④［美］斯加夫（Jonathan K. Skaff）：《公元 7—8 世纪高昌粟特社会的文献记载：唐朝户籍所见文化
    的差异和演变》，载《粟特人在中国——历史、语言、考古的新探索》，中华书局，2005 年，第
    141—177 页。

⑤ 沙武田：《敦煌石窟粟特九姓胡人供养像研究》，《敦煌学辑刊》2008 年第 4 期，第 132—144 页。

二、面貌写真的民族认同

粟特人聚落[1]或者说粟特人建立的国际商业网络[2]在敦煌的情况，时间比较早，在三国时期，敦煌就有大量的"西域杂胡"生活于此，《三国志》卷一六《仓慈传》记：

> 又常日西域杂胡欲来贡献，而诸豪族多逆断绝；既与贸迁，欺诈侮易，多不得分明。胡常怨望，慈皆劳之。欲诣洛者，为封过所，欲从郡还者，官为平取，辄以府见物与共交市，使吏民护送道路，由是民夷翕然称其德惠。数年卒官，吏民悲感如丧亲戚，图画其形，思其遗像。及西域诸胡闻慈死，悉共会聚於戊己校尉及长吏治下发哀，或有以刀画面，以明血诚，又为立祠，遥共祠之。

相同记载另见于敦煌藏经洞写本P.3636[3]。

斯坦因于1907年在敦煌西北的长城烽燧遗址获取的粟特文古信札，一直以来是研究丝路胡人商业活动和聚居地的重要考古资料，长期以来引起国际学术界的关注，大量的研究表明，在4世纪初期粟特人漫长丝路商业贸易网络中，敦煌具有突出的地位[4]。至于到了隋朝、唐前期、中唐吐蕃时期和晚唐五代宋初归义军时期，敦煌的粟特人历史学术界的研究成果极其丰富，属学界共识，诸多史实是清晰的。

敦煌作为中古粟特人重要的聚居地和在漫长丝路上的活动重镇，长期的历史演进，

① 荣新江：《北朝隋唐粟特人之迁徙及其聚落》，《国学研究》第6卷，1999年；收入氏著《中古中国与外来文明》，生活·读书·新知三联书店，2001年，第54—59页。

② ［法］魏义天（Etienne de La Vaissière）：《粟特商人史》，广西师范大学出版社，2012年。

③ 施萍婷：《敦煌随笔之二》，《敦煌研究》1987年第1期，第47页。

④ Frantz Grenet,Nicholas Sims-Williams:The Historical Context of the Sogdian Ancient Letters, Transition Periods in Iranian History（Studia Iranica,Cahaier 5），Leuven 1987,pp.47-48.Nicholas Sims-Williams:The Sogdian Merchants in China and Indian,A.Cadonna e l.Lanciotti,Cina e Iran da Alessandro Magno alla Dinastia Tang,ed.Firenze 1996,pp.45-67.陈国灿：《敦煌所出粟特文信札的书写地点和时间问题》，载《魏晋南北朝隋唐史资料》第七辑，上海古籍出版社，1985年，第10—18页；《魏晋至隋唐河西胡人的聚居与火祆教》，《西北民族研究》1988年第1期，第201—202页；二文俱收入氏著《敦煌学史事新证》，甘肃教育出版社，2002年，第56—72页，第73—97页。

到了五代宋时期，由粟特人后裔建立曹氏归义军政权[①]，把敦煌的粟特人历史推进到政治高峰。敦煌五代宋归义军曹氏的粟特胡人后裔的民族属性作为敦煌粟特人研究的前沿问题，应该说已被学界接受。但是由于大量敦煌石窟壁画中曹氏众多供养人像面貌的标准汉人画像特征，也使得学术界有不同的意见产生[②]，此问题的讨论焦点，其实存在着图像研究中的"陷阱"问题，我们认为，要单一从洞窟壁画中的供养人画像面貌特征来确定其族属虽有一定的道理，但从方法论上

图 10-7　莫高窟第 290 窟中心柱西向面龛沿下胡人驯马图

是值得进一步讨论的，实要注意"图像证史"的"陷阱"。本着这样的思路，笔者撰文分析了曹氏供养像之写真性概念，然后逐一揭开附着于曹氏供养像表面的非写实因素，最后参证以洞窟、文献和藏经洞纸绢画等相关资料，结果表明从供养像的角度判定归义军曹氏粟特胡人的族属关系是可能的[③]。这个简单的例证告诉我们粟特人研究过程中人物画像研究的重要性及其方法论意义。

　　敦煌有自十六国北朝到元代的洞窟壁画、绢画、麻布画、纸本画，数量丰富，其中供

① 荣新江：《敦煌归义军曹氏统治者为粟特后裔说》、冯培红：《敦煌曹氏族属与曹氏归义军政权》，俱载《历史研究》2001 年第 1 期。二文分别载荣新江：《中古中国与外来文明》，生活·读书·新知三联书店，2001 年，第 258—274 页；郑炳林主编：《敦煌归义军史专题研究续编》，兰州大学出版社，2003 年，第 163—189 页。相同意见另见郑炳林：《晚唐五代敦煌地区的胡姓居民与聚落》，载《粟特人在中国——历史、语言、考古的新探索》，中华书局，2005 年，第 179 页。

② 李并成、解梅：《敦煌归义军曹氏统治者果为粟特后裔吗——与荣新江、冯培红先生商榷》，《敦煌研究》2006 年第 6 期，第 109—115 页。

③ 沙武田：《敦煌石窟归义军曹氏供养像与其族属之判别》，《西部考古》第七辑，三秦出版社，2012年，第 204—234 页；另载中央文史馆、敦煌研究院、香港大学饶宗颐学术馆编《庆贺饶宗颐先生95 华诞敦煌学国际学术研讨会》，中华书局，2012 年，第 142—167 页。

图 10-8 莫高窟第 390 窟供养像   图 10-9 莫高窟第 100 窟曹议金出行图

后面的胡人牛车图   后面的胡人骑马狩猎图

养人画像统计达 9000 余身①,据供养人题记中的姓氏可以初步推断,其中有一定数量的粟特九姓胡人画像②,也经常被大量相关的研究文章引用。但是具有胡人面貌特征者除笔者讨论过的莫高窟第 359 窟东壁门上男性供养像之外,另有莫高窟北周第 290 窟位于供养人行列的驯马的胡人 (图 10-7)、其他像莫高窟西魏第 390 窟供养像后列车马侍者 (图 10-8)、五代第 100 窟曹议金出行图最后打猎队伍中的胡人 (图 10-9) 等均属功德主供养像后的随从、侍者等下层人物,隋代第 390 窟供养像列中两身着团花纹服饰的小孩形象 (图 10-10),姜伯勤先生认定为粟特人③,似乎得重新探讨,因为我们在其他洞窟和绢画、麻布画与纸画中可以看到类似的供养人像比较多。而作为洞窟窟主、施主功德主类供养像中,明确为胡人形象者即是第 359 窟此身男性供养像。

另外,透过图案、图像等可以看到粟特人及其所代表的"粟特画派"对敦煌石窟艺术有不可磨灭的影响与贡献,以姜伯勤先生为代表,分别通过对莫高窟西魏第 285 窟、

① 张先堂:《莫高窟供养人画像的发展演变——以佛教史考察为中心》,《敦煌学辑刊》2008 年第 4 期,第 93—103 页。

② 沙武田:《敦煌石窟粟特九姓胡人供养像研究》,《敦煌学辑刊》2008 年第 4 期,第 132—144 页。

③ 姜伯勤:《敦煌莫高窟隋供养人胡服服饰研究》,载郝春文主编《敦煌文献论集》,辽宁人民出版社,2001 年,第 354—368 页。

隋代第 244、390 窟、初唐第 322 窟相关图像的研究①，深刻揭示出敦煌石窟艺术史和中国美术史上这一非常有趣而又至关重要的现象。张元林先生以莫高窟第 285 窟为个案，揭示出了该洞窟与粟特人密切的关系②。笔者近年来也致力于敦煌石窟中粟特美术的探索，集中就粟特人与洞窟营建的关系努力钩沉，曾就莫高窟初唐第 322 窟③、中唐第 158 窟④，以及本文所论的中唐第 359 窟与粟特人的关系，分别作过尝试性的讨论。综合以上学界研究成果，如果再联系到归义军曹氏对石窟营建的热情，充分表明了粟特人在敦煌石窟营建历史长河中的积极态度和杰出贡献。而像莫高窟晚唐第 196 窟 "何法师窟"，第 129 窟五代归义军小吏安氏某家族集体重修时的壁画，均保存有完整的何姓（图 10-11）和安姓家族男性供养人群像（图 10-12），但非常遗憾的是，以上诸多与粟特人有密切关系或本身即属粟特人功德窟的大量供养人画像中，我们看到的具有粟特胡人典型面貌写真特征的画像也仍然是第 359 窟的该身男像。

如此有趣的现象，其实最终是要归结为胡人的汉化和汉文化圈中胡人受歧视的历史现象，这一点已是学界的共识。至于涉及画像方面，笔者已在对第 359 窟该身供养像及归义军曹氏供养像相关研究中多次论及，不再重复。

更为有趣的是，即使是在第 359 窟供养像中，具有胡人面貌写真者目前从壁画中能够明确看到的也只有东壁门上的这一身，其他则属汉人面貌写真（图 10-13），或因壁画褪色和残损而不明确。总体而言，第 359 窟内粟特人的面貌写真可以概括为三类特征：

---

① 分别参见姜伯勤：《敦煌艺术宗教与礼乐文明》，中国社会科学出版社，1996 年；《中国祆教艺术史研究》，生活·读书·新知三联书店，2004 年。

② 张元林：《粟特人与莫高窟第 285 窟的营建——粟特人及其艺术对敦煌艺术的贡献》，载云冈石窟研究院编：《2005 年云冈国际学术研讨会论文集·研究卷》，文物出版社，2005 年，第 394—406 页；《论莫高窟第 285 窟日天图像的粟特艺术源流》，《敦煌学辑刊》2007 年第 3 期，第 161—169 页；《观念与图像的交融——莫高窟 285 窟摩醯首罗天图像研究》，《敦煌学辑刊》2007 年第 4 期，第 251—256 页。

③ 沙武田：《莫高窟第 322 窟图像的胡化因素——兼谈洞窟功德主的粟特九姓胡人属性》，《故宫博物院院刊》2011 年第 3 期，第 71—96 页。

④ 沙武田：《敦煌莫高窟第 158 窟与粟特人关系考》（上、下），《艺术设计研究》2010 年第 1、2 期，第 16—22、29—36 页。沙武田：《吐蕃统治时期敦煌石窟研究》"中篇"第二章，中国社会科学出版社，2013 年。

图 10-10　莫高窟第 390 窟的两身男供养像

图 10-11　莫高窟第 196 窟何姓男供养像

图 10-12　莫高窟第 129 窟安姓男供养像

图 10-13　莫高窟第 359 窟男供养像面部特写

图 10-14　莫高窟第 359 窟东壁
门上夫妇对坐供养像之男性
　　　　　图 10-15　莫高窟第 359 窟东壁
门上夫妇对坐供养像之女性

（一）胡人面貌

主要即是东壁门上的男性供养像，该人物体型颇为独特，胡跪，身体极显肥胖，粗腰，高大魁伟。该身男供养像在面貌特征为蓝眼睛，高额头，高鼻梁，一圈络腮胡须，显得较为浓密，脖颈圆满，极具中亚西域胡人相貌特征（图 10-14），正是唐代诗人笔下描述的胡人形象：“碧玉炅炅双目瞳，黄金拳拳两鬓红”“琉璃宝眼紫髯须”①。

（二）唐人面貌

即是指除了这身胡人面貌形象以外的中轴线北侧的其他男性供养像，以及所有的女性供养像，包括与胡像对坐之夫妇供养像之女性（图 10-15），当然也包括僧尼供养像，

图 10-16　莫高窟第 359 窟西壁　　　　　　图 10-17　莫高窟第 359 窟南壁
龛下北侧第 1 身男供养像　　　　　　　　　女供养像之南阳张氏

这些人物群体面貌特征上有千人一面之特征①，正是绝大多数各时期洞窟供养人群像的
基本特征和绘画现象，从现存的洞窟壁画各供养人面貌上，还看不到可勉强辨认属于像
唐墓中看到的那些胡人俑面貌形象者，基本上是唐人形象，代表如男供养像第一身即窟
主（图 10-16）。至于女性的面貌则完全是唐人形象，是符合部分题名如南壁下第一身
"新妇南阳张氏"（图 10-17）的族属规范的，其他女性的情况也可以肯定是以唐人面貌
形象出现的，因为胡人女性在中原文化中是受歧视的。《朝野金载》《太平广记》《唐人
小说》《唐传奇》等所记"狐女"多被隐涉为胡人②。李白诗"胡姬貌如花，当炉笑春

① 郑炳林：《敦煌写本相书理论与敦煌石窟供养人画像——关于敦煌莫高窟供养人画像研究之二》，
　　《敦煌学辑刊》2006 年第 4 期，第 1—23 页。
② 王青：《西域文化影响下的中古小说》，中国社会科学出版社，2006 年。

风""胡姬招素手，延客醉金樽"①，所描写的胡女，恐怕不会被稍有社会地位者所认同。唐人诗歌中描述的能歌善舞，富有异域风情的"酒家胡"，多是通过奴婢贸易入华的胡人女子②。我们在大量的墓葬等胡人画像、三彩、陶俑等资料中，看到的全为胡人男子像，几乎看不到有关胡女的资料，当系时人对胡女的偏见。对此孙机先生有自己独到之见解，颇具启发意义③。法国葛乐耐（Frantz Grenet）先生通过对安伽墓石棺、Miho粟特人石棺、安阳粟特人石棺的观察，敏锐地指出一个现象：作为这些社会地位较高的粟特人墓主（像萨保），均穿粟特胡服，而他们的妻子却总是穿着汉人服饰④。史君墓画像也不例外。其实仔细观察会发现，包括一些侍女人物也为汉装，充分表明入华的粟特人对汉文化的认同，汉人社会对胡女的偏见和轻视，也不得不使这些来自中亚的移民在本属自己的墓葬画像艺术中有所选择，实属不得已而为之。但有意思的是，学者们研究表明，入华的粟特人多半保持着族类通婚的习俗⑤。在这样的情况下，即使是有可能为胡女者仍不愿意被画成地道的胡人形象，其原因是相同的，仍属社会认同的价值取向所左右。如此，则敦煌也不能例外，池田温先生在研究敦煌从化乡人名的胡式和汉式现象时非常精辟地指出："众所周知，由中亚移居中国的人几乎都是男性，很少有女性相伴随。这些移居中国的男子，大多应与汉族女子通婚，繁衍子孙。因为到敦煌定居之后，他们所能找到的结婚对象，只有敦煌附近的汉族女子。所以该乡主体居民九姓胡姓男子的配偶一定以汉族女子居多。"⑥

---

① (清)王琦、(明)胡之骥注，李长路、赵威点校：《李太白全集》卷三、一八，中华书局，1998年。

② 芮传明：《唐代酒家胡述考》，《上海社会科学院学术季刊》1993年第2期，第159—166页。

③ 乾陵博物馆编：《丝路胡人外来风：唐代胡俑展》孙机先生撰写"序言"，文物出版社，2008年，第10页。

④ ［法］葛乐耐（Frantz Grenet）：《粟特人的自画像》，载《粟特人在中国——历史、考古、语言的新探索》，中华书局，2005年，第305—323页。

⑤ 程越：《从石刻史料看入华粟特人的汉化》，《史学月刊》1994年第1期，第24—25页。蔡鸿生：《唐代九姓胡与突厥文化》，中华书局，1998年，第22—23页。荣新江：《北朝隋唐粟特聚落的内部形态》，载《中古中国与外来文明》，生活·读书·新知三联书店，2001年，第132—135页。陈海涛、刘惠琴：《来自文明十字路口的民族——唐代入华粟特人研究》，商务印书馆，2006年。

⑥ ［日］池田温著，孙晓林等译：《唐研究论文选集》，中国社会科学出版社，1999年，第27—28页。

（三）吐蕃人形象

第 359 窟的男性供养群像，一直以来是敦煌石窟吐蕃供养人的代表，也是吐蕃服饰研究的典型资料①。因为在该窟内保存了吐蕃装男供养像多达 30 身，他们均头戴用红色或浅红色，间有灰白色头巾裹成的"绳圈冠"，系于脑后；分于面颊两边的头发扎成髻，垂于耳际，末梢饰一绿色宝石（又似耳坠类饰品）；身着大翻领长袖袍或小翻领直袖袍衣（服饰详后）。无疑集中展示的是作为吐蕃统治下受吐蕃制度约束下的沙州百姓的日常形象。

作为一个粟特人家族营建的功德窟，在供养人面貌写真的表达上，出现如此复杂的景象，仅以一身胡人面貌写真象征性地追溯了其家族的中亚移民和粟特人背景，而且该像出现在主室东壁门上，如同学界讨论较多的同时期莫高窟第 231 窟"阴家窟"②相同位置即主室东壁门上出现的窟主父母阴伯伦夫妇对坐供养像一样，基本上是以亡故祖先的身份展示，也强烈表达家族成员对家族祖辈的追念、祭祀意义③。其余的供养像无论男女老幼、僧俗两界，均以大量的唐人面貌写真形象集体出现在洞窟中，明显地反映出该粟特人家族在民族认同方面的倾向性，至于男供养像吐蕃装形象的出现，无疑是独特时代背景下的产物，对此现象笔者有过相关的研究④，不能作为该家族民族认同的证据。

三、唐蕃服饰的文化归属

服饰作为人们日常生活中不可或缺的内容，不仅展示着一个社会的时代风貌，更是区别不同文化和民族习俗的标志性符号，长期的生活习俗和所处环境的影响，不同时期不同民族有代表各自民族特征的服饰，这一现象在古代世界各民族中均有明确的反映，

① 沙武田：《吐蕃统治时期敦煌石窟供养人画像考察》，《中国藏学》2003 年第 2 期，第 80—93 页。沙武田：《吐蕃统治时期敦煌石窟研究》"上篇"第三章，中国社会科学出版社，2013 年。

② 记载莫高窟第 231 窟营建的功德记写本 P.4640《大番故敦煌郡莫高窟阴处士公修功德记》（又名《阴处士碑》）记载原应俗称"报恩君亲窟"。郑炳林：《敦煌碑铭赞辑释》，甘肃教育出版社，1992 年，第 33—38 页、第 238—254 页。

③ 白天佑、沙武田：《莫高窟第 231 窟阴伯伦夫妇供养像解析》，《敦煌研究》2006 年第 2 期，第 6—10 页。王中旭：《敦煌吐蕃时期"阴嘉政父母供养像"研究》，《中国国家博物馆馆刊》2012 年第 2 期，第 99—119 页。

④ 沙武田：《吐蕃统治时期敦煌石窟供养人画像考察》，《中国藏学》2003 年第 2 期，第 80—93 页。另见笔者前揭对第 359 窟供养人画像研究两篇论文。

也是大家熟知的社会历史现象。因此有学者指出："人们对服饰的要求有生理方面的物质性和心理方面的精神性……精神性表现为审美的艺术性和象征性……而人的审美意念和象征意念不仅受时代意念的制约，而且受民族意念的制约，这是服饰文化具有时代特色和民族特色的原因。"①另外，社会制度的变革、政权的交替、民族的融合、宗教信仰的变化等都会使一个民族本来的服饰发生或大或小的变化，这在历史时期是司空见惯的史实。即使是到了今天，在中国有 56 个民族，大多都有代表本民族特征的传统服饰。有唐一代，本来是唐朝的河西地区，因安史之乱的影响，吐蕃人乘机占领了窥视已久的陇右、河西、西域的大片土地，使得这些地区的各类民众也成了吐蕃治下的蕃民，在敦煌文献中他们往往自称"落蕃户""落蕃官""落蕃僧"②。其中服饰的变化比较大，吐蕃在这些新占领地区施行严格的民族统治政策，其中包括易服辫发、黥面文身③，服饰

---

① 黄能馥、陈娟娟：《中国服饰史》，上海人民出版社，2004 年，第 1 页。

② 参见敦煌文献 P.3201 王锡撰：《呈吐蕃赞普奏章》，载唐耕耦、陆宏基《敦煌社会经济文献真迹释录》第四辑，全国图书馆文献缩微复制中心，1990 年，第 358 页。详细研究见法国戴密微著、耿昇译：《吐蕃僧诤记》，甘肃人民出版社，1984 年。赵晓星：《吐蕃统治敦煌时期的落蕃官初探》，《中国藏学》2003 年第 2 期，第 53—62 页。

③ 这方面的研究诸如有［日］藤枝晃：《吐蕃支配时期的敦煌》，《东方学报》(31)，京都，1961 年，第 199—292 页。［日］山口瑞凤：《吐蕃支配时代》，《讲座敦煌·2·敦煌的历史》，大东出版社，1980 年，第 1—52 页。姜伯勤：《唐敦煌"书仪"写本中所见的沙州玉关驿户起义》，《中华文史论丛》1981 年第一辑，第 157—170 页。安家瑶：《唐永泰元年 (765) —大历元年 (766) 河西巡抚使判集 (伯二九四二) 研究》，载北京大学中国中古史研究中心编《敦煌吐鲁番文献研究论集》，中华书局，1982 年，第 232—264 页。史苇湘：《河西节度使覆灭的前后——敦煌遗书伯 2942 号残卷的研究》，《敦煌研究》1980 年创刊号，第 119—130 页。史苇湘：《丝绸之路上的敦煌与莫高窟》，载敦煌文物研究所编《敦煌研究文集》，甘肃人民出版社，1982 年，第 43—121 页。史苇湘：《吐蕃王朝管辖沙州前后——敦煌遗书 S1438 背《书仪》残卷的研究》，《敦煌研究》1980 年创刊号，第 131—141 页。王尧、陈践：《敦煌吐蕃文献选》，四川民族出版社，1983 年。［法］戴密微著，耿昇译：《吐蕃僧诤记》，甘肃人民出版社，1984 年。姜伯勤：《唐五代敦煌寺户制度》，中华书局，1987 年。邵文实：《沙州节儿考及其引早出来的几个问题——八至九世纪吐蕃对瓜沙地区的汉人的统治》，《西北师大学报》1992 年第 5 期。邵文实：《尚乞心儿事迹考》，《敦煌学辑刊》1993 年第 2 期。［日］前田正名著，陈俊谋译：《河西历史地理学研究》，中国藏学出版社，1993 年。杨铭：《吐蕃统治敦煌研究》，新文丰出版公司，1997 年。刘进宝：《吐蕃对敦煌的统治与研究》，载《敦煌文书与唐史研究》，新文丰出版公司，2000 年。史苇湘：《丝绸之路上的敦煌与莫高窟》，载敦煌文物研究所编《敦煌研究文集》，甘肃人民出版社，1982 年，第 43—121 页。

方面的变化对于一个被军事强行占领区的民众是一件痛苦的事情，更重要的是唐朝仍然是当时世界格局中重要的一员，大唐文治武功下的盛世景象和完善的典章制度仍然是吐蕃无法媲美的。在这样的背景下，吐蕃统治下对服饰的改变对这些陷入吐蕃统治下的大唐子民而言，生理和心理上都产生了一定的影响，从内心深处他们是不愿意的。《五代会要》卷三〇《吐蕃传》中记述说：

> 及安禄山犯阙，肃宗在灵武，尽召河西戍卒，收复两京，吐蕃乘虚，遂取凉、陇，华人百万，陷于腥膻。开成之际，朝廷遣使还番，过凉、肃、瓜、沙，城邑如故，华人见汉旌使，齐夹道泣诉，问皇帝还念陷番生灵否？当时已经再世，虽语言小讹，而衣服未改。

类似的记载也见于《旧五代史》卷一三八《外国列传》第二"吐蕃"条，这些陷入吐蕃统治的百万汉人，向唐朝使节表达了对唐朝的感情，"虽语言小讹，而衣服未改"，服饰的守护大概最能体现对文化的追念。白居易《缚戎人》中描述一位"大历年中没落蕃"的汉人"一落蕃中四十载，遣着皮裘系毛带。唯许正朝服汉仪，敛衣整巾潜泪垂"，这种现象在敦煌文献中也得到反映，P.3451《张议潮变文》记述了归义军初期唐中央使节在敦煌的见闻时写道：

> 尚书授敕已讫，即引天使入开元寺，亲拜我玄宗圣容。天使睹往年御座，俨若生前。叹念敦煌虽百年阻汉，没落西戎，尚敬本朝，余留帝像。其于（余）四郡，悉莫能存。又见甘、凉、瓜、肃，雉堞凋残，居人与蕃丑齐肩，衣着岂忘于左衽；独有沙州一郡，人物风华，一同内地。①

敦煌文书P.3633《沙州百姓一万人上回鹘天可汗书》中记：

> 太保弃蕃归化，当尔之时，见有吐蕃节儿镇守沙州，太保见南蕃离乱，乘势共沙州百姓同心同意，穴臼趁却节儿，却着汉家衣冠，永抛蕃丑。②

---

① 王重民等：《敦煌变文集》（上册），人民文学出版社，1957年，第124页。唐耕耦、陆宏基：《敦煌社会经济文献真迹释录》第二辑，全国图书馆文献缩微复制中心，1990年，第320页。上海古籍出版社、法国国家图书馆合编：《法藏敦煌西域文献》第24册，上海古籍出版社，2002年，第252—254页。
② 王重民：《金山国史事坠拾》，载《敦煌遗书论文集》，中华书局，1984年。唐耕耦、陆宏基：《敦煌社会经济文献真迹释录》第二辑，全国图书馆文献缩微复制中心，1990年，第377页。上海古籍出版社、法国国家图书馆合编：《法藏敦煌西域文献》第26册，上海古籍出版社，2002年，第156—158页。

图 10-18　莫高窟第 359 窟北壁
第 6 身唐装男供养像

文书所反映的是沙州人民对推翻吐蕃统治的心情，"永抛蕃丑"，经过六十余年的他族统治生活，可以再次"着汉家衣冠"，服饰的回归，是对唐文化的回归。同样的历史情结也通过供养人服饰图像的形式反映在莫高窟第 359 窟当中。

在第 359 窟粟特石姓家族功德窟中，整体上是以吐蕃服饰为特征的供养人群像，长期以来成为藏学界认识吐蕃服饰的重要资料。对于该窟供养人画像的服饰现象及其特征，笔者已在相关的研究中有详细的描述和分析，在此需要我们特别关注的有两点：

（一）多民族服饰表现

第 359 窟供养人画像的服饰虽然以吐蕃装为主要特征，但吐蕃装并不是该窟供养人群像的唯一服饰，其中除僧尼的法服之外，女供养像全是唐装，高腰裙，直袖衫，部分有披帛，头束各类发髻，有的上饰花，面部特征不十分清楚。男性的服饰则比较复杂，分两种服饰：唐装和吐蕃装。具体情况如下：

1. 唐装

分别是前述东壁门上胡人面貌形象者、西壁龛下男供养像第一身即窟主、北壁第 6 身（图 10-18）和第 8 身，他们头戴软脚幞头，身着圆领红色长袍，腰束革带，典型的唐装形象，其中东壁门上者腰系蹀躞七事，又属胡装形象。

2. 吐蕃装

第一类：属典型的吐蕃装。内穿交领衣，外披白色大翻领对襟长袍，饰绿边云肩，下半身开衩，显露加绣绿色缘边的裤子；长袍直袖长短不一，右侧短，左侧长，下垂至于膝下委地，形成左衽穿法；袖边饰似花边一圈，或为虎皮饰；腰系带，上是否有饰物不清；足蹬皮靴。代表为北壁第 5、9、15 身人物像（图 10-19）。

第二类：属受唐装影响的蕃装（图 10-20）。内穿交领衣，外穿红色或白色间有灰色小翻领（绿色）长袍（是否对襟或斜襟则不清），下半部或开衩或不开衩，直袖，袖无饰，

图 10-19　莫高窟第 359 窟典型　　　　图 10-20　莫高窟第 359 窟受唐装影响
　　　　吐蕃装男供养像　　　　　　　　　　的吐蕃装男供养像

腰束革带。此类袍衣如果没有小翻领则完全是唐装男像常服圆领袍衣，明显地表现出受唐代服饰影响的因素。这种现象的出现，当是自文成公主入藏以来，长时期受汉文化影响所致[①]。代表为西壁最后 1 身（白色开衩长袍），北壁第 1 身（红色不开衩长袍）、第 3 身（白色不开衩长袍）、第 4 身（红色开衩长袍）、第 10 身（白色开衩长袍）、第 11 身（灰色不开衩长袍）、第 12 身（红色开衩长袍）。其中北壁第 2 身较为独特，总体上属此类吐蕃装，但是又有云肩装饰。

　　在以上吐蕃装服饰中，个别像腰佩蹀躞七事，其中北壁第 5、9、15 身典型吐蕃装人

① ［瑞士］阿米·海勒著，杨清凡译：《拉萨大昭寺银瓶——吐蕃帝国（7 世纪至 9 世纪）银器及服饰考察》，载《藏学学刊》第三辑，四川大学出版社，2007 年，第 194—223 页。

物像最为明确，其余不清，但受唐装影响的服饰人物像中似无此装饰。这一发现颇为重要，因为对吐蕃人佩七事装饰，虽然按照其民族特性、服饰影响和渊源关系，吐蕃服饰中当有此饰物，但长期以来除在敦煌壁画赞普礼佛图之外，在供养人画像中没有看到过，因此可补此方面之空白。

（二）女性的唐装形象

对于敦煌吐蕃石窟中女性供养像顽强保持唐装的现象，学术界还没有深入的研究，之前的研究我们只是以简单的吐蕃人对女性的限制相对宽松为由，现在看起来有些简单，毕竟男女完全不同的服饰形象所显示出来的民族象征和政治归属，定会有独特的社会或历史原因，可能不单单是吐蕃人政策的问题。

因为有"新妇南阳张氏"供养像的存在，表明该家族与敦煌汉人张氏等大家族的联姻关系，以及家族辈分最高者夫妇对坐像之女性明显的汉人特征，可以说该粟特人家族的汉化到了第359窟营建之时已经非常的深刻，因此作为汉人的女性们虽然因为婚姻的关系进入粟特人家族，但是对汉文化和传统的坚持仍代表着她们内心深处的文化和政治取向。

另外，如同我们在前面有关胡人女性面貌写真问题上所指出的那样，作为汉文化圈中受歧视的胡人特别是那些胡人女性，在文人笔下经常出入于酒肆、妓院等场合，这些靠歌舞、陪酒等取乐客人的胡人女子，一度是中亚康国、石国等进贡中原的"方物""胡旋女"，与猎豹、狮子、名马、细狗、葡萄酒、舞筵等一道被输入长安，供唐代上层社会享受[1]。陈寅恪先生考证了"狐臭"与胡人的关系[2]，黄永年先生则进一步指出"狐狸精"和胡人女子有一定的关联[3]。受此影响，在全国各地北朝、隋唐墓葬壁画与各类随葬俑形象中，形形色色的男性胡人形象大量展现在中古时期各阶层的生死世界中，他们的角色基本上是家奴性质，如常见于北朝时期女主人牛车的驾驭者，隋唐时期为主人养马、驯马、牵马的马夫，或供主人打猎时架鹰走狗、驱使猎豹的猎手，或像唐代诗人刘言史笔下为主人唱歌跳舞助兴的石国"胡腾儿"，等等[4]，极少见到有女性

---

[1] 蔡鸿生：《唐代九姓胡与突厥文化》，中华书局，1998年，第46—70页。

[2] 陈寅恪：《狐臭与胡臭》，载《语言与文学》，中华书局，1937年。

[3] 黄永年：《唐史十二讲》，中华书局，2007年，第181—190页。

[4] 对大量考古胡人形象资料反映出来的深层的社会历史的研究，参见葛承雍：《唐韵胡音与外来文明》，中华书局，2006年。

形象者①。而对于粟特人入华后最擅长的
行业中，如商人、手工业者、军人形象中，
就更见不到女性的形象，大概长途贩运、精
细的手工业、打仗这些工作并不适合她们。
即使是最应该出现粟特胡人女子的舞蹈图
像中，如宁夏盐池何姓墓葬中的墓门男性
"胡旋舞"图像②、北朝到隋唐流行的扁壶中
的舞蹈形象③，以及像天水石马坪石雕一组
演奏乐器胡人④，唐鲜于庭诲墓出土骆驼身
上的一组乐舞胡人（图 10-21）⑤、都没有看
到有女性形象的出现。西安中堡村唐墓中的
骆驼所载乐舞虽然中间唱歌者为一女子，却是
唐人形象，演奏者也全是唐人（图 10-22）⑥。
因此，可以看到在漫长的历史长河中，胡人

图 10-21 西安鲜于庭诲唐墓骆驼载舞图

① 感谢葛承雍先生提醒笔者在研究粟特人问题时
注意这一重要的历史现象。
② 罗丰：《隋唐间中亚流传中国之胡旋舞——以新
获宁夏盐池唐墓石门胡舞图为中心》，《传统文
化与现代化》1994 年第 2 期，第 50—59 页；另
载《唐文化研究论文集》，上海人民出版社，
1994 年，第 335—354 页；收入氏著《胡汉之
间——"丝绸之路"与西北历史考古》，文物出
版社，2004 年，第 280—298 页。
③ 冯恩学：《胡风扁壶的时代风格》，《北方文物》
2013 年第 2 期，第 26—30 页。
④ 天水市博物馆：《天水发现隋唐屏风石棺床墓》，
《考古》1992 年第 1 期，第 46—54 页。
⑤ 1957 年发现于陕西西安，现藏中国国家博物馆。
⑥ 陕西省文物管理委员会：《西安西郊中堡村唐墓
清理简报》，《考古》1960 年第 3 期。

图 10-22 西安中堡村唐墓骆驼载舞图

女子颇受社会歧视，因此大量涉及粟特胡人的考古图像资料中，极难有她们的踪影，即使有也像前述葛乐耐先生指出的那样，粟特人也会有意避开世俗的眼光，把粟特女性的形象通过汉人服饰的装扮而以完全不同的文化背景登场①。同样的道理，作为已经在敦煌生活至少有半个世纪的该石姓家族，通过长时间的汉化，与敦煌汉人世家大族的联姻，在这个家族更多体现出来的是唐文化的情绪而非胡文化的面貌，集中体现在几身唐装男供养像和全部唐装的女供养像形象中。

图 10-23　青海都兰郭里木一号棺板画

① ［法］葛乐耐（Frantz Grenet）《粟特人的自画像》，载《粟特人在中国——历史、考古、语言的新探索》，中华书局，2005 年，第 305—323 页。

图 10-24   青海都兰吐蕃墓葬马饰上的吐蕃人

据学者们研究，作为吐蕃服饰主流的三角形大翻领斜襟左衽、对襟束腰长袍、圆领直襟束腰长袍，受粟特服饰的影响比较大，当然同时也受突厥服饰的影响[1]，特别是前者，我们可以在青海都兰吐蕃墓棺板画中吐蕃人服饰上繁缛的联珠纹（图 10-23）[2]，以及吐蕃墓马鞍等金银饰物中吐蕃人形象（图 10-24）中可以深刻体会到[3]。对于粟特人而言，吐蕃服饰的特征，在一定程度上是可以体现本民族传统服饰特色的，特别是莫高窟第 359 窟出现的男性供养像服饰中受唐装影响下的小翻领直袖束腰长袍，不仅仅有唐装的特色，同时也有粟特胡服的本色，我们可以将其和同时期长安洛阳大量的胡人翻领束腰紧身长袍衣（图 10-25）进行比较，三者之间有联系，也有区别，唐文化、粟特文明、

① 吐蕃服饰研究，主要参考德金桑姆：《敦煌壁画中的吐蕃王室服饰》，《西藏评论》1978 年 2—3 月号。[英]休·黎吉生：《再论古代吐蕃人的服饰》，《西藏评论》1975 年 5—6 月号。[法]海瑟·噶尔美著：《7—11 世纪吐蕃人的服饰》，刊于 A·麦克唐纳、Y·伊玛迪编《西藏艺术》，巴黎，1977 年，第 72 页，台建群译文见《敦煌研究》1994 年第 4 期，胡文和译文见《西藏研究》1985 年第 3 期。杨清凡：《藏族服饰史》，青海人民出版社，2003 年。杨清凡：《从服饰图例试析吐蕃与粟特关系》（上），《西藏研究》2001 年第 3 期。

② 参见《华夏地理》2006 年第 3 期"青海专辑"刊载了这批墓葬的棺板画照片和相关内容的介绍，本文图片来源于此。

③ 霍巍：《吐蕃系统金银器研究》，《考古学报》2009 年第 1 期，第 88—128 页。图版见香港中文大学：《梦蝶轩藏中国古代金饰》第二册，2013 年，图版，附有霍巍先生介绍吐蕃金银装饰专文。

图 10-25-1　庆城
穆泰墓胡人俑

图 10-25-2　西安
博物院藏郑仁泰墓
胡人俑

图 10-25-3　唐景龙三年洛阳安菩墓胡人俑

图 10-26　片治肯特粟特遗址中的粟特人

吐蕃时期的三重影响似可反映在第 359 窟供养人服饰当中，或许正是这个粟特人家族在吐蕃统治时期仍未忘本，对唐朝、对唐文化向往有加。

标题刘言史《王中丞宅夜观舞胡腾》对石国的粟特人服饰有形象的描述：

石国胡儿人见少，蹲舞尊前急如鸟。

织成蕃帽虚顶尖，细氎胡衫双袖小。

手中抛下蒲萄盏，西顾忽思乡路远。

跳身转毂宝带鸣，弄脚缤纷锦靴软。

蔡鸿生先生以此精妙的诗句详细钩沉了粟特胡人服饰的基本特征[1]。我们结合在中亚片治肯特发现的粟特遗址壁画中粟特人的形象与服饰特征，基本上是紧身的圆领或翻

① 蔡鸿生：《唐代九姓胡与突厥文化》，中华书局，1998 年，第 28—31 页。

图 10-27-1　河南博物院洛阳唐墓胡人俑

图 10-27-2　庆城穆泰墓胡人俑　　　　　　图 10-27-3　礼泉县张士贵墓胡人俑

领对襟束腰长袍，多饰联珠纹，脚蹬高筒皮靴，头带各式胡帽（图 10-26）[①]；再结合大量北朝到隋唐墓葬中出现的胡人俑服饰——基本上是翻领长袍，其他变化不大，但很少见联珠纹装饰（图 10-27），以及像粟特人墓葬如安阳粟特人墓、安伽墓、史君墓等重要的考古发现（图 10-28），粟特人的服饰特征明显：头戴各式毡帽（或尖顶、或圆顶、或有宽边沿），在新疆有实物发现（图 10-29），身穿紧身的圆领或翻领对襟束腰长袍，脚

① 图版参见 2014 年 5 月—9 月在荷兰的丝绸之路展，Expedition Silk Road:Journey to the West-Treasures from the Hermitage,Hermitage Amsterdam,2014.

图 10-28　安伽墓石棺床屏风画中的粟特人服饰

图 10-29-1　吐鲁番唐
　墓中的胡人俑

图 10-29-2　新疆墓葬出土胡帽

蹬高筒皮靴。作为吐蕃统
治下的粟特胡人，应该说
同为胡族服饰，吐蕃服饰
又深受粟特服饰影响，因
此按常理推论，吐蕃统治
时期的敦煌，从化乡解体
后的这些粟特胡人（也应
包括从石城镇并入敦煌的
粟特人），如果穿上本民族
的服饰，或许可以得到吐
蕃统治者的认同，如同都
兰、乌兰等地吐蕃墓葬中棺
板画及马鞍装饰上的吐蕃人

图 10-30　青海都兰郭里木一号棺板画上的帐中宴饮图

服饰一样，粟特服饰常见的联珠纹成了主要而醒目的服饰特征（图 10-30）[1]。但是种种迹
象表明，莫高窟第 359 窟的粟特人家族并没有要特意保持本民族传统服饰的意思，而更
加倾向于对唐服的钟爱。至于吐蕃装则可理解成时代的需要。

　　通过以上的分析，从男供养像的服饰上我们可以感受到该石姓粟特人家族对唐装的
深刻眷恋，同时也一定程度上展示本民族即粟特胡人的翻领、小袖、腰系蹀躞七事等服
饰传统。但是作为吐蕃统治下完全唐装的供养男像的出现，以及像北壁第 6 身有可能是
从蕃装改为唐装的现象，加上女性供养像清一色的唐装，最终给我们展示的是吐蕃统治
下一个完全汉化了的粟特人家族，在他们的内心深处是割不断的唐人情结，对唐文化的
认同感和对大唐的政治归属感等心理情结。通过对该家族供养像服饰历史信息的解读，
以图证史，观瞻这些供养像，似乎如同阅读同时期莫高窟洞窟功德记文如P.4640《阴处
士碑》、P.4640《吴和尚碑》、P.2991《报恩吉祥之窟记》等写本文献描述的情景一样，"陇
上痛闻于豺叫""事遇此年，屈膝两朝之主""复旧来之井赋，乐已忘亡"（《阴处士碑》），

---

① Amy Heller:Preliminary Remarks on Painted Coffin Panels from Tibetan Tombs,Edited by Brandon
　Dotson,Kazushi Iwao,and Tsuguhito Takeuchi:Scribes,Texts,and Rituals in Early Tibet and Dunhuang,W
　iesbaden,2013,pp.11-23.

图 10-31 莫高窟第 359 窟主室西佛龛全景

"时属黎甿失律，河右尘飞；信义分崩，礼乐道废；人情百变，景色千般；呼甲乙而无闻，唤庭门而则诺；时运既此，知后奈何。"（《报恩吉祥之窟记》）无论是供养人画像，还是洞窟营建的写本功德记，均反映出这些陷入吐蕃统治的唐朝子民，不分民族，心向大唐的历史情结，如果套用白居易的诗句，正是"汉心汉语吐蕃人"，唯一不同的是，该家族本身是粟特胡人的后裔。

另外，作为莫高窟第 359 窟的功德主们的粟特家族的文化归属和政治倾向性，我们也可以从洞窟中的壁画题材与艺术风格中得其一斑。该洞窟保存完好，窟内各壁经变画内容均是中唐的原作，主室窟顶藻井画狮子莲花井心，卷草幔帷铺于四披，西披上画说法图一铺、赴会佛十铺，下帐顶图案、迦楼罗、迦陵频伽，南、北、东披画千佛，千佛中央画说法图各一铺。西壁盝顶帐形龛内清塑三身（一菩萨、二胁侍），马蹄形佛床，龛顶中央画棋格团花，西披画跌坐佛五身、化生二身，南、北披各画跌坐佛三身、化生二身，东披画立佛五身。龛内屏风画观音经变，龛外南侧画普贤变，龛外北侧画文殊变。南壁西起画阿弥陀经变一铺、金刚经变一铺，北壁西起画药师经变一铺、弥勒经变一铺，东壁门南、北画维摩诘经变①。总体来看，以上经变画、千佛尊像、屏风画、图案等均是中唐时期流行的题材内容，组合关系也是颇为典型的莫高窟初唐、盛唐和中唐洞窟图像组合关系，艺术风格上也是典型的敦煌传统的手法与图像表现方式（图 10-31）②，和汉人世家大族如阴家功德窟莫高窟第 231 窟等大多数洞窟大同小异，区别不大，并没有因为功德主是粟特人而出现粟特美术的强烈影响，也没有因为属于吐蕃时期而像榆林窟第 25窟③、莫高窟第 93 窟④一样表现出强烈的吐蕃特色的图像与艺术特征。而以维摩诘经变

---

① 敦煌研究院编：《敦煌石窟内容总录》，文物出版社，1996 年，第 145—147 页。龛内屏风画原定为药师经变之九横死情节画面，后经学者考证，实为观音经变内容，参见张元林、夏生平：《"观音救难"的形象图示——莫高窟第 359 窟西壁龛内屏风画内容释读》，《敦煌研究》2010 年第 5 期，第 36—46 页。

② 沙武田：《敦煌石窟历史的重构——敦煌吐蕃期洞窟诸现象之省思》，《圆光佛学学报》2007 年第 11 期，第 25—90 页；另载谢继胜等主编《汉藏佛教美术研究——第三届西藏考古与艺术研究国际学术讨论会论文集》，上海古籍出版社，2009 年，第 47—78 页。

③ 沙武田：《一座反映唐蕃关系的"纪念碑"式洞窟——榆林第 25 窟营建的思想、动机与功德主试析》（上、下），《艺术设计研究》2012 年第 4 期、2013 年第 1 期，第 10—17 页、第 16—23 页。

④ 沙武田、赵蓉：《吐蕃人与敦煌石窟营建——以莫高窟中唐第 93 窟为中心》，载《藏学学刊》第七辑，四川大学出版社，2011 年，第 26—48 页。

图 10-32-1　莫高窟第 359 窟主室东壁　　　图 10-32-2　莫高窟第 359
窟东壁南侧维摩诘经变

中吐蕃赞普礼佛图（图 10-32）与汉族帝王礼佛图为代表的唐蕃图像的共绘，实有政治
图像选择的意图，吐蕃赞普的出现除了当时统一粉本的原因之外，也刻写着时代的烙印，
而汉族帝王的描绘，则如同唐装一样暗示该家族的文化认同。

　　正因为有这样的社会原因、历史背景及洞窟壁画的图像佐证，大中二年（848），张
议潮举众起义，推翻吐蕃统治，积极回归大唐，其中与张议潮一道起义举事的，还有安
景旻率领的一支九姓胡军和阎英达为代表的通颊部落[1]。也就是说张议潮是借助了包括
粟特人在内的另两支力量才得以成功。《资治通鉴》卷二四九唐宣宗大中五年胡三省注
引《资治通鉴考异》：

　　　　按《实录》："五年，二月，壬戌，天德军奏沙州刺史张议潮、安景旻及部落
　　　使阎英达等差使上表，请以州降。"

---

[1] 荣新江：《归义军及其与周边民族的关系初探》，《敦煌学辑刊》1986 年第 2 期，第 24—44 页。

从第359窟石姓家族的种种迹象表明，他们或许即是这支粟特九姓胡人的力量之一，至少对于推翻吐蕃的行为，会得到该家族的支持，至于具体的参与和支持形式，则不得而知。

四、该粟特人家族祆教崇拜的残留

莫高窟吐蕃期洞窟第359窟80余身供养人群像，除我们重要讨论的男女供养像之外，另有西壁龛下相向排列的、作为引导僧尼的7身比丘和比丘尼供养像，分别为7身相向而立，这个数字比较奇特。据不同时期敦煌石窟供养像中僧尼供养像题名可判断，像这种出现在家窟中的僧尼，基本上即是洞窟功德主本家族出家者[1]，作为这个家族出家的僧尼，不大可能刚好是僧人7身、女尼7身，除非是巧合，但是这种可能不大。似乎有更复杂的背景或思想，据研究，祆教神话思想中对像3、5、7等数字有特殊的含义和崇拜，其中与代表原型数字的3可作联系的有"三善""三恶"，善恶之间的关键分为"三阶段""三道关口""三联神"；教主琐罗亚斯德排行老三，有三个妻子，有三儿三女；祆教寺庙均供奉三级火坛，中亚纳骨器和粟特壁画上经常装饰有三级火坛。与代表原型的数字5有关的有五时辰、五大元素等。与代表原型数字7有关的有"七天创世说""七层天""七位一体神"等，表现在图像上如有纳骨器装饰七火舌火坛图案[2]。粟特祆教对此类数字的崇拜思想，可表现在中国境内发现的粟特人墓葬石棺床图像当中，对此腾磊先生专门就安伽墓、安阳粟特人墓、日本Miho石棺床、虞弘墓石床所含数字作过统计，结果是以3和7为常见的数字图像表现于粟特人的墓葬图像中，并肯定了其与祆教思想象征的关联意义[3]。确如此说，则第359窟龛下分别安排7身僧尼相向供养的做法，联系到功德主粟特人的原始宗教背景，实是刻意的布局。如此说不致大谬，则或多或少反映出该粟特家族在集体信仰佛教的同时，往往还残留着祆教的成分，就如同东壁门上男供

---

[1] 敦煌研究院编：《敦煌莫高窟供养人题记》，文物出版社，1986年。

[2] 元文祺：《二元神论——古波斯宗教神话研究》，中国社会科学出版社，1997年。龚方震、晏可佳：《祆教史》，上海社会科学院出版社，1998年。

[3] 腾磊：《西域圣火——神秘的古波斯祆教》，人民美术出版社，2004年，第106—109页。

养像唐装腰间革带上系蹀躞七事有异曲同工之妙。对此数字的对应关系所暗示出来的粟特本民族习性的探讨，同时也可以剖析该粟特人家族在佛教信仰方面的信息，至少他们的佛教信仰不那么单纯。

五、由洞窟崖面位置看第 359 窟所在崖面
洞窟群相关历史信息

莫高窟的石窟崖面长达 1700 米，又分南北两区，洞窟密如蜂房，若仔细观察会发现，在莫高窟崖壁上，各个时期洞窟开凿的位置布局是有规律性的、相对集中的，也就是采取代整为零的方法，把莫高窟共计 735 号洞窟分作各个时期的洞窟，然后在崖面位置上进行排列，便会有一个系统性，有一条洞窟营建的线索与发展的脉络，一目了然，这就是莫高窟洞窟 "崖面使用理论"[①]。此理论的运用，往往有助于石窟断代。事实上早在 951 年，由僧政道真法师公布的于当年腊月八日夜在莫高窟遍窟燃灯的社人文书，现藏于敦煌研究院的《腊八燃灯分配窟龛名数》，就已经充分运用了崖面使用理论，把莫高窟分成了 10 个燃灯的区域，成为我们今天了解莫高窟营建史重要的资料，学术界已有大量的成果可供参考[②]。在此分区中第 359 窟所在的崖面是由 "安押衙" 和 "杜押衙"

---

① 初世宾：《石窟外貌与石窟研究之关系——以麦积山石窟为例略谈石窟寺艺术断代的一种辅助方法》，《西北师范学院学报》1983 年第 4 期。马德：《莫高窟崖面使用刍议》，《敦煌学辑刊》1990 年第 1 期（总第 17 期），第 110—115 页。马德：《十世纪中期的莫高窟崖面概观——关于〈腊八燃灯分配窟龛名数〉的几个问题》，载《1987 年敦煌石窟国际讨论会文集·石窟考古编》，辽宁美术出版社，1990 年，第 40—52 页。又见马德：《敦煌莫高窟史研究》各章节相关论述，甘肃教育出版社，1996 年。

② 吴曼公：《敦煌石窟腊八燃灯分配窟龛名数》，《文物》1959 年第 5 期，第 49 页。金维诺：《敦煌窟龛名数考》，《文物》1959 年第 5 期，第 50—54、61 页。另见金维诺：《敦煌窟龛名数考补》，载敦煌研究院编《1987 年敦煌石窟研究国际讨论会文集》"石窟考古编"，辽宁美术出版社，1990 年，第 32—39 页。孙修身：《敦煌石窟〈腊八燃灯分配窟龛名数〉写作时代考》，载丝绸之路考察队编《丝路访古》，甘肃人民出版社，1982 年，第 209—215 页。马德：《十世纪中期的莫高窟崖面概观——关于〈腊八燃灯分配窟龛名数〉的几个问题》，载敦煌研究院编《1987 年敦煌石窟研究国际讨论会文集》"石窟考古编"，辽宁美术出版社，1990 年，第 40—51 页。马德：《敦煌莫高窟史研究》，甘肃教育出版社，1996 年；马德：《敦煌石窟营建史导论》，台北新文丰出版公司，2003 年。

共同负责，其中安押衙无疑具有粟特背景。因为如果按照崖面理论，在同一时期相互有关系的家族会有可能选择在相近或相同的崖面位置开凿洞窟，第359窟与作为邻窟的同时期洞窟第358、360、361窟在洞窟大小规模、形制、窟内壁画题材内容、结构布局关系等方面均表现出高度的一致性，以至于郭祐孟先生研究认为第360、361窟为一组洞窟（图10-33），相互之间搭配共同反映吐蕃时期在敦煌流传的密教及其图像①，同时郭先生提出了第359窟也是与此二窟连续的洞窟，其中以中轴线表现维摩图像和纯粹袄教图像世界，和第361窟法华图像的关系如何，值得探讨。此疑问的提出，正是我们把这几个洞窟联系比较研究的起点。另外赵晓星博士对第361窟供养人画像作过深入的研究，她同时把第360窟作为一组洞窟对待，又与第359窟作了紧密的联系，显示出这三所洞窟的相互关联性，在具体的第361窟供养人研究结果中，明确地提出供养人与洞窟实际传供法会的实践意义，并且从高僧身后侍从高缠头吐蕃装供养像（图10-34）的出现进

---

① 郭祐孟：《敦煌吐蕃时期洞窟的图像结构——以莫高窟360和361窟为题》，载敦煌研究院编《敦煌吐蕃文化学术研讨会论文集》，甘肃民族出版社，2009年，第126—145页。

图 10-33　莫高窟第 359 窟所在崖面位置

而推断第 361 窟有地位较高的吐蕃人参与营建的情况[1]。如果按照赵晓星的研究，第 361 窟确属有吐蕃人参与洞窟的营建，在结合第 358 窟底层的唐装供养像（有可能是中唐时期的作品），那么在此组洞窟的功德主中，有粟特人、有吐蕃人、有汉人，实是吐蕃统治时期敦煌各民族营建洞窟时紧密联系的有趣话题，可作为同一组洞窟营建时粟特人、吐蕃人、唐人的互动现象。

小　结

　　莫高窟第 359 窟粟特人石姓家族供养像的整体呈现，可以认为是池田温先生揭示 8 世纪中叶"从化乡"解体之后粟特人在敦煌集体活动及其群体面貌的再现，且是以一个

[1] 赵晓星：《莫高窟第 361 窟的中唐供养人——莫高窟第 361 窟研究之三》，《艺术设计研究》2010 年第 3 期；另见敦煌研究院编《敦煌吐蕃统治时期石窟与藏传佛教艺术研究》，甘肃教育出版社，2012 年，第 139—157 页。

图 10-34 莫高窟第 361 窟南北壁供养像

家族的形式出现在洞窟中，不仅为敦煌陷入土蕃后粟特人的动向提供有趣的话题，更可作为中古商业民族的粟特人在丝路重镇敦煌历史演进即汉化的重要例证，成为理解吐蕃统治时期多元文化和民族互动背景下粟特人历史的影像。透过该家族粟特人在面貌写真方面的民族认同和服饰上的文化归属，最终以图像的形式，非常形象地诠释了该家族在吐蕃统治下深厚的唐文化情结，应该说代表了有唐一代入华胡人在汉化方面较为普遍的现象，第359窟胡貌者及吐蕃装石姓男供养像，确有马驰先生在研究"唐代蕃将"时论及蕃将汉化时指出的"形夷"而"华心"之特征[1]，亦同于韩香[2]、毕波[3]等先生所论隋唐长安粟特胡人的基本文化认同与身份归属。同时，第359窟粟特胡人家族的婚姻关系、完全唐装形象的出现，也是理解吐蕃统治后期无论是粟特人还是汉人在政治上的归唐倾向的重要图像资料，暗示吐蕃的统治走向末路；另外，如此强烈的归附之心，也为敦煌的粟特人发展到晚唐五代时归义政权最终落入粟特胡人出身的曹氏家族作了一个有趣的历史注脚。

① 马驰：《唐代蕃将》，三秦出版社，2011年，第167—204页。
② 韩香：《隋唐长安与中亚文明》，中国社会科学出版社，2006年。
③ 毕波：《中古中国的粟特胡人——以长安为中心》，中国人民大学出版社，2011年。

第十一章 入华粟特胡人后裔在敦煌的集体像：敦煌石窟归义军曹氏供养人画像与其族属之判别

饶宗颐先生《敦煌白画导论》，开敦煌人物写真肖像画研究之风，指出敦煌石窟所见邈真有佛像邈真、生前写真、忌日画施三类[1]，无疑仅有后二者属世俗人物写真像。此论断时至今日仍具有指导意义。

关友惠先生从宏观的视角，就敦煌石窟供养人画像的发展历史、艺术表现形式及其特征、审美观念及其变化、在中国绘画史上的地位等命题作了启发性的讨论，发表了个人对供养人像诸多独特的思考，实属作者常年在洞窟中观察所得，有十分重要的参考价值，是供养人画像研究不可或缺的资料[2]。

姜伯勤先生《敦煌的写真邈真与肖像艺术》专文，则属这方面研究的集大成之作，揭示出敦煌"邈影如生""邈影生同"的艺术原则、精神和追求，最终总结为：

> 敦煌寺院所表现出的真堂、影堂、写真、邈真、图真、彩真的风俗，尤其是邈生与生前写真的实行，是造就当时人物画高度发展的重要因素，而唐代士人画家的参与写真，提高了人物画水平。[3]

这是对敦煌人物写真艺术成就的高度概括。

业师郑炳林先生则分别从敦煌真堂邈真画像流行与相面术的独特视角，就敦煌石窟供养人画像功用、千人一面画像特征原因作了精辟论述[4]。

① 饶宗颐：《敦煌白画》，法国远东学院考古学刊，巴黎，1978 年。饶宗颐：《敦煌白画导论》，载氏著《画宁页》，台北时报文化出版公司，1993 年，第 153—154 页。

② 关友惠：《敦煌壁画中的供养人画像》，《敦煌研究》1989 年第 3 期，第 16—20 页。

③ 姜伯勤：《敦煌艺术宗教与礼乐文明》，中国社会科学出版社，1996 年，第 77—92 页。

④ 郑炳林：《敦煌碑铭赞及相关问题》，载《敦煌碑铭赞辑释》，甘肃教育出版社，1992 年，第 8—11 页；《敦煌写本邈真赞所见真堂及其相关问题研究——关于莫高窟供养人画像研究之一》，《敦煌研究》2006 年第 6 期，第 64—73 页；《敦煌写本相书理论与敦煌石窟供养人画像——关于敦煌莫高窟供养人画像研究之二》，《敦煌学辑刊》2006 年第 4 期，第 1—23 页。

　　几位大家的接力式讨论，从宏观的视角，为我们探讨敦煌供养人画像之写真性、敦煌的人物肖像画艺术等命题建立了坐标。

　　就敦煌人物画而言，涉及人物肖像与写真艺术，当以藏经洞绢画、麻布画、纸本画、洞窟供养人画像为主要讨论的对象。笔者曾在前人研究的基础上，以画稿为中心，就此问题作过简略的讨论①。本文单就五代宋归义军时期统治者曹氏供养像，从人物画像的角度，谈谈曹氏族属之历史疑问。

一、问题的由来

　　914 年，敦煌长史曹议金执掌州事，取代张氏任归义军节度使，开创敦煌的曹氏归义军时期，直至 1036 年西夏正式占领沙州。长期以来，学界对归义军曹氏如何取代张氏疑问重重②，初步显示曹氏来历之谜。总体而言，学术界对以曹议金为代表的敦煌曹氏的族属莫衷一是，但多以其在敦煌洞窟供养人画像题名中的自称而断其郡望为"亳州谯郡"，自罗振玉以来为学界所秉承③。期间有个别学者如史苇湘先生早年就已对此产生疑问④，后来姜伯勤先生指出："称为'武威贵族'的曹氏，或可溯自东汉即移居陇西、敦煌的曹氏。另一方面，所谓'武威曹氏'，也不排除有定居在凉州的昭武九姓人。"⑤惜均未详论，但也表明学术界对此问题的关注和疑问。

　　而对这一疑问作集中的讨论，则属荣新江、冯培红二文两位先生各自从不同的视角

---

① 沙武田：《敦煌写真邈真画稿研究——兼论敦煌画之写真肖像艺术》，《敦煌学辑刊》2006 年第 1 期，第 43—62 页；另载沙武田《敦煌画稿研究》，中央编译出版社，2007 年，第 275—314 页。

② 王惠民：《曹议金执政前若干史事考辨》，载敦煌研究院编《段文杰敦煌研究五十年纪念文集》，世界图书出版公司，1996 年，第 425—430 页。

③ 罗振玉：《瓜沙曹氏年表》，载陈国灿、陆庆夫主编《中国敦煌学百年文库·历史卷》1，甘肃文化出版社，1999 年，第 1—12 页。

④ 史苇湘：《世族与石窟》，载敦煌文物研究所编《敦煌研究文集》，甘肃人民出版社，1982 年，第 154 页。

⑤ 姜伯勤：《敦煌邈真赞与敦煌名族》，载姜伯勤、项楚、荣新江《敦煌邈真赞校录并研究》，台北新文丰出版公司，1994 年，第 12 页。

发表宏论，最终一致认为，敦煌归义军政权统治者曹氏一族当属中亚粟特人后裔[1]。的确，从他们的文章中，我们看到了归义军曹氏在敦煌的独特历史，在其所称郡望、曹议金的来历、与本地汉姓曹氏源流关系及其区别、婚姻关系、政权取得、统治政权的人员构成等多方面表现出颇为独特的一面，其中多有谜团可作探讨。结果表明，对于归义军曹氏的族属关系，并不能让我们轻易相信其自称为"亳州谯郡"，而更多与来自中亚的粟特九姓胡人有关。

但是在没有更为确切的资料发现以前，上述研究仍系推论而来，故多有推测的成分。因此使得这一结论也受到了学者的质疑，李并成、解梅两位先生并不认为敦煌的归义军曹氏统治者为粟特族属，并针对荣新江、冯培红二文所论主要观点作了辨析[2]。正常而严谨的学术争鸣往往能够推动问题的深入研究，诚如是，学者们对曹氏族属的研究，完全不同观点的产生，让我们看到了这一问题的复杂性，因此，在没有定论之前，仍有探讨的必要。

对于曹氏族属之探源，前述三篇大作，观点完全相反，应该说各自立论明确，广征博引，均能自圆其说，都试图在尽可能还原历史本来的面貌。更为重要的是，各自为读者提供了完全不同的观察视角，启示我们对此问题作更深入的思考。

因此，笔者在这里无意辨析孰是孰非，但就我个人的思考，反驳"归义军曹氏之婚姻关系""曹氏统治时期粟特后裔的地位和影响"两个问题来否定曹氏的族属关系，虽不无道理，但也不能轻易就此下结论，因为如果曹氏果为粟特人后裔，则此两方面的现象当属历史真实的反映。而杨炯撰《曹通神道碑》的揭示，确系为敦煌谯郡曹氏的重要资料，再加上P.4638《曹良才邈真赞》与之可资比较，为归义军曹氏所称谯郡提供重要的佐证。但是考虑到中古时期来华的九姓胡人，为了融入当地的汉人社会，在其长时期的汉化过程中，像这样攀附汉族高门大姓，篡改自己族望地望者比比皆是，在历史文献

---

① 荣新江：《敦煌归义军曹氏统治者为粟特后裔说》、冯培红：《敦煌曹氏族属与曹氏归义军政权》，俱载《历史研究》2001 年第 1 期。二文分别载荣新江《中古中国与外来文明》，生活·读书·新知三联书店，2001 年，第 258—274 页；郑炳林主编：《敦煌归义军史专题研究续编》，兰州大学出版社，2003 年，第 163—189 页。

② 李并成、解梅：《敦煌归义军曹氏统治者果为粟特后裔吗——与荣新江、冯培红先生商榷》，《敦煌研究》2006 年第 6 期，第 109—115 页。

和出土墓志等胡人资料中广泛存在，学者们的研究非常之多，不一而足①。另外，如果归义军曹氏确系来自曹通一族，则在后来的记述中为什么只字不提？

笔者在这里最为关心的问题是关于敦煌石窟中曹氏画像与其族属判别的关系？因为针对石窟供养人曹氏画像的讨论，持曹氏为粟特人后裔观点者并未注意到该现象的存在，或者说他们并不认为这是个问题，抑或作了有意回避；而持曹氏为汉族后裔者，则认为石窟中的曹氏供养人画像之面貌特征不容被忽视，恰是讨论曹氏族属的重要证据之一。

按李并成、解梅文的观点，如果曹氏果真为粟特九姓胡人之后裔，那么应该在石窟供养人画像中有所体现，从传世文献和出土文物，以及敦煌壁画维摩诘经变、涅槃变等所画各国王子像，均可印证粟特胡人"高鼻、深目、绿眼、卷发、多髯"等"中亚胡人外貌的一般特征"，但是观察敦煌石窟中曹议金及其家族成员的大幅供养像，均"脸圆面阔，额头平宽，浓眉大眼，鼻梁较平，颧骨较低，面部线条较平缓，丝毫没有胡人的形貌特征"。文中也充分考虑到曹氏汉化的历史事实。因为按照正常的逻辑推理，结合遗传学理论，曹氏画像中无一例胡貌特征，或者说完全看不到胡人特征的面貌迹象确令人生疑。

把曹氏画像纳入对曹氏族属的讨论，使得问题的讨论更加合理化，毕竟我们不能绕开这些大量存在的第一手形象资料。段文杰先生指出，敦煌的壁画是"形象的历史"②，可谓正中要害，非常中肯地揭示了敦煌壁画的历史研究价值。

因此，学界的争论，不仅推动了相关问题的研究，也大大扩大我们观察与思考的视野。更重要的是，给我们提出一个非常重要的命题，即如何科学合理地观察、认识、解释敦煌石窟中供养人画像的写真性（写实性）？具体到对归义军曹氏族属的判别，则要更进一步讨论"曹氏供养像与其族属判别"之关系，对这一命题的提出，涉及对敦煌供养人画像写真性、中国画论人物像传神艺术、敦煌曹氏画院组织与洞窟壁画绘制程式化现象、敦煌的时代审美及其观念、入华粟特九姓胡人的汉化及其思想意识、曹氏归义军独

① 马驰：《唐代蕃将》，三秦出版社，1990 年，第 196—237 页；程越：《从石刻史料看入华粟特人的汉化》，《史学月刊》1994 年第 1 期，第 24—25 页。陆庆夫：《唐宋间敦煌粟特人之汉化》，《历史研究》1986 年第 6 期，第 25—34 页。陈海涛、刘惠琴：《来自文明十字路口的民族——唐代入华粟特人研究》，商务印书馆，2006 年，第 377—425 页。

② 段文杰：《形象的历史——谈敦煌壁画的历史价值》，载《段文杰敦煌艺术论集》，甘肃人民出版社，1994 年，第 108—134 页；另载段文杰《敦煌石窟艺术研究》，甘肃人民出版社，2017 年，第 269—293 页。

特的时代背景与政治环境、佛教石窟供养像的功能等诸多问题的讨论，实有深厚的历史背景可依托，远非仅从画像直接观察所得即可明了，事实上，图像有时也并不十分可靠，且往往有"陷阱"。

二、敦煌石窟曹氏供养像的写真性

（一）敦煌石窟曹氏供养像汉人面貌特征及其疑问

敦煌石窟莫高窟、榆林窟五代宋曹氏归义军时期洞窟中，曹议金及其后几任节度使曹元德、曹元深、曹元忠、曹延恭、曹延禄及其家族其他男女供养像，在洞窟中比比皆是，有他们作为窟主功德主新建的洞窟，如莫高窟第 98、100、61、55、454、53 窟等，莫高窟天王堂，榆林窟第 16、19、25、31、32、33、34、35、36 窟等，也有其他人的功德窟，把曹氏统治者画像入窟，如有莫高窟第 5、108 窟等，还有这一时期重修的洞窟，如有莫高窟第 121、202、244、427、428、205、437、449 窟等，在这些洞窟的甬道或主室均画有曹氏诸节度使或其家族男女供养像。

仔细观察这些曹氏男女供养像，除姻亲所娶汉姓诸女眷夫人儿媳外，的确像学者们指出的那样，无论从服饰、面貌等各方面均无胡人特征，作为长期生活于敦煌者，服饰固然不能作为判别族属的依据，但是面貌上丝毫看不到胡人特征，完全为汉人典型面相，代表如莫高窟第 98、100 窟曹议金及其后人们的画像（图 11-1），均"脸圆面阔，额头平宽，浓眉大眼，鼻梁较平，颧骨较低，面

图 11-1-1　莫高窟第 98 窟曹氏男供养像

图 11-1-2　莫高窟第 100 窟曹氏男供养像

图 11-2-1　莫高窟第 61 窟归义军曹氏女供养像局部

部线条较平缓，丝毫没有胡人的形貌特征"。女像中如有莫高窟第 98、61 窟主室东壁的曹氏诸小娘子像（图 11-2），圆脸，小嘴，细眉，杏眼，鼻梁低平，额头平宽，下颌略圆，加上面部复杂的装扮，均丝毫无胡人面貌特征，更有意思的是，即使是像曹议金的回鹘夫人天公主像（图 11-3），或曹延禄姬于阗天公主像（图 11-4），虽然服饰有胡风，但是面貌与其

图 11-2-2 莫高窟第 61 窟女供养群像

图 11-2-3 莫高窟第 98 窟曹氏女供养像

图 11-3-1 莫高窟第 98 窟天公主像

图 11-3-2 莫高窟第 205 窟天公主像

他曹氏女像一样，看不出胡人的特征来。

因此，考虑到曹氏族属关系不明的情况下，如其果真为谯郡曹氏后裔，此类画像特征则完全符合汉人标准面貌，无须多加讨论；但是如果其为粟特曹国入华之后裔，自然会出现诸多疑问：作为九姓胡人后裔的曹氏为什么会在洞窟供养像中完全以汉人标准画像特征出现呢？敦煌归义军曹氏经过长时期的通婚汉化后，到五代宋时期确实已丝毫没

图 11-4　莫高窟第 61 窟回鹘于阗天公主并曹氏女供养像

有了本民族的面貌特征了？如果曹氏中有人的面貌特征仍有胡人之相（全部或部分），或高鼻、或深目、或绿眼、或虬髯、或卷发，画工们把他们完全画成汉人的面相，他们愿不愿意接受？或者说本身就是他们要求画作如此特征？都需要作进一步的探讨。

要讨论以上的疑问，则需先解决一个前提条件，即洞窟中曹氏画像的性质问题，亦其是否为写真像？因为如果这些曹氏的画像是完全如本人一样的邈真写真像，那么他们则必然是汉人无疑；但如果这些画像并非完全意义上的写真像，则就不能作为判别其族属的重要依据了。

那么敦煌石窟归义军曹氏供养像是否为写真像？或者说是何种意义上的写真像？

（二）传统意义上的写真邈真像

包括敦煌在内，中国古代无论是民间还是寺院盛行人物写真邈真画像（邈真、真仪、图真、邈影），并随之有像赞流行，敦煌藏经洞保存有 90 余件邈真赞写本[1]，传世文献也

————————

① 郑炳林：《敦煌碑铭赞辑释》，甘肃教育出版社，1992 年。

多有记载。饶宗颐先生《文选序"画像而赞兴"说——列传与画赞》[①]，李正宇先生《邈真赞》[②]及前引姜伯勤先生、郑炳林先生大作均有详论。综合各家意见可知，这些配合有赞文的画像，或为生前写真，或为死后所补画，属忌日画施，且必是有图有文；一般是画在绢帛绵帐之上，挂于家庭或寺院之家庙、真堂、影堂之中供家人、门人、弟子等祭祀、瞻仰，其中也有在葬礼中使用。

历代画论也常记载画人多有工于人物写真者，《历代名画记》记东晋顾恺之画真人极其传神，特别注重眼睛的处理，并言"传神写照，正在阿堵中"[③]。宋佚名《宣和画谱》卷五"人物一"记"杨宁善画人物，与杨昇、张萱同时，皆以写真得名"。同卷记杨昇画有明皇像，因为亲见御容而"宜乎传之甚精"，又尝作《禄山像》，均属写真。而张萱作为有唐一代著名的人物画大家，所画人物写真就更多了，单就宋御府所藏四十余卷。《图画见闻志》记五代画人"郑唐卿工画人物，兼长写貌，有梁祖名臣像，并故事人物传于世"[④]。此类人物写真就不一定有像赞，却是写实作品。另有历代名画家所画前代帝王将相，或孝子烈女图传写真，则就不是写实之像了，徒有其名，以为当时人们纪念瞻仰，亦有教育之本意。

从画像的形式和功用上可以看到，配有赞文的写真邈真像必是高度写实的肖像画，完全按本人生前的音容笑貌所摹写。《全唐文》卷三八九《尚书右丞徐公写真图赞并序》记到：

尝以暇日，裂素洒翰，画徐公之容，陈于公之座隅。而美目方口，和气秀骨，毫厘无差，若分形于镜。入自外者，或欲擎跽曲拳，俯偻拜谒，不知其画也。

当是写真像写实之代表。姜伯勤先生以为，敦煌邈真赞像P.4600《巨鹿索公故妻京兆杜氏邈真赞并序》所记"邈生前之影像""绘生前之影像"，S.4654《罗通达邈真赞并序》记"图形写真，流万固而永祀"等"邈真"其实就是写真，既是写真，当然是根据真人肖像的真实比例来绘制的[⑤]。

对于写真邈真像之生前写真，郑炳林先生指出，是属年事已高，或疾病在身，以备

① 饶宗颐：《文选序"画像则赞兴"说——列传与画赞》，《文物汇刊》创刊号，南洋大学李光前文物馆，1972年。另载《画宁页》，台北时报文化出版公司，1993年，第81—95页。

② 李正宇：《邈真赞》，载颜廷亮主编《敦煌文学》，甘肃人民出版社，1989年，第183—195页。

③ （唐）张彦远：《历代名画记》"历代能画名人"第五卷，人民美术出版社，1964年，第112页。

④ （宋）郭若虚：《图画见闻志》卷二，人民美术出版社，1964年，第40页。

⑤ 姜伯勤：《敦煌的写真邈真与肖像艺术》，载《敦煌艺术宗教与礼乐文明》，中国社会科学出版社，1996年，第84页。

图 11-5　Ch.00145 高僧写真像

图 11-6　莫高窟第 17 窟洪䛒像

死后祭祀瞻仰之用，故事先请人画像写赞[①]。除此以外，事实上，由上《尚书右丞徐公写真图赞并序》可知，还有作为一种平时威仪礼敬所作之真像。作为生前所画身像，必是写实，因为画像者可以直接面对本人摹写，即使考虑到有美化之成分，所差当大致无几。敦煌写本P.3718《张良真生前写真赞并序》《阎公生前写真赞并序》《刘庆力和尚生前写真赞并序》等即是如此，当属S.3929《节度押衙董保德建造兰若功德颂》所记"得丹青增妙，粉墨希奇""手迹及于僧瑶，笔势邻于曹氏"的曹氏画院高级画师"知画行都料"董保德所秉持之绘画原则，即"画蝇如活""邈影如生"者也。

作为死后写真像，虽然一般是死后七日内所画，但是考虑到画工无法面对本人摹写，如果不是生前好友画工所画，则要写实似不大可能，只能凭亲人口述，此类画像必多有失实成分，当有美化之嫌。但此类画像仍为"写真""邈真"，敦煌大多真赞所记即是死后所画之写真邈真像。

不过以上写真邈真像，考虑到其绘画的本意，功用的独特性，因此当为本人正面或八分面相，如藏经洞纸本画Ch.00145 高僧写真像（图 11-5），莫高窟第 17 窟洪䛒法师彩塑写真像（图 11-6）等即是，可知一般为坐像居多。日本寺院所藏大量各时期高僧写真

---

① 郑炳林:《敦煌碑铭赞及其有关问题》，载《敦煌碑铭赞辑释》，甘肃教育出版社，1992 年，第 9 页。

图 11-7-1　日本东大寺藏江户　　图 11-7-2　日本东大寺藏　　图 11-7-3　日本冈山县立博物馆
　时代纸本公庆上人像　　　　　镰仓时代绢本至相大师像　　　藏木雕俊乘房重源上人坐像

像，有绘画有雕塑，形式多样，但绝大多数为坐像（图 11-7），可资证明。

（三）敦煌石窟与绢画等供养像的写真邈真称谓之概念辨析

敦煌石窟供养人画像几乎遍窟皆有，再加上藏经洞绢画、麻布画、纸本画之供养人画像，数量之多，达 9000 身（图 11-8）[①]。那么，这些人物像是否为写真像？

作简单的比较即可发现，洞窟与绢画供养人画像与以上传统之人物写真邈真像区别较大：

性质与功用不同。传统之写真邈真像主要是为了祭祀、瞻仰，有强烈的纪念意义，而洞窟与绢画等供养人画像则主要体现的是供养、礼拜的功用，题名后均有"供养""一心供养""供养佛时""侍佛时"等字样。

---

① 张先堂：《莫高窟供养人画像的发展演变——以佛教史考察为中心》，《敦煌学辑刊》2008 年第 4 期，
　第 93—103 页。

图 11-8　莫高窟第 428 窟供养群像

　　二者表现主体观念不同。前者突出的是个体写真像，主体明确；而后者则突出的是供养像之供养、礼拜的功德观念，突出的是一个群体对洞窟、寺院佛堂、兰若主尊及相关佛教绘画的供养功德观念。

　　表现形式不同。前者与像赞图文结合表现，后者则仅以题名的形式绘制，且一般是以群体形式出现。前者多以坐姿正面或八分面表现，正视观者，是一个静态的瞬间；而后者则是侧身向佛，以站立像为主，是一个动态的瞬间，且更注重前方的供养对象，并不注重观者的观察视角。

　　出现的场合不同。前者主要是挂于家族家庙，或家族寺院真堂、影堂内，是一个单纯的空间，可进入的人员固定；后者则绘画于洞窟墙壁上，或挂于寺院、佛堂、兰若内，是公共活动场所，较为复杂，可进入的人员不确定。

　　初步表明石窟、绢画等供养人画像与传统意义上的人物写真邈真像区别较大，二者不可一概而论。如此，则是否就表明洞窟等供养像非为"写真"呢？答案是不尽然。

　　P.3556《河西管内佛法主赐紫邈真赞并序》记：

　　　　图圣真绵账，同从来仪。捧慈尊写灵贤，顶冠预终。乃瞻依□丽，□于邈影。上接散画（花）当来，下生弥勒尊佛。两边画十一面观世菩萨、如意轮菩萨、大圣文殊师利、大圣普贤菩萨等各壹躯。……上图灵像，永捧福田；下题形影，顶祈香坛。……

"上图灵像""下题形影"，明确记载尊像下画的供养像是为"形影"，即邈影、写真。因此，李正宇先生以为该处供养像当为像主的肖像写真像①。

对于洞窟供养人画像，姜伯勤先生曾指出："从千佛洞藏经洞所出绢画得见，佛像下之施主或供养人邈真肖像，均为彩本。"②显然认为，这些供养像属写真邈真像。郑炳林先生也以邈真像论之："敦煌莫高窟供养人画像也称之为邈真像，部分石窟实际上就是家人子女为之开设的真堂。……敦煌莫高窟与其他真堂、影堂不同的是，石窟中不但绘制已故的先祖先师的邈真像，而且绘制现存建窟者的邈真像，这种情况的出现与石窟功用有直接的关系。"③

MG.17778：绢画十一面观音菩萨像图（图11-9）。下部绘供养人画像，右侧为一比

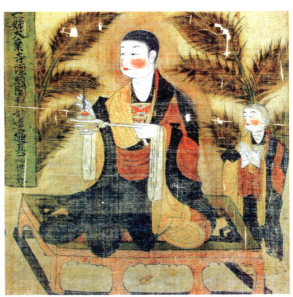

图11-9　MG.17778 十一面观音菩萨及供养像特写

① 李正宇：《邈真赞》，载颜廷亮主编《敦煌文学》，甘肃人民出版社，1989年，第183—184页。
② 姜伯勤：《敦煌的写真邈真与肖像艺术》，载《敦煌艺术宗教与礼乐文明》，中国社会科学出版社，1996年，第85页。
③ 郑炳林：《敦煌写本邈真赞所见真堂及其相关问题研究——关于莫高窟供养人画像研究之一》，《敦煌研究》2006年第6期，第64—73页。

丘尼像，身后立一小比丘尼像，题记：

　　亡姊大乘寺坛头阇梨妙达邈真一心供养

　　右侧男供养像，身后立一小孩供养像：

　　信士弟（子）衔前节度押衙银青光禄大夫检校太子宾客兼御史大夫上柱国

程恩信奉为亡姊敬画功德一心供养

　　比丘尼妙达之像，显然是在亡后其弟请人所画邈真像，但是由于是死后之画像，而且突出怀念之情，又不失供养功德观念，因此其写实性不能过分肯定（《西域美术》Ⅰ，彩图92）。

　　MG.17662绢画太平兴国八年（983年）披帽地藏菩萨并十王图（图11-10）。下部中间发愿文：

　　1.□宋清河郡娘子张代绘佛邈真赞并序

图 11-10　MG.17662 地藏菩萨并十王图及供养像特写

2.□司院上

3.娘子者前河西一十一州节度使曹公之贵派矣　天垂异质□

4.……神假注姿□天星以临紫□□气而温良守道……

5.……笄年而节俭柔和帷幄之高风匪□□芳名于后世播□□于前文

6.□兰桂以驰芳将松筠而挺拔同为□□□龟兆以遍良贤……

7.□婚贵望三貌克己每陈举案以谦恭□□□遵不失□宾之声眉开

8.□月之半月频呈红浪之双劳可谓处众无屠侣之心□□□□之气

9.理家图轨范广扇於□□诫子课□□练别彰於□训……

10.□□阋往誉於翡翠□可资貌长寿抱雍容於真珠堂内岂期渐

11.二鼠兴灭魄散六流光六天降祸亲戚伤悼耆婆之秘术异施□

12.□榆附之神方何效子媳痛切抽割心肠姊妹嗥啕恨不死灭……

13.□□于何方掩弃人寰难明前路之黑白遂减资□□绘真容用盖亡灵□

14.……龙会花下……前速授菩提……城□……

15.□功德之无穷劫石拂斯胜因之莫泯然后先亡远代七世灵魄赖

16.……之极苦法崇等伏奉

17.……芳声将存纪远其词曰　天降佛□貌　芳姿经代□

18.□□灵异□英誉宝魄奇□岁存箴诫笄年蕴礼仪三存桓□□四德未尝亏

19.□□□□史英风流□□□□选贤智方乃出宫帏举案□宾敬何□□□□

20.住心垂下问宽□共相依方保松筠茂丘山无作期何图逝波近□□□□□

21.九戚怀哀恋六姻例总悲□题绵帐下用记□来□

22.于时太平兴国八年岁次癸未十一月癸丑朔十四日丙寅题记

左侧画一引路菩萨像，右侧画一女供养立像，身后立四身侍从像。从赞文可知，与其说是为了一铺佛画，倒不如说是该娘子邈真像并赞，明确表明是"题绵帐下"，属邈真像并赞的常见形式。但是由画面比例可知，其仍重在表现地藏十王图，而不是功德主的邈真像，况且以供养人的身份出现，对其肖像写实性则无疑大打折扣了（《西域美术》Ⅱ，彩图63）。

相类似的情形见于Stein painting14（Ch.liv.006）绢画天复十年（910年）观世音菩萨像（图11-11）。画面观音像左侧画一比丘尼立像，立一方毯上，持香炉供养，无题记。右侧

图 11-11　Stein painting14　绢画及局部

画一童子托一花盘供养，立一方毯上，题记（《西域美术》Ⅱ，彩图 7）：

　　　　亡弟识（试）殿中监张有（友）成（诚）一心供养

画面完全是一小孩像。

背面榜题：

　　　　1.南无观世音菩萨一躯奉为故普光寺法律临坛尼大德严会兼故弟试

　　　　2.殿中监张友诚二貌（邈）真一心供养

　　　　……

　　　　7.时天复拾载庚午七月十五日彩绘大圣一躯兼尼法律貌真毕功记

另有一则供养人画像题记：

　　　　亡弟试殿中监张友诚一心供养

张友诚邈真像虽较为逼真，但因为非画面主体，突出的仍是供养功德观念，而不是个人画像的表现与纪念性意义。

由此，洞窟与绢画等供养像称其为写真邈真像并无不可，只是在具体的功用、性质、观念、表现形式、使用场合等方面与传统意义上的人物写真邈真像有严格的区别。事实上，供养像相应人名、结衔、身份等个人资料的题名，则已经表明他们的真实身份，无疑是属时人观念中的写真邈真像。归义军时期曹氏供养像亦是如此。

（四）石窟中曹氏供养像之写真性

　　通过前面对洞窟供养人画像与传统意义之写真邈真像比较，供养人画像绝不能与严格意义上的写真肖像画等同起来，二者之间有明显的区别，无疑作为洞窟中供养人画像的曹氏画像自不能例外。

　　对于敦煌石窟中供养人画像，即使是在文献记载与书面术语中称其为写真或邈真像，但其中属于真正意义上的写真肖像类作品，恐怕只是指个别画像，是要因人而异，具体人物画像具体对待，绝不可一概而论。这一观点，笔者已作过阐述①。曹氏画像也不能例外。

　　既然曹氏供养像不能作为传统意义上的像赞结合的写真邈真肖像画，也不是画史所记历代画人所画之"真像"，仅是佛教石窟中的供养功德像而已，那么这些画像与本人面貌的写实性关系则必然受到怀疑。

　　无疑，李并成、解梅大作在讨论曹氏画像特征与其族属的关系时，则是以严格意义上的写真肖像画对待，认为其"邈影如生""如同生前"，而没有把其和传统意义上的人物邈真像区别开来，在此观念指导下释读曹氏的供养人画像，虽然表面上看似符合逻辑，亦合段文杰先生提出之敦煌壁画是"形象的历史"的论断，但最终则可能受图像的误导而进入"图像证史的陷阱"②。

　　洞窟中曹氏画像给历史家与艺术史家设下的这个陷阱，则需要我们在此破解。

---

① 沙武田：《敦煌写真邈真画稿研究——兼论敦煌画之写真肖像艺术》，《敦煌学辑刊》2006 年第 1 期，第 43—62 页；另载沙武田《敦煌画稿研究》，中央编译出版社，2007 年，第 275—314 页。
② 曹意强：《可见之不可见性：论图像证史的有效性与误区》，《新美术》2004 年第 2 期，第 7—13 页。缪哲：《以图证史的陷阱》，《读书杂志》2005 年第 2 期，第 140—145 页。

三、图像陷阱：影响曹氏供养像写实性表现的几个因素

以下试从几个方面辨析导致曹氏供养像写实特性"失语"的原因，以还图像的本来面目，解读图像的"历史性"（historic）。

（一）供养人画像在洞窟中的功能

关友惠先生是这样定义佛教艺术中的供养人画像的：

> 供养人画像，是十六国、东晋（4世纪）时期佛教在中国普遍兴起时出现的一种佛徒功德画像，从属于佛教艺术。佛徒为了表示虔诚奉佛，时时供养，功德不绝，把自己的画像画在佛像的下边或左右，手捧香炉或香花，列队恭立或席跪礼拜，榜书姓名，故称供养人画像。①

在这里，供养人画像只不过是一种"佛徒功德画像"，而且仅是"从属于佛教艺术"的。其主体的功能则是"信徒"为了"奉佛"之"时时供养""功德不绝"，因此在佛教造像中又画入自己的供养像。

的确，综观洞窟中的供养人画像，无论是前期小窟中的小像，还是后期大窟中的真人或超真人大小画像，作为洞窟功德主，被画在洞窟特定的位置，最终都是表达"供养"的目的、"功德"的需求，每身供养像题名后出现"供养""一心供养""供养时""一心供养时""供养之像""侍佛"等文字，实是表达相应画像功用与功德之意义与观念，也有题名末尾强调的作用，这方面的事例，在敦煌洞窟中几无一例外，故无须再举证。

除供养像题名以外，每个洞窟都有相应的建窟功德愿文榜题，或写于龛下，或写于供养像之间，或写于主室门上，也有见于前室门上者，但是由于历史种种原因，多已完全看不清了，也有的早已被压在下层，或被毁坏，但有个别保存下来的愿文，则有助于我们对供养像功能的进一步理解。

莫高窟西魏第285窟北壁有三则愿文（图11-12），其中一方内容如下：

> 夫至极阒〈真作具〉旷正为尘罗所约圣道归趣
>
> 非积垒何能济拔是以佛弟子比丘辩化仰

---

① 关友惠：《敦煌壁画中的供养人画像》，《敦煌研究》1989年第3期，第16页。

图 11-12　莫高窟第 285 窟主室北壁供养像与题记

　　为七世父母所生母父敬造迦叶佛一区并二菩
萨因此微福愿亡者神游净土永离三途现
在居眷位太安吉普及蠕动之类速登常乐
大代大魏大统四年岁次戊午八月中旬造
比丘辩化供养时①

　　愿文后有比丘辩化的供养像，并有题名"比丘辩化供养时"。结合愿文并上造像，可知该铺"迦叶佛一区并二菩萨"，是由辩化为祈愿已亡故"七世父母""所生父母""神游净土、永离三途"，又为仍健在的亲人和其他生灵"速登常乐"发愿而作的功德画。因此比丘辩化个人供养像的供养和功德观念与功用至为清楚。这也正是所有洞窟供养像之功用意义。

　　到了归义军时期，也是如此。莫高窟晚唐第 192 窟建窟发愿文保存较好：

　　发愿功德赞文并序

① 敦煌研究院编：《敦煌莫高窟供养人题记》，文物出版社，1986 年，第 114 页。

敦煌龙兴寺沙门明立撰

（中略）

……分就窟燃灯年年供养不绝此功德先

奉为当今皇帝御宇金镜常悬国祚永隆

又愿我河西节度使万户侯□司空张公

命同劫至寿等像□（将）……千载次□合邑□

公等惟愿常修正道崇□法门躬至慈悲□

种空垢障沐法水以长消宿苦应□信佛花光□□

散生生世世同会良缘当来之中相遇弥勒龙花□□

愿登彼岸支罗眷属永辞灾障亡过七代及亡□□

□（三）□（化）……体清赏识并愿花台芳气速注□

……晏河清天下太平境塞光平窍□□

之世……之苍生俱沐胜化咸登善果其□□

迹……巍大觉寿量无极默而花现□□□

□同……来冢如山岳湛□号内间而罗外照□□

……叵测难量菩提胜道始悟□尚方□□

……冥镨镨济济惟孝惟忠尽心尽□五□

……城冀果精进在门其晨□□□

……五阴障住惟兹三宝□□□

……登觉路

……□（八）年岁次丁亥二月壬申朔什六日□□

□□

……神达丹生僧罗□法僧程智常

　　一个洞窟的功德，可以上至"当今皇帝"，再到"我河西节度使张公"，下到开窟的社邑组织诸公，同时其功德又惠及各位功德主健在的亲人朋友、亡过七代等先人们，而具体的功德则无所不包。晚唐供养像留存不多，被宋时人像所覆盖，但也说明晚唐供养像的存在，其供养之功德具如愿文所述。

　　洞窟中的建窟功德愿文榜题虽多不存，但是藏经洞写本中有零星发现，为数不少的建窟功德记类写本，通过马德先生整理研究①，让我们看到到晚唐五代宋归义军时期，以张氏和曹氏为主体的窟主、施主、功德主们，建窟的目的和愿望是清楚的，以S.4245所记莫高窟第100窟建窟功德记所记最具代表性：

> 有谁施作？时则有我河西节度使司空先奉为龙天八部，护塞表而恒昌；社稷无危，应法轮而常转。刀兵罢散，四海通还；疫疠不侵，挽抢枪永灭。三农秀实，民歌暮之秋；霜疤无期，誓绝生蝗之患。亦愿当今帝主，等北辰而永昌；将相百寮，应五星而顺化；故父大王神识，往生函苢之宫；司空宝位遐长，等乾坤而合运；天公主、小娘子，誓播于宫闱；两国皇后艾安，比贞松而莫变；诸幼郎君昆季，福延万春；都衔等两班官寮，输忠尽节之福会也。伏愿太保云云。加以云云。

有此功德愿文，再结合洞窟现有的曹氏男女供养像，以及曹议金与天公主出行图，可以说洞窟供养人画像的供养与功德功用非常明确了。

以上讨论，告诉我们洞窟中画入世俗人的供养像，突出表现的是这些功德主们对佛窟、对佛教神灵造像的供养，是为了佛教所讲求之功德，当然其最终的目的是现实利益：是对包括已故亲人和健在亲人朋友的祈愿，也有对上至皇帝、当府节度及所属组织的护佑，还可以扩大到日月星辰、江河山川等自然现象，总之都是为了理想的生活，有物质的，有精神的。

如此，洞窟中供养像的功用也就清楚了。非常明显，和那些表现祭祀与纪念意义的家庙祠堂、真堂中所供奉的家族或家庭先人们的写真像，在功用上有严格的区别，丝毫不能等同。二者之区别前文已述。当然，并不能因此而完全否定洞窟供养像在一定程度上所具有的纪念性意义，特别是对于那些亡故的人。只是笔者并不赞同像多数学者所言，过分强调洞窟供养像所具有的纪念性意义，而忽视了其作为洞窟供养功德的主体功能。

那么，洞窟中重在表现供养功德思想与观念的供养人画像，既然没有了（或者说并不是要着重表现）祭祀与纪念性意义，则就无须求真，况且多以群体像的形式出现（图11-13），更不利于画工写实。

（二）敦煌曹氏画院组织与洞窟壁画绘制的程式化现象

敦煌洞窟壁画的绘制，到五代宋归义军时期发生了较大的变化，"曹氏画院"组织的出现，大大影响了这一在敦煌持续了几百年的传统行业。关于曹氏归义军时期沙州的

---

① 马德：《敦煌莫高窟史研究》，甘肃教育出版社，1996年。

图 11-13-1　莫高窟第 144 窟供养群像局部　图 11-13-2　莫高窟第 303 窟南壁西侧供养群像

"画行"与"画院"问题，姜伯勤先生贡献最大，先生通过大量敦煌文书和石窟壁画题记中有关画人的记载，有精辟之见解："早在十世纪的敦煌，在归义军曹氏时期，沙州不仅已经出现了民间的'画行'，还建置了隶属官府的'画院'。五代时期，沙州已是和南唐、后蜀交相辉映的另一处中国早期'画院'的滥觞地"；又指出"在沙州的民间'画行'、官府'画院'及官府作坊三种地方，都有'画匠'的足迹"；最重要的是"沙州画行"中的"画师""画匠"、学徒弟子之间存在不同等级关系，阶级森严①。正由于以上原因，使得这一时期大量敦煌壁画的制作在由等级分明的"画行""画院"所承制时，高级画师处于设计者的地位，然后由较低级的"画匠""院生"及学徒弟子等按设计稿进行绘制，且有流水作业的可能，也使得大量壁画的制作不得不具有程式化表现。这一点可以从一些藏经洞出土粉本画稿等反映出来。壁画底稿、粉本画的使用，无疑使壁画的设计绘制受到限制而走向程式化，特别是稿本的多次使用，使得壁画千篇一律，毫无艺术创新可言②。

关于五代宋曹氏归义军时期洞窟壁画的程式化现象，从事敦煌艺术研究的专家学者们多有宏论，可供参考。

早在 1982 年，史苇湘先生在其力作《关于敦煌莫高窟内容总录》中论及莫高窟五代壁画艺术时指出"（这一时期）艺术表现的程式化也逐渐严重起来"，紧接其后史先生

---

① 姜伯勤：《敦煌的"画行"与"画院"》，载《敦煌艺术宗教与礼乐文明》，中国社会科学出版社，1996 年，第 13—31 页。

② 沙武田：《敦煌画稿研究》，中央编译出版社，2007 年，第 396—403 页。

又指出"五代、宋不但政治上有不可分割的连续性，而且石窟艺术也是一脉相承的"①。史先生以其渊博的知识与对敦煌石窟艺术的高深造诣，敏锐地指出了在敦煌石窟艺术研究上的这一课题。

段文杰先生在谈及"五代敦煌石窟艺术"时指出："（五代时期）各种经变画均已形成固定格式，公式化严重。"贺世哲先生在论"北宋敦煌石窟艺术"时讲到"这些大幅经变画与唐、五代相比，有两点明显变化，一是数量大大减少，二是更加程式化""就是重绘的一批前代洞窟，也是满壁如出一辙的千佛、菩萨，像剪纸般帖在绿色的墙上，纵横成行。即使装饰图案，也失去北朝生动活泼、隋唐自由舒展的风格，变成了规范化的、呆板的'回纹'"②。这些在敦煌莫高窟终生潜心于敦煌学的老专家们的论述极为精辟，是他们几十年心得体会的结晶，我们深信不疑。对此笔者曾在"敦煌画稿"专题研究中有专论，可供参考③。

也就是说，曹氏归义军时期由于画工画院组织的存在，流水作业的缘故，洞窟壁画艺术的绘制程式化，壁画表现形式必然模式化，此现象则又必然影响到洞窟中大量集体出现的曹氏男女供养人画像，也正因为如此，使得我们在洞窟中观察曹氏男女供养像时，总有千篇一律、千人一面之感觉（图11-14）。此一因素，又严重影响到曹氏供养像的

图11-14　莫高窟第138窟男供养群像

① 史苇湘：《关于敦煌莫高窟内容总录》，载敦煌研究院编《敦煌莫高窟内容总录》，文物出版社，1996年，第233、234页。
② 季羡林主编：《敦煌学大辞典》，上海辞书出版社，1998年，第42、43页。
③ 沙武田：《敦煌画稿研究》第九章，中央编译出版社，2007年，第396—403页。

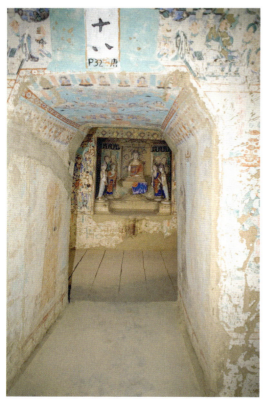

图 11-15　莫高窟第 121 窟甬道

写实性描绘。

更何况像曹氏诸节度使夫妇供养像多被绘于五代宋时大量重修前期洞窟的甬道两壁（图 11-15），这样的洞窟粗略统计也要四五十窟之多，加上甬道被毁的情况，数字就更多了。如此多的曹氏节度使供养像的绘画，完全是重修者出于政治层面的考虑，多有阿谀奉承之意，权属表面文章，因此更就无需求真了。同时，这些画像当为固定的曹氏画院组织所为，因此，无论是画像之本意，还是画工的关系，必是固定粉本的结果。否则不同的画工在不同的洞窟作画，所画同一人物各自神情面貌不一，必然有损节度使们的形象，为他们所不许。

（三）晚唐五代宋敦煌相面术对人物画像的规范意义及其时代审美　观念之影响

对于敦煌洞窟供养人画像千人一面之特征，最早提出这一现象的是段文杰先生：供养人像，是当时的真人肖像，也是宗教"功德像"。一画即成十上百，不能不采取程式化办法，主要表现其民族特征、等级身份和虔诚的宗教热忱，尽管都有题名，但不一定肖似本人，明显地看出来"千人一面"的倾向[1]。

这一观点多为后人所沿用。有关供养人画像图版描述者多持敦煌洞窟供养像"千人一面"之共性特征的意见。但是也有学者还是坚持供养像的个性特征，施萍婷、贺世哲两位先生是这样观赏莫高窟北周第 428 窟供养像的：他们面相丰圆，身材苗条，这可能

---

① 段文杰：《十六国、北朝时期的敦煌石窟艺术》，载《段文杰敦煌艺术研究论集》，甘肃人民出版社，1994 年，第 25 页；另载《敦煌石窟艺术研究》，甘肃人民出版社，2017 年，第 21 页。

是当时的审美观，虽然如此，画家手下绝非千人一面，而是各领风骚。①

但也同时承认"上千人的行列，要做到各不相同，太难了"。在此，结合画像总体特征，二位先生也给我们交代了莫高窟第 428 窟供养像所具有的时代审美共性的一面。从总体来讲，我们更多看到的的确是石窟供养人画像的共性特征，而不是个性肖像的写实表现。

对于敦煌石窟供养人画像的基本特征即"个性的消失和共性的提升"，亦即千人一面现象，当非单从画像所能弄清楚者，当有深厚的社会历史原因，对此问题，业师郑炳林先生有专文探讨，发表了深入之见解，究其原因有三②：

第一，敦煌石窟供养人像绘画的基本特点是随着时代审美观的变化而变化，并不是根据个人面貌肖像的变化来绘制每一身人物的画像。强调的是时代审美观念对供养人画像绘制的影响。

第二，敦煌石窟佛教造像审美观对供养人像的影响。因为绘制供养人像的画匠画工，同样是绘制洞窟中佛像菩萨像的作者，洞窟中的佛教造像的绘画必是受相应的"三十二相、八十种好"之基本要求所作，其中多项相容则完全适合世俗供养像的绘画，因此在画工与观者时代审美观的影响下，供养人像也多表现出与佛、菩萨像庄严妙相相类之好相。

中国传统文化之敦煌相书人物画像标准之规范与审美，深深地影响到敦煌供养人画像的绘画（图 11-16）。对此，先生在更早的研究中做出了一种十分新颖也是很有见地的解释："在敦煌石窟壁画中有一类画人专门画供养人的，晚唐五代敦煌莫高窟所画的供养人个性特点不突出，大部分是千人一面，作为邈真像的文字部分邈真赞，所记述的人物特点基本也是一样的，这种现象如何解释，从事敦煌壁画研究的人没有作过多的研究，从事文献研究的学者也很少注意这个问题，亦是人云亦云，不作探求。这个问题的解释只有从敦煌相面文书中去找答案。根据敦煌相面书的记载，好的面相要求的特征是一样的，如果将这些好的面相集中在一起，那么根据这些要求来挖掘一个人的面相特点，画出来的人物外部特征必然是千人一面。这样做既满足了施主个人审美和心理要求，又方

---

① 施萍婷、贺世哲：《近承中原、远接西域——莫高窟第四二八窟研究》，载敦煌研究院编《敦煌石
  窟艺术·莫高窟第 428 窟》，江苏美术出版社，1989 年，第 10—27 页。

② 郑炳林：《敦煌写本相书理论与敦煌石窟供养人画像——关于敦煌莫高窟供养人画像研究之二》，
  《敦煌学辑刊》2006 年第 4 期，第 1—23 页。

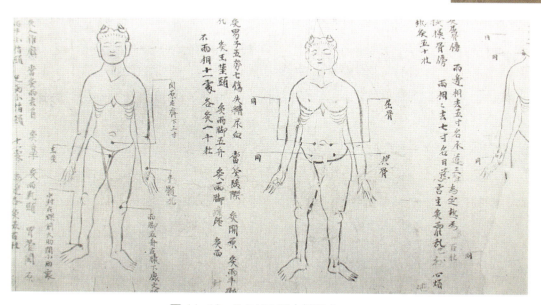

便了画工的绘画，如果不是这样的话，供养人画起来是非常困难的，画的越像很可能越使施主不满意。有了这样一个统一的接受心理和要求，画工只要按稿去画，似是而非就行了。"①

综合以上，洞窟中供养人画像的面貌特征的共性原因，最终归结为"时代审美"之观念。

至于敦煌壁画艺术之时代审美，确是艺术史家所不能忽视的命题。供养人画像的审美，最终还是要放在时代大背景下考察，因此便不能离开洞窟主体佛教造像艺术风格、表现形式，以及时代审美的大框架，要使供养人画像在洞窟中显得和谐，而不致使观者有突然之感觉。

由莫高窟第268、272、275窟所代表的十六国北凉造像（图11-17），艺术风格以印度及西域为主糅入中原风格，其中各类人

图 11-16　S.6168 写本相面术

① 郑炳林：《晚唐五代敦煌佛教转向人间化的特点》，《普门学报》第 1 期；另见郑炳林主编《敦煌归义军史专题研究续编》，兰州大学出版社，2003 年，第 540 页。

图 11-17　莫高窟第 275 窟西壁交脚弥勒全景

物形象为西域人与汉人兼有。彩塑多为单体塑像，衣饰上装饰密集的衣纹，有薄纱透体之感。北凉时期人物造型体态健壮，用晕染法来表现立体感，人物形象均以土红线起稿，赋色后以深墨铁线定型，线描细劲有力。这一时期的艺术审美强调外来风格与健壮有力的人物造型。

　　到了北魏西魏时期，艺术风格无论是石窟型制、人物造型、服饰、画幅构图等方面，都体现着外来佛教艺术为适应汉民族的伦理观念、审美趣味、美学心理需求发生的一系列变化。其中以北齐曹仲达所创"曹衣出水"形象与南朝传入之"褒衣博带""秀骨清像"人物形象最具特征，也标志着佛教艺术和人物画审美的巨大转变。第285窟供养像即为代表（图 11-18）。

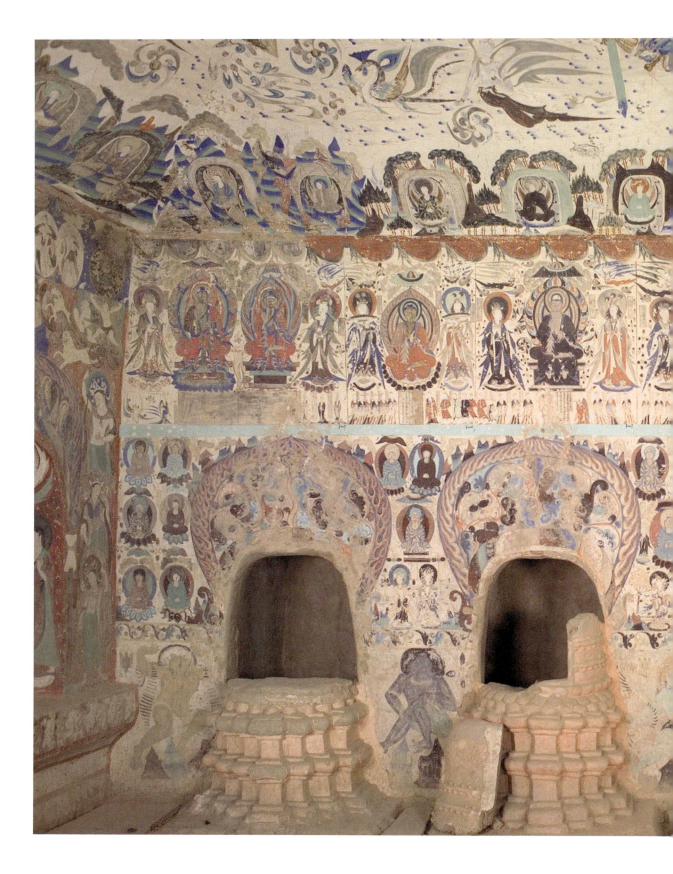

图 11-18　莫高窟第 285 窟北壁

图 11-19-1　唐章怀太子墓仕女壁画

图 11-19-2　唐章怀太子墓仕女壁画

图 11-19-3　莫高窟第 130 窟都督夫人供养像

北周至隋代，敦煌本地、中原内地和西域各种风格并存，人物形象更加世俗化，向着写实的方向迈进，更富于装饰效果，总之审美观向现实生活靠近。有唐一代，洞窟供养人画像的总体形象特征、绘画风格、表现方式，都和我们在中原内地所见墓葬壁画或陶俑等出现人物是一致的，完全体现唐人的审美标准，到了盛唐时期，女性以胖为美的潮流可以说举天下皆是（图 11-19）。

正是在这样的时代审美观念的指导下，敦煌五代宋曹氏归义军时期供养人画像，个个画得颇为标准，男像均"脸圆面阔，额头平宽，浓眉大眼，鼻梁较平，颧骨较低，面部线条较平缓，丝毫没有胡人的形貌特征"（图 11-20）。女像圆脸，小咀，细眉，杏眼，鼻梁低平，额头平宽，下颌略圆，同样丝毫无胡人面貌特征（图 11-21）。

宋郭若虚论女人形象说：

今之画者，贵其娇丽之容，是取悦于众目，不达画之理也。[1]

若放在佛教洞窟中观察供养人像，可谓一语道破天机。重在表达信众观者的观赏，多有美化的成分，又因为集体出现，人物真人大小，因此颇为庄严。正如关友惠先生所言：

---

①（宋）郭若虚：《图画见闻志》，人民美术出版社，1964 年。

图 11-20-1　莫高窟第 98 窟曹议金像　　　　图 11-20-2　莫高窟第 98 窟曹议金像特写

画像对其本人来说,不是肖似程度如何,而是其奉佛意念是否得到了满足。[1]

但可惜均已不重写实,强调基本和必要的服饰、装扮等外在的形象,俨然以集体礼佛供养的形式出现在洞窟中,表达所要获取的功德。

----

[1] 关友惠:《敦煌壁画中的供养人画像》,《敦煌研究》1989 年第 3 期,第 20 页。

图 11-21-1　莫高窟第 98 窟曹氏女供养像面部特写

4.中国人物画重传神而轻形真之艺术精神

段文杰先生大作《试论敦煌壁画的传神艺术》，提醒我们在观察敦煌壁画中的人物画像时，不仅要看到不同的人物形象之特征、绘画技法、样式之关系，更要看到其内在的精神所在，即人物画之"传神"①。正是中国画之精神所在。

东晋画家顾恺之，在绘画理论上迈出了一大步，第一个提出"以形写神""迁想妙得"这样重大的美学命题，指出人物画重在传神，充分发挥艺术想象力和表现力。刘义庆《世说新语·巧艺》②：

> 顾长康画人，或数年不点目睛。人

图 11-21-2 莫高窟第 98 窟曹氏女供养像

---

① 段文杰：《敦煌石窟艺术研究》，甘肃人民出版社，2017 年，第 251—268 页；原载《敦煌研究》试刊 1982 年第 2 期。

② 潘运吉编著：《汉魏六朝书画论》顾恺之条《论画》《论画人物》等，湖南美术出版社，1997 年，第 264—285 页。

问其故，顾曰："四体妍蚩，本无关妙处；传神写照，正在阿堵中。"

轻形而重神。同时又记：

> 顾长康画谢幼舆在岩石里，人问其所以，顾曰："谢云：'一丘一壑，自谓之
> 过。'此子宜置丘壑中。"

"迁想妙得"是也。在这里强调写神，但又巧妙地从形迁移开去，通过想象力，配以恰当之环境或以独特之技法，如画裴叔时用面上三毛等来传神，正所谓"以形写神"。

到了南北朝时期，传神已成为包括人物画在内的中国绘画之艺术追求，南齐画家谢赫提出绘画"六法"，其中"气韵生动"位居六法之首，结合"骨法用笔""应物象形""随类赋彩"等要求，实际上就是要"形神兼备"[1]。到了唐代，画家们在创作过程中更注重传神的问题，绘画史专家张彦远在形似与神似的关系上提出了自己的看法：

> 古之画，或遗其形似而尚其骨气，以形似之外求其画，此难与俗人道也。今
> 之画，纵得形似而气韵不生。以气韵求其画，则形似在其间矣。[2]

敦煌画亦然，仍重在传神，其重点也落在具有一定写真意义的供养人画像当中。

梁尉英先生在谈到莫高窟第329窟五代重绘女供养人像时总结为：

> 这是五代时期绘的通壁一列二十四身女供养人中的数身，头饰花钗，袍衣
> 结带，造型一律，只是服饰样式及色彩有些不同，只求神似不求形真。佛窟中这
> 类供养人像，仅只是象征佛信徒对佛祖的虔诚敬奉皈依之意。人物既不肖似如
> 真，又没有个性，仅以文字题名相区别。[3]

敦煌供养人画像之"只求神似不求形真"，此论断不无道理，亦符合中国人物画之以形写神之精神。

早在唐代，张彦远就对单纯的人物写真提出质疑，发出感叹，警告不能过于重形而忽视了人物画之传神。《历代名画记》卷一"论画六法"：

> 至于传模移写，乃画家末事。然今之画人，粗善写貌，得其形似，则无其气
> 韵，具其彩色，则失其笔法，岂曰画也？呜呼！今之人斯艺不至也。

---

[1]（南齐）谢赫：《古画品录》，载《佩文斋书画谱》卷一七，光绪癸未重九上海同文书局石印。

[2]（唐）张彦远：《历代名画记》卷一"论画六法"，人民美术出版社，1964年。

[3] 敦煌研究院编，梁尉英著：《敦煌石窟艺术·莫高窟第321窟》，江苏美术出版社，1996年，图版第
117说明。

在这样的绘画理论与敦煌洞窟传统绘画思想的影响下，洞窟中曹氏供养像也同样重传神而轻形真，无须求实，此传神主要是表现他（她）们在洞窟中虔诚礼佛供养之神情，属独特的洞窟环境与画像功能所决定的。而不是要在此表现人物之个性音容笑貌，也不是要刻意表现他们在当时敦煌的统治地位，因为他们自身在洞窟中仍是以供养人的身份出现，属佛弟子，而不是以王者、统治者自居，在洞窟中佛教尊像与宗教绘画总是占据主导地位，永远是观者、礼拜者的主要对象，供养人与观者、礼拜者一道形成对主体造像与信仰的膜拜、供养，最终是要表达宗教的力量与意义。

因此，曹氏供养人像同理，当无须求真求实，传神表意即可。

（五）粟特九姓胡人之汉化以及曹氏统治之需要

按荣新江、冯培红大作之结论，归义军曹氏作为粟特九姓胡人之后裔，崛起于中唐吐蕃统治时期，显然在更早的时间即"从化乡"（景龙元年之705年至沙州陷蕃[1]）存在之时应已在敦煌落籍编户、定居生活。经过长时间的汉化，发展力量，到了张氏归义军晚期突然崛起，终于在914年曹议金取代张氏任节度使，开始了长达一个多世纪的曹氏归义军时期。

但是我们必须明白，五代宋归义军时期，虽然作为粟特人的曹氏一族作了最高统治者，瓜沙境内各民族杂居其间，胡汉混合[2]，但是敦煌的文化传统、人员构成、政治从属关系等社会主体仍为汉人与汉文化主导下的地方政权，汉族大姓如张氏、索氏、阴氏等仍为世家大族，占据归义军政权的重要位置。以儒学为代表的汉文化的主导地位丝毫没有变化，藏经洞写本可资证明。

在这样的背景下，作为外来移民的曹氏，以非常的手段取得归义军政权，和平过渡，接手一个性质与运作机构、方式等各方面完全是晚唐五代中央政府下的一个地方政权，如果不把自己完全汉化，以汉人自居，而是以原有民族之习惯方式来管理统治，肯定是

---

① 陈国灿：《唐五代敦煌县乡里制的演变》，《敦煌研究》1989年第3期，第44—47页。

② 荣新江：《归义军及其与周边民族的关系初探》，《敦煌学辑刊》1986年第2期，第24—44页。李冬梅：《唐五代归义军与周边民族关系综论》，《敦煌学辑刊》1998年第2期，第43—53页。郑炳林：《晚唐五代敦煌地区的胡姓居民与聚落》，载《粟特人在中国——历史、考古、语言的新探索》，中华书局，2005年，第178—190页。

图 11-22   莫高窟第 100 窟曹议金出行图中的狩猎胡人

行不通的。事实作为已经汉化了的曹氏，接手归义军政权之后，就进一步汉化。对此陆庆夫先生早年有研究①，从宏观的角度来看唐宋间敦煌的粟特胡人在职业状况、婚姻关系、社会组织、宗教信仰几个方面表现出的汉化现象进行了分析。具体到归义军统治者曹氏一族之汉化，郑炳林先生则从婚姻关系、胡汉联姻的角度，揭示出曹氏在此方面强烈的汉化愿望②。

　　而在洞窟供养人题名和相关写本中曹氏封爵或郡望所表现出来的曹氏强烈标榜自身出自"亳州谯郡（县）"之现象，实是对自身粟特移民身份的极力掩盖。

　　莫高窟第 100 窟是曹议金长子曹元德任节度使期间，与其母、曹议金的回鹘夫人陇西李氏"天公主"于 939 年建成之"天公主窟"③，窟内画有曹议金与天公主的出行图，最有意思的是，我们看到无论是曹议金还是天公主，以及主要的随行人员和仪仗侍卫等，均为汉人面貌特征，唯有天公主身后有身着蹀躞七事的侍从，当系本族回鹘人，与天公

① 陆庆夫：《唐宋间敦煌粟特人之汉化》，《历史研究》1996 年第 6 期，第 25—34 页。
② 郑炳林：《张氏曹氏归义军政权的胡汉联姻》《晚唐五代敦煌归义军政权的婚姻关系研究》，载《敦煌归义军专题研究三编》，甘肃文化出版社，2005 年，第 496—512、513—547 页。
③ 马德：《都僧统之"家窟"及其营建——〈腊八燃灯分配窟龛名数〉丛识之三》，《敦煌研究》1989 年第 4 期，第 54—58 页。

主的族属相合。但非常有意思的是，位于主室东壁门南的曹议金出行图后部狩猎图中，狩猎者中有几身骑马者为胡人形象（图11-22），高鼻深目，虬髯，小袖胡服，符合下层胡人入华后的职业特征。在这里如果把曹议金等归义军中的曹氏人物画成胡像，无疑严重地降低了他们的身份地位，和这些牵马赶驼狩猎的下层胡人混同，必不为他们所认同和接受。此现象也是入华胡人地位上升后极力汉化，或者说他们不再愿意以胡人身份出现的原因之一。

不仅如此，像莫高窟第4、98、454窟，榆林第31等窟中的同时代于阗国王画像（图11-23），对这位本来属于高加索人种的塞种人[①]，虽然《北史·西域传》记其"自高昌以西诸国人等，深目高鼻，唯此一国，貌不

图11-23　莫高窟第98窟于阗国王像

甚胡，颇类华夏"。敦煌壁画中的人物被完全画成汉人的标准面貌特征，也表明曹氏时期人物画的时代审美观念是明确的。

P.3718（8）《梁故管内释门僧政临坛供奉大德兼阐扬三教大法师赐紫沙门张和尚（喜首）写真赞》："遂遇尚书谯公，秉正光曜，大扇玄风。"末题"己卯岁九月二日题记"。后梁己卯即919年，荣新江先生指出此处"尚书谯公"必指曹议金[②]。人们直接以"谯公"相称，显示出时人对曹氏谯郡郡望之认可。

莫高窟第98窟是曹议金的功德窟"大王窟"，窟内供养像多达二百身，除按敦煌家

① 张广达、荣新江：《上古于阗的塞种居民》，载《于阗史丛考》，上海书店，1993年，第191—211页。
② 荣新江：《归义军史研究》，上海古籍出版社，1996年，第98页。

图 11-24　莫高窟第 98 窟诸节度押衙供养群像

窟的传统做法画上曹氏男女供养像以外，还包括前几任张氏节度使、归义军的文臣武将、僧官大德在内的归义军政府机构人员的群像（图 11-24），从题名可知，绝大多数是张氏、李氏、索氏、宋氏、阴氏、邓氏、陈氏、氾氏等汉族大姓，荣新江先生所言，这些正是曹氏归义军的政权基础[①]，也可以理解为作为粟特人的曹氏为了统治拉拢贵族大姓高官的手段，是政治的需要，在此曹议金一族完全以汉人大姓自居，在自己和时人的心目中完全以汉人亳州谯郡曹氏认同，可见曹氏汉化之成功。

因此，在心理上、现实生活中完全承认自己胡人后裔身份的曹氏，要让在功德窟内把自己的供养像画成完全写实的或多或少带有胡人相貌与体质特征的样子，实是违背了曹氏长期汉化所苦心经营的现实，故完全不可能出现。

（六）小结

鉴于以上几个方面的主客观因素的制约和影响，洞窟中曹氏供养像绝不可能完全写实，表现出其作为粟特胡人后裔或多或少的面貌特征。

因此，剥除这些影响曹氏供养像图像释读的虚假信息，揭开附着于图像上的不可见的陷阱，然后以完全客观的态度，以更加真实的视角来观察这些历史形象资料，才可以

① 荣新江：《归义军史研究》，上海古籍出版社，1996 年，第 241—243 页。

让今天的历史研究者，以更加科学的尺度鉴别图像带给我们的真实的历史信息。

粟特九姓胡人在敦煌洞窟中的供养像，出于汉化需要，早在西魏、隋、初唐、盛唐、中唐、晚唐及归义军时期，除曹氏的供养像以外，另有为数不少的粟特九姓胡人供养像，至少现在我们从面貌特征上是无法辨认其胡人的族属关系[1]，可见这种现象当属普遍的人物画审美与复杂的社会历史背景，而非仅存在于曹氏供养像中。对此现象，笔者也在研究莫高窟第359窟胡人画像时有专门之解释，或可供参考[2]。

四、余论：以石窟资料为主对曹氏粟特胡人族属之补证

通过对曹氏供养像的讨论，我们似乎看到了归义军曹氏族属为中亚粟特胡人的可能性还是很大的。

P.3350v《歌谣》唱道：

再看太保颜如佛，恰同尧王似有重眉。弓硬力强箭又褐，头边虫鸟不能飞。

四面蕃人来跪伏，献陀（驼）纳马没停时。甘州可汗亲降使，情愿与作阿郎儿。

汉路当无停滞，这回来往亦无虞。[3]

这里记曹议金武功高强，热衷于战事，又使得"四面蕃人"跪伏，献驼纳马，实有胡人习气。

而前述曹议金第98窟之营建，突出了供养人的绘画，在独特的历史背景下[4]，曹议金为了巩固来之不易的归义军政权，画上归义军大大小小的官员，从一个侧面暗示曹氏有可能并非汉人望族，否则实无此必要，在敦煌石窟中属孤例，即使是张议潮举众人之力推翻吐蕃统治，其后在自己的功德窟第156窟中也没有对官员尽如此拉拢之事。但是在如此规模的洞窟供养人画像群中，没有曹议金父祖辈任何痕迹，实不可理解，足以说

---

[1] 沙武田：《敦煌石窟粟特九姓胡人供养像研究》，《敦煌学辑刊》2008年第4期，第132—144页。

[2] 沙武田：《敦煌石窟粟特胡人画像——莫高窟第359窟主室东壁门上新释读一身石姓男供养像札记》，载樊锦诗、荣新江、林世田主编《敦煌文献、考古、艺术综合研究——纪念向达教授诞辰110周年国际学术研讨会论文集》，中华书局，2011年，第262—276页。

[3] 潘重规：《敦煌变文集新书》，文津出版社，1994年，第934—935页。姜伯勤、项楚、荣新江：《敦煌邈真赞校录并研究》，台北新文丰出版公司，1994年。

[4] 郑雨：《莫高窟第98窟的历史背景与时代精神》，《九州学刊》1992年第4期，第35—43页。

明在曹议金发迹之前，作为流寓敦煌的中亚胡人，实没有多少可以夸耀的门庭地望，完全不是汉人亳州谯郡曹氏所应该具有的特性。

五代宋以，来大量重修洞窟前室和甬道的做法，多是以曹氏为主导的行为，缩小前期其他家族（以汉人家窟为主）的窟门甬道，画上曹氏诸节度使的供养像，这样的洞窟数量庞大，实有以节度使的身份和影响力，并借助其经济实力，来为汉人世家大族功德窟再建功德之意思，恐怕也是一种有效的汉化与拉拢手段。同时，这种较为简捷灵活的办法，付出有限而功德无量，此作法似有出身商业民族粟特胡人影子。

再者，作为粟特九姓胡人，本民族的宗教信仰以祆教为主，到了敦煌，一则为了汉化，二则也确有信仰的性质，而改信佛教，因为敦煌的历代统治者都信仰佛教，并多在洞窟中建功德窟，曹氏自然在这方面不能落后于前人，因为在敦煌佛教信仰与功德窟的营建，对胡人的汉化，对归义军的统治都有积极的因素。而曹氏一反常规，建造一系列的大窟（图11-25），则又是曹氏极力表示自己与汉人世家大族并列或超越之意，实有胡人极力汉化的倾向，也是统治的需要。

另外，我们知道，曹氏归义军诸节度使或家族、世家大族的功德窟中，甬道顶多画表现于阗牛头山的佛教史迹画，两侧的盝顶披上画以中亚于阗等地为主要来源地的瑞像，代表有莫高窟第25、98、100、108、454、146、334、342、397、401窟等。对以牛头山为主的大量于阗和西域天竺瑞像图与史迹画的偏好（图11-26），也从一个方面表明

图 11-25-1　莫高窟第61窟内景图　　　　图 11-25-2　莫高窟第98窟内景图

图 11-26 莫高窟第 454 窟　　　　图 11-27 榆林窟第 33 窟主室南壁西侧佛教史迹画一铺
甬道顶史迹画

曹氏对丝路商道相应佛教故事的喜好，毕竟这是他们入华的必经之路，善于行商的他们，对这样的造像与信仰并不陌生。而莫高窟第 220 窟主室南壁上层、第 76 窟西壁，榆林窟第 33 窟主室南壁几幅五代宋曹氏归义军时期表现瑞像图与佛教史迹画故事集佛画的出现（图 11-27），则使这种题材热极一时。

除以上现象外，藏经洞保存有一份纸本彩画P.4518（21），一佛二菩萨像说法图下绘一施主像（图 11-28），此人物像为一大像，等同说法图大小，立于一毯子上，直角幞头，身着圆领束革黑袍，双手执一香炉，头上有华盖，面部清楚，络腮胡，神情冷峻。因为该男子供养像戴直角幞头，当为五代宋时的作品。而供养男子像画在佛下，并有华盖，无疑只有像归义军节度使这样的身份才可使用，那么自然是曹氏节度使之一。而画像中一圈浓密的胡须，显示出其具有胡人面貌特征。如此画胡须者，在洞窟中的供养像中没有看到过。大概因为是小幅的纸本彩画，属个人使用，在私人房间、佛堂或家庭内部所挂，以为礼拜功德使用，因此可以较为真实地画出个人的面貌特征来。不像洞窟中的供养像，是公共礼拜的地方，不宜过分地写实出现其胡人面貌特征。由此，这幅纸本彩画，实

图 11-28　P.4518(21)供养像写真

为显示曹氏画像胡人面貌特征不可多得的宝贵资料，值得重视。事实上，此身像的胡人面貌特征并非敦煌供养像中的孤例，莫高窟第 359 窟主室东壁门上夫妇供养像之男像，即是典型的胡人面貌特征[①]。

小　结

至此，以洞窟供养人画像为主要讨论对象，通过对归义军曹氏画像写真性的客观分析，揭开图像表象所着之"陷阱"，结果表明以供养像为历史形象资料，"图像证史"，实

[①] 沙武田：《敦煌石窟粟特胡人画像——莫高窟第 359 窟主室东壁门上新释读一身石姓供养像札记》，载樊锦诗、荣新江、林世田主编《敦煌文献、考古、艺术综合研究——纪念向达教授诞辰 110 周年国际学术研讨会论文集》，中华书局，2011 年，第 262—276 页。

有诸多"可见与不可见"之历史信息，需要冷静而认真的思考，方可释读图像所揭示的真实历史面貌。

在此理念的引导下，剥开附着于洞窟供养人画像中的层层谜团，结合历史文献记载，参证洞窟其他资料的佐证，敦煌归义军曹氏族属之中亚粟特胡人的身份关系则较为清晰地呈现在我们面前。

当然，本章所论，仅是在前人对此问题是与否两个方面研究的基础上，受他们研究的启发，并在其命题的规范下，以洞窟供养人画像为突破口之简单探讨，实属个人的点滴思考，或仅可作一补证而已。

事实上，敦煌归义军曹氏之族属，仍有可待探讨的余地，像对曹议金父祖辈、曹氏人名、天公主地位关系问题的进一步研究，以及日后曹氏墓葬之考古发现，无疑均会对此问题有所补益。

一、典籍文献

[日] 高楠顺次郎等辑：《大正新修大藏经》，大正十三年至昭和九年（1924—1934），东京大正一切经刊行会，新文丰出版公司影印本。

慈怡主编：《佛光大辞典》，佛光山出版社，1989 年。

丁福保编：《佛学大辞典》，文物出版社，1984 年。

季羡林主编：《敦煌学大辞典》，上海辞书出版社，1998 年。

中国佛教协会编：《中国佛教》，东方出版社，1982 年。

（西晋）陈寿：《三国志》，中华书局，1982 年。

（后秦）释僧肇撰：《注维摩诘经》，中华书局，2010 年。

（后魏）贾思勰著，缪启愉校释：《齐民要术校释》，农业出版社，1982 年。

（北齐）魏收：《魏书》，中华书局，1974 年。

（唐）魏徵：《隋书》，中华书局，1973 年。

（唐）段成式：《寺塔记》，人民美术出版社，1964 年。

（唐）李吉甫撰：《元和郡县图志》，中华书局，1983 年。

（唐）张彦远：《历代名画记》，人民美术出版社，1963 年。

（唐）韦述：《两京新记辑校》，三秦出版社，2006 年。

（唐）杜佑：《通典》，中华书局，1988 年。

（唐）刘昫等撰：《旧唐书》，中华书局，1975 年。

（唐）李隆基：《大唐六典》，三秦出版社，1991 年。

（五代）王仁裕撰：《开元天宝遗事》，中华书局，2006 年。

（宋）王若钦等编：《册府元龟》，中华书局，1960 年。

（宋）王溥撰：《唐会要》，中华书局，1955 年。

（宋）郭若虚：《图画见闻志》，人民美术出版社，1964 年。

（宋）欧阳修、宋祁撰：《新唐书》，中华书局，1975 年。

（宋）司马光：《资治通鉴》，中华书局，1956 年。

（梁）释慧皎撰，汤用彤校注，汤一玄整理：《高僧传》，中华书局，1992 年。

（清）曹寅等编：《全唐诗》，中华书局，1960 年。

（清）董诰等编：《全唐文》，中华书局，1983 年。

（清）严可均：《全晋文》，商务印书馆，2006 年。

二、敦煌文献与敦煌图录

［英］韦陀（Roderick Whitfield）主编：《西域美术·英国博物馆藏斯坦因收集品》三卷（The Arts of Central Asia），日本讲谈社，1982—1984 年。

［法］吉埃（Jacques Gies）编，秋山光和译：《西域美术·吉美博物馆伯希和收集品》（Les Arts de l' Asie Centrate）二卷，日本讲谈社，1994—1995。

［日］池田温：《中国古代写本识语录》，东京大学东洋文化研究所，1990 年。

［日］菊池英夫、土肥义和：《西域出土汉文文献分类目录初稿·非佛教文献之部古文书类Ⅱ》，东洋文库，1967 年。

敦煌文物研究所编：《敦煌研究文集》，甘肃人民出版社，1982 年。

敦煌研究院编：《敦煌莫高窟供养人题记》，文物出版社，1986 年。

敦煌文物研究所编：《敦煌莫高窟内容总录》，文物出版社，1982 年。

敦煌研究院编：《敦煌石窟内容总录》，文物出版社，1996 年。

敦煌文物研究所编：《中国石窟·敦煌莫高窟》（全五册），文物出版社、平凡社，1987 年。

敦煌研究院编：《敦煌石窟艺术·莫高窟第 428 窟》，江苏美术出版社，1989 年。

敦煌研究院编，梁尉英著：《敦煌艺术全集·莫高窟第 9、12 窟》，江苏美术出版社，1989 年。

敦煌研究院编，赵声良著：《敦煌石窟艺术·莫高窟第 332、57 窟》，江苏美术出版社，1996 年。

敦煌研究院编，刘永增著：《敦煌石窟艺术·莫高窟第一五八窟》，江苏美术出版社，1998 年。

敦煌研究院编，彭金章、王建军著：《敦煌莫高窟北区石窟》（全三卷），文物出版社，2000 年、2004 年。

敦煌研究院编：《敦煌艺术精华》，香港广汇贸易有限公司，1996 年。

敦煌研究院编，施萍婷著：《敦煌遗书总目索引新编》，中华书局，2000 年。

敦煌研究院编，孙儒僴著：《敦煌石窟全集·建筑画卷》，香港商务印书馆，2001 年。

敦煌研究院编，贺世哲著：《敦煌石窟全集·法华经画卷》，上海人民出版社，2000 年。

敦煌研究院编，孙修身著：《敦煌石窟全集·佛教东传故事画卷》，香港商务印书馆，1999 年。

敦煌研究院编：《敦煌研究文集·敦煌石窟经变篇》，甘肃民族出版社，2000 年。

敦煌研究院编：《敦煌研究文集·敦煌石窟考古篇》，甘肃民族出版社，2000 年。

郝春文：《英藏敦煌社会历史文献释录》第 1 卷，社会科学文献出版社，2001 年。

郝春文：《英藏敦煌社会历史文献释录》第 2—7 卷，社会科学文献出版社，2003—2010 年。

俄罗斯艾尔米塔什博物馆、上海古籍出版社：《俄藏敦煌艺术品Ⅱ》，上海古籍出版社，1998 年。

唐耕耦、陆宏基编：《敦煌社会经济文献真迹释录》第一辑，书目文献出版社，1986 年。

唐耕耦、陆宏基编：《敦煌社会经济文献真迹释录》第二至五辑，全国图书馆文献缩微复制中心，1990 年。

谢稚柳：《敦煌艺术叙录》，上海古籍出版社，1996 年。

三、论著

Ning Qiang, Art, Religion, and Politics in Medieval China: The Dunhuang Cave of the Zhai Family. Honolulu: University of Hawaii Press, 2004.

［美］爱德华·谢弗著，吴玉贵译：《唐代的外来文明》，陕西师范大学出版社，2005 年。

［美］劳费尔著，林筠因译：《中国伊朗编》，商务印书馆，2001 年。

［美］薛爱华著，吴玉贵译：《撒马尔罕的金桃：唐代舶来品研究》，社会科学文献出版

社，2016 年。

［法］布尔努克著，耿昇译：《丝绸之路》，山东画报出版社，2001 年。

［法］伯希和著，耿昇译：《伯希和敦煌石窟笔记》，甘肃人民出版社，2007 年。

［法］戴密微著，耿昇译：《吐蕃僧诤记》，甘肃人民出版社，1984 年。

［法］葛乐耐（Frantz Grenet）：《自希腊征服到伊斯兰化时期的中亚营定居生活地带的葬俗》，法国国家科研中心（CNRS）出版社，1984 年。

［法］谢和耐著、耿昇译：《中国五——十世纪的寺院经济》，甘肃人民出版社，1987 年。

［法］魏义天（Etienne de La Vaissière）著，王睿译：《粟特商人史》，广西师范大学出版社，2012 年。

［法］海瑟噶尔美著，熊文彬译：《早期汉藏艺术》，中国藏学出版社，1994 年。

［俄］马尔沙克、拉斯波波娃：《伊斯兰以前中亚史的文字史料与考古资料》（Histoire et cultes de l'Asie centrale pré islamique: Sources ecrites et documents archeologiques），法国国家科研中心出版社，1991 年。

［俄］普加琴科娃、列穆佩著，陈继周、李琪译：《中亚古代艺术》，新疆美术摄影出版社，1994 年。

［日］沢木兴道监修，久马慧忠编：《袈裟の研究》，大法轮阁版，1938 年。

［日］川口高风：《法服格正の研究》，第一书房，1976 年。

［日］高田修：《佛像的起源》，岩波书店，1967 年。

［日］长广敏雄：《六朝时代美术研究》，美术出版社，1969 年。

［日］宫治昭：《涅槃和弥勒的图像学》，吉川弘文馆，1992 年。

［日］矢吹庆辉：《三阶教之研究》，岩波书店，1927 年。

［日］羽田亨：《西域文化史》，座右宝刊行会，1948 年。

［日］圆仁：《入唐求法巡礼行记校汇》，中华书局，2019 年。

［日］佐伯好郎：《景教の研究》，东方文化学院东京研究所出版，1935 年。

［日］前田正名著，陈俊谋译：《河西历史地理学研究》，中国藏学出版社，1993 年。

［日］原田淑人：《唐代の服饰》，东洋文库刊行，1997 年。

［韩］梁银景：《隋代佛教窟龛研究》，文物出版社，2004 年。

毕波：《中古中国的粟特胡人——以长安为中心》，中国人民大学出版社，2011 年。

蔡鸿生：《唐代九姓胡与突厥文化》，中华书局，1998 年。

曹意强：《艺术与历史》，中国美术学院出版社，2001 年。

陈国灿、陆庆夫主编：《中国敦煌学百文库·历史卷》（一），甘肃文化出版社，1999 年。

陈国灿：《敦煌学史事新证》，甘肃教育出版社，2002 年。

陈海涛、刘惠琴：《来自文明十字路口的民族——唐代入华粟特人研究》，商务印书馆，2006 年。

陈序经：《匈奴史稿》，中国人民大学出版社，2007 年。

陈寅恪：《寒柳堂集》，上海古籍出版社，1980 年。

陈悦新：《5—8 世纪汉地佛像着衣法式》，社会科学文献出版社，2014 年。

巴桑旺堆：《吐蕃碑文与摩崖石刻考证》，西藏人民出版社，2013 年。

东京国立博物馆：《唐の女帝·則天武后とその時代展》，NHK、NHK プロモーション，1998 年。

段文杰：《敦煌石窟艺术研究》，甘肃人民出版社，2017 年。

费泳：《中国佛教艺术中的佛衣样式研究》，中华书局，2012 年。

葛承雍：《唐韵胡音与外来文明》，中华书局，2006 年。

龚方震、晏可佳：《祆教史》，上海社会科学院出版社，1998 年。

韩香：《隋唐长安与中亚文明》，中国社会科学出版社，2006 年。

郝春文：《唐后期五代宋初敦煌僧尼的社会生活》，中国科学出版社，1998 年。

贺世哲：《敦煌石窟论稿》，甘肃民族出版社，2004 年。

贺世哲：《敦煌图像研究——十六国北朝卷》，甘肃教育出版社，2006 年。

贺世哲：《敦煌石窟论稿》，甘肃民族出版社，2004 年。

黄能馥、陈娟娟：《中国服饰史》，上海人民出版社，2004 年。

黄永年：《唐史十二讲》，中华书局，2007 年。

河南省古代建筑保护研究所编：《宝山灵泉寺》，河南人民出版社，1991 年。

韩国磐主编：《敦煌吐鲁番出土经济文书研究》，厦门大学出版社，1986 年。

姜伯勤：《敦煌吐鲁番文书与丝绸之路》，文物出版社，1994 年。

姜伯勤：《中国祆教艺术史研究》，三联书店，2004 年。

姜伯勤：《敦煌艺术宗教与礼乐文明》，中国社会科学出版社，1996 年。

姜伯勤：《唐五代敦煌寺户制度》，中华书局，1987 年。

姜伯勤、项楚、荣新江：《敦煌邈真赞校录并研究》，台北新文丰出版公司，1994 年。

赖鹏举：《敦煌石窟造像思想研究》，文物出版社，2009 年。

郑炳林主编：《敦煌归义军史专题研究》，兰州大学出版社，1997 年。

罗丰：《胡汉之间——"丝绸之路"与西北历史考古》，文物出版社，2004 年。

罗丰：《固原南郊隋唐墓地》，文物出版社，1996 年。

李明伟：《隋唐丝绸之路——中世纪的中国西北社会与文明》，甘肃人民出版社，1994 年。

李吟屏：《和田考古记》，新疆人民出版社，2006 年。

刘淑芬：《灭罪与度亡——佛顶尊胜陀罗尼经幢之研究》，上海古籍出版社，2008 年。

刘淑芬：《中古的佛教与社会》，上海古籍出版社，2008 年。

李星明：《唐代墓室壁画研究》，陕西人民美术出版社，2005 年。

李正宇：《唐宋敦煌世俗佛教研究》，国家社科基金结项资料，甘肃兰州。

马驰：《唐代蕃将》，三秦出版社，2011 年。

马德：《敦煌莫高窟史研究》，甘肃教育出版社，1996 年。

毛水清：《唐代乐人考述》，东方出版社，2006 年。

宁强：《敦煌石窟寺研究》，甘肃人民美术出版社，2012 年。

潘重规：《敦煌变文集新书》，文津出版社出版，1994 年。

潘运吉编著：《汉魏六朝书画论》，湖南美术出版社，1997 年。

青海文物考古研究所、北京大学：《青海都兰吐蕃墓》，科学出版社，2005 年。

乾陵博物馆：《丝路胡人外来风：唐代胡俑展》，文物出版社，2008 年

齐东方：《唐代金银器研究》，中国社会科学出版社，1999 年。

饶宗颐：《敦煌白画》，法国远东学院出版，1978 年。

荣新江、张志清主编：《从撒马儿干到长安——粟特人在中国的文化遗迹》，北京图书馆出版社，2004 年。

荣新江：《归义军史研究》，上海古籍出版社，1996 年。

荣新江：《中古中国与外来文明》，生活·读书·新知三联书店，2001 年。

沙武田：《敦煌画稿研究》，中央编译出版社，2007 年。

陕西历史博物馆、北京大学考古文博学院、北京大学震旦文明研究中心编：《花舞大唐春——何家村遗宝精粹》，文物出版社，2003 年。

陕西省考古研究所：《唐李宪墓发掘报告》，科学出版社，2005 年。

孙修身：《王玄策事迹钩沉》，新疆人民出版社，1998 年。

上海古籍出版社编：《唐五代笔记小说大观》，上海古籍出版社，2000 年。

沈从文：《中国古代服饰研究》，上海书店出版社，2005 年。

施安昌：《火坛与祭司鸟神——中国古代祆教美术考古手记》，紫禁城出版社，2004 年。

史苇湘：《敦煌历史与莫高窟艺术研究》，甘肃教育出版社，2002 年。

汤用彤：《汉魏两晋南北朝佛教史》，北京大学出版社，1997 年。

唐长孺等编：《汪籛隋唐史论稿》，中国社会科学出版社，1981 年。

谭蝉雪：《敦煌民俗》，甘肃教育出版社，2006 年。

腾磊：《西域圣火——神秘的古波斯祆教》，人民美术出版社，2004 年。

巫鸿主编：《汉唐之间文化艺术的互动与交流》，文物出版社，2001 年。

王重民等：《敦煌变文集》，人民文学出版社，1957 年。

王雅轩、王鸿宾、苏德祥主编：《中国古代历史地图集》，辽宁教育出版社，1990 年。

王强：《流光溢彩——中国古代灯具设计研究》，江苏大学出版社，2009 年。

王青：《西域文化影响下的中古小说》，中国社会科学出版社，2006 年。

王尧、陈践：《敦煌吐蕃文献选》，四川民族出版社，1983 年。

王自力、孙福喜编：《唐金乡县主墓》，文物出版社，2002 年。

五世达赖喇嘛著，刘立千译：《西藏王臣记》，民族出版社，2002 年。

吴玉贵：《西暨流沙：隋唐突厥西域历史研究》，上海古籍出版社，2020 年。

萧默：《敦煌建筑研究》，文物出版社，1989 年。

向达：《唐代长安与西域文明》，生活·读书·新知三联书店，1957 年。

谢稚柳：《鉴余杂稿》（增订本），上海人民美术出版社，1996 年。

谢稚柳：《中国古代书画研究十论》，复旦大学出版社，2004 年。

西域文化研究会编：《西域文化研究》（六），法藏馆，1963 年。

许新国：《西陲之地与东西方文明》，北京燕山出版社，2006 年。

颜廷亮主编：《敦煌文学》，甘肃人民出版社，1989 年。

杨富学、李吉和辑校：《敦煌汉文吐蕃史料辑校》，甘肃人民出版社，1999 年。

杨清凡：《藏族服饰史》，青海人民出版社，2003 年。

杨铭：《吐蕃统治敦煌研究》，新文丰出版公司，1997 年。

余太山：《两汉魏晋南北朝与西域关系史研究》，商务印书馆，2011 年。

元文祺：《二元神论——古波斯宗教神话研究》，中国社会科学出版社，1997 年。

张弓：《汉唐佛寺文化史》，中国社会科学出版社，1997 年。

张广达、荣新江：《于阗史丛考》，上海书店，1993 年。

张庆捷等编：《4—6 世纪的北中国与欧亚大陆》，科学出版社，2006 年。

张庆捷：《民族汇聚与文明互动——北朝社会的考古学观察》，商务印书馆，2010 年。

张松林编：《中国古代镇墓神物》，文物出版社，2004 年。

张小刚：《敦煌佛教感通画研究》，甘肃教育出版社，2015 年。

张延清（华青道尔杰）、张子鹏：《莫高窟第 158 窟建窟年代新探》，载《藏学学刊》第十二辑，中国藏学出版社，2015 年。

赵声良：《敦煌艺术十讲》，上海古籍出版社，2007 年。

赵声良：《敦煌壁画风景研究》，中华书局，2005 年。

赵康民编著：《武周皇刹庆山寺》，陕西旅游出版社，2014 年。

赵晓星：《梵殊室严——敦煌莫高窟第 361 窟研究》，甘肃人民美术出版社，2017 年。

昭陵博物馆编：《昭陵唐墓壁画》，文物出版社，2006 年。

郑炳林：《敦煌碑铭赞辑释》，甘肃教育出版社，1992 年。

郑炳林：《敦煌地理文书汇辑校注》，甘肃教育出版社，1989 年。

郑炳林主编：《敦煌佛教艺术文化国际学术研讨会论文集》，兰州大学出版社，2002 年。

郑炳林、沙武田：《敦煌石窟艺术概论》，甘肃文化出版社，2005 年。

郑炳林主编：《敦煌归义军史专题研究续编》，兰州大学出版社，2003 年。

郑炳林主编：《敦煌归义军史专题研究三编》，甘肃文化出版社，2005 年。

郑炳林主编：《敦煌归义军史专题研究四编》，三秦出版社，2009 年。

郑重：《与大师谈艺：壮暮堂谢稚柳》，上海古籍出版社，2004 年。

郑汝中：《敦煌壁画乐舞研究》，甘肃教育出版社，2002 年。

朱谦之：《中国景教》，东方出版社，1993 年。

四、论文

Amy Heller,Preliminary Remarks on Painted Coffin Panels from Tibetan Tombs,Edited by Brandon Dotson,Kazushi Iwao,and Tsuguhito Takeuchi:Scribes,Texts,and Rituals in Early Tibet and Dunhuang,Wiesbaden,2013.

Frantz Grenet and Zhang Guangda, "The Last Refuge of the Sogdian Religion: Dunhuang in the Ninth and Tenth Centuries", Bulletin of the Asia Institute, new series, 10 (Studies in Honor of Vladimir A. Livshits), 1996.

Frantz Grenet, Nicholas Sims—Williams, The Historical Context of the Sogdian Ancient Letters, Transition Periods in Iranian History (Studia Iranica, Cahaier 5), Leuven 1987.

Yoshiro Imaeda, T—shaped Inscription Frames in Mogao (Dunhuang) and Yulin Caves, 《日本西藏学会会报》第 53 号, 2007 年 6 月。

Nicholas Sims—Williams, The Sogdian Merchants in China and Indian, A. Cadonna e l. Lanciotti, Cina e Iran da Alessandro Magno alla Dinastia Tang, ed. Firenze 1996.

Ningqiang, Diplomatic Icons : The Social and Political Meaning of the Khotanese Images in Dunhuang Cave 220. In Oriental Art. Vol. XLIV NO.4(1998/1999).

Moriyasu Takao, Japanese Research on the History of the Sogdians along the Silk Road, Mainly from Sogdiana to China, Acta Asiatica: Bulletin of the Institute of Eastern Culture, 94, 2008.

Paul Demiéville, Quelques traits de moeurs barbares dans une chantefable chinoise des T'ang, Acta Orientalia Academiae Scientiarum Hungaricae, vol.15, no.1, 1962.

W. B. Henning. The Date of the Sogdian Ancient Letters, BSOAS, Vol. XII, 1948.

Zhang Guangda, "Trois exemples d' influences mazdeennes dans la Chine des Tang", Etudes chinoises, XIII.1–2, 1994.

Zhang Yuanlin, Dialogue among the Civilizations: the Origin of the Three Guardian Deities' Images in Cave 285, Mogao Grottoes, The Silkroad Journal, Vol6:2, (winter/spring 2009).

Zhu Tianshu, The Sun God and the Wind Deity at Kizil in Matteo Compareti, Paola Raffetta & Gianroberto Scarcia eds, Webfestschrift Marshak Studies presented to Boris Ilich Marshak on occasion of his 70th birthday. Buenos Aires: Transoxiana, 2003.

［美］梁庄爱伦著，宁强译：《绘于公元 642 年敦煌壁画中的两件可能是萨珊地毯的罕见资料》，《敦煌研究》1991 年第 2 期。

［美］斯加夫（Jonathan K. Skaff）：《公元 7—8 世纪高昌粟特社会的文献记载：唐朝户籍所见文化的差异和演变》，载《粟特人在中国——历史·语言·考古的新探索》，中华书局，2005 年。

［英］休·黎吉生:《再论古代吐蕃人的服饰》,《西藏评论》1975 年 5—6 月号。

［法］葛乐耐(Frantz Grenet):《粟特人的自画像》,载《粟特人在中国——历史、考古、语言的新探索》,中华书局,2005 年。

［法］郭丽英:《莫高窟几幅壁画的不同解读:法华经变? 尊胜经变? 或其它》,2011 年 6 月 14 日、15 日法国东亚文明研究所、远东学院主办的“法中敦煌学讨论会”会议论文集。

［法］童丕:《中国北方的粟特遗存——山西的葡萄种植业》,载《粟特人在中国——历史、考古、语言的新探索》,中华书局,2005 年。

［法］海瑟·噶尔美著:《7—11 世纪吐蕃人的服饰》,《西藏艺术》,巴黎,1977 年。

［俄］马尔沙克、拉斯波波娃:《粟特地区的公众崇拜和私家崇拜》(Cultes communautai-res et cultes prives en Sogdiane),《伊斯兰以前中亚史的文字史料与考古资料》(Histoire et cultes de l'Asie centrale préislamique: Sources ecrites et documents archeologiques),法国国家科研中心出版社,1991 年。

［瑞士］阿米·海勒著,杨清凡译:《拉萨大昭寺银瓶——吐蕃帝国(7 世纪至 9 世纪)银器及服饰考察》,载四川大学中国藏学研究所编《藏学学刊》第三辑,四川大学出版社,2007 年。

［日］滨田瑞美:《敦煌莫高窟第三二三窟考——図様構成と宗教的機能をめくって》,《国华》第 1446 号, 第 121 编, 第九册, 2016 年。

［日］长泽和俊:《敦煌の庶民生活》,载《讲座敦煌·3·敦煌の社会》,大东出版社,1980 年。

［日］藤枝晃:《吐蕃支配时期的敦煌》,《东方学报》1961 年第 31 期。

［日］池田温:《8 世紀中叶における敦煌のソグド人聚落》,《ユーラッア文化研究》1965 年第 1 号, 中译本见辛德勇:《八世纪中叶敦煌的粟特人聚落》,载《日本学者研究中国史论著选译·第 9 卷·民族交通卷》,中华书局,1993 年。

［日］大内文雄:《宝山灵泉寺石窟塔铭的研究——隋唐时代的宝山灵泉寺》,《东方学报》第 69 册, 1997 年。

［日］干泻龙祥:《佛顶尊胜陀罗尼经诸传の研究》,《密教研究》68, 1939 年。

［日］宫治昭:《中亜アヅア涅槃図の图像学的考察》,《佛教艺术》147, 1983 年,中文见贺小平摘译:《关于中亚涅槃图的图像学和考察》,《敦煌研究》1987 年第 3 期。

［日］宫下佐江子:《パルミラの葡萄唐草文(日本西アジア考古学会第 5 回公開セミ

ナー要旨集　葡萄の考古学》,《日本西アジア考古学会公開セミナー》5, 2003 年 11 月。

〔日〕广中智之：《和田约特干出土的猴弹乐器陶俑类型分析——以俄藏彼得罗夫斯基收集品为中心》,《新疆师范大学学报》(社会科学版) 2008 年第 4 期。

〔日〕广中智之：《古代中国猴与马故事的源流——中外文化交流之一例》,《中国典籍与文化》2003 年第 3 期。

〔日〕吉田丰：《汉字拼写的粟特人名、重构的粟特文发音及其原意》,转引自〔美〕韩森：《丝绸之路贸易对吐鲁番地方社会的影响》,载《粟特人在中国——历史、考古、语言的新探索》,中华书局,2005 年。

〔日〕江上波夫：《ユウラシア北方民族の葬礼における劈面、截耳、剪发について》,《ユウラシア北方文化の研究》,山川出版社,1951 年。

〔日〕牧田谛亮：《敦煌出土〈要行舍身经〉》,载西域文化研究会编《西域文化研究》(六),京都：法藏馆,1963 年。

〔日〕森部丰：《唐后期至五代的粟特武人》,载《粟特人在中国——历史、考古、语言的新探索》,中华书局,2005 年。

〔日〕桑山正进：《东方出土波斯萨珊朝银币的再检封》,《东方学报》1982 年第 2 期。

〔日〕山口瑞凤：《吐蕃支配时代》,《讲座敦煌·2·敦煌の历史》,大东出版社,1980 年。

〔日〕石田干之助：《胡旋舞小考》,《清华周刊》第 37 卷第 12 期。

〔日〕栗田美由纪：《日本の葡萄唐草について》,《文化财学报》22, 2004 年。

〔日〕藤枝晃：《吐蕃支配时期の敦煌》,《东方学报》1961 年第 31 期。

〔日〕藤枝晃：《沙州归义军节度使末》,《东方学报》1961 年第 31 期。

〔日〕藤枝晃著,刘豫川译：《吐蕃统治时期的敦煌》,《国外藏学动态》1988 年第 3 期。

〔日〕田中海应：《尊胜陀罗尼信仰史观》,《大正大学学报》15。

〔日〕田中裕子：《敦煌天马图像研究》,载《朝日敦煌研究员派遣制度纪念志》,朝日新闻社,2008 年。

〔日〕下野玲子：《敦煌莫高窟第二一七窟南壁经变の新解释》,《美术史》第 157 号,2004 年。

〔日〕下野玲子：《唐代佛顶尊胜陀罗尼经变图像的异同与演变》,载《朝日敦煌研究员派遣制度纪念志》,朝日新闻社,2008 年。

〔日〕小谷仲男：《死者口中含币习俗——汉唐墓葬中所反映的西方因素》,《敦煌学辑刊》1990 年第 1 期。

　　［日］月轮贤隆：《佛顶尊胜陀罗尼の研究》，《六条学报》133。

　　［日］影山悦子：《论新疆的Ossuary（琐罗亚斯德教徒的纳骨器）》，《东方》第 40 卷第 1 号，1997 年。

　　［日］竺沙雅章：《敦煌の僧官制度》，《东方学报》1961 年第 31 期。

　　安家瑶：《中国的早期玻璃器皿》，《考古学报》1984 年第 4 期。

　　安家瑶：《唐永泰元年（765）—大历元年（766）河西巡抚使判集（伯二九四二）研究》，载《敦煌吐鲁番文献研究论集》，中华书局，1982 年。

　　安家瑶：《莫高窟壁画上的玻璃器皿》，载《敦煌吐鲁番文献研究论集》第二辑，北京大学出版社，1983 年。

　　安家瑶、刘俊喜：《大同地区的北魏琉璃器》，载《4—6 世纪的北中国与欧亚大陆》，科学出版社，2007 年。

　　薄小莹：《敦煌莫高窟六世纪末至九世纪中叶的装饰图案》，载《敦煌吐鲁番文献研究论集》第五辑，北京大学出版社，1990 年。

　　薄小莹：《吐鲁番地区发现的联珠纹织物》，载《纪念北京大学考古专业三十周年论文集》，文物出版社，1990 年。

　　毕波：《信仰空间的万花筒——粟特人的东渐与宗教信仰的转换》，载《从撒马儿干到长安——粟特人在中国的文化遗迹》，北京图书馆出版社，2004 年。

　　蔡鸿生：《唐代九姓胡与突厥文化》，中华书局，1998 年。

　　曹意强：《可见之不可见性：论图像证史的有效性与误区》，《新美术》2004 年第 2 期。

　　曹意强：《包罗万象史的观念与西方美术史兴起》，《思想学术文评述》1997 年第二辑。

　　曹意强：《图像与历史——哈斯克尔的艺术史观念和研究方法》（二），《新美术》2000 年第 1 期。

　　曹意强：《可见之不可见性：论图像证史的有效性与误区》，《新美术》2004 年第 2 期。

　　曹意强：《图像证史——两个文化史经典实例》，《新美术》2005 年第 2 期。

　　曹意强：《倾听历史的寂静之声》，《中华读书报》2002 年 5 月 15 日。

　　曹意强：《布克哈特的艺术观》，《中华读书报》2004 年 8 月 4 日。

　　曹意强：《丹纳与图像证史》，《中华读书报》2004 年 9 月 15 日。

　　曹喆：《唐代胡服——唐代敦煌壁画维摩诘经变中的胡服考证》，《丝绸》2007 年第 3 期。

陈大为：《论敦煌净土寺对归义军政权承担的世俗义务》，《敦煌研究》2006年第3、5期。

陈国灿：《魏晋至隋唐河西胡人的聚居与火祆教》，《西北民族研究》1988年第1期。

陈国灿：《敦煌所出粟特文信札的书写地点和时间问题》，《魏晋南北朝隋唐史资料》1985年第七辑。

陈国灿：《唐朝吐蕃陷落沙州城的时间问题》，《敦煌学辑刊》1985年1期。

陈国灿：《唐五代敦煌县乡里制的演变》，《敦煌研究》1989年第3期。

陈海涛：《敦煌粟特研究历史回顾》，《敦煌研究》2000年第2期。

陈海涛：《胡旋舞、胡腾舞与柘枝舞——对安伽墓与虞弘墓中舞蹈归属的浅析》，《考古与文物》2003年第3期。

陈寅恪：《狐臭与胡臭》，载《语言与文学》，中华书局，1937年。

程旭：《唐韩休墓〈乐舞图〉属性及相关问题研究》，《文博》2015年第6期。

程越：《从石刻史料看入华粟特人的汉化》，《史学月刊》1994年第1期。

程越：《国内粟特研究综述》，《中国史研究动态》1995年第9期。

常一民：《触摸彩绘的历史——太原市北齐徐显秀墓发掘记》，载山西博物院、山西省考古研究所编《发现山西——考古人手记》，山西人民出版社，2007年。

柴剑虹：《胡旋舞散论》，载《敦煌吐鲁番学论稿》，浙江教育出版社，2000年。

初世宾：《石窟外貌与石窟研究之关系——以麦积山石窟为例略谈石窟寺艺术断代的一种辅助方法》，《西北师范学院学报》1983年第4期。

戴春阳：《唐代模印塑像砖——从敦煌佛爷庙湾唐墓发掘谈起》，《历史文物》1998年第11期。

邓文宽：《归义军张氏家族的封爵和郡望》，载《敦煌吐鲁番研究论文集》，汉语大辞典出版社，1990年。

董锡玖：《敦煌壁画和唐代舞蹈》，《文物》1982年第12期。

段文杰：《敦煌壁画中的衣冠服饰》，载敦煌文物研究所编《敦煌研究文集》，甘肃人民出版社，1982年。

段文杰：《莫高窟唐代艺术中的服饰》，载《向达先生纪念论文集》，新疆人民出版社，1986年。

段文杰：《飞天——乾闼婆与紧那罗》，载《段文杰敦煌艺术论文集》，甘肃人民出版社，1994年。

樊锦诗、赵青兰：《吐蕃占领时期莫高窟洞窟的分期研究》，载敦煌研究院编《敦煌研究文集·敦煌石窟考古篇》，甘肃民族出版社，2000年。

樊锦诗、刘玉权：《敦煌莫高窟唐前期洞窟分期》，载敦煌研究院编《敦煌研究文集·敦煌石窟考古篇》，甘肃民族出版社，2000年。

樊锦诗、彭金章：《敦煌莫高窟北区B228窟出土〈河西大凉国安乐三年（619）郭方随葬衣物疏〉初探》，《敦煌学》2004年第二十五辑。

范泉：《莫高窟第12窟供养人题记、图像新探》，《敦煌研究》2007年第4期。

高启安：《唐宋时期敦煌人名探析》，《敦煌研究》1997年第4期。

冯培红：《敦煌曹氏族属与曹氏归义军政权》，《历史研究》2001年第1期。

冯恩学：《胡风扁壶的时代风格》，《北方文物》2013年第2期。

葛承雍：《唐代胡人袒腹俑形象研究》，《中国历史文物》2007年第5期。

葛承雍：《敦煌悬泉汉简反映的丝绸之路再认识》，《西域研究》2017年第2期。

巩恩馥：《莫高窟第220窟"胡旋舞"质疑》，《敦煌研究》2006年第2期。

关友惠：《敦煌壁画中的供养人画像》，《敦煌研究》1989年第3期。

关友惠：《莫高窟隋代图案初探》，《敦煌研究》1983年创刊号（总第3期）。

郭俊叶：《敦煌石窟中的万菩萨图》，载《艺术史研究》第十七辑，中山大学出版社，2015年。

郭祐孟：《敦煌吐蕃时期洞窟的图像结构——以莫高窟360和361窟为题》，载敦煌研究院编《敦煌吐蕃文化学术研讨会论文集》，甘肃民族出版社，2009年。

郭萍：《粟特民族对魏晋至唐初敦煌美术的影响》，《贵州民族研究》2010年第6期。

郭晓瑛：《敦煌佛爷庙湾唐代模印砖墓》，《文物》2002年第1期。

韩顺发：《北齐黄釉瓷扁壶乐舞图像的初步分析》，《文物》1980年第7期。

贺世哲：《敦煌莫高窟的〈涅槃经变〉》，《敦煌研究》1986年第1期。

贺世哲：《从供养人题记看莫高窟部分洞窟的营建年代》，载敦煌研究院编《敦煌莫高窟供养人题记》，文物出版社，1986年。

贺世哲：《关于十六国北朝时期的三世佛与三佛造像诸问题》（一）（二），《敦煌研究》1992年第4期，《敦煌研究》1993年第1期。

贺世哲：《石室札记》，《敦煌研究》1999年第4期。

何兹全：《佛教经律关于僧尼私有财产的规定》，《北京师范大学学报》1982年第6期。

河北省文化局文物工作队:《河北定县出土北魏石函》,《考古》1966 年第 5 期。

胡同庆、王义芝:《敦煌壁画"胡旋舞"是非研究之述评》,载郝春文主编《2011 敦煌学国际联络委员会通讯》,上海古籍出版社,2011 年。

黄永年:《〈通典〉论安史之乱的"二统"说证释》,《陕西历史学刊》1981 年第 2 期。

黄永年:《读陈寅恪先生〈狐臭与胡臭〉——兼论狐与胡之关系》,载氏著《唐史十二讲》,中华书局,2007 年。

黄文弼:《张骞使西域路线考》,载《黄文弼历史考古论集》,文物出版社,1989 年。

黄文焕:《跋敦煌 365 窟藏文题记》,《文物》1980 年第 7 期。

黄维忠:《德噶玉采会盟寺(de gag·yu tshal gtsigs kyi gtsug lag khang)考——再论该寺非榆林窟》,《敦煌研究》2009 年第 3 期。

霍巍:《从考古材料看吐蕃与中亚、西亚的古代交通——兼论西藏西部在佛教传入吐蕃过程中的历史地位》,《中国藏学》1995 年第 4 期。

霍巍:《吐蕃系统金银器研究》,《考古学报》2009 年第 1 期。

霍巍:《突厥王冠与吐蕃王冠》,《考古与文物》2009 年第 5 期。

姜伯勤:《敦煌莫高窟隋供养人胡服服饰研究》,载郝春文主编《敦煌文献论集——纪念敦煌藏经洞发现一百周年国际学术研讨会论文集》,辽宁人民出版社,2001 年。

姜伯勤:《敦煌与波斯》,《敦煌研究》1990 年第 3 期。

姜伯勤:《敦煌与粟特》,《中国典籍与文化》第一辑,北京图书馆出版社,2007 年。

姜伯勤:《敦煌白画中的粟特神祇》,载《敦煌吐鲁番学研究论文集》,汉语大词典出版社,1990 年。

姜伯勤:《敦煌白画中的粟特神祇图像的再考察》,载《艺术史研究》第二辑,中山大学出版社,2000 年。

姜伯勤:《敦煌壁画与粟特壁画的比较研究》,载《1987 年敦煌石窟研究国际讨论会文集·石窟艺术编》,辽宁美术出版社,1990 年。

姜伯勤:《论高昌胡天与敦煌祆寺——兼论其与王朝祭礼的关系》,《世界宗教研究》1993 年第 1 期。

姜伯勤:《敦煌莫高窟北区新发现中的景教艺术》,《艺术史研究》2004 年第六辑。

姜伯勤:《变文的南方源头与敦煌的唱导法匠》,《华学》1995 年第一辑。

姜伯勤:《唐敦煌"书仪"写本中所见的沙州玉关驿户起义》,《中华文史论丛》1981

年第一辑。

焦杰：《〈列女传〉与周秦汉唐妇德标准》，《陕西师范大学学报》（哲学社会科学版）2003 年第 6 期。

焦杰：《从〈诗经〉看先秦的美女观》，载氏著《性别史论稿》，科学出版社，2015 年。

金维诺：《敦煌窟龛名数考》，《文物》1959 年第 5 期。

金维诺：《曹家样与杨子华风格》，《美术研究》1984 年第 1 期。

金维诺：《南梁与北齐造像的成就与影响》，《美术研究》2000 年第 3 期。

金维诺：《敦煌壁画中的中国佛教故事》，《美术研究》1958 年第 1 期。

金维诺：《敦煌窟龛名数考》，《文物》1959 年第 5 期。

金维诺：《敦煌窟龛名数考补》，《敦煌研究》1988 年第 2 期。

井增利、王小蒙：《富平县新发现的唐墓壁画》，《考古与文物》1997 年第 4 期。

康柳硕：《关于敦煌莫高窟出土波斯萨珊银币的几点看法》，《内蒙古金融研究钱币文集》2006 年第六辑。

昝涛：《"一带一路"、"丝路学"与区域研究》，载黄达远、李如东主编《区域视野下的中亚研究》，社会科学文献出版社，2020 年。

雷闻：《割耳剺面与刺心剖腹——粟特对唐代社会风俗的影响》，载荣新江、张志清主编《从撒马儿干到长安——粟特人在中国的文化遗迹》，北京图书馆出版社，2004 年。

雷闻：《割耳剺面与刺心剖腹——从敦煌 158 窟北壁涅槃变王子举哀图说起》，《中国典籍与文化》2003 年第 4 期。

李并成、解梅：《敦煌归义军曹氏统治者果为粟特后裔吗——与荣新江、冯培红先生商榷》，《敦煌研究》2006 年第 6 期。

李永宁：《报恩经和莫高窟壁画报恩经变相》，载《敦煌研究文集》，甘肃人民出版社，1982 年。

李永宁、蔡伟堂：《降魔变文与敦煌壁画中的"劳度叉斗圣变"》，载《1983 年全国敦煌学术讨论会文集》（石窟·艺术编上），甘肃人民出版社，1985 年。

李正宇：《沙州贞元四年陷蕃考》，《敦煌研究》2007 年第 4 期。

李玉珉：《敦煌药师经变》，《故宫文物月刊》1989 年第 8 期。

李冬梅：《唐五代归义军与周边民族关系综论》，《敦煌学辑刊》1998 年第 2 期。

李文生、杨超杰：《龙门石窟佛教瘗葬形制的新发现——析龙门石窟之瘗穴》，《文物》

1995 年第 9 期。

李国、沙武田：《粟特人及其美术影响下的敦煌壁画艺术成分》，《丝绸之路》（理论版）2012 年第 20 期。

李国珍：《唐代中外乐舞交织图——苏思勖墓的乐舞壁画画》，载《陕西历史博物馆馆刊》第一辑，三秦出版社，1994 年。

梁勉：《试析长安地区唐墓壁画中的乐舞图》，《文博》2010 年第 3 期。

梁晓强：《都管七个国六瓣银盒辩证》，《曲阜师范学院学报》2010 年第 5 期。

临潼县博物馆：《临潼唐庆山寺舍利塔基精室清理记》，《文博》1985 年第 5 期。

刘波：《敦煌与阿姆河流派美术图案纹样比较研究》，《敦煌研究》2000 年第 3 期。

林良一：《仏教美術の装飾文様—11—葡萄唐草》，《仏教芸術》117，1978 年 3 月。

柳洪亮：《新疆鄯善县吐峪沟发现陶棺葬》，《考古》1986 年第 1 期。

刘淑芬：《林葬——中古佛教露尸葬研究之一》，《大陆杂志》1998 年第 3、4、5 期。

刘永增：《莫高窟第 158 窟的纳骨器与粟特人的丧葬习俗》，《敦煌研究》2004 年第 2 期。

刘永增：《敦煌莫高窟隋代涅槃变相图与古代印度、中亚涅槃图像之比较研究》，《敦煌研究》1995 年第 1 期。

刘进宝：《吐蕃对敦煌的统治与研究》，载《敦煌文书与唐史研究》，新文丰出版公司，2000 年。

陆庆夫：《唐宋间敦煌粟特人之汉化》，《历史研究》1996 年第 6 期。

陆庆夫：《从敦煌写本判文看唐代长安的粟特聚落》，《敦煌学辑刊》1996 年第 1 期。

陆庆夫、陆离：《论吐蕃制度与突厥的关系》，《兰州大学学报》（社会科学版）2005 年第 4 期。

陆离：《吐鲁番所出武周时期吐谷浑归朝文书史实辨析》，载《西北民族论丛》第十六辑，社会科学文献出版社，2018 年。

罗丰：《隋唐间中亚流传中国之胡旋舞——以新获宁夏盐池唐墓石门胡舞图为中心》，《传统文化与现代化》1994 年第 2 期。

罗华庆：《敦煌壁画中的东方药师净土变》，《敦煌研究》1989 年第 2 期。

罗世平：《太原北齐徐显秀墓壁画中的胡化因素》，载《艺术史研究》第五辑，中山大学出版社，2003 年。

罗振玉：《瓜沙曹氏年表》，载陈国灿、陆庆夫主编《中国敦煌学百年文库·历史卷》

（一），甘肃文化出版社，1999 年。

　　吕德廷：《论涅槃图中的外道形象》，《民族艺术》2013 年第 6 期。

　　马德：《十世纪中期的莫高窟崖面概观——关于〈腊八燃灯分配窟龛名数〉的几个问题》，载敦煌研究院编《1987 年敦煌石窟研究国际讨论会文集》"石窟考古编"，辽宁美术出版社，1990 年。

　　马德：《都僧统之"家窟"及其营建——〈腊八燃灯分配窟龛名数〉丛识之三》，《敦煌研究》1989 年第 4 期。

　　马德：《10 世纪敦煌寺历所记三窟活动》，《敦煌研究》1998 第 2 期。

　　马德：《敦煌学史上的丰碑——史苇湘〈敦煌历史与莫高窟艺术研究〉编校手记》，《敦煌学辑刊》2002 年第 2 期。

　　马德：《一代尊师　学界楷模——史苇湘先生的献身精神与学术成就》，《敦煌研究》2000 年第 3 期。

　　马化龙：《莫高窟 220 窟维摩诘经变与长安画风初探》，载北京图书馆敦煌吐鲁番学资料中心、台北《南海》杂志社合编《敦煌吐鲁番学研究论集》，书目文献出版社，1996 年。

　　马世长：《莫高窟第 323 窟佛教感应故事画》，《敦煌研究》1982 年试刊第 1 期。

　　马雅伦、邢艳红：《吐蕃统治时期敦煌两位粟特僧官——史慈灯、石法海考》，《敦煌学辑刊》1996 年第 1 期。

　　梅林：《"何法师窟"的创建与续修——莫高窟第 196 窟年代分论》，载《艺术史研究》第八辑，中山大学出版社，2006 年。

　　倪润安：《敦煌隋唐瘗窟形制的演变及其相关问题》，《敦煌研究》2006 年第 5 期。

　　宁夏回族自治区博物馆等：《宁夏固原北周李贤夫妇墓发掘简报》，《文物》1985 年第 11 期。

　　牛龙菲：《阮咸——琵琶考》，载《古乐发隐》（嘉峪关魏晋墓室砖画乐器考证），甘肃人民出版社，1985 年。

　　潘春辉：《晚唐五代敦煌僧尼饮酒原因考》，《青海社会科学》2003 年第 4 期。

　　潘春辉：《唐宋敦煌僧人违戒原因述论》，《西北师大学报》2005 年第 5 期。

　　彭金章、沙武田：《敦煌莫高窟北区洞窟清理发掘简报》，《文物》1998 年第 10 期。

　　彭金章、沙武田：《试论敦煌莫高窟北区出土的波斯银币和西夏钱币》，《文物》1998 年 10 期。

齐东方:《丝绸之路的象征符号——骆驼》,《故宫博物院院刊》2004 年第 6 期。

庆城博物馆:《甘肃庆城唐代游击将军穆泰墓》,《文物》2008 年第 3 期。

邱忠鸣:《曹仲达与"曹家样"研究》,《故宫博物院院刊》2006 年第 5 期。

渠传福:《从考古发现看北朝中外绘画交流》,载张庆捷等编《4—6 世纪的北中国与欧亚大陆》,科学出版社,2007 年。

芮传明:《唐代"酒家胡"述考》,《上海社会科学院学术季刊》1993 年第 2 期。

饶宗颐:《文选序"画像则赞兴"说——列传与画赞》,《文物汇刊》创刊号,南洋大学李光前文物馆,1972 年。

荣新江:《归义军及其与周边民族的关系初探》,《敦煌学辑刊》1986 年第 2 期。

荣新江:《敦煌归义军曹氏统治者为粟特后裔说》,《历史研究》2001 年第 1 期。

荣新江:《萨保与萨薄:佛教石窟壁画中的粟特商队首领》,载《粟特人在中国——历史、考古、语言的新探索》,中华书局,2005 年。

荣新江:《古代塔里木盆地周边的粟特移民》,《西域研究》1993 年第 2 期。

荣新江:《西域粟特移民考》,载《西域考察与研究》,新疆人民出版社,1994 年。

荣新江:《从撒马尔干到长安——中古时期粟特人的迁徙与入居》,载《从撒马尔干到长安——粟特人在中国的文化遗迹》,北京图书馆出版社,2004 年。

荣新江:《粟特祆教美术东传过程中的转化——从粟特到中国》,载《汉唐之间文化艺术的互动与交融》,文物出版社,2001 年。

沙武田:《敦煌石窟粟特九姓胡人供养像研究》,《敦煌学辑刊》2008 年第 4 期。

沙武田:《敦煌石窟归义军曹氏供养人画像与其族属之判别》,《西部考古》2012 年第六辑。

沙武田:《吐蕃统治时期敦煌石窟供养人画像考察》,《中国藏学》2003 年第 2 期。

沙武田:《莫高窟第 231 窟阴伯伦夫妇供养像解析》,《敦煌研究》2006 年第 2 期。

沙武田:《莫高窟第 138 窟智惠性供养像及相关问题研究》,《敦煌学辑刊》2006 年第 3 期。

沙武田:《敦煌吐蕃译经三藏法师法成功德窟考》,《中国藏学》2008 年第 3 期。

沙武田:《敦煌翼马图像试析》,《2000 年敦煌学国际学术讨论会文集——纪念敦煌藏经洞发现暨敦煌学百年·石窟考古卷》,甘肃民族出版社,2003 年。

沙武田:《莫高窟第 322 窟图像的胡风因素——兼谈洞窟功德主的粟特九姓胡人属

性》,《故宫博物院院刊》2011 年第 3 期。

沙武田:《敦煌莫高窟第 158 窟与粟特人关系试考》(上),《艺术设计研究》2010 年第 1 期。

沙武田:《敦煌莫高窟第 158 窟与粟特人关系试考》(下),《艺术设计研究》2010 年第 2 期。

沙武田:《莫高窟吐蕃期洞窟第 359 窟供养人画像研究——兼谈粟特九姓胡人对吐蕃统治敦煌的态度》,《敦煌研究》2010 年第 5 期。

沙武田:《敦煌写真邈真画稿研究——兼论敦煌画之写真肖像艺术》,《敦煌学辑刊》2006 年第 1 期。

沙武田:《敦煌金光明最胜王经变的几个问题》,载《西域文献学术座谈会会议手册》,国家图书馆,2006 年。

沙武田:《敦煌的粟特胡人画像——莫高窟第 359 窟东壁门上新释读一身石姓男供养像札记》,载樊锦诗、荣新江、林世田主编《敦煌文献、考古、艺术综合研究——纪念向达教授诞辰 110 周年国际学术研讨会论文集》,中华书局,2011 年。

沙武田:《吐蕃统治下敦煌的一个粟特人家族——以莫高窟第 359 窟供养人画像为中心》,载荣新江、罗丰主编《粟特人在中国:考古发现与出土文献的新印证》,科学出版社,2016 年。

沙武田:《供养人画像与唐宋敦煌世俗佛教》,《敦煌研究》2007 年第 4 期。

沙武田:《河西李轨大凉政权锁记——兼谈大凉胡人集团对莫高窟洞窟营建之影响》,载中共高台县委等编《高台魏晋墓与河西历史文化研究》,甘肃教育出版社,2012 年。

沙武田:《敦煌石窟历史的重构——敦煌吐蕃期洞窟诸现象之省思》,《圆光佛学学报》2007 年第 11 期。

沙武田、赵蓉:《吐蕃人与敦煌石窟营建——以莫高窟中唐第 93 窟为中心》,《藏学学刊》第七辑,四川大学出版社,2011 年。

沙武田:《一座反映唐蕃关系的"纪念碑"式洞窟——榆林窟第 25 窟营建的动机、思想与功德主试析(上、下),《艺术设计研究》2012 年第 4 期,《艺术设计研究》2013 年第 1 期。

沙武田:《榆林窟第 25 窟T形榜子再探》,《敦煌研究》2011 年第 5 期。

陕西省文物管理委员会:《西安西郊中堡村唐墓清理简报》,《考古》1960 年第 3 期。

陕西省考古研究所:《西安西郊陕棉十厂唐壁画墓清理简报》,《考古与文物》2002

年第 1 期。

陕西考古所唐墓工作组：《西安东郊唐苏思勖墓清理简报》，《考古》1960 年第 1 期。

陕西省考古研究所：《西安发现的北周安伽墓》，《文物》2001 年第 1 期。

陕西省考古研究所：《西安北郊北周安伽墓发掘简报》，《考古与文物》2000 年第 6 期。

山西省考古研究所等：《太原隋代虞弘墓清理简报》，《文物》2001 年第 1 期。

山西省考古研究所、太原市文物管理委员会：《太原北齐娄睿墓发掘简报》，《文物》1983 年第 10 期。

山西省考古研究所、太原市文物考古研究所：《太原北齐徐显秀墓发掘简报》，《文物》2003 年第 10 期。

邵明杰、赵玉平：《莫高窟第 23 窟"雨中耕作图"新探——兼论唐宋之际祆教文化形态的蜕变》，《西域研究》2010 年第 2 期。

邵文实：《尚乞心儿事迹考》，《敦煌学辑刊》1993 年第 2 期。

邵文实：《沙州节儿考及其引申出来的几个问题——八至九世纪吐蕃对瓜沙地区汉人的统治》，《西北师大学报》1992 年第 5 期。

施萍婷：《敦煌随笔之二》，《敦煌研究》1987 年第 1 期。

施萍婷：《金光明经变研究》，载《1987 年敦煌石窟研究国际讨论会文集·石窟考古编》，辽宁美术出版社，1990 年。

施萍婷、范泉：《关于莫高窟第 217 窟南壁壁画的思考》，《敦煌研究》2011 年第 2 期。

施萍婷、贺世哲：《敦煌壁画中的法华经变初探》，载敦煌研究院编《中国石窟·敦煌莫高窟》3，文物出版社、平凡社，1987 年。

施萍婷、贺世哲：《近承中原、远接西域——莫高窟第四二八窟研究》，载敦煌研究院编《敦煌石窟艺术·莫高窟第四二八窟》，江苏美术出版社，1989 年。

史苇湘：《世族与石窟》，载敦煌文物研究所编《敦煌研究文集》，甘肃人民出版社，1982 年。

史苇湘：《敦煌莫高窟中的〈福田经变〉壁画》，《文物》1980 年第 9 期。

史苇湘：《论敦煌佛教艺术的世俗性——兼论〈金刚经变〉在莫高窟的出现与消失》，《敦煌研究》1985 年第 3 期。

史苇湘：《刘萨诃与敦煌莫高窟》，《文物》1983 年第 6 期。

史苇湘：《关于莫高窟内容总录》，载敦煌文物研究所编：《敦煌莫高窟内容总录》，文物出版社，1982 年。

　　史苇湘：《吐蕃王朝管辖沙州前后——敦煌遗书 S.1438 背〈书仪〉残卷的研究》，《敦煌研究》1983 年创刊号。

　　史苇湘：《河西节度使覆灭的前后——敦煌遗书伯 2942 号残卷的研究》，《敦煌研究》1983 年创刊号。

　　史苇湘：《丝绸之路上的敦煌与莫高窟》，敦煌文物研究所编《敦煌研究文集》，甘肃人民出版社，1982 年。

　　史树青：《从娄叡墓壁画看北齐画家手笔》，《文物》1983 年第 10 期。

　　四川省文物考古研究院、石渠县文化局：《四川石渠县新发现吐蕃石刻群调查简报》，《四川文物》2013 年第 6 期。

　　孙机：《序言》，载乾陵博物馆编《丝路胡人外来风：唐代胡俑展》，文物出版社，2008 年。

　　孙修身：《莫高窟佛教史迹故事画介绍（三）》，《敦煌研究》1982 年试刊第 2 期。

　　孙修身：《刘萨诃和尚事迹考》，载敦煌研究院编《1983 年全国敦煌学学术讨论会文集》，甘肃人民出版社，1985 年。

　　孙修身：《莫高窟第 76 窟〈八塔变相〉中现存四塔考》，《敦煌研究》1986 年第 4 期。

　　孙修身：《从〈张骞出使西域图〉谈佛教的东渐》，《敦煌学辑刊》1981 年第二辑。

　　孙修身：《佛教东传历史故事画卷》，载敦煌研究院编《敦煌石窟全集》，上海人民出版社，2000 年。

　　宿白：《太原北齐娄叡墓参观记》，《文物》1983 年第 10 期。

　　谭蝉雪：《敦煌岁时掇琐——正月》，《敦煌研究》1990 年第 1 期。

　　谭蝉雪：《三教融合的敦煌丧俗》，《敦煌研究》1991 年第 3 期。

　　谭蝉雪：《敦煌的粟特居民及祆神祈赛》，载《2000 年敦煌学国际学术讨论会文集——纪念敦煌藏经洞发现暨敦煌学百年》历史文化卷（下），甘肃民族出版社，2003 年。

　　天水市博物馆：《天水发现隋唐屏风石棺床墓》，《考古》1992 年第 1 期。

　　田中华：《唐庆山寺舍利塔基精室壁画乐舞初探》，《文博》1988 年第 3 期。

　　王丁：《南太后考——吐鲁番出土北凉写本〈金光明经〉题记与古代高昌及其毗邻地区的那那信仰与祆教遗存》，载《粟特人在中国——历史、考古、语言的新探索》，（即《法国汉学》第十辑），中华书局，2005 年。

万庚育:《莫高窟、榆林窟的西夏艺术》,载《敦煌研究文集》,甘肃人民出版社,1982 年。

王重民:《金山国史事坠拾》,载《敦煌遗书论文集》,中华书局,1984 年。

王惠民:《敦煌隋至唐前期药师图像考察》,载《艺术史研究》第二辑,中山大学出版社,2000 年。

王惠民:《敦煌佛顶尊胜陀罗尼经变考释》,《敦煌研究》1991 年第 1 期。

王惠民:《曹议金执政前若干史事考辨》,载敦煌研究院编《段文杰敦煌研究五十年纪念文集》,世界图书出版公司,1996 年。

王惠民:《〈沙州刺史李无亏墓志〉跋》,《敦煌研究》2004 年第 5 期。

王惠民:《敦煌莫高窟若干经变画辨识》,《敦煌研究》2010 年第 2 期。

王克芬:《健舞〈柘枝〉和软舞〈屈柘枝〉》,载《舞论——王克芬古代乐舞论集》,甘肃教育出版社,2009 年。

王腾:《隋唐五代西域罗氏流寓中国与敦煌罗氏家族研究》,载《敦煌归义军史专题研究三编》,甘肃文化出版社,2005 年。

王颋:《都管七国——关于"六瓣银盒"所镌国名的考释》,中国社会科学院历史研究所中外关系史研究室学术网站,2010 年 8 月 11 日。

王团战:《大周沙州刺史李无亏墓及征集到的三方唐代墓志》,《考古与文物》2004 年第 1 期。

王青:《早期狐怪故事:文化偏见下的胡人现象》,《西域研究》2003 年第 4 期。

汪篯:《西凉李轨之兴亡》,载唐长孺等编《汪篯隋唐史论稿》,中国社会科学出版社,1981 年。

魏健鹏:《敦煌壁画中吐蕃赞普像的几个问题》,《西藏研究》2011 年第 1 期。

巫鸿:《敦煌 323 窟与道宣》,载胡素馨主编《佛教物质文化——寺院财富与世俗供养国际学术研讨会论文集》,上海书画出版社,2003 年。

巫鸿:《"石窟研究"美术史方法论提案——以敦煌莫高窟为例》,《文艺研究》2020 年第 12 期。

巫鸿:《研究中国古代宗教美术的一些心得》,《世界宗教研究》2021 年第 2 期。

吴曼公:《敦煌石窟腊八燃灯分配窟龛名数》,《文物》1959 年第 5 期。

吴玉贵:《关于李轨河西政权的若干问题》,《敦煌学辑刊》1990 年第 1 期。

吴玉贵：《凉州粟特胡人安氏家族研究》，载《唐研究》第 3 卷，北京大学出版社，1997 年。

夏鼐：《综述中国出土的波斯萨珊朝银币》，《考古学报》1974 年第 1 期。

夏鼐：《新疆吐鲁番最近出土的波斯萨珊朝银币》，《考古》1966 年第 4 期。

夏鼐：《中国最近发现的波斯萨珊朝银币》，《考古学报》1957 年第 2 期。

谢重光：《吐蕃占领期与归义军时期的敦煌僧官制度》，《敦煌研究》1991 年第 3 期。

谢重光：《关于唐后期五代间沙州寺院的几个问题》，载韩国磐主编《敦煌吐鲁番出土经济文书研究》，厦门大学出版社，1986 年。

谢继胜、黄维忠：《榆林窟第 25 窟壁画藏文题记释读》，《文物》2007 年第 4 期。

谢继胜、于硕：《八塔经变画与宋初中印度文化交流——莫高窟第七六窟八塔变图像的原型》，《法音》2011 年第 5 期。

谢静：《回鹘桃形冠探源》，《装饰》2009 年第 4 期。

新疆维吾尔自治区博物馆：《新疆吐鲁番阿斯塔那—哈拉和卓古墓群清理简报》，《文物》1972 年第 1 期。

新疆维吾尔自治区博物馆：《新疆吐鲁番阿期塔那北区墓葬发掘简报》，《文物》1960 年第 6 期。

新疆文物考古研究所：《2002 年丹丹乌里克遗址佛寺清理简报》，《新疆文物》2005 年第 3 期。

熊培庚：《唐苏思勖墓舞乐壁画图》，《文物》1966 年第 8、9 期合刊。

颜娟英：《从凉州瑞像思考敦煌莫高窟第 323 窟、332 窟》，载《东亚考古学的再思——张光直先生逝世十周年纪念论文集》，"中央研究院历史语言研究所"，2013 年。

许新国：《青海都兰吐蕃墓出土太阳神图案织锦考》，《中国藏学》1997 年第 3 期。

许新国：《郭里木乡吐蕃墓棺板画研究》，载《西陲之地与东西方文明》，北京燕山出版社，2006 年。

许新国：《都兰吐蕃墓出土含绶鸟织锦研究》，《中国藏学》1996 年第 1 期。

严耀中：《关于敦煌壁画中来自婆罗门教神祇的诠释》，《敦煌学辑刊》2012 年第 2 期。

杨效俊：《临潼庆山寺舍利地宫壁画试析》，《文博》2011 年第 3 期。

袁德领：《归义军时期莫高窟与敦煌寺院的关系》，《敦煌研究》2000 年第 3 期。

杨富学:《敦煌与中外关系史研究三十年——纪念中国中外关系史学会成立三十周年》,载敦煌研究院信息资料中心编印《信息与参考》(总第 15 期),2011 年。

杨军凯:《入华粟特聚落首领墓葬的新发现——北周凉州萨保史君墓石椁图像初探》,载《从撒马尔干到长安——粟特人在中国的文化遗迹》,北京图书馆出版社,2004 年。

杨军凯:《西安北周史君墓石椁图像初探》,载《粟特人在中国——历史、考古、语言的新探索》,中华书局,2005 年。

杨清凡:《从服饰图例试析吐蕃与粟特关系》(上),《西藏研究》2001 年第 3 期。

杨清凡:《五方佛及其图像考察》,《西藏研究》2007 年第 2 期。

叶文:《从〈胡旋舞〉与〈康国乐〉的关系看〈胡旋舞〉传入中国的时间》,《华章》2012 年第 19 期。

孙莉:《萨珊银币在中国的分布及其功能》,《考古学报》2004 年第 1 期。

余太山:《张骞西使新说》,载氏著《两汉魏晋南北朝与西域关系史研究》,商务印书馆,2011 年。

翟晓兰:《舞筵与胡旋·胡腾·柘枝舞关系之初探》,《文博》2010 年第 3 期。

湛如:《论敦煌佛寺禅窟兰若的组织及其他》,载敦煌研究院编《段文杰敦煌研究五十年纪念文集》,世界图书出版公司,1996 年。

张德芳:《西北汉简中的丝绸之路》,《中原文化研究》2014 年第 5 期。

张军、黄鹏:《〈任氏传〉中的“狐女”应当是胡女》,《绍兴文理学报》2006 年第 2 期。

张振新:《谈莫高窟初唐壁画〈张骞出使西域〉》,《中国历史博物馆馆刊》1981 年第 3 期。

张建林、王小蒙:《对唐昭陵北司马门遗址考古新发现的几点认识》,《考古与文物》2006 年第 6 期。

张达宏,王长启:《西安市文管会收藏的几件珍贵文物》,《考古与文物》1984 年第 4 期。

张景峰:《敦煌莫高窟的影窟及影像》,《敦煌学辑刊》2006 年第 3 期。

张善庆:《高僧写真传统钩沉及相关问题研究》,《敦煌学辑刊》2006 年第 3 期。

张元林:《也谈莫高窟第 217 窟南壁壁画的定名——兼论与唐前期敦煌法华图像相关的两个问题》,《敦煌学辑刊》2011 年第 4 期。

张元林:《粟特人与莫高窟第 285 窟的营建——粟特人及其艺术对敦煌艺术的贡献》,载云冈石窟研究院编《2005 年云冈国际学术研讨会论文集·研究卷》,文物出版社,

2005 年。

张元林、夏生平：《"观音救难"的形象图示——莫高窟第 359 窟西壁龛内屏风画内容释读》，《敦煌研究》2010 年第 5 期。

张元林：《论莫高窟第 285 窟日天图像的粟特艺术源流》，《敦煌学辑刊》2007 年第 3 期。

张元林：《观念与图像的交融——莫高窟 285 窟摩醯首罗天图像研究》，《敦煌学辑刊》2007 年第 4 期。

张元林：《六—十世纪敦煌壁画中的日、月神图像研究》（Images of Sun and Moon Gods in Dunhuang Grottoes between the Sixth and Tenth Century），载《"文化的交融——中世纪早期的中国及周边地区的文化"国际学术讨论会》，美国弗吉尼亚大学，2010 年。

张元林：《敦煌藏经洞所出绘画品中的日、月图像研究》，《敦煌吐鲁番研究》第 12 卷，上海古籍出版社，2011 年。

张广达：《祆教对唐代中国之影响三例》，载《法国汉学》第一辑，清华大学出版社，1996 年。

张广达：《唐代祆教图像再考——敦煌汉文写卷伯希和编号P.4518 之附件 24 表现的形象是否祆教神祇妲厄娜（Daêna）和妲厄娲（Daêva）》，载《唐研究》第 3 卷，北京大学出版社，1997 年。

张乃翥：《龙门石窟唐代瘞窟的新发现及其文化意义的探讨》，《考古》1991 年经 2 期。

张弓：《唐五代的僧侣地主及僧尼私有财产的传承方式》，《魏晋南北朝隋唐史资料》1991 年第 11 期。

张庆捷：《北朝唐代粟特的"胡腾舞"》，载《粟特人在中国——历史、考古、语言的新探索》，中华书局，2005 年。

张庆捷：《北朝隋唐的胡商俑、胡商图与胡商文书》，载《中外关系史：新史料与新问题》，科学出版社，2004 年。

张庆捷：《太原隋代虞弘墓石椁浮雕的初步考察》，载巫鸿主编《汉唐之间文化艺术的互动与交流》，文物出版社，2001 年。

张庆捷：《入乡随俗与与难忘故土——入华粟特人石葬具概观》，载《从撒马儿干到长安——粟特人在中国的文化遗迹》，北京图书馆出版社，2004 年。

张惠明：《敦煌〈五台山化现图〉早期底本的图像及其来源》，《敦煌研究》2000 年第 4 期。

张先堂：《莫高窟供养人画像的发展演变——以佛教史考察为中心》，《敦煌学辑刊》2008 年第 4 期。

赵晓星：《吐蕃统治敦煌时期的落蕃官初探》，《中国藏学》2003 年第 3 期。

赵晓星：《莫高窟第 361 窟的中唐供养人——莫高窟第 361 窟研究之三》，《艺术设计研究》2010 年第 3 期。

赵晓星：《莫高窟第 401 窟初唐菩萨立像与〈大通方广经〉》，《敦煌研究》2010 年第 5 期。

赵玉平：《敦煌壁画"雨中耕作图"与唐五代赛祆祈雨活动》，《新疆艺术学院学报》2009 年第 3 期。

赵玉平：《莫高窟第 23 窟"雨中耕作图"粟特文化因素解析》，《农业考古》2009 年第 4 期。

赵红、高启安：《张孝嵩斩龙传说历史背景研究》，《敦煌研究》2004 年第 2 期。

赵红、高启安：《张孝嵩斩龙传说探微》，《西北师大学报》（社会科学版）2004 年第 1 期。

郑阿财：《敦煌文献中〈张骞乘槎〉故事之探讨》，《法商学报》1986 年第 21 期。

郑阿财：《敦煌石窟张骞寻河源的传说》，《嘉义青年》1999 年第 12 期。

郑炳林：《敦煌碑铭赞及相关问题》，载《敦煌碑铭赞辑释》，甘肃教育出版社，1992 年。

郑炳林：《论晚唐五代敦煌贸易市场的国际化程度》，《中国经济史研究》2003 年第 2 期。

郑炳林：《晚唐五代敦煌贸易市场外来商品辑考》，《中华文史论丛》第六十三辑，上海古籍出版社，2000 年。

郑炳林：《敦煌写本邈真赞所见真堂及其相关问题研究——关于莫高窟供养人画像研究之一》，《敦煌研究》2006 年第 6 期。

郑炳林：《敦煌写本相书理论与敦煌石窟供养人画像——关于敦煌莫高窟供养人画像研究之二》，《敦煌学辑刊》2006 年第 4 期。

郑炳林：《晚唐五代敦煌地区的胡姓居民与聚落》，载《粟特人在中国——历史、考古、语言的新探索》，中华书局，2005 年。

郑炳林：《唐五代敦煌手工业研究》，《敦煌学辑刊》1996 年第 1 期。

郑炳林：《张氏曹氏归义军政权的胡汉联姻》，《中国史研究》2004 年第 1 期。

郑炳林：《唐五代敦煌粟特人与归义军政权》，《敦煌研究》1996 年第 4 期。

郑炳林：《吐蕃统治下的敦煌粟特人》，《中国藏学》1996 年第 4 期。

郑炳林：《唐五代敦煌的粟特人与佛教》，《敦煌研究》1997 年第 2 期。

郑炳林：《晚唐五代敦煌贸易市场的外来商品辑考》，载《敦煌归义军史专题研究续编》，兰州大学出版社，2003 年。

郑炳林：《〈康秀华写经施入疏〉与〈炫和尚货卖胡粉历〉研究》，《敦煌吐鲁番研究》第 3 卷，北京大学出版社，1998 年。

郑炳林：《晚唐五代敦煌社会风气之胡风胡化》，载《转型期的敦煌学》，上海古籍出版社，2007 年。

郑炳林、徐晓丽：《晚唐五代敦煌地区粟特妇女生活研究》，《新疆师范大学学报》2004 年第 2 期。

郑雨：《莫高窟第 98 窟的历史背景与时代精神》，《九州学刊》1992 年第 4 期。

周伟洲：《西安地区部分出土文物中所见的唐代乐舞形象》，《文物》1978 年第 4 期。

周伟洲：《唐都管七个国六瓣银盒考》，载《唐研究》第三卷，北京大学出版社，1997 年。

周伟洲：《万国来朝岁，五服远朝王》，《中国文化遗产》2009 年第 4 期。

周伟洲：《唐韩休墓"乐舞图"探析》，《考古与文物》2015 年第 6 期。

周伟洲：《中国丝路学理论与方法刍议》，《西域研究》2021 年第 1 期。

中国社会科学院考古研究所新疆队：《新疆和田地区策勒县达玛沟佛寺遗址发掘报告》，《考古学报》2007 年第 4 期。

周熙隽著，王平先译：《敦煌佛教净土变画中来自粟特的影响》，《2004 年石窟研究国际学术会议论文集》（下），上海古籍出版社，2006 年。

朱捷元、秦波：《陕西长安和耀县发现的波斯萨珊朝银币》，《考古》1974 年第 2 期。

五、学位论文

程旭：《唐墓壁画中周边民族文化因素及其反映的民族关系》，兰州大学博士学位论文，2012 年。

段园园：《7—11 世纪景教在陆上丝绸之路的传播》，兰州大学历史文化学院硕士学位论文，2010 年。

焦盼：《隋唐乐舞的舞蹈图像研究》，山西大学硕士学位论文，2010 年。

吕德廷：《佛教艺术中的外道形象——以敦煌石窟为中心》，兰州大学博士学位论文，2015 年。

马冬：《唐代服饰专题研究——以胡汉服饰文化交融为中心》，陕西师范大学博士学位论文，2006 年。

王中旭：《阴嘉政窟——礼俗、法事与家窟艺术》，中央美术学院博士学位论文，2009 年。

谢静：《敦煌石窟中的少数民族服饰文化研究》，兰州大学博士学位论文，2007 年。

杨咏：《古长安唐墓壁画中乐舞伎服饰研究》，天津师范大学硕士学位论文，2012 年。

庄铌：《莫高窟 158 窟国王举哀图中少数民族冠、帽的研究》，东华大学硕士学位论文，2005 年。

索 引

后　记

　　我最早开始关注并思考敦煌石窟中粟特人与洞窟之间的关系，是在 2000 年前后，当时正在兰州大学攻读硕士和博士学位，那时间业师郑炳林先生针对晚唐五代宋归义军时期敦煌粟特人历史诸多问题，已发表了系列研究成果，深刻揭示了粟特人对敦煌社会生活各个层面的影响，读后印象深刻，对我的触动也很大。加上我在大学本科期间就对丝路文化交流的考古、艺术、图像颇有兴趣，又有自身考古专业的引导，隐约感觉到粟特人与敦煌洞窟的营建或许是可以做些功课的问题。

　　2005 年有幸参加了敦煌研究院张先堂研究员主持的教育部基地重大项目"敦煌供养人研究"课题，在进行供养人画像研究的同时，必须要注意到那些粟特供养人的题名，于是尝试撰写《敦煌石窟粟特九姓胡人供养像研究》一文，并发表在《敦煌学辑刊》2008 年第 4 期，算是摸索进入这一领域。

　　另一个深刻的印象是，1996 年 7 月我大学毕业到莫高窟敦煌研究院考古所工作，当时中山大学姜伯勤先生正在莫高窟带学生考察，受马德先生的特殊关照，我也偶尔可以跟随先生进入洞窟聆听姜先生极富激情的高谈阔论，虽然当时的我完全听不懂他所讲的内容，但有一天听先生讲他在莫高窟第 322 窟新发现的"畏兽"图像，云里雾里，同时也看到了先生在洞窟现场速描在笔记本上的两幅线图，内心深处感佩先生还有如此之功夫，敬佩之余心生好奇，后来读到先生 2004 年出版的大作《中国祆教艺术史》，其中"第十四章"就是对第 322 窟这一新发现的精彩讨论，读后大开眼界。受其启发，我也开始思考第 322 窟的问题，写成习作《莫高窟第 322 窟图像的胡化因素——兼谈洞窟功德主的粟特九姓胡人属性》，有幸发表在《故宫博物院院刊》2011 年第 3 期，信心大增。

　　2009年10月我从日本东京艺术大学访学回国，开始在敦煌研究院文献所工作，但当时最想做的事情是到敦煌看窟，正好赶上单位年终的考核，要求兰州院部的人也要到敦煌集中考核，于是和时在敦煌研究院编辑部工作的爱人，还有五岁的儿子12月初同来敦煌。时值寒冬季节，但挡不住看窟的热情，在考核之余带着儿子进窟，不过他更多时间是在外面一个人玩沙子，我们则在洞窟考察。

　　当时我正在完善我的博士后出站报告《吐蕃统治时期敦煌石窟研究》书稿，所以集中看吐蕃期（中唐）洞窟。其中吐蕃装供养人画像最多也是最有代表性的莫高窟第359窟是必看的洞窟之一，此前进去看过很多遍，窟内的供养人画像之前在撰写吐蕃供养人画像的文章中有讨论，但一直没有新的特殊发现，但那天似乎天眼开了，忽然看到在南壁下部供养人画像题记中几条榜题框中隐约有文字，能够初步辨识几个字。于是专门请来多年的老朋友敦煌研究院保护所负责多光谱摄影的柴勃隆学兄帮忙拍摄，果然能够较为完整地读出几条题记，其中有"石神主""石万十"等文字，粟特人属性跃然而出，再次点燃了我对敦煌粟特人研究的兴趣，其兴奋也是可想而知的，立马规划相关的研究计划。这项研究也得到时任敦煌研究院副院长王旭东研究员的大力支持，摄录部的乔兆福先生拍摄了高清图片。有了这些条件，我围绕第359窟供养人画像的粟特属性连续撰写了三篇文章，也沉浸在新材料的发现所带来的学术享受当中不能自拔，同时也慢慢地找到了对粟特研究的一些感觉。

　　由于有以上的收获，我开始构建围绕"粟特人与敦煌洞窟营建"的课题计划，首先得到2011年度敦煌研究院院级课题的资助，2013年又以"粟特美术影响下的敦煌石窟图像研究"为题申请了国家社科基金一般项目，2015年以"敦煌石窟粟特美术研究——以粟特九姓胡人与敦煌石窟关系为中心"为题申报了兰州大学敦煌学研究所组织的"教育部基地重大项目"，这些课题项目先后结项，但对这一问题的思考一直没有中止。而且，随着时间的推移，越来越觉得这一问题的复杂性。其中一个最令人困惑的问题是，虽然从历史和文献的记载，结合敦煌在丝路上的独特性，可以没有悬念地说中古时期粟特人大量活动在敦煌历史社会的各个方面，但要真正探讨粟特人对敦煌地方最具有代表性的宗教和艺术活动佛教洞窟营建的参与程度，证据并不充足，不是正常的历史逻辑就可以轻易推导的结论，这大概也是此问题研究的学术魅力所在，吸引我继续奋力耕耘。

敦煌石窟是学术的宝藏，从 2015 年开始，我把对敦煌石窟的思考和特殊感情，也带入陕西师范大学的课堂当中来，从 2016 年开始我和我指导的硕博士们把主要精力放在我主持的国家社科基金重大项目"敦煌西夏石窟研究"中，一直到 2021 年底。期间虽然说几乎没有多余时间和精力去完善对之前有关"敦煌粟特美术"或"粟特人与洞窟营建"相关问题的研究，但也没有完全放下这一课题，中间偶尔也有新的推进。

到了 2019 年，以陕西师范大学人文社会科学高等研究院特聘教授葛承雍教授为首席专家，邀请了敦煌研究院副院长张元林研究员，当时聘任于陕西师范大学历史文化学院的意大利丝绸之路艺术图像研究专家康马泰（Matteo Compareti）教授，陕西师范大学中国史流动站博士后研究人员魏健鹏博士，我们五人共同组成团队，成功申请到国家社科基金冷门绝学团队专项"敦煌壁画外来图像文明属性研究"（20VJXT014），敦煌壁画中与粟特有关的图像再次成为我要深入思考的问题。但是该冷门绝学项目的研究目标和研究重点在相关图像的文明属性解读，之前研究的重点在洞窟营建史方向，所以二者之间虽有联系但也有一定的区别，也可以认为后者是在前者的基础上要有所深入。

鉴于此，我觉得有必要把之前的研究整理出来，一方面是自我督促对新课题的开始，另一方面诚恳地讲，我感觉在"粟特人与洞窟营建"方面短期内我已经很难有实质性的推进，既然如此就来个阶段性总结，也算是给自己卸下包袱。

如此算来，这一看似很小问题的研究，在我这里居然拖拖拉拉地进行了二十多个年头，着实惭愧，只能感叹愚钝如我者也！而且期间的研究，如果没有敦煌研究院、兰州大学敦煌学研究所、陕西师范大学历史文化学院、陕西师范大学人文社会科学高等研究院诸多机构良好的科研环境和平台支持，是不可能完成的。期间还得到曾任敦煌研究院副院长、院长的王旭东研究员的大力支持，敦煌研究院马德研究员、张先堂研究员、张元林研究员、张小刚研究员、党燕妮研究员、赵晓星研究员、李国研究员、吴军副研究员、柴勃隆副研究员等人给予各方面的帮忙。

感谢我的学生杨冰华、白琳、伏宓、张世奇、焦树峰、陈凯源、朱顺顺、曾发茂等人在本课题不同阶段的各种协助、校对，朱顺顺和曾发茂编制索引，包明杰则手绘了精美的封面线图。感谢魏健鹏博士帮忙翻译英文目录。

最后要诚挚感谢业师郑炳林先生百忙中赐序给予鼓励！感谢我本科期间的老师葛承雍先生给拙作写语重心长的推荐词！二位长辈和老师的鼓励，是我继续前进的动力。

感谢父母、妻子、儿子、女儿，使我对生活充满幸福！

我热爱敦煌，醉心于敦煌石窟的学术之路。深知水平有限，但对未来的研究之路却充满期待！也诚挚期待读者的批评！

沙武田　谨识

2023 年 11 月 12 日于西安曲江寓所